Couvertures supérieure et inférieure
manquantes

PÉRIGUEUX.

PÉRIGUEUX

Souvenirs
Historiques, — Biographiques
et
Archéologiques,

recueillis par

l'Abbé THÉODORE PECOUT, de Périgueux.

Société de Saint-Augustin. — Desclée, De Brouwer et Cie,
Imprimeurs des Facultés Catholiques de Lille. — LILLE. — MDCCCXC.

PRÉFACE.

Si, selon le Sage(1), « c'est un grand malheur pour l'homme d'ignorer » l'histoire, » reconnaissons ici que c'est une grande lacune dans notre éducation que de ne pas connaître l'histoire de notre pays natal.

En nous apprenant la gloire et les mérites de nos ancêtres, cette histoire locale nous fournirait la raison et le sujet de leur payer le tribut d'une noble et légitime louange, et deviendrait pour nous une source féconde de sagesse et de vertu, où nous apprendrions à devenir grands et bons comme eux en marchant sur leurs traces. — C'est là, du reste, le fondement de toute expérience, que de savoir s'appliquer à soi-même l'expérience des autres. « Arrêtez-vous sur les chemins, disait autrefois S. Jérôme (2), « informez-vous des sentiers suivis par nos anciens, » sachez quel est le meilleur pour le suivre vous-mêmes. »

En produisant ces notes et souvenirs sur les grands événements, les hommes célèbres et les antiques monuments de notre ville, nous avons voulu :

1. Donner un témoignage de notre admiration et de notre reconnaissance à cette patrie qui nous a donné le jour ;

2. Instruire et intéresser ceux qui viendront après nous, en leur transmettant les traditions et les témoignages que nous avons reçus nous-mêmes, et qui, à force d'indifférence, finiraient par s'écourter et tomber dans l'oubli ;

3. Provoquer et aider, autant que possible, l'étude de l'histoire de notre pays natal, malheureusement si négligée, et reléguée à un rang secondaire et arbitraire dans le programme des connaissances humaines.

4. Prouver comment, sans sortir de chez nous, de notre cité, de nos familles et de notre sang, nous trouvons facilement des sujets d'admiration et des exemples de vertu, selon cette parole testamentaire d'un de nos

---

1. *Et multa hominis afflictio, quia ignorat præterita.* (Eccl. VIII, 6, 7.)
2. S. JÉROME, VI.

compatriotes (1) à ses descendants : « Vous n'avès point affaire, nos chers enfants, de recourir aux vies des hommes illustres de Plutarque, non plus que feuilleter dans les histoires de l'antiquité pour y trouver ce que vous avès dans votre famille. Si vous prenès la peine de remonter vers votre source, vous y trouverès en abrégé toutes les vertus chrétiennes et morales que les histoires saintes et prophanes, anciennes et modernes, nous ont si doctement exposées. Vous les y verrez mises dans la plus belle et plus heureuse pratique du monde. »

Tels sont les principaux motifs qui nous ont porté à livrer ces pages à la publicité.

Notre intention nous fera pardonner nos imperfections. Nous n'osons prétendre à rien d'extraordinaire ni pour le fond, ni pour la forme. Notre but est de rappeler un passé d'autant plus intéressant qu'il a été plus estimable. Nous n'aspirons ici qu'à transmettre fidèlement ce que nous avons appris et puisé dans les chroniques et récits de ceux qui nous ont devancés sur ce chemin de notre histoire. Heureux serons-nous de les suivre toujours, de les citer souvent, et de mettre à profit leurs travaux et leur compétence! Comme eux nous aimons notre commune patrie, et comme eux aussi, tout fiers de son antique gloire, nous voulons la faire connaître et aimer par ceux qui viendront après nous.

C'est pour cela que nous offrons plus spécialement à nos compatriotes ce modeste travail ; nous le vouons surtout à ces nombreuses générations de camarades qui, comme nous, doivent la base de leur éducation au dévouement des Frères de l'École Chrétienne! Puisse ce souvenir d'enfance cimenter entre nous cette union fraternelle et patriotique qui fera notre force et notre valeur, comme elle a fait autrefois la puissance et la gloire de notre cité, qui avait pris pour enseigne cette devise :

FORTITUDO MEA CIVIUM FIDES !

---

1. De Chilhaud Desfieux de Charcuzat.

| Écartelé aux 1 et 4 de gueules, à deux tours d'argent maçonnées de sable, couvertes et sommées de girouettes, — les tours jointes par un mur percé d'une porte munie d'une herse et surmontée d'une | fleur de lys d'or à la champagne de sinople ; — et aux 2 et 3 d'or à l'aigle romaine de sable. — L'écu surmonté d'une couronne de comte. Pour devise, sur une bannière : « Fortitudo mea Civium fides. » |

ARMOIRIES DE PÉRIGUEUX
après le traité de 1240.
Réunion des deux villes.

Chapitre Premier. — ESSAI SUR LA GAULE.

(1600 av. J.-C. — 486 ap. J.-C.)

I.

Topographie de la Gaule. — Division et dénominations de la Gaule. — Produits du sol. — Limites providentielles de la Gaule. — Origine des Gaulois. — Leurs excursions en Italie. — Leurs établissements dans la Gaule Cisalpine. — Bellovèse et Sigovèse. — Les Gaulois et Alexandre-le-Grand. — Les Gaulois en Thrace, — à Delphes, — en Bithynie. — Les Galates. — Les Gaulois à Clusium. — Brennus. — Terreur des Romains pour les Gaulois. — Colonies Phéniciennes et Phocéennes dans le Midi de la Gaule.

N a toujours compris sous le nom de *Gaule* l'immense territoire situé entre le Rhin, les Alpes, la Méditerranée, les Pyrénées, l'océan Atlantique, la Manche et la mer du Nord, qui étaient ses limites naturelles.

Les Romains donnaient habituellement à cette Gaule la dénomination de *Transalpine*, par opposition à la région septentrionale de l'Italie, qui, ayant été envahie par les Gaulois venus d'au delà les Alpes, avait reçu le nom de *Cisalpine*.

La Gaule fut bientôt divisée en trois grandes provinces ; cette division se maintint jusqu'à l'empereur Auguste, qui y fit plusieurs modifications.

1° La *Gaule Belgique* renfermait tout le nord des Gaules, s'arrêtait aux cours de la Seine et de la Marne, et aboutissait de là au Rhin dans le voisinage de Bâle. C'est dans cette région que, des bords du Rhin, débouchèrent les *Kimris* ou *Cimbres*, qui, après avoir sillonné la Gaule, vinrent de préférence se camper sur les rivages de la mer dans l'Armorique, et passèrent de là dans les îles de Prydam (ANGLETERRE).

2° La *Gaule Celtique* s'étendait depuis les Pyrénées, longeait la Méditerranée, et ne s'élevait dans les terres qu'au-dessus de Marseille.

3° La *Gaule Aquitanique*, que plus tard Auguste divisa en *Première* et *Deuxième Aquitaine*, — confinant en tous points avec la Celtique, suivait le cours de la rive gauche de la Loire jusqu'à sa source, longeait ensuite les Cévennes, arrivait à la source du Tarn, dont elle parcourait la rive droite jusqu'à la Garonne ; et cette même rive du fleuve, comme l'Océan dans les points opposés, lui servait de bornes jusqu'aux Pyrénées.

Riche des productions de son sol, la Gaule, dès la plus haute antiquité, fut célèbre par ses grains, ses fruits, ses légumes, ses chanvres et lins, ses pâturages et ses troupeaux. — Quoique couverte à sa surface d'immenses étendues de bois et forêts, la Gaule cultivait la vigne. Aux époques primitives où de grands défrichements n'avaient pas encore réchauffé son climat, le raisin n'y parvenait qu'à une maturité imparfaite ; — les Gaulois remédiaient à ce défaut en faisant infuser dans le vin de la poix résine (1). Cette substance lui donnait plus de corps et prévenait toute acidité. — Pour hâter la maturité du raisin, ils répandaient de la poussière sur le tronc, sur les tiges et sur le fruit de la vigne. — Par cet ingénieux procédé (2), ils recueillaient d'excellents vins, même près de Paris. — C'est encore aux Gaulois qu'on est redevable de

---

1. DIOSCORIDE, liv. V, c. 43.
2. PLINE, liv. XVII, c. 9.

l'invention des tonneaux. Pline dit qu'ils les composaient de bois odoriférants, pour donner à leurs vins plus de parfum, de prix et de débit.

Strabon (1), qui vivait sous Auguste, et par conséquent peu après la conquête, dit : « La Narbonnaise entière produit les mêmes fruits que » l'Italie. Cependant, à mesure qu'on avance vers le Nord et les Céven- » nes, l'olivier et le figuier disparaissent, quoique tout le reste y croisse. » Il en est de même de la vigne ; elle réussit moins dans la partie sep- » tentrionale de la Gaule. Tout le pays produit beaucoup de blé, de » millet, de glands, et abonde en bétail de toute espèce ; aucun terrain » n'y est en friche, si ce n'est l'espace occupé par les bois et les marais. »

Dès les temps les plus reculés, les Gaulois connaissaient l'art d'extraire et de travailler les métaux. — Les mines d'or des Tarbelliens et des Tectosages étaient fort riches, et avaient reçu, depuis longtemps, une grande exploitation (2). Il s'en trouvait aussi de très abondantes dans les Alpes. — Le pays des Ruthéniens et des Gabaliens se distinguait par ses mines d'argent ; celui des *Pétragoriens* et des Bituriges fournissait du fer très estimé.

Tel était ce pays si admirablement disposé et favorisé par la Providence, qu'au point de vue du sol il était d'une fertilité et d'une telle variété de produits, qu'il pouvait non seulement se suffire, mais encore communiquer de son abondance à ses voisins moins privilégiés. — Au point de vue du climat, c'est une zone des plus tempérées et des plus salubres ; c'est un des pays les plus faciles et agréables à habiter, tout parsemé de plaines fertiles et de riches montagnes, sillonné par de nombreuses et grandes rivières, et jouissant de toutes les facilités d'exploitation. — Au point de vue des relations commerciales, l'Océan, qui lui sert de bornes naturelles de trois côtés différents, le met en communication directe avec l'ancien et le nouveau monde, tout en lui servant de rempart contre ses agresseurs ; tandis qu'à l'Est et au Midi les Alpes et les Pyrénées se dressent comme autant de forteresses derrière lesquelles

---

1. Liv. IV, c. 1.
2. Diod. de Sicil., liv. V. — Athén., liv. VI. — Strabon, liv. IV.

il s'abrite. La Gaule est une région prédestinée providentiellement pour l'établissement d'une grande nation, qui, en se préservant des agitations et des vicissitudes auxquelles ont été soumises les autres nationalités, a été appelée à être le champion et le régulateur des autres peuples.

Lorsque les Romains pénétrèrent dans la Gaule, ils la trouvèrent occupée par une multitude de tribus, plus ou moins considérables et puissantes, qui appartenaient à deux races bien distinctes, la race *Ibérienne* et la race *Celtique* ou *Gauloise*, mais qui, selon quelques auteurs, avaient une certaine affinité entre elles ; car *Iber* et *Keltos*, d'où elles s'étaient formées, étaient frères. — « Leur ancienneté était notoire, dit M. Henry de Riancey (1) : on les traitait de *peuple sauvé du déluge.* »

Cette famille de peuples, nommés *Gaulois* par les Latins, — *Celtes* et *Galates* par les Grecs, — était, suivant Josèphe, Eustache d'Antioche, saint Jérôme et saint Isidore de Séville, la postérité de *Gomer*, premier-né de Japhet, et s'appelait originairement *Gomariens* ou *Gomarites.* — Aujourd'hui encore, s'il faut en croire les auteurs anglais d'une histoire universelle, les *Gallois* ou *Gaulois* d'Angleterre se donnent le nom de *Gomerai.*

« Cette race Gauloise, dit Rohrbacher (2), nous apparait dans l'his-
» toire humaine comme l'avant-garde de ces émigrations de peuples
» qui, du centre de l'Asie et de la plaine de Sennaar, s'en viendront, se
» poussant les uns les autres, et, sortant par les passages de la mer
» Caspienne et du mont Caucase après avoir longtemps erré dans les
» solitudes du Nord, se jetteront sur l'Europe et s'établiront sur les rives
» de l'Océan. »

« Armés de leurs haches, dit encore M. de Riancey, et de leurs cou-
» teaux de pierre, de leur *gais* (3) durcis au feu, ces rudes voyageurs
» poussaient devant eux leurs nombreux troupeaux. — Insoucieux de
» leur route, marchant par tribus confédérées, ils étaient passés sur ces

---

1. *Histoire du Monde.*
2. *Histoire universelle de l'Église*, tom. II, liv. XXII, p. 111.
3. *Gæsum*, espèce de javelot, très pesant, et qui semble avoir été fait, tête et manche, de fer massif.

» côtes qu'avaient traversées les Ibères, et, chassant les populations
» éparses, ils avaient fièrement pris possession de la terre inconnue, en
» la consacrant de leur nom, GALLTACH, *Gaule*. Puis, lançant à la mer leurs
» barques d'osier recouvertes d'un cuir de bœuf, ils affrontaient les plus
» dangereux parages de l'Océan, et allaient se cantonner jusqu'au fond
» de l'*Ile Blanche*, où ils laissaient la trace de leur nom primitif, ALBIN,
» — ALBION, — et de l'*Ile Occidentale*, EIR, — ARVA, — EIRIN, *Irlande*,
» où le soleil s'appelle comme en Chaldée, BEAL, BEL (1). »

Bien qu'à une telle distance, et en l'absence de documents historiques, on ne puisse guère fixer d'époque certaine, il est probable que l'arrivée des Gaulois en Europe avait précédé de deux siècles environ l'exode du peuple d'Israël (1600).

Quand les Galls ou Gaulois furent arrivés en présence des Ibères, une longue et terrible lutte s'engagea entre les deux peuples. Limite des deux territoires, la Garonne roula souvent les cadavres des deux nations ; mais de ce duel à outrance à peine le souvenir est-il resté. Le triomphe même est incertain : les deux races, fatiguées et épuisées, se résignèrent à poser les armes et à s'unir dans la paix. De ce mélange sortit la nation *Celt-Ibérienne*, mixte de nom comme d'origine.

Les essaims innombrables de leur population exubérante firent que les Gaulois se répandirent non seulement dans les contrées voisines de la Gaule, mais encore dans des régions plus éloignées. — Pendant bien longtemps ils ne furent connus des peuples étrangers que par la terreur de leurs armes ; car l'humeur aventurière et belliqueuse de nos ancêtres leur rendit la guerre habituelle. Quand ils ne combattaient pas pour leur propre compte, ils se mettaient à la solde de tous ceux qui consentaient à acheter leurs services militaires. — L'Espagne fut vraisemblablement le premier objectif de leurs expéditions : les dénominations de *Galicie* et de *Celtibères* appliquées à certaines contrées de ce pays, en sont des témoignages irrécusables.

Tite-Live nous parle de quatre invasions des Gaulois en Italie sous le règne de Tarquin l'Ancien, environ six cents ans avant JÉSUS-CHRIST. —

---

1. *Histoire du Monde*.

La première, composée de Gaulois de Bourges, d'Auvergne, de Sens, d'Autun, de Châlon-sur-Saône, de Chartres et du Mans, est celle qui eut lieu en 587 sous la conduite du Biturige Bellovèse. — Les Gaulois vinrent d'abord battre les Ligures et rendre aux *Massaliotes* leur territoire doublé par la conquête. Puis, tout joyeux de leur succès, ils traversèrent les Alpes, chassèrent les Étrusques, fondèrent la ville de Milan, et appelèrent le pays d'alentour *Insubrie*, du nom d'une bourgade au pays d'Autun. — Ce fut pendant cette première campagne que les Kimris ou Cimbres vinrent s'établir solidement dans la Gaule septentrionale.

Les trois autres invasions, composées principalement des Gaulois du Maine, du Bourbonnais et du pays de Langres, bâtirent les villes de Côme, de Bresce, de Vérone, de Bergame, de Trente et de Vicence (1). Les noms de ces peuples de la Gaule se sont conservés en cette portion de l'Italie sous les dénominations de Cenomani, — Boii — et Lingonis. — Les Gaulois occupaient tout ce pays, de telle sorte que les Romains ne l'appelaient point l'Italie mais *Gaule Cisalpine*.

On sait qu'Ambigat, roi du Berry, ne se détermina à faire partir ses neveux Bellovèse et Sigovèse à la tête des expéditions qui envahirent l'Italie et l'Allemagne, qu'à la suite des discordes civiles qui avaient déjà éclaté dans ses États. En même temps que Bellovèse traversait les Alpes et conduisait ses guerriers en Italie, Sigovèse se mettait à la tête d'autres bandes Gauloises, traversait le Rhin, poussait jusqu'au Danube et aux Alpes Illyriennes, et s'établissait dans l'Esclavonie, la Croatie, la Bosnie et la Serbie. — Les Gaulois demeurèrent en ces contrées deux siècles et demi, sans que l'histoire nous en ait transmis aucun souvenir. — Vers l'an 335, quelques-uns de leurs députés s'étant rendus au camp d'Alexandre, sur la frontière de Thrace, pour voir le héros Macédonien : « Que craignez-vous ? » leur demanda celui-ci. — « Que le ciel ne tombe sur nous ! » répondirent-ils. — « Voilà un peuple bien fier, » dit le futur conquérant de la Perse. — Cependant il fit alliance et amitié avec eux. — Onze ans plus tard, le même conquérant recevait de nouveaux ambassadeurs Gaulois lorsqu'il faisait son entrée triomphale à Babylone.

---

1. Tite-Live, liv. V, c. 34-35. — Just., l. 20.

L'an 281 vit une nouvelle émigration Gauloise : ce fut celle des Tectosages, qui, partis de la Gaule méridionale où ils étaient établis, allèrent rejoindre leurs compatriotes jadis conduits par Sigovèse. — Se partageant en trois corps d'armée sous la direction de leurs trois chefs Cérétrius, Belgius et Brennus, ils envahirent la Thrace, la Macédoine, et se proposaient de piller le fameux temple de Delphes, lorsque, au milieu d'un orage épouvantable, ils furent mis en pièces par les Grecs et forcés de battre en retraite. — Brennus, qui avait reçu un grand nombre de blessures, ne voulut pas survivre à sa défaite ; lui-même, d'un coup de poignard, se donna la mort.

Après leur invasion en Asie, les Gaulois ne tentèrent plus de grande expédition pour leur propre compte ; mais on les vit se mettre à la solde des rois de Syrie et d'Égypte, ainsi que des autres princes de l'Asie assez riches pour payer leurs services.

« Telle était la terreur de leur nom, nous dit Justin (1), tel était le
» bonheur invincible de leurs armes, que les monarques croyaient im-
» possible, sans leur valeur, ni de soutenir leur majesté, ni de la récu-
» pérer quand ils l'avaient perdue. » C'est ce qui arriva pour le roi de Bithynie.

Les deux chefs Gaulois Léonor et Lutaire, qui s'étaient séparés dès le commencement des grandes expéditions de leurs compatriotes et avaient marché avec cent mille hommes du côté de la Thrace, envahirent tout le pays jusqu'à la mer. De là ils traversèrent, l'un le Bosphore, l'autre l'Hellespont, et se rejoignirent en Asie. — Ils firent alliance avec Nicomède, roi de Bithynie, et l'aidèrent à recouvrer son royaume sur son frère, qui l'en avait dépouillé. — Ce service signalé leur valut un établissement fixe dans la Phrygie : — de là le nom de *Gallo-Grèce* que porta d'abord cette contrée, et ensuite de *Galatie*, aux habitants de laquelle saint Paul adressera plus tard une de ses épîtres.

Ajoutons ici, en passant, que les Gaulois constituaient aussi la force principale des armées de la République de Carthage, presque exclusive-

---

1. Justin, l. XXV, c. II.

ment composées de mercenaires ; et, sans leur bravoure, la rivale de Rome n'eût pas tant tardé à succomber.

Mais revenons du côté des Alpes, où nous retrouverons la lutte toujours engagée. — Deux cents ans après les quatre premières invasions Gauloises en Italie, c'est-à-dire quatre cents ans environ avant notre ère, eut lieu la cinquième invasion, celle des *Senonais* ou Gaulois de Sens. Ils pénétrèrent jusque dans l'Étrurie et assiégèrent la ville de *Clusium*, qui implora le secours des Romains. — Ceux-ci envoyèrent des ambassadeurs demander aux Gaulois de quel droit ils envahissaient l'Étrurie. — Brennus répondit que « son droit était à la pointe de son » épée ; — que c'était le même droit par lequel les Romains avaient » enlevé aux Sabins, aux Fidénates, aux Albains, aux Èques et aux » Volsques la meilleure partie de leur territoire ; qu'au fond, les Gaulois » ne demandaient aux Clusiens que le surplus des terres qu'ils ne pou- » vaient cultiver. »

Les ambassadeurs, oubliant leur caractère de médiateurs, combattirent dans les rangs ennemis pour la défense de la ville. — Brennus, après avoir vainement demandé satisfaction au Sénat, marcha sur Rome, tailla en pièces l'armée Romaine près de la rivière l'Allia, prit Rome d'assaut, en resta maître pendant sept mois, à l'exception du Capitole ou citadelle, dont il finit cependant par se rendre maître. — Il la rendit ensuite aux Romains sous les conditions qu'il lui plut, et ceux-ci recouvrèrent ainsi leur patrie contre tout espoir. — La rançon fut de mille livres pesant d'or. — Ce qui détermina les Gaulois à se retirer, fut la nouvelle que les *Vénètes* avaient fait une irruption sur leur propre territoire.

Tel est le récit du judicieux Polybe, qui, de tous les historiens, vécut le plus près de l'événement (1). — Justin rappelle également que les Romains rachetèrent leur ville de la main des Gaulois, non par le fer, mais par l'or (2). — Suétone parle de la même tradition (3). — Tite-

---

1. POLYBE, l. I, c. VI ; liv. II, c. XXII.
2. JUSTIN, l. XXVIII, c. II ; liv. XXXVIII, c. IV.
3. SUÉTONE, *Tib.*, n. 3.

Live fait tenir le même langage aux Samnites (1). — Pour lui, il nous apprend de plus que les Gaulois furent sur le point de prendre le Capitole même ; que Rome ne dut son salut qu'à ses oies ; — qu'à la fin la garnison, abattue par la faim et la fatigue, résolut de se rendre ou de se racheter ; que le prix du rachat fut de mille livres pesant d'or ; — que, pendant qu'on pesait la somme, Brennus jeta son épée dans la balance en s'écriant : « *Malheur aux vaincus !* » mais que, à ce moment même, survint Camille, qui avait été nommé dictateur dans son exil ; celui-ci défendit de payer la rançon, attaqua les Gaulois avec son armée, et les extermina si bien qu'il n'en laissa pas un seul pour porter la nouvelle.

Il y a tout lieu de croire que ces dernières circonstances sont sorties de l'imagination de Tite-Live afin de pallier le désastre de sa patrie. Luimême raconte peu après que, par suite de la prise de Rome par les Gaulois, le nom Romain tomba dans le mépris ; — que tous les peuples d'alentour, même les anciens alliés, s'insurgèrent à la fois. Mais s'il eût été vrai que Rome, au lieu de se racheter au poids de l'or, avait exterminé par le fer jusqu'au dernier Gaulois, le nom Romain, bien loin de tomber dans le mépris, eût inspiré plus de terreur que jamais. Nous voyons au contraire dans Tite-Live même que, pendant plus d'un siècle, le nom qui inspirait le plus de terreur et à Rome et à toute l'Italie, c'était le nom *Gaulois*. — Chaque fois que le bruit se répandait, — ce qui arriva six à sept fois, — qu'une armée Gauloise se mettait sur pied soit en deçà, soit au delà des Alpes, le Sénat Romain proclamait, non pas la guerre, mais ce que les Latins appelaient le *Tumulte* ou la *Consternation*. — Toutes les affaires étaient suspendues ; on enrôlait tous ceux qui pouvaient porter les armes, soit parmi les Romains, soit parmi les alliés. — Dans une de ces occasions, on enrôla, d'après le dénombrement de Polybe, jusqu'à sept cent mille fantassins et soixante-dix mille cavaliers (2). — On créait ordinairement un dictateur. — Deux fois les armées étaient déjà levées, ou même entrées en campagne, lorsqu'on apprenait que le bruit était faux : les Gaulois n'avaient pas bougé (3).

---
1. Tite-Live, lib. X, c. XVI.
2. Polybe, l. II, c. XX.
3. Tite-Live, l. VIII, c. XVII et XX.

Rien ne fait mieux voir quelle terreur cette nation inspirait à Rome. — Aussi Salluste assure-t-il que, depuis les premiers temps jusqu'à lui, les Romains avaient cette persuasion que tout le reste était facile à leur valeur, mais qu'avec les Gaulois ils avaient à combattre, *non pour la gloire, mais pour l'existence* (1). Cicéron n'est pas moins fort : « La » nature a fortifié l'Italie par les Alpes, dit-il, non sans une providence » spéciale de la divinité ; car, si ce chemin eût été ouvert à la férocité et » à la multitude des Gaulois, jamais Rome ne fût devenue le siège de » l'Empire (2). »

Ce qui nous importe le plus de connaître, et ce à quoi se rattache le plus le sujet qui nous intéresse, c'est la Gaule proprement dite et ses habitants. — Nous les avons vus s'y établir, repousser au loin les tribus qui voulaient leur en disputer la possession, et déverser l'exubérance de leur population dans les régions voisines. — Au Midi, ils se fondirent avec la race des Ibères, qu'on ne désigna plus que sous le nom de *Celtibères*. Cette même race Ibérienne occupait, sous la dénomination de *Ligures*, la partie de la Gaule comprise entre le Rhône et les Alpes, depuis la Méditerranée jusqu'aux sources de la Durance.

Les Gaulois restèrent longtemps possesseurs paisibles de leur terre de conquête, la Gaule, GALLIA, — GALLTEACH. — Cependant vers le Midi, chez eux comme chez les *Ligors* ou Ligures de la Méditerranée, les marchands de l'Orient vinrent poser, dès le treizième siècle (av. J.-C.), des établissements et des comptoirs. — Les Phéniciens les premiers s'étaient hasardés sur ces côtes, attirés par l'appât des mines que recélaient presque à fleur de terre les Cévennes, les Pyrénées, les Alpes, — du fer que fournissaient les antres des montagnes, — du grenat des bords de la mer — et du corail des îles d'Hyères.

« De gré ou de force, dit M. de Riancey (3), ils prirent l'exploitation » des métaux, et, pour le service de leurs usines, ils construisirent une » voie magnifique, qui faisait communiquer l'Espagne, la Gaule et

---

1. SALLUSTE, *Jugurt.* n. 214.
2. CIC., *Prov. Cons.*, n. 14.
3. *Histoire du Monde*, tome II, pag. 430 et 440.

» l'Italie, en passant par les Pyrénées Orientales, le littoral de la mer
» Gauloise, et en traversant les Alpes au col de Tende; œuvre prodi-
» gieuse dont les vestiges subsistent encore et attestent la puissance et
» la richesse de ses auteurs. Aussi, dans la mythologie, c'est le *Travail*
» *d'Hercule*, car le héros Phénicien, ou plutôt le génie de Tyr déifié,
» passa sur les plages Gauloises. »

Débarqué à l'embouchure du Rhône, assailli par *Albion* et *Lygur*, ou les gens de la montagne, il ne dut la victoire qu'à une pluie de pierres avec lesquelles il écrasa ses ennemis. — « Ces pierres, dit M. Duruy, » sont celles dont la Crau est encore parsemée (1). » — Plus tard, vers le sixième siècle, survinrent les Phocéens de l'Asie-Mineure, et dès lors Marseille était fondée.

Avant de voir les peuples étrangers s'établir en Gaule et se mêler aux peuplades qui l'habitent, on nous demandera peut-être des détails sur les mœurs et usages primitifs de ces anciens Gaulois. Cette longue période de l'histoire Gauloise, qui s'étend depuis l'entrée de ces tribus dans la Gaule jusqu'aux invasions des Romains, toute enveloppée d'obscurité et reléguée trop facilement par certains auteurs dans ce qu'on appelle *Temps préhistoriques*, ne nous paraît pas tellement impénétrable que l'on ne puisse bien en recueillir quelques échos et en percevoir quelques notions. — Ne pourrait-on pas y parvenir en interrogeant les lieux et les régions où, après s'être fixées, les tribus Gauloises ont conservé leur autonomie et leur prépondérance ? — Ce travail, quoique difficile, ne nous paraît pas impossible ; — et notre ignorance ne peut y trouver qu'un vaste champ de connaissances et de découvertes intéressantes. On comprendra facilement que, vu le cadre restreint de notre étude, nous ne puissions ici faire preuve d'une telle érudition. Nous nous bornerons à produire les témoignages, d'autant plus précieux que désintéressés, que nous ont laissés les Romains sur les Gaulois, leurs rivaux acharnés, qu'ils ont subjugués au prix des plus grands efforts, et avec lesquels ils ont cohabité sur cette terre de Gaule pendant une longue période. Ces témoignages, en nous montrant le peuple Gaulois au plus fort de sa civi-

1. M. DURUY, *Histoire de France*, t. I, p. 22.
Périgueux.

lisation, développée au contact des civilisations Grecque et Romaine, serviront beaucoup à nous faire pressentir la nature, les dispositions et les mœurs primitives de ce peuple si intéressant. — C'est pour nous inspirer de ces données historiques, de ces échos échappés au monde Romain sur notre pays de Gaule, que nous allons immédiatement faire le récit des principales campagnes qui ont amené l'invasion successive de la Gaule par les Romains.

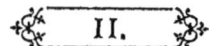

II.

Comment les Romains ont envahi la Gaule. — Colonies Romaines dans le Midi de la Gaule. — La Provence. — Campagnes de Jules-César en Gaule. — Vercingétorix. — Avaricum. — Gergovie. — Alesia. — Uxellodunum. — La Gaule sous la domination Romaine. — Nouvelle division de la Gaule par Auguste. — Vesunna Petrocoriorum. — Apparition des Francs dans la Gaule. — Constance-Chlore, César des Gaules. — Invasion des Barbares dans la Gaule. — Monuments primitifs de l'histoire des Gaulois.

PEINE Rome eut-elle achevé la conquête de l'Italie en subjuguant la Gaule Cisalpine, qu'elle entreprit la conquête de la Gaule Transalpine. — Il lui fallait, du reste, s'ouvrir une route pour aboutir à ses possessions d'Espagne. Elle saisit l'occasion que lui en offrirent certaines tribus des Ligures qui avaient attaqué Marseille son alliée et la rivale de Carthage. — Elle les battit successivement, et, à la faveur de ces victoires, elle fonda les principales villes du Midi de la Gaule, comme Aix en Provence, Nîmes, etc.; et, après avoir dompté les Arvernes et les Allobroges, qui s'étaient opposés à ces premiers établissements, Rome organisa en *Province*, sous le nom de PROVINCIA ROMANA, tout le pays conquis au Midi de la Gaule, qui depuis a porté le nom de *Provence*.

Plus tard les Cimbres et les Teutons, s'étant jetés sur la Gaule, vinrent se faire battre près d'Aix par Marius. Ils furent suivis par d'autres peuplades Germaniques, particulièrement les Suèves, contre les ravages desquels les tribus Gauloises réclamèrent le secours et l'intervention de

Jules-César. — Celui-ci venait d'être investi par le Sénat du gouvernement de la Gaule Cisalpine et de la Gaule Transalpine, c'est-à-dire de la *Province Romaine*.

De l'an 58 à 50 avant Jésus-Christ, César fit, en neuf campagnes, la conquête de la Gaule. — Dans la première campagne, en l'an 58, il battit les Helvètes et l'armée des Germains commandée par Arioviste, et les fit reculer dans leurs montagnes.

La cinquième et la septième campagne furent très rudes à soutenir. — Dans la cinquième, il eut à réprimer un soulèvement général de la Gaule, provoqué et soutenu avec beaucoup d'habileté et de vaillance par l'Éburon Ambiorix. Cet intrépide Gaulois culbuta dix mille Romains commandés par Sabinus, et réduisit à la dernière extrémité Quintus Cicéron, fils de l'illustre orateur, qui s'était retranché dans un camp. — César eut raison de tous ces efforts.

La septième campagne fut la plus laborieuse de toutes. — Tous les peuples de la Gaule s'étaient soulevés à la voix du bouillant Vercingétorix, fils d'un puissant Arverne. Ce jeune et intrépide héros, que César avait tenté de séduire par la promesse d'une couronne, aima mieux consacrer ses forces et son génie à l'émancipation de sa patrie. — Les Carnutes commencèrent le mouvement par le massacre de tous les Romains qui se trouvaient à *Genabum* ou Orléans. Les Bituriges enserrent Labiénus, général Romain, dans ses quartiers d'hiver. — César tombe précipitamment sur les Arvernes, et vient battre les troupes de Vercingétorix à Noviodunum ou Nevers, l'an 52 avant J.-C. — Le général Gaulois comprit que la science militaire l'emporterait toujours sur la vaillance de ses compatriotes : il changea de tactique. — Il essaya de réduire ses ennemis par la faim ; et, dans ce but, il fit brûler toutes les villes des Carnutes et des Bituriges, excepté toutefois celle d'Avaricum, qui fut assiégée et prise par les légions Romaines. — Quarante mille Gaulois y furent passés au fil de l'épée, et tous les approvisionnements qui y avaient été entassés tombèrent entre les mains de l'armée Romaine.

Vercingétorix, loin de se laisser abattre, rallie ses valeureux compagnons d'armes. — Retiré et assiégé dans la ville de Gergovie, près Clermont-Ferrand, il y fait des prodiges de valeur dignes d'un meilleur sort. — Un moment caressé par la victoire, il pousse ses frères d'armes à une lutte désespérée ; mais César, non moins intrépide et d'une plus grande tactique, se jette dans la mêlée, y perd son épée, mais y remporte une brillante et précieuse victoire.

Les Gaulois en déroute allèrent se réfugier dans *Alesia*, en Auxois. César les y poursuivit, et les y enferma afin de les réduire par la famine. Après une série de combats acharnés où la fortune semblait fuir les efforts héroïques de nos ancêtres, Vercingétorix, voulant sauver au moins la vie de ses derniers compagnons d'armes, sortit d'Alesia et, pénétrant dans le camp de César, vint briser silencieusement son épée aux pieds du proconsul. Celui-ci ne sut répondre à tant de magnanimité qu'en poussant le héros Gaulois devant son char de triomphe à Rome, et qu'en le faisant égorger au fond de la prison Mamertine.

Après la capitulation d'Alesia, les Gaulois firent un dernier et suprême effort à *Uxellodunum*, ville du Quercy. Ce fut la dernière de leurs défaites. César fit couper le poing à tous ceux qui furent pris en cette place forte. Ainsi se termina la conquête de la Gaule (51 av. J.-C.). — Elle avait duré huit ans consécutifs, avait fait périr trois millions d'hommes, et détruit la plupart des villes et places fortes de cette contrée. Mais en mourant ainsi pour sa liberté et son indépendance, ce peuple avait jeté le germe de sa valeur et de sa gloire, tant dans l'esprit de ses vainqueurs que dans les générations futures.

Après avoir triomphé des Gaulois, Jules César ne leur imposa qu'un tribut fort léger, mais il laissa de fortes garnisons dans leur pays. Ce fut seulement sous Auguste, l'an 27 av. J.-C., que la Gaule reçut l'organisation propre à laquelle Rome soumettait toujours les territoires conquis par ses armes. — Auguste partagea la conquête de César en quatre provinces, à la tête desquelles il mit des gouverneurs choisis par lui-même : ce furent la Gaule Narbonnaise, l'Aquitaine, la Gaule Lyonnaise et la Gaule Belgique. Cette division de la Gaule subsista jusqu'à la fin du troisième siècle de notre ère, époque où Dioclétien subdivisa en sept les quatre provinces d'Auguste. — A l'avènement de Julien, on en comptait onze. — Enfin, sous Honorius, au commencement du quatrième siècle, leur nombre s'éleva à dix-sept. — La septième de ces provinces était la *Deuxième Aquitaine* avec BURDIGALA, ou Bordeaux, pour capitale, et pour villes principales, AGINNUM NITIOBRIGUM ou Agen, — VESUNNA PETROCORIORUM ou Périgueux, — MEDIOLANUM SANTONUM ou Saintes, — INCULISMA AGESINATUM ou Angoulême, — LIMONUM PICTONUM ou Poitiers.

La politique d'Auguste à l'égard de la Gaule fut aussi libérale qu'habile. En même temps qu'il prenait les mesures nécessaires pour empêcher les Gaulois de secouer le joug, il s'efforça de les gagner en leur faisant connaître les bienfaits de la civilisation. — Il sillonna le pays de routes, le peupla de nombreuses colonies, y créa des villes nouvelles, embellit plusieurs des anciennes cités Gauloises dont quelques-unes, par reconnaissance, prirent son nom, et fonda, pour répandre dans le pays la langue et la littérature latines, des écoles qui prospérèrent si merveilleusement, que Rome ne tarda pas à être inondée de rhéteurs Gaulois. — Toutefois, sous prétexte d'humanité, il proscrivit les Druides, qui, conservateurs des traditions nationales et ministres des divinités Gauloises, entretenaient le patriotisme mourant du peuple conquis. — Quant aux dieux indigènes, ils furent assimilés aux dieux de l'Italie, et des temples magnifiques furent élevés en leur honneur.

Tibère réprima les efforts du Trévire *Florus* et de l'Eduen *Sacrovir*, qui avaient organisé des soulèvements.

L'empereur Claude, qui était né à Lyon, poursuivit les Druides avec un acharnement rigoureux ; mais il se montra bienveillant pour les Gaulois, et, nonobstant l'opposition des Patriciens, leur ouvrit l'entrée du Sénat (43). — A partir de cette époque jusqu'au milieu du troisième siècle, la Gaule n'a d'autre histoire que celle de l'empire. — La civilisation Romaine pénétrait rapidement jusque dans les parties les plus reculées du territoire. — Les cités principales se remplissaient de temples, de théâtres, de cirques, d'amphithéâtres, de thermes, ainsi que l'attestent les imposantes ruines qui sont encore debout dans beaucoup de villes de France. — Et ces monuments rivalisaient avec les plus beaux édifices de l'Italie.

Vers l'an 240, on vit apparaître sur les bords du Rhin les Francs, qui, commençant leurs incursions sur le territoire de la Gaule, devaient plus tard donner leur nom à la Gaule tout entière, comme ils en avaient laissé l'empreinte au pays qu'ils avaient habité au delà du Rhin. — Et aujourd'hui encore ce pays s'appelle, dans leur ancienne langue qui est restée la sienne, FRANKENLAND, ou le *Pays des Francs :* c'est ce que nous appelons *Franconie*. — L'orateur Eumène, dans son panégyrique de l'empereur Constantin, donne plus d'une fois le nom de France, FRANCIA, à cette patrie originelle des Français. — Et S. Jérôme observe qu'un garde du corps de l'empereur Constance, qui vint trouver S. Hilarion afin d'être guéri par ses prières, faisait assez connaître par la blancheur de son teint et ses cheveux blonds qu'il était de la nation des Francs. « Car, dit-il, entre les Saxons et les Allemands il existe une
» nation moins étendue que forte, que les historiens nomment Germanie,
» mais que maintenant on appelle *France* (1). » — Le nom de *Francs*, inconnu à Tacite, était commun deux siècles plus tard à plusieurs peuples que le même Tacite appelle Bructères, Chamaves, Chérusques, Hattes, Sugambres ou Sicambres, et d'autres noms (2). »

« La manière d'expliquer ce fait, dit Rohrbacher (3), c'est que, dans
» l'intervalle, ces divers peuples sous le nom commun de *Francs*, qui
» veut dire *hommes libres*, formèrent une confédération pour défendre
» leur liberté et leur indépendance. Les Francs étaient par-dessus toutes
» les nations Germaniques d'une valeur indomptable. Leur fusion avec
» les Gaulois ou les Celtes, dont la bravoure allait jusqu'à la témérité,
» dès le temps d'Aristote, explique le naturel belliqueux des Francs
» modernes ou des *Français*. »

A leur première apparition en Gaule, les Francs furent d'abord repoussés par Aurélien, alors simple commandant de légion. — Contenus

---

1. S. HIERON. *In vitâ S. Hilarion*, c. XVII.
2. TACITE, *Annal.*, l. II, c. XXVI.
3. *Histoire de l'Église universelle*.

à peine par les empereurs éphémères que les légions Romaines faisaient et défaisaient, les Francs, accompagnés par plusieurs autres hordes barbares, comme les Burgondes, les Vandales, envahirent de nouveau la Gaule en 277, où ils prirent et pillèrent soixante-dix villes. — Mais ils furent rejetés au delà du Rhin par Probus, qui leur tua, dit-on, quatre cent mille hommes. — Quoi qu'il en soit, par suite de toutes ces invasions, et aussi de la mauvaise administration Romaine, la Gaule, dès ce moment, fut en pleine décadence.

Dans le partage que Dioclétien fit de l'empire en 292, il forma de la Gaule, de l'Espagne et de la Grande-Bretagne un gouvernement qu'il confia à Constance-Chlore, élevé au rang de *César*. — Ce prince et son fils Constantin, qui lui succéda, essayèrent de cicatriser les plaies du pays. Non seulement ils gagnèrent les habitants par leur justice et leur désintéressement, mais ils repoussèrent encore toutes les tentatives d'invasions faites par les barbares. — Constance-Chlore remporta sur les Allemands deux victoires signalées, et Constantin fit essuyer aux Francs une sanglante défaite (306); mais sous le règne de Constance ils recommencèrent leurs incursions dévastatrices. — Constance s'étant enfin décidé à élever son neveu Julien à la dignité de César et à lui confier le gouvernement de la Gaule (355), le jeune César vainquit successivement les Allemands, les Francs, et passa lui-même le Rhin à plusieurs reprises. — Par sa simplicité, sa justice, son humanité, ce prince avait conquis l'affection des Gaulois, et lui-même, de son côté, s'était fortement attaché à ce peuple. Il chérissait surtout les habitants de Lutèce, où il avait fixé sa résidence.

Après lui, les empereurs Valentinien Ier (366) et Gratien (377) infligèrent encore aux Barbares de sanglantes défaites; mais le flot se renouvelait sans cesse.

Sous le règne d'Honorius, vers la fin de l'année 406, la Gaule fut inondée par des hordes innombrables de Vandales, de Suèves, d'Alains et de Burgondes, qui ruinèrent les villes et ravagèrent les campagnes; mais la plus grande partie de ces bandes poussèrent jusqu'en Espagne. — Les Visigoths ne tardèrent pas à dévaster le Midi de la Gaule (413), et s'emparèrent d'une partie de l'Aquitaine, où leur roi Ataulphe épousa, à Toulouse, Placidie, sœur d'Honorius, empereur d'Occident.

Cependant Aétius, général de l'empereur Valentinien Ier, défit, en 435, Gondicaire, roi des Burgondes, qui avaient envahi la Belgique; fit lever le siège de Narbonne aux Visigoths (436), comprima une insurrection en Armorique (446), remporta (448) près de Lens une victoire sanglante sur Clodion, roi des Francs Saliens, et enfin, avec le secours de ces Francs, de ces Burgondes et de ces Visigoths, arracha la Gaule aux dévastations d'Attila (451).

Dès lors, ce ne fut plus qu'une alternative de révolutions civiles et politiques, et d'attaques de la part des peuples envahisseurs, qui toutes finirent, en 486, — à la victoire de Soissons remportée par Clovis, roi des Francs, sur les Gallo-Romains, — par arracher complètement à la domination Romaine la Gaule Transalpine.

Depuis l'an 154 avant notre ère, où les soldats Romains avaient, pour la première fois, posé le pied sur le territoire de la Gaule Transalpine, jusqu'à l'an 486 après J.-C., qui vit disparaître les derniers vestiges des armes Romaines, il s'était écoulé une période de 610 ans.

Cette si longue domination Romaine ne put annihiler et faire tomber dans l'oubli le grand peuple Gaulois, dont le souvenir est resté vivant après cette lutte gigantesque qu'il soutint si héroïquement contre les armées Romaines, et où vainqueurs et vaincus ne se croyaient pas moins intéressés à détruire les villes, les citadelles et les monuments de la nation Gauloise. Impuissant a été l'acharnement de cette Rome, jalouse de la gloire de ses rivaux; non contente de régner sur leurs ruines, elle aurait voulu en effacer la mémoire, et elle employa pour cela tous les moyens de destruction ou d'assimilation, mais en vain. L'histoire du monde est pleine de souvenirs du peuple Gaulois, toujours grand dans ses revers comme dans ses succès. Les invasions des Barbares qui, plus tard, se sont jetés sur le vieux colosse Romain et s'en partagèrent les dépouilles, n'ont pu faire oublier les anciens habitants de la Gaule dont elles ont exterminé les oppresseurs.

La vieille Gaule n'a pas disparu : elle est toujours là, et, grâce à un mouvement bien accentué des nouvelles générations, et à des études dont l'ardeur excuse bien souvent les écarts, mais dont les efforts incessants nous ménagent d'heureuses surprises ; grâce aux explorations actives et patientes des hommes de notre temps, on retrouve la trace de ce peuple, on découvre l'emplacement de ses anciennes cités et forteresses, on recueille à la surface du sol, sur ces coteaux abandonnés, dans le fond des cavernes ténébreuses, au milieu de ces restes de forêts, ces armes et instruments de silex de tout genre et de toutes dimensions, dont le fini et la précision autant que la solidité et l'avantage nous révèlent, et le génie artistique, et les qualités de ce peuple de héros.

Il ne nous appartient pas de retracer ici la nomenclature des monuments si précieux et si nombreux que les savants et les archéologues ont trouvés, et ne cessent encore de découvrir au profit de notre histoire Gauloise. Le cadre trop restreint de notre travail ne nous permet pas cette digression, qui serait pourtant bien intéressante. Mais, sans parcourir ici les stations Celtiques que l'on signale un peu partout sur le sol de notre France, sans parler des forêts de menhirs et de peulvans qui s'étalent dans l'Armorique ou Bretagne, sans rappeler ici les études si intéressantes et les précieuses découvertes qui ont été faites par nos savants modernes sur les antiques cités Gauloises, *Uxellodunum*, *Alesia*, *Ségovie*, etc., etc , n'avons-nous pas dans notre *Périgord*, terre essentiellement Gauloise, une des plus riches en souvenirs et en monuments Celtiques, n'avons-nous pas là comme un livre intéressant qui s'ouvre sous nos yeux pour nous faire connaître l'histoire de la Gaule antique ? Où trouverons-nous, mieux que dans nos campagnes, des monuments et des objets de provenance Celtique? Qu'on essaie, si on le peut, d'évaluer les dolmens ou pierres druidiques de toute forme qui se dressent en notre Périgord, depuis la plus simple pierre levée *(peyro levado)* jusqu'aux rocs branlants du Nontronnais? Et les grottes si intéressantes et si riches des Eyzies, qui attirent de partout les savants et les explorateurs ; et les innombrables variétés de silex taillés, de bois de renne sculptés, qui remplissent nos musées et nos collections ; et les *tumulus* qui marquent les stations ou les champs de batailles Celtiques, etc., etc. !

Tout cela est l'antique Gaule, et si nous ne pouvons suivre ce peuple pas à pas dans son passage à travers les siècles, au moins pouvons-nous en apprécier les qualités morales et intellectuelles qui font les grands peuples, et leur communiquent ce cachet d'immortalité que rien ne saurait leur arracher.

Entre tous les monuments qui nous sont restés de cette époque et qui nous parlent le plus de ce peuple Gaulois, nous avons les tombeaux sous leurs différentes formes : c'est dans ce grand livre de la mort que nous pouvons lire, à grands traits, bien des souvenirs saillants de la vie de ce peuple. Et, à n'en pas douter, nous savons certainement que, malgré leurs efforts pour effacer de la terre le souvenir et les mœurs de la nation Gauloise, les Romains eux-mêmes, par un instinct religieux, sanctionné du reste très énergiquement par leur législation, se faisaient un scrupule de respecter ce qui intéressait les morts (1).

Nous avons les tombeaux de la période Celtique, mais nous avons encore les sépultures de la période Gallo-Romaine, où les Romains vainqueurs cohabitaient avec les Gaulois, et s'efforçaient de leur inoculer leur civilisation, leurs mœurs et leur religion.

De telle manière que l'histoire de notre Gaule s'est conservée jusqu'à nous à la faveur des souvenirs de l'histoire Romaine, dont les monuments nous redisent les mœurs simples, les grandes idées, le noble caractère, les qualités viriles et belliqueuses, et le fonds religieux de cet illustre peuple. Tout cela, du reste, est amplement confirmé par les témoignages explicites que les Romains eux-mêmes ont rendus à cette nation, qu'ils avouent n'avoir subjuguée que parce qu'elle était en pleine décadence.

C'était le sentiment de Jules César, qui, dans ses *Commentaires*, con-

---

1. « La profanation d'une sépulture quelconque était chez les Romains, dit M. Spencer Northcote
» (*Visite aux Catacombes*), un crime si odieux que le délinquant, selon sa condition sociale, était
» condamné au bannissement ou aux travaux forcés à perpétuité. Et cette loi de protection de
» sépulture s'étendait non seulement aux tombes des riches et des nobles, mais encore des esclaves
» et des criminels, et de ceux mêmes qu'avait frappés la main du bourreau, et dont les corps avaient
» été réclamés par la famille et les amis. Toutes les tombes étaient soumises à la surveillance du
» Pontife. Cette même loi couvrait encore de sa protection les cimetières chrétiens qui pouvaient
» exister. On les poursuivait vivants et on les respectait dans la mort. »

venait que, lors de son expédition chez les Gaulois, ce peuple était dégénéré (1).

Arrêtons-nous donc un moment, et prêtons l'oreille aux échos que nous transmettent les contemporains et les maîtres de la Gaule. Ces appréciations et témoignages seront d'autant plus précieux qu'ils viennent d'adversaires tout préoccupés d'amoindrir leurs rivaux et de se faire valoir eux-mêmes.

III.

Tempérament, mœurs et usages des Gaulois. — Leurs vêtements. — Religion des Gaulois. — Divinités.— Les Druides. — Constitution politique et sociale des Gaulois.— Puissance militaire des Gaulois. — Leur tactique. — Leurs armes. — Leurs machines de guerre.— Leurs citadelles et places fortes.— Leurs vaisseaux.— Villes Gauloises. — L'instruction chez les Gaulois.— Les Bardes.— Agriculture.— Industrie et commerce des Gaulois.

Jules César (2) dit que les Gaulois, comme les Romains, prétendaient être issus de Dis, qu'on a fait *Dieu des Enfers;* et il croit en voir la preuve dans la manière dont les premiers comptaient le temps, le mesurant sur le nombre des nuits et non sur celui des jours.

« Les Gaulois, dit Tite-Live (3), étaient grands, bien constitués, ro-
» bustes, mais plus capables d'audace que de patience, plus propres à
» une brusque attaque qu'à une longue résistance; ils avaient, en général,
» les yeux bleus, la peau blanche comme le lait et la neige. Leurs
» femmes joignaient à cette blancheur la taille la mieux prise et beaucoup
» d'éclat et de beauté. Traitées avec les plus grands égards par leurs
» époux, elles les suivaient *parfois* à la guerre, et savaient mourir avec
» le brave dont elles avaient juré de partager la bonne ou la mauvaise
» fortune. »

---

1. *De Bello Gall.*, lib. VI.
2. *De Bello Gall.*, lib. VI.
3. *Decad.* IV, lib. VIII.

Le mariage, pour les Gaulois, était le plus sacré de tous les engagements. L'adultère était rare chez eux, mais les supplices les plus affreux en étaient la punition ordinaire : « Les biens des deux époux, mis en
» commun(1), restaient au survivant.—Quant aux enfants, leur éducation
» était confiée aux femmes ; ils ne paraissaient que très rarement devant
» leurs pères jusqu'à l'âge où ils étaient en état de porter les armes ; —
» les pères avaient droit de vie et de mort sur leurs femmes et leurs
» enfants. »

Leur costume était fort simple. — La partie de leur vêtement la plus caractéristique aux yeux des Romains, était une espèce de *chausse* appelée BRACCA ou BRAGA *(braie)*, dont ils faisaient usage, et qui était tantôt étroite et collante, tantôt large à plis multiples.— Ils portaient en outre une tunique, véritable chemise à manches, qui tombait jusqu'aux genoux, et le SAGUM *(saie)*, sorte de blouse, avec ou sans manches, qui s'attachait sous le menton avec une agrafe de métal. La tunique et la saie étaient bigarrées de différentes couleurs. Celle-ci notamment était faite d'une étoffe à petits carreaux multicolores, légère en été mais épaisse en hiver. — Les Gaulois se couvraient la tête d'un bonnet d'étoffe ou de poil. Ils portaient des chaussures qui, pendant l'hiver, étaient des espèces de sandales de bois ou de liège, forme de *galoches* que les Romains appelaient SOLEÆ GALLICÆ. — Ils aimaient beaucoup à se parer de bijoux tels que bracelets, anneaux, colliers d'or, etc., etc. Les femmes portaient des coiffures singulières.

Simples, francs et généreux, les Gaulois étaient regardés comme un peuple plein de candeur. Strabon (2), comme Jules César (3), lui rend ce même témoignage. « Nous avons appris de nos ancêtres à mépriser la
» ruse et l'artifice, et à ne compter que sur notre valeur, » disait un chef Gaulois à Jules César.

Ils se distinguaient par leur propreté, leur goût et leur politesse. César dit qu'ils étaient les plus civils d'entre les peuples barbares, et Strabon (4),

---

1. *De Bello Gallico.*, lib. VI.
2. STRABON, lib. III.
3. *De Bello Gall.*, lib. I.
4. STRABON, lib. III.

que les mauvaises mœurs leur faisaient horreur ; ils étaient hospitaliers et exerçaient cette vertu avec un soin et une recherche qui leur font le plus grand honneur.

Quand ils n'avaient pas d'ennemis à combattre, les Gaulois se livraient aux plaisirs de la chasse. Ils y employaient des chiens très estimés qu'ils dressaient eux-mêmes. Strabon (1) dit qu'ils faisaient trophée, comme cela se pratique encore, des cornes et bois d'animaux, fruit de leur chasse. C'est aussi pour la même raison qu'ils faisaient monter en or, pour leur servir de coupe, le crâne des ennemis marquants tués par eux à la guerre. Tout l'or du monde aurait été insuffisant à leur acheter ce souvenir de leur victoire. A la différence des autres peuples, ils mangeaient assis à table (2).

Le vin, la bière et une liqueur composée d'eau, de miel et de graines fermentées, leur servaient de boissons ordinaires. — Leur nourriture se composait de viandes, de volailles, de gibier, de légumes et surtout de laitage.

Les seigneurs Gaulois se distinguaient, en outre, par un luxe si prodigieux que l'on serait tenté de le regarder comme fabuleux, s'il ne nous était raconté par ceux qui étaient si intéressés à le rabaisser.

Quelle magnificence, quelle profusion de ce Luernius (3), qui fit clore un terrain de douze stades carrés pour y régaler tout un peuple, et qui, pour se concilier la faveur de la multitude, se promenait au milieu d'elle, porté sur un char somptueux et semant à pleines mains l'or et l'argent sur sa route ! — Ce même Luernius aimait les lettres et les protégeait ; les poètes de la nation, les Bardes surtout, étaient l'objet de ses largesses.

Et cet autre chef Gaulois, Ariamne, qui, sur une étendue considérable de pays, avait fait dresser de riches pavillons pour y traiter pendant une année entière (4) ses compatriotes, voire même les étrangers qui tra-

---

1. Strabon., lib. IV, cap. 4.
2. Diod., lib. V. — Ath., lib. IV.
3. C'était le père de Bituitus, défait par Fabius, 121 ans av. J.-C.
4. Strabon, lib. IV. — Athén., lib. IV.

versaient le pays ! Des esclaves répandus dans la campagne et sur les routes étaient chargés d'inviter tous ceux qu'ils rencontraient. Strabon (1) et Diodore (2) nous apprennent que les seigneurs Gaulois étaient magnifiques dans leurs vêtements, qu'ils y faisaient broder ou brocher en or, en argent et en pourpre, des fruits, des fleurs et des ornements de toute espèce. Mais si tel était leur faste et leur éclat dans la vie extérieure, on peut bien dire que jamais leur gravité et leur pénétration ne se sont démenties lorsqu'il s'agissait de la religion.

Dès les premiers âges de leur établissement, les Gaulois adoraient un seul Dieu. S. Augustin le dit positivement, et les poëmes d'Ossian le confirment. Ils admettaient de plus des êtres spirituels intermédiaires entre l'homme et la divinité (3).

Ils croyaient aussi à l'immortalité de l'âme, et admettaient les peines et les récompenses futures (4).

Le culte que les Gaulois rendaient à la Divinité était plein de simplicité. Ils ne se permettaient d'en faire aucune image, aucune statue : ils n'élevaient point de temple à Dieu ; ils auraient cru l'outrager en essayant d'en figurer une ressemblance, en imaginant pouvoir renfermer la Divinité entre des murailles. — L'univers était le seul temple digne de son Auteur. — Un rocher, quelques pierres énormes, brutes, telles qu'on les trouvait dans la nature, élevées au sein des forêts et sur des collines, formaient un autel. Un culte aussi simple se rattache évidemment à l'enfance du monde, et présente de grands traits de ressemblance avec le culte des Hébreux.

Les prêtres Gaulois, qu'on appelait les *Druides* ou « les hommes de chêne » (DAR-WIDD), qui, selon saint Clément d'Alexandrie (5), existaient bien avant Mnésiphile, Solon, Xénophon, Pythagore et Thalès, et par conséquent avant le sixième siècle avant J.-C., — et qui, selon Diogène

---

1. Lib. III et IV.
2. DIODORE, lib. V.
3. *De Civit. Dei*, lib. VIII et lib. XV.
4. PLUTARQUE, *De Oraculis*.
5. *Strom.*, lib. V.

de Laërte (1), furent les *premiers* inventeurs de la philosophie,— les Druides occupaient tout à fait le sommet de l'échelle sociale chez les Gaulois. Répandus sur toute la surface des Gaules, ils étaient soumis au Pontife, chef de chaque État particulier, et, en dernier ressort, tous l'étaient au suprême Pontife de la nation. Ces Druides, ainsi disséminés, vivaient en communauté; ils avaient des collèges où ils expliquaient la religion au peuple et où ils instruisaient les jeunes adeptes.

« Cette caste sacerdotale, dit M. Henry de Riancey (2), se divisait
» en trois sections : la classe des *Ovates* ou *Eubages;* c'étaient les
» aspirants qu'un long noviciat et de graves enseignements dans les
» bosquets, éclairés la nuit par les clartés de la lune, préparaient aux
» fonctions éminentes du sacerdoce ; — celle des *Bardes*, chantres divins
» qui célébraient les louanges des dieux et les hauts faits des mortels;
» — enfin celle des hommes sacrés et saints, interprètes de la volonté
» supérieure, ministres du culte, instituteurs de la jeunesse, médecins
» de l'âme et du corps. C'est au plus profond des forêts de chênes,
» et sous un ombrage impénétrable aux rayons du soleil, que demeurent
» ces êtres privilégiés aux vêtements blancs, aux bracelets d'or. C'est
» au milieu des horreurs de la nuit, à la clarté des torches de résine,
» qu'ils offrent leurs sacrifices au dieu inconnu, Dianaff, le grand Dieu,
» — qu'ils coupent en son honneur le *gui sacré*, le *sélage*, qui guérit
» tous les maux, la *verveine*, qui purifie les fautes. C'est là qu'ils sacri-
» fient les deux taureaux blancs à leur père, *Hu-le-Puissant*, et qu'ils
» clouent à un tronc d'arbre le corps du prisonnier, sanglant holocauste
» d'expiation pour la nation coupable! — Autour d'eux les Bardes font
» retentir les hymnes sacrés dont les *triades* sont accompagnées d'une
» musique à trois tons.

C'est à tort qu'on a accusé les Gaulois de n'offrir que des sacrifices humains. Sans doute, il y a eu quelquefois du sang humain répandu, mais alors les victimes y trouvaient le châtiment bien légitime de leurs crimes personnels. Les meilleurs auteurs nous en offrent un puissant témoignage

---

1. *Vie de Philon*, § 1.
2. *Hist. du Monde*, tom. II, p. 440.

lorsqu'ils nous disent, comme Strabon (1), que les Druides étaient à la fois les juges et les exécuteurs des criminels (2), et lorsqu'ils ajoutent que ce n'était qu'après avoir tenu les coupables renfermés pendant cinq années entières, et s'être assurés de leur culpabilité, qu'on les condamnait et qu'on les conduisait au sacrifice. — Pline (3), décrivant la récolte du *gui sacré*, dit qu'on y immolait des taureaux.

La religion des Gaulois ne conserva pas toujours sa simplicité primitive ; et, comme les religions de tous les anciens peuples, les Juifs exceptés, elle s'altéra en se mêlant aux cultes étrangers. « Tout d'abord les
» dieux des Celtes firent pacte et alliance avec ceux des *Euskariens* ou
» Ibères. — Le BEL ou BELEN, l'astre-soleil déifié, dont le nom rappelle le
» BEL asiatique et suffirait presque pour fixer l'origine de ses adora-
» teurs, si elle avait besoin de l'être ; cette bienfaisante divinité qui faisait
» croître les plantes salutaires et présidait à la médecine ; le dieu TEUTH
» ou TEUTATÈS, dieu de l'intelligence, qui rappelle le TÔTH de l'Égypte ;
» le dieu TARAM, dont la foudre roulait sur le sommet des Pyrénées
» comme dans les forêts du Nord ; le terrible KIRCK, dieu des tempêtes
» ou l'ouragan personnifié ; tous les génies des fleuves et des monta-
» gnes, partagèrent avec les anciennes divinités de l'Ibérie les vœux et
» les hommages du peuple nouveau (4). »

Plus tard l'on vit successivement les dieux de Memphis, d'Athènes et de Rome obtenir des autels dans la Gaule. — Mais s'il est facile de déterminer l'époque à laquelle les superstitions des Grecs et des Romains se glissèrent dans la Gaule, il n'en est pas de même d'indiquer celle où les divinités Égyptiennes y furent admises. On sait seulement que cette époque est de beaucoup antérieure à l'autre. — En effet, les cultes de Teutatès et d'Isis étaient généralement répandus chez nous bien avant l'arrivée des Grecs et des Romains, qui, voulant s'assimiler le pays conquis, s'efforcèrent d'y implanter leurs religions et de faire disparaître le

---

1. Lib. IV.
2. DIODORI, lib. V.
3. PLINE, lib. XVI et XXIV.
4. HENRY DE RIANCEY, *Hist. du Monde*, tom. I.

culte druidique. L'empereur Tibère consomma cette œuvre de persécution commencée par Jules César et continuée par Auguste. Les Druides furent ouvertement proscrits : la persécution la plus acharnée comme la plus injuste les força à fuir ou à se cacher pour se soustraire à la mort la plus cruelle. Presque tous se réfugièrent en Germanie ; quelques-uns passèrent dans l'Armorique, seul canton où il restait encore des bras armés pour la cause de la Gaule ; un plus petit nombre se cachèrent au fond des forêts et des cavernes pour rester fidèles à la religion de leurs ancêtres. Ce qui est certain, c'est qu'en voulant faire disparaître de la Gaule l'institution des Druides, les Romains s'attaquaient directement au fondement de la constitution sociale et politique de cette nationalité.

Tout nous porte à croire que la Gaule fut primitivement soumise à un régime monarchique. D'abord divisée en trois grandes provinces, et plus tard en très petits États, elle conserva toujours ses assemblées générales et se maintint ainsi en corps de nation.

Tite-Live (1) nomme, il est vrai, *Ambigat* comme *le plus puissant* mais non comme le *seul* souverain des Gaules.

Jules César (2) affirme que « les républiques des Gaulois passent » pour être bien réglées, » et observe (3) que « leurs magistratures sont » annuelles. »

Strabon (4) dit : « La plupart des peuples de la Gaule avaient autre» fois un gouvernement aristocratique ; tous les ans on nommait un » gouverneur et un général que le peuple choisissait pour commander les » troupes. »

A des époques fixes, toutes les Gaules tenaient leurs États par députés, afin de statuer sur les affaires d'intérêt général. Et ce fut par une mesure de sage politique que César entretint et favorisa constamment ces assemblées parlementaires, qui très certainement avaient un lieu spécial, puisque César en fit la translation à Paris (5).

---

1. Liv. III, c. 34.
2. *De Bello Gall.*, lib. VI.
3. Lib. I et VII.
4. Lib. IV, c. 4.
5. Lib. VI.

Le plus grand ordre et le plus grand silence régnaient dans ces assemblées. Si quelqu'un se permettait d'y troubler l'orateur, une espèce de héraut, chargé de maintenir la police, allait à lui, l'épée nue à la main, le menaçait trois fois de suite, et, s'il continuait à interrompre le discours, finissait par lui couper une grande portion de son manteau (1), lui rendant par là ce vêtement inutile.

Il y avait, en outre, d'autres assemblées générales où la nation était convoquée en armes ; et comme ces États avaient pour objet ou la défense générale ou quelque expédition lointaine, tout retard était regardé comme un délit militaire, et la loi condamnait à mort le dernier arrivé (2). C'est dans une de ces assemblées qu'Induciomare fit déclarer ennemi de la patrie Cingétorix, son gendre, et fit vendre ses biens à l'encan parce qu'il était chef du parti attaché aux Romains.

La nation était divisée en trois castes qui, sans se mêler, coexistaient séparément. C'était *le peuple* qui, longtemps sujet, finissait quelquefois par devenir maître. C'étaient *les nobles*, les conquérants, les hommes de cheval ou *(chevaliers)*, qui, dans l'origine, étaient soumis à des rois ou plutôt à des chefs de guerre, mais qui ne tardèrent pas à secouer le joug et à se former en aristocratie. C'étaient enfin *les Druides* qui, occupant le premier degré de l'échelle sociale et formant le premier ordre de l'État, avaient aussi leurs assemblées générales.

Sous l'autorité d'un chef suprême ou pontife qu'ils choisissaient et auquel ils étaient aveuglément soumis, les Druides se réunissaient tous les ans, par députés, dans un lieu qui passait pour être le centre de la Gaule, et qui était consacré à cet objet sur les confins du pays Chartrain ou des Carnutes. Ce grand-pontife avait un pouvoir presque absolu sur la nation (3). Il était l'interprète de la religion, le juge souverain de tous les procès, et quiconque refusait d'obéir à ses décrets était puni de la peine la plus terrible ; on regardait le rebelle comme un impie, on lui interdisait la participation aux sacrifices, on lui refusait l'eau et le feu ; il était séquestré de la société.

---

1. STRABON, lib. IV.
2. *De Bello Gall.*, lib. VI.
3. *De Bello Gall.*, lib. VI.

C'est au tribunal suprême des Druides, présidé par ce chef, qu'étaient jugés en dernier ressort les grands procès criminels. Après cinq ans de revision dans les tribunaux inférieurs, le coupable y était traduit, ou pour s'y voir définitivement absous, ou pour y être condamné à servir de victime dans les sacrifices. Telle était la prépondérance de cette caste Gauloise que, trois siècles avant César, les Druides constituaient une écrasante *théocratie* qui dominait sur la Gaule entière.

La Gaule était divisée en autant de partis qu'il y avait d'États, de villes, de cantons, de bourgs et de villages. — Les chefs de ces partis étaient indépendants et avaient la plus grande autorité : ils décidaient de toutes les affaires qui y survenaient. — César en donne la raison (1). « Il paraît, dit-il, que cette institution remonte aux temps les plus reculés, » et qu'elle n'est pas due au hasard, mais qu'elle a été faite pour que les » faibles fussent protégés par les forts ; car, ajoute-t-il, si les hommes » puissants laissaient opprimer quelqu'un de leur parti, ils perdraient tout » leur crédit. »

La dignité et la puissance des nobles se mesuraient sur le nombre des *clients* qui se réunissaient autour d'eux. — Athénée parle d'un seigneur Gaulois qui en menait six cents d'élite avec lui (2). — César cite un pareil exemple (3), celui d'Adcantuan qui, avec six cents *solduriers*, fit une sortie pendant le siège de Lectoure. — Il raconte ailleurs qu'un noble Helvétien, protégé par dix mille clients, parvint à se soustraire à une sentence de mort prononcée contre lui (4).

Ces clients accompagnaient partout leur patron ; ils partageaient ses périls, obéissaient ponctuellement à ses ordres, et le suivaient même presque toujours jusqu'au tombeau.— Le patron, de son côté, ménageait avec grand soin ses clients, parce que leur nombre lui donnait plus ou moins de considération, et qu'étant libres, ils auraient pu l'abandonner s'ils avaient reçu de mauvais traitements. Ce sont ces clients que César nomme solduriers, d'où s'est formé le nom de *soldat*. Ils mangeaient à la

---

1 *De Bello Gall.*, lib. VI.
2. Lib. VI, c. 13.
3. Lib. III.
4. Lib. II.

table du chef, usage qui les a fait surnommer *parasites* par quelques auteurs Grecs, — et participaient ainsi à la jouissance des biens de celui à la suite duquel ils s'étaient attachés.

Plus tard les femmes Gauloises réussirent à exercer une certaine autorité dans la constitution sociale de leur nation. — Plutarque (1) assure que, dans la guerre civile qui s'éleva sous Ambigat (612 avant J.-C.) et qui provoqua le départ de Bellovèse et de Sigovèse, les femmes Gauloises employèrent avec succès leur intervention, et obtinrent ainsi une grande considération et une part active dans le gouvernement de leur pays. — Elles formèrent un véritable tribunal que l'on consultait lorsqu'il s'agissait de faire la paix ou la guerre. — Elles terminaient les différends qui s'élevaient entre les particuliers, même entre les peuples ; et, dans le traité fait par les Gaulois avec Annibal, qui traversait leur pays pour porter la guerre à Rome, il fut stipulé que, si un Gaulois cherchait querelle à un Carthaginois, le procès serait jugé par les magistrats du dernier ; et que si, au contraire, le Carthaginois était l'agresseur, l'affaire serait jugée au tribunal des femmes Gauloises. — Ce traité fut conclu environ 220 ans avant notre ère, et plus de 160 ans avant la conquête de Jules-César.

Dans ses Commentaires, celui-ci affirme non seulement que le peuple Gaulois n'était point esclave, mais qu'il cultivait ses propres terres et entretenait même des esclaves et des affranchis. Le même conquérant nous rapporte quelques-unes des lois qui étaient en vigueur dans la Gaule. C'est ainsi que, lorsqu'un particulier apprenait une nouvelle qui intéressait la patrie, il était obligé de la révéler au gouvernement et d'en garder soigneusement le secret. — Alors les magistrats tenaient Conseil, et ils n'en divulguaient que ce qu'ils croyaient opportun pour l'utilité publique. — Il était défendu à tout le monde de s'entretenir des affaires de l'État ; elles ne pouvaient être agitées que dans un Conseil général convoqué pour cet objet (2). C'étaient tout autant de sages prescriptions capables d'assurer, et la tranquillité au dedans, et le succès des armes au

---

1. *Vie d'Annibal.*
2. *De Bello Gallico*, lib. VI.

dehors. Car, entre toutes autres qualités, le peuple Gaulois posséda la valeur et la puissance militaire.

Un peuple, en effet, qui déconcerta les plus grands généraux, qui défit les armées les plus considérables et les plus aguerries, et porta la terreur de ses armes dans presque tout l'ancien univers ; un peuple dont les troupes passaient à la nage, par bataillons et par escadrons, des rivières telles que le Rhin (1), qui se faisait un spectacle et un amusement des évolutions et des exercices militaires (2), qui enfin inventa et employa des signaux (3) pour avertir avec célérité ses différentes provinces des événements qui se passaient sur les points attaqués par l'ennemi, — un tel peuple ne saurait être relégué parmi les hordes barbares, et nous ne devons pas trouver étonnant que plusieurs auteurs anciens aient signalé non seulement la vaillance, mais encore la tactique militaire des Gaulois.

Le Gaulois était belliqueux, terrible, ardent aux combats et brave jusqu'à la témérité. — On lui reprochait de la crédulité, de l'inconstance, de la vanité. C'est cette vanité qui lui faisait mépriser les guerriers des autres nations, et qui le portait souvent, au milieu d'un combat, à défier le plus valeureux des ennemis. Armé d'un long bouclier et d'une épée d'airain ou d'acier, il s'avançait en chantant, la tête nue, le corps dépouillé (4), comme pour en imposer à ses ennemis ou bien par excès de courage. S'il sortait vainqueur du combat, il chantait lui-même son triomphe ; était-il vaincu, il mourait sans regrets, sûr de vivre à jamais dans les hymnes de ses bardes, et dans les chants que les femmes répétaient aux veillées pendant les longues soirées d'hiver. — En outre, le Gaulois professait un ardent amour pour sa patrie, une soumission entière à ses chefs et sans bornes à ses prêtres ou Druides, et un respect religieux pour les morts.

La tactique militaire des Gaulois, quoique n'ayant pas toujours secondé leur valeur, n'était pourtant point à dédaigner. — César prenait toujours avec eux les précautions qu'on doit employer contre un ennemi versé

---

1. TACITE.— PLINE LE JEUNE, etc., etc.
2. STRABON, lib. III.
3. *De Bello Gall.*, lib. VII.
4. POLYBE, lib. XXVIII, c. 12.

dans l'art militaire, et chaque fois que ses lieutenants y manquèrent, ils furent complètement battus ; et combien de fois ne s'est-il pas vu harcelé, embarrassé et menacé par leurs ruses de guerre autant que par leurs attaques !

Végèce (1) dit qu'ils avaient des casques, des armures de pied en cap, des bottes, des boucliers, de grandes épées qu'ils nommaient *espadons*, et de plus courtes qu'ils appelaient *demi-espadons*. Varron les fait inventeurs des cottes de mailles en fer, et il ajoute qu'ils substituèrent les armures de fer à celles de cuir que portaient les autres peuples. — Enfin, les anciens Romains reconnaissaient avoir reçu de ces mêmes Gaulois la plupart de leurs armes, telles que celles qu'ils nommaient LANCEÆ, — GÆSA, — CATELE, — ARIETES, — BALISTÆ, — MANGANA, — MANGANELLÆ, etc., etc. (2). — César (3) parle aussi de javelots enflammés qu'ils lancèrent dans un camp Romain.

Nous ajouterons, d'après Diodore (4), que leurs boucliers, d'une forme particulière, étaient pour eux non seulement une défense, mais un ornement : ils y faisaient sculpter des figures d'airain *travaillées avec beaucoup d'art*. Leurs casques, de même matière, étaient surmontés de figures, de panaches, etc., etc. C'est ce qui se trouve confirmé par le témoignage de Polybe lui-même (5). Amené prisonnier à Rome, 166 ans avant notre ère et plus de cent ans avant la conquête des Gaules, Polybe, après avoir raconté comment « les *Gesates* (peuplade Gauloise) passèrent les Alpes » avec une armée magnifiquement équipée de toutes sortes d'armes, » ajoute : « Vous n'eussiez vu personne, *dans les premières cohortes*, qui ne » fût paré de chaînes, de colliers et de bracelets d'or. »

On serait tenté de regarder comme fabuleux les récits que certains annalistes Romains nous ont laissés sur le faste et l'opulence des chefs Gaulois.

---

1. Lib. II, c. 15.
2. *Habuere etiam Galli*, ajoute le même auteur, *machinas quatiendis ac fodiendis muris, non arietes, sed sues, aut, suâ linguâ*, TROYAS. Ce nom Gaulois *troya*, dit M. de Taillefer, est resté à la femelle du porc, la *truie*, en patois périgourdin TROIO.
3. CÉSAR, lib. V.
4. DIODORE, lib. V, c. 20.
5. POLYBE, lib. XXVIII, c. 12.

L'infanterie des Gaulois était très nombreuse ; mais la cavalerie était leur arme favorite. — Chaque cavalier (1) se faisait suivre par deux autres hommes à cheval ; l'un était destiné à le remplacer, l'autre à soigner ses blessures.

Les cavaliers Gaulois étaient pris dans la classe aisée ; mais les nobles montaient des *biges*, (chars attelés de deux chevaux,) conduits par leurs clients (2). Ils lançaient leurs javelots et sautaient de leurs chars pour combattre à pied ou à cheval ; ce qui semble témoigner que, de ces clients, les uns conduisaient les chevaux de main, et les autres, comme on le vit à la bataille que Bituitus livra à Fabius, portaient les armures. Ces chars, fortement liés ensemble, servaient parfois de retranchement lorsqu'on était sur la défensive.

Et si maintenant nous voulons avoir une idée des places fortes des Gaulois, prêtons l'oreille au récit que Jules-César nous en fait dans ses Commentaires (3) : « Les murailles, chez les Gaulois, sont presque
» toujours faites de la même manière. Ils couchent par terre, de leur long,
» de grosses poutres, à deux pieds de distance l'une de l'autre. — En
» dedans ils les attachent ensemble par des traverses, et remplissent de
» terre ce vide de deux pieds. — Le même vide est revêtu par le dehors
» de grosses pierres. — A ce lit de poutres, de terre et de pierres, ils en
» ajoutent un second, gardant toujours le même intervalle ; en sorte que
» les poutres ne se touchent point, et sont supportées par les pierres pla-
» cées entre chaque rang. — L'ouvrage est ainsi continué jusqu'à la hau-
» teur convenable. — Ces rangs de pierres et de poutres ainsi entre-
» lacées en échiquier font un effet assez agréable, et ces sortes de mu-
» railles sont très utiles, très commodes pour la défense des places, car
» les pierres les mettent à couvert du feu et les poutres les défendent
» du bélier. Ces poutres ayant ordinairement quarante pieds de longueur,
» la muraille a de même quarante pieds d'épaisseur, et ne saurait être
» rompue ni démolie. »

---

1. Polybe, lib. XXVIII, c. 12.
2. Diodore, lib. V, c. 12.
3. *De Bello Gall.*, lib. VII.

Relativement aux constructions navales des Gaulois, Jules-César nous donne des détails qui ne sont pas moins intéressants. « Les ennemis, dit-il [1], avaient un autre avantage par la manière dont leurs vaisseaux étaient construits et équipés. — Ces vaisseaux avaient le fond plus plat que les nôtres, et étaient, par conséquent, moins incommodés des bas-fonds et du reflux ; la poupe en était fort haute, et la proue plus propre à résister aux vagues et aux tempêtes. — Tous étaient de bois de chêne, et ainsi capables de soutenir le plus rude choc ; — les poutres traversantes, les BAUS, d'un pied d'épaisseur, étaient attachées avec des clous de la grosseur du pouce ; — leurs ancres tenaient à des chaînes de fer au lieu de cordes, et leurs voiles étaient de peaux molles et bien apprêtées, soit faute de lin, soit parce qu'ils ignoraient l'art de faire de la toile, soit, ce qui paraît le plus vraisemblable, parce qu'ils ne croyaient pas que la toile pût résister aux agitations et aux vents impétueux de l'Océan, et faire mouvoir des vaisseaux aussi pesants que les leurs. Dans l'action contre ces vaisseaux, notre flotte ne les surpassait qu'en agilité et en vitesse ; quant au reste, ils étaient plus propres que les nôtres pour les vastes mers et les tempêtes. Nous ne pouvions les incommoder de l'éperon, tant ils étaient solides, ni les attaquer facilement à cause de leur hauteur. Pour les mêmes raisons ils craignaient moins les écueils. Outre cela, ils ne redoutaient ni les vents ni les tempêtes ; ils étaient sans danger dans les bas-fonds et ne craignaient dans le reflux ni les pointes ni les rochers, avantages que les nôtres n'avaient pas. »

César [2] nous dit encore qu'il trouva dans la Gaule non seulement un grand nombre de villes, mais qu'il rencontra beaucoup de villes de guerre, qui plus d'une fois trompèrent la valeur et tout l'art militaire des Romains. « Les Carnutes, dit-il, furent obligés d'abandonner leurs villes et leurs bourgs, où la nécessité de se mettre à couvert des rigueurs de l'hiver leur avait fait dresser de misérables cabanes, parce qu'une partie de leurs villes avaient été détruites dans la guerre précédente. »

---

[1]. *De Bello Gall.*, lib. VIII.
[2]. *De Bello Gall.*, lib. VII.

Outre les bourgs, les châteaux et les forteresses Gauloises dont parle César, outre les citadelles qu'il nomme quelquefois, comme Alesia et Besançon, ses Commentaires nous apprennent qu'il trouva en Gaule trois espèces de villes : 1º l'OPPIDUM, ou la ville de guerre ; 2º la CIVITAS, ou ville notable, comme VIENNA, AGENDICUM, DECETIA, etc., etc. ; 3º enfin la CITÉ MÉTROPOLE, qu'il semble toujours désigner par le seul nom propre de la ville.

Des plus anciennes villes de la Gaule l'histoire ne nous a guère conservé que les noms de *Pyrène*, connue déjà du temps d'Hérodote (plus de 500 ans av. J.-C.), et d'*Alesia*, dont la fondation plus ancienne est attribuée à Hercule. — Soixante-six ans avant que César parût dans les Gaules, le consul Sextius avait fondé la ville d'Aix en Provence, et quinze ans plus tard le consul Coepion avait pris et saccagé la ville de Toulouse.

Le livre III des Commentaires de César remarque que généralement toutes les places fortes de la Gaule étaient bâties sur des montagnes escarpées et à pic sur trois de leurs côtés, et qu'elles étaient assises sur des espèces de promontoires saillant ou dans la mer, comme en Bretagne, ou dans les plaines. — La savante étude de Champollion-Figeac sur l'emplacement d'Uxellodunum nous offre d'intéressants détails à ce sujet.

C'est toujours par les auteurs contemporains des Gaulois que nous pouvons nous rendre compte de l'état intellectuel, de l'action littéraire et scientifique de ce peuple. — Comme ils avaient leur langue indigène, ils avaient un alphabet et des caractères spéciaux. En outre, Strabon (1) rapporte que les Gaulois se servaient de caractères Grecs, et que le goût des lettres Grecques s'était répandu de Marseille dans toutes les Gaules, « au point, ajoute-t-il, que les Gaulois rédigeaient en grec jusqu'à leurs » contrats. »

« Quoi qu'il en soit de l'origine et de la forme des caractères scriptu-
» raires de la Gaule, on n'en permettait l'usage que pour les besoins
» ordinaires de la vie sociale, tels que la correspondance entre parents et

---

1. Lib. IV, c. 1.

» amis, les comptes de commerce, les contrats, les obligations que nos
» pères avaient quelquefois la générosité de jeter sur le bûcher de leurs
» débiteurs, les rôles militaires, etc. Mais toute écriture destinée à pas-
» ser à la postérité était interdite par la loi (1). De là l'absence d'inscrip-
» tions, d'archives, d'annales et de corps d'histoire : les Druides étaient
» seuls dépositaires de tous les souvenirs qui intéressaient le corps de la
» nation. »

Les anciens auteurs, en nous apprenant que les Gaulois n'avaient point d'histoire écrite, nous disent aussi que leurs annales et leurs traditions étaient consignées dans plus de cinquante mille vers que les Druides et leurs disciples devaient savoir par cœur. Les choses divines y étaient mêlées aux souvenirs des grands événements politiques, à l'histoire des guerres et aux chants de la gloire nationale. Mais ces poèmes historiques et sacrés n'étaient pas les seuls connus des anciens Gaulois. Les Bardes en composaient aussi d'une autre nature, destinés tantôt à exciter le courage des guerriers qui marchaient au combat, tantôt à leur faire braver la mort au milieu de la mêlée, tantôt à célébrer leur triomphe ou leur glorieux trépas. — L'amour avait ses chants de bonheur et ses plaintes, la gaîté franche avait ses couplets, et la malignité inspirait la satire et l'épigramme. Tous les genres de poésie étaient connus des Gaulois. Les chants d'Ossian, échappés seuls aux ravages du temps, prouvent encore que nos ancêtres maniaient aussi bien la lyre que l'épée.

Leurs orateurs furent cités avec avantage par M. Portius-Caton (2). — qui vivait deux cents ans avant JÉSUS-CHRIST. Ils conservèrent même l'éloquence après la perte de leur indépendance. En effet, plus tard, Juvénal appelait la Gaule la *nourrice des orateurs* et l'école des autres pays.

Quant aux arts d'agrément, les anciens auteurs nous parlent de différentes sortes de danses qui s'exécutaient en chantant les poèmes composés par les Bardes, ou bien au son de la harpe, de la lyre et de la

---

1. *De Bello Gall.*, lib. VI.
2. *Origin.* lib. II.

trompette. « Les Gaulois, dit Strabon (1), employaient la musique dans leurs
» grandes assemblées, comme un moyen propre à calmer les passions.

Pour l'étude des sciences et de la philosophie, l'antiquité toute entière est unanime à proclamer la supériorité des Druides sur tous les prêtres et les philosophes des autres peuples. — Jules César nous apprend (2) que, dans leurs écoles, on disputait sur les astres et leurs mouvements, sur la grandeur du monde et de la terre, sur la constitution de l'univers, sur la nature des choses et des dieux. — « Ils connaissent, dit Pomponius Mela, « la grandeur et la forme du monde, celle du globe terrestre, les
» divers mouvements du ciel et des astres, et ils y lisent la volonté des
» dieux (3). » — Le même auteur nous fait connaître que les Druides enseignaient la rhétorique et la philosophie : ils donnaient aussi des leçons de jurisprudence et d'histoire et cultivaient tous les arts libéraux.

Ammien Marcellin, expliquant ce qu'on entendait par le mot physiologie, nous dit (4) que les Druides s'appliquaient à dévoiler l'enchaînement et les secrets de la nature. « Doués du génie le plus élevé, vivant entre
» eux, comme nous l'apprenons de Pythagore, dans les liens d'une com-
» munauté fraternelle, ils s'élancèrent vers les connaissances les plus
» sublimes, les mystères les plus cachés de la nature ; et, méprisant les
» choses humaines, ils *proclamèrent* l'immortalité de l'âme. » — Leur jurisprudence renfermait non seulement les maximes de droit naturel (5), mais encore les lois et les constitutions particulières des États. Ils exerçaient la justice publique et privée avec une équité qui a été vantée par tous les anciens, qui étaient aussi unanimes à proclamer leur humanité. Les Druides avaient pour maximes qu'il ne fallait pas *aiguiser le couteau des sacrifices*, et qu'on ne devait pas *frapper du glaive avec facilité*. — Et Strabon et Diodore attestent que, dans les guerres civiles, ces prêtres se jetaient quelquefois au milieu de la mêlée, et qu'ils arrêtaient le carnage par le seul respect qu'ils inspiraient.

---

1. STRABON, lib. IV, c. 4.
2. *De Bello Gall.*, lib. VI.
3. Lib. III, c. 2.
4. AMMIEN, lib. XV, c. 9.
5. STRABON, lib. IV, c. 4.

Bien longtemps avant que les Romains ne pénétrassent dans la Gaule, les habitants de ce pays savaient ensemencer leurs terres, vanner leurs grains, féconder leurs champs surtout par l'emploi de la marne, et développer la fertilité de leur sol. Leur industrie s'étendait à toutes les matières d'utilité première. Pline (1), entre tous les autres écrivains, leur attribue plusieurs inventions, comme celles de la charrue à roues, du crible, des moulins à vent, de l'étamage des ustensiles de cuivre, de la fabrication du verre blanc, des matelas, des lits de plume, des habits feutrés, du savon, etc., etc. Ils auraient aussi perfectionné l'art des tissus, et n'étaient pas étrangers à l'invention des métaux.

« La Gaule, dit Ptolémée (2), regorgeait d'or. Elle avait autrefois des trésors immenses. C'est pour cela que Manilius l'appelait *la riche Gaule.* » De là vient aussi le dicton Grec, rapporté par Plutarque dans la vie de César, *la richesse Gauloise.*

Le commerce de la Gaule fut proportionné à l'industrie et à la richesse de ses habitants. Il n'est pas d'ailleurs au monde de région plus favorable que la Gaule au commerce intérieur et extérieur. Strabon (3) fait une description fidèle des avantages de la situation :

« Le Rhône, dit-il, peut se remonter, pendant un assez long espace,
» avec des vaisseaux chargés, et les rivières navigables qui s'y jettent
» facilitent encore le transport des marchandises dans divers pays. On
» peut remonter la Saône et le Doubs en quittant le Rhône ; ensuite, on
» transporte par terre ces marchandises jusqu'à la Seine ; de là, le trajet
» jusqu'en Bretagne n'est que d'une journée. Le Rhône est rapide et
» difficile à remonter ; on préfère en conséquence quelquefois, malgré
» son voisinage, transporter dans des chars les marchandises destinées
» pour les Arverniens et pour la Loire. Ce dernier fleuve les reçoit et les
» conduit depuis les Cévennes jusqu'à l'Océan. De Narbonne on remonte
» le fleuve Atace, dont la navigation est courte. La route jusqu'à la
» Garonne est plus longue, c'est-à-dire qu'elle a de sept à huit cents
» stades (28 à 30 lieues) ; la Garonne conduit aussi à l'Océan. »

---

1. PLINE, lib. VIII, c. 18.
2. Lib. VI, c. 4.
3. STRABON, lib. IV.

Entre toutes les matières qui alimentaient le commerce de la Gaule, l'étain occupait un rang principal. Au rapport de Diodore (1) les marchands, après avoir acheté l'étain « dans l'île d'Ictis (l'île de Withs, sur
» les côtes d'Angleterre), le font passer dans la Gaule... Ils chargent cet
» étain sur des chevaux ; après quoi ils mettent trente jours à traverser
» la Gaule et à transporter cette marchandise à Marseille et à Narbonne.
» — Cette dernière ville est une colonie Romaine. — Sa situation et ses
» richesses la rendent la plus commerçante de toutes les villes de ces
» cantons. »

De tous ceux qui pratiquaient ce commerce de l'étain en Angleterre,
« les Venètes, dit César, ont une ancienne et grande prépondérance
» parmi les habitants de ces bords de la mer. Ils la doivent à la grande
» quantité de vaisseaux qu'ils emploient au commerce avec l'île de
» Bretagne, et à la supériorité que leur donne leur expérience dans l'art
» de la navigation. »

Les Gaulois faisaient aussi une grande exploitation de cuivre. — On sait que, lorsque Claude fit couler bas le vaisseau qui avait porté l'obélisque de Caligula, un vaisseau Gaulois, chargé de cuivre, vint échouer contre ce nouvel écueil.

Ils savaient extraire le sel de leurs mers méridionales, et même de leurs sources salées. — Dans la Gaule septentrionale, où le soleil n'avait pas assez de force pour faire évaporer la partie humide de ces eaux salées, ils les versaient sur des charbons ardents (2) qui, s'imprégnant de sel, le cristallisaient à leur superficie, et formaient ainsi une nouvelle matière au commerce. Disons enfin que les Romains faisaient en Gaule leurs meilleures remontes de cavalerie, et parfois leur approvisionnement de blé (3). Cicéron fait mention des blés de la Gaule.

Ici s'arrête l'esquisse sommaire que nous nous étions proposé de présenter à nos lecteurs comme introduction à l'histoire de notre ville. Cette étude, quelque prolongée qu'elle puisse paraître aux esprits impatients d'entrer immédiatement dans l'objet de notre histoire, tout imparfaite

---
1. Diodore, lib. V, c. 16.
2. Varron, lib. I, c. 7.
3. Athénée, lib. XIV.

cependant qu'elle est, était indispensable, et pour nous faire connaître le peuple d'où nous sommes sortis, et pour combler une lacune trop sensible de notre instruction en fait d'histoire locale.

Ce n'est pas, en effet, une solution que de voiler son ignorance sous la raison des *temps préhistoriques* dont on a supposé l'existence et exagéré la durée. Non, assurément. — Nous croyons que tout peuple porte avec lui le souvenir de son origine, de ses gestes, de ses ancêtres, de ses institutions, de ses progrès, de ses luttes, de ses victoires comme de ses défaites, de sa prospérité comme de sa décadence. — Et le peuple Gaulois, sous ce rapport, ne pouvait être au-dessous des autres peuples : — si on l'a ignoré et méconnu, c'est qu'on ne l'a pas interrogé lui-même là où on aurait pu le trouver encore vivant, — et qu'on s'est arrêté trop facilement au silence qu'ont fait sur lui ses vainqueurs et ses détracteurs.

Malgré tout, l'histoire du peuple Gaulois subsiste et se révèle plus que jamais. — Elle a été écrite de deux manières, et nous est parvenue par ces deux témoignages qui nous la rendent plus authentique et plus intéressante. Nous avons d'abord recueilli de la bouche même de ses vainqueurs, les Romains, le témoignage qu'ils nous ont transmis sur la valeur, les mœurs, la religion, l'instruction, l'industrie et la civilisation de ce peuple. Et nous avons vu qu'il ne le cédait en rien à ceux que le sort de la guerre lui avait imposés pour maîtres.

Mais nous avions besoin de connaître les Gaulois dans leurs mœurs primitives, dans la simplicité et la grandeur de leurs croyances religieuses, dans leur génie pour employer les moyens que la nature leur offrait. — Et voici que cette histoire se révèle et s'étale à nos yeux et à notre admiration sur toute la surface de ce sol de la Gaule. — Depuis les forêts de *menhirs* de la Bretagne jusqu'aux habitations lacustres de la Suisse ; depuis les richesses Celtiques gisant sur les rives de la Somme jusqu'aux confins de la Celtibérie, en passant par ces stations si variées et si intéressantes du Périgord, on découvre partout les traces accentuées de ce peuple brutalement opprimé sous l'invasion Romaine. — Il nous apparaît encore grand et fort sous ces tombeaux gigantesques de silex ; il nous révèle sa bravoure, son audace avec ces milliers d'armes de pierres qui supposaient toujours la lutte corps à corps et à bout portant ; il nous confond par la simplicité et la grandeur de ses mœurs et de ses croyances religieuses : ses autels sont encore debout au sein des forêts et sous la voûte du ciel. — Et dans le fond des grottes, nous découvrons chaque jour l'industrie, l'adresse et la richesse de ces Gaulois dont le souvenir, depuis près de deux mille ans, est encore plus vivace que celui de beaucoup d'autres peuples qui ont passé après lui et se sont élevés sur ses ruines. — Tout dans l'histoire et autour de nous atteste que le peuple Gaulois a été un grand peuple, et que, pour ceux qui sont sortis de lui, il est un sujet aussi solide de gloire qu'un modèle puissant à suivre en bien des circonstances.

1. Écornebœuf.   2. L'Ilie.   3. La Boissière.

Chapitre Deuxième. — VÉSONE, CITÉ GAULOISE.

(1600 av. J.-C. — 44 ap. J.-C.)

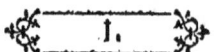

Nom et situation topographique de Vésone. — Vallon de Campniac. — Vieille-Cité. — Importance de Vésone. — Fouilles et découvertes. — Écornebœuf, citadelle Gauloise. — La Combe de Puy-Gauthier. — « Lou Peyroteu. » — Métallurgie et céramique. — Médailles. — La Boissière. — Le camp de César. — Disposition du camp Romain. — Siège et prise de Vésone par les Romains.

Nous avons déjà vu que, dans la division territoriale de la Gaule faite par Auguste, notre cité, VESUNNA PETROCORIORUM, était rangée parmi les principales villes qui dépendaient de Bordeaux, capitale de la seconde Aquitaine. — Il est temps, pour nous, de pénétrer plus avant dans l'histoire de cette cité et de connaître le rôle important qu'elle a rempli.

Le nom porté primitivement par notre ville a été écrit de diverses manières. — Les Grecs écrivaient Ouesona, — les Romains Vesunna. — Dans les différentes notices de l'Empire on l'appelait Civitas Petrocoriorum.— Les étymologistes se sont exercés à l'envi sur la signification de ce nom, et l'explication la plus probable qu'ils en donnent est celle-ci : Ves, *Tombeau*, et Ona, *Fontaine*. Ce nom de *Vésona*, purement Celtique, voudrait donc dire *Fontaine du Tombeau*, et la raison qu'en donne M. de Taillefer (1), c'est que le vallon où a pris naissance la capitale des Pétrocoriens, était arrosé par la fontaine de *Gimel* ou de *Jameaux*, dont les eaux coulent encore, et auprès de laquelle se trouvait un tombeau disparu depuis longtemps.

Ce vallon, appelé *Campniac*, situé au midi de la ville actuelle de Périgueux, sur la rive gauche de l'Ille, est formé par les coteaux d'Écornebœuf à l'Est et de La Boissière à l'Ouest, et se trouve borné au Nord par les eaux de la rivière. C'est bien là, en effet, la disposition ordinaire des stations Gauloises telle qu'elle nous est dépeinte par César lui-même, et telle qu'elle se présente dans la plupart des villes Celtiques : un vallon, une fontaine, le bord d'une rivière et l'abri d'un coteau, qui servait de point de défense en cas d'attaque.

Ce fut donc dans ce vallon, et sur la rampe des deux coteaux voisins, que s'établirent les premiers habitants de Vésone. — La nature du sol, les nombreuses trouvailles qui y ont été faites ne laissent aucun doute à ce sujet.— On a exhumé, en effet, de ce sol calciné des restes de constructions et quantité d'objets qui, par leur nature, leur forme et leur destination, devaient être antérieurs à l'époque des Romains.

C'est une tradition constante et qui s'est conservée jusqu'à nous, que celle qui attribue à ce vallon et aux pentes rapides des coteaux adjacents le nom de *Vieille-Cité*. — Et nous nous rappelons que jadis ce nom servait à désigner l'unique habitation qui se trouvait en cet endroit. — C'est un titre que nous devons retenir, et qui doit déjà nous faire pressentir toute l'importance de cette capitale des Pétrocoriens, et tout le fondement des supputations honorables faites à ce sujet. De nombreuses et intéressantes fouilles ont été pratiquées sur cet emplacement de *Vieille-*

---

1. *Les Antiquités de Vésone*.

Périgueux.

Cité, et ont donné de très heureux résultats. On peut évaluer à plus de sept cents le nombre des instruments en pierre, polis ou non, qu'on y a recueillis. — Ces objets très variés nous offrent de très beaux spécimens de lances, de bouts de flèches, de haches, etc., etc. On y a aussi trouvé quantité de belles médailles en bronze portant sur une face l'empreinte d'une figure, et presque toujours sur le revers une *aigle éployée*, avec le nom ou du moins les initiales de Vésone

Les nombreuses médailles Phéniciennes, Puniques, Égyptiennes et Grecques découvertes à Vésone et dans le voisinage, marquent les relations que cette cité entretenait au-dehors par son commerce ou par ses armées.

Nous n'avons cependant que très peu de données sur les agissements de nos ancêtres.— Une chronique, provenant du couvent des Cordeliers de la ville de Libourne, faisait mention d'une guerre sanglante survenue entre les *Santons*, ou habitants de la Saintonge, et les *Pétrocoriens*, *avant l'arrivée de César dans la Gaule*.

Le principal monument stratégique qui nous reste de Vésone se trouve sur le coteau oriental contre lequel s'abritait la *Vieille-Cité*.—Ce coteau, très escarpé et presque de forme pyramidale, portait au moyen âge le nom de Escornabiron, aujourd'hui Écornebœuf. — Il est presque coupé à pic au Nord, du côté de la rivière de l'Ille, au-dessus de laquelle il s'élève à une hauteur de soixante-dix mètres environ. — A l'Ouest, le vallon de *Campniac*, et à l'Ouest, celui de *Borgnac*, longent ses flancs, l'isolent entièrement et le rendent presque inabordable. Ce n'est que du côté du Midi qu'il se rattache à un plateau voisin, et c'est là surtout que les Gaulois ont dû, par un travail gigantesque et opiniâtre, rendre cette position stratégique presque inexpugnable. — Au moyen d'une vaste tranchée ou découpure, ils détachèrent la pointe du coteau et l'isolèrent en la fortifiant du reste du plateau. — Pour cela, au bas de cette même tranchée, ils creusèrent dans le roc un large fossé dont naguère encore on pouvait apercevoir les traces.

« Ce lieu ainsi isolé de toutes parts, dit un savant archéologue, com-
» mandait la vallée. — Les Gaulois y bâtirent une citadelle. Tous les côtés

» de la citadelle furent entourés de ces fortes murailles que nous connais-
» sons déjà. — Au milieu de celle qui commandait le fossé, et sur son
» escarpe, ils formèrent un grand ouvrage, une forte butte qui, munie de
» défenseurs et de machines, garantissait parfaitement le cours peu étendu
» de ce même fossé. Des tertres et des pierres amoncelés encore sur ce
» point attestent le travail des Gaulois. Les vieux Titres nomment cette
» butte la MOTTE D'ÉCORNEBŒUF (1).

» Cette plate-forme d'*Écornebœuf*, ajoute M. de Taillefer, qui, un des
premiers, a exploré ces ruines, « est très facile à reconnaître ; et une chose
» fort remarquable, qui annonce du discernement de la part des ingénieurs
» Gaulois, c'est que, du côté de la rivière où l'escarpement est à pic,
» cette plate-forme, et par conséquent la muraille, est la moitié moins large
» que partout ailleurs. — On retrouve les restes du mur de terrasse qui lui
» servait de soutien (2). — C'est M. Jouannet (3) qui a fait la découverte de
» ce mur de soutènement. »

M. de Taillefer signale encore la découverte d'un grand nombre de
fragments d'un porphyre verdâtre, très rare dans la région, et qu'il suppose
être les restes d'un *dolmen* ou autel druidique. Ce qui lui rend cette conjecture vraisemblable, c'est « qu'on sait, dit-il, qu'Écornebœuf était, de toute
» antiquité, le lieu des exécutions, et que le dolmen, chez les Gaulois,
» était l'endroit saint, l'autel sur lequel on immolait les criminels. » Il est
très certain d'ailleurs que les fourches patibulaires de la justice criminelle
du Consulat de Vésone y étaient depuis un temps immémorial, et qu'elles
ont existé à la même place jusqu'à la Révolution.

On explique facilement la rareté ou plutôt l'absence de tout vestige de
dolmen dans la cité ou le voisinage de Vésone. Il ne faut pas perdre de
vue que les Druides eurent à subir une persécution acharnée de la part
des Romains, surtout sous les empereurs Tibère et Claude, qui s'effor-

---

1. M⁵ de M. DE LESPINE.
2. *Les antiquités de Vésone*.
3. M. Jouannet, longtemps conservateur du musée et des archives de Bordeaux, était un archéologue très distingué et très érudit. Il avait débuté dans ses études et recherches archéologiques
en 1812, à Périgueux, où il menait de front le double métier de professeur d'humanités et de
compositeur à l'imprimerie Dupont.

cèrent de faire disparaître, surtout dans le voisinage des villes, tout ce qui pouvait rappeler le régime et la religion des Gaulois.

Toutefois cette destruction eut des limites, et n'atteignit pas les monuments disséminés au loin. C'est ainsi qu'on a signalé à deux lieues de Vésone, sur la route qui conduit de cette ville à Bordeaux, à gauche, près du bourg de Marsac, un petit vallon connu sous le nom de *Combe de Puy-Gauthier*, et qui, sur une surface d'un quart de lieue carrée, contient une quantité de pierres Celtiques dont le bloc principal, qui avait dix pieds de long sur six pieds de large et quatre pieds d'épaisseur, était connu dans le pays sous le nom de LO PEYRO DAUS NAU TOURS.

Au levant de la grande coupure faite à Écornebœuf, M. de Taillefer croit voir la place d'un *peulvan* ou obélisque, dont il ne restait sur place que deux gros fragments, connus sous le nom de LOU PEYROTEU. Il pense que ce devait être le point central autour duquel rayonnaient, à des distances assez considérables, une série continue de monuments, soit pour indiquer des postes de combats ou de réserve, soit pour servir à la rapidité des renseignements.

Mais ce qui ne contribue pas moins à nous édifier sur la destination primitive du coteau d'Écornebœuf, c'est le récit intéressant des fouilles qui y furent pratiquées si laborieusement et si fructueusement, en 1812, par M. Jouannet. Dans une première exploration, il n'y trouva que des débris Romains. Écoutons-le nous raconter lui-même les péripéties de ses premières recherches.

« Ne songeant déjà plus aux Gaulois, je crus, dit-il, que je pourrais
» du moins, en faisant fouiller, découvrir quelque sépulture, quelque
» USTRINUM (bûcher) encore ignoré. Je prends donc un manœuvre, et me
» voilà creusant avec lui en différents endroits. Partout je trouvai la
» terre brûlée jusqu'au rocher, mêlée de beaucoup de cendres, de char-
» bon, d'ossements d'animaux et de débris de vases de toute forme et
» de toute grandeur......

» Je remarquai des différences essentielles entre les divers fragments
» de vases que mon homme déterrait ; dans quelques-uns je reconnais-
» sais la pâte et la fabrique Romaines, dans d'autres j'apercevais une

» terre, des formes, enfin un travail tout différent ; ceux-ci m'offraient
» aussi le caractère d'une plus haute antiquité, caractère plus aisé à sen-
» tir qu'à décrire. Je me perdais en conjectures, quand tout à coup l'ou-
» vrier retira de sa fouille une hache en pierre d'un très beau poli (1). »

En moins de cinq années, M. Jouannet recueillit à Écornebœuf, outre une grande quantité de débris Romains, bon nombre d'objets en bronze, d'origines très diverses, et plusieurs milliers de pierres taillées, la plupart en silex, parmi lesquelles plus de deux cents haches entières ou brisées, et une cinquantaine de pointes de flèches d'un admirable travail. Et c'est en constatant les efforts persévérants aussi bien que les heureux résultats des recherches opérées par M. Jouannet, que nous devons rendre un hommage bien mérité à ce savant archéologue qui, avec notre illustre compatriote M. Wulgrin de Taillefer, a si puissamment contribué à mettre au jour les richesses archéologiques de notre ville.

Nous ne pouvons ici entrer dans le détail des divers instruments Gaulois exhumés sur le coteau d'Écornebœuf. Nous renvoyons à notre musée de Périgueux, un des plus riches en monuments Celtiques, les lecteurs désireux de se rendre compte de la civilisation de ces premiers âges. Qu'il nous suffise d'en rappeler pour mémoire la nomenclature sommaire. — Ce sont d'abord des *haches* ou *coins de pierre*, dont les unes sont complètement polies et du plus beau lustre ; d'autres n'ont été polies qu'au tranchant ; d'autres enfin ne sont qu'à l'état d'ébauche. — Les haches trouvées à Écornebœuf ne sont pas toutes en silex ; plusieurs ont été faites d'une roche amphibolique, originaire du Limousin. La plupart ont de quinze à vingt centimètres de longueur ; d'autres sont très petites et ne mesurent que deux ou trois centimètres.

Après les haches, viennent les *pointes de flèches* en silex qui, de formes variées, sont ou *ovalaires* ou *lancéolées ;* quelques-unes sont barbelées et présentent un pédoncule qui servait à les fixer dans la hampe. C'étaient de vraies petites merveilles par le travail patient qu'elles accusaient. « J'ai compté, dit M. Jouannet, plus de deux cents petites écailles

---

1. JOUANNET, *Statistique de l'administration politique, civile et religieuse du Périgord et des révolutions qu'elle a subies.* — (Calendrier du département de la Dordogne, année 1814, p. 65 et 66.)

» enlevées sur une flèche qui n'avait guère plus d'un pouce de long sur
» six lignes de base ; et cependant je ne voyais là que la plus faible partie
» du travail, la dernière trace du fini (1). »

Les *grattoirs*, instruments assez communs à Écornebœuf, ne sont autres que des éclats de silex arrondis soigneusement en arc de cercle à une extrémité. Les Esquimaux et les Caraïbes s'en servent encore pour préparer les animaux tués à la chasse. — Citons encore les *poinçons*, les *couteaux*, lames ou éclats de toute forme et de toute grandeur, présentant un tranchant sur un ou plusieurs de leurs côtés.

Au milieu de tous ces instruments on rencontre les NUCLEUS, noyaux ou résidus des blocs d'où les lames de silex avaient été détachées par percussion, et les *percuteurs* ou marteaux servant à cette opération.

On voit aussi au musée de Périgueux un *polissoir* de haches, et quelques fragments de *meules* recueillis au même endroit ; des *pierres de fronde* ou boules d'environ six centimètres de diamètre ; des *fusaioles* ou *pesons ;* des *bulles*, que certains ont regardées comme des *amulettes*, espèces de *perles de colliers* en terre cuite. Ces dernières, extrêmement rares, ne se distinguent des fusaioles que par leur dimension plus réduite. — Mais les unes et les autres étaient discoïdes, aplaties, percées dans le milieu, et avaient quelquefois les bords dentelés.

Outre les nombreux objets de silex recueillis à Écornebœuf, on en a découvert plusieurs autres en bronze, comme certaines haches de seize à vingt centimètres de longueur. Le tranchant, qui décrit une courbe elliptique, est plus large que la tête, et elles n'ont que huit à dix millimètres d'épaisseur. Elles sont évidées d'une extrémité à l'autre, carrément sur une face et en gorge sur l'autre, d'où résulte un bourrelet latéral épais de trente millimètres et haut de neuf, — s'abaissant en mourant vers les deux extrémités, et offrant ainsi l'image d'une longue feuille étroite et lancéolée.

Plusieurs *fibules* proviennent d'Écornebœuf. Elles servaient à agrafer les vêtements, et M. Jouannet en fait la description suivante : « Elles
» consistent en une tige de cuivre terminée à chaque extrémité par une

---

1. JOUANNET, *Statistique du Périgord*, 1819.

» pointe aiguë, très effilée et recourbée comme celle de nos hameçons.
» Les deux pointes sont repliées du même côté en regard l'une de l'au-
» tre ; la tige est ciselée sur les deux faces ou décorée de moulures faites
» à la lime ; un trou pratiqué au milieu de cette tige servait à passer le
» nerf ou le lien destiné à porter la fibule. » D'autres ressemblent parfois à celles dont se servent encore aujourd'hui les paysans, avec cette différence qu'elles sont plus fortes. Enfin, il en est d'assez élégantes composées de deux pièces à charnières, dont l'une est l'épingle proprement dite, et l'autre représente soit une lyre, soit une fleur, ou quelque être fantastique.

Quant aux autres instruments de bronze découverts à Écornebœuf, ce sont, dit M. Jouannet, « des débris de lames de poignard ou d'épée...,
» quelques ciseaux de cuivre trempé, des poinçons, des aiguilles recour-
» bées, une quantité considérable d'anneaux, les uns trop petits pour avoir
» jamais servi de bagues, — c'étaient apparemment des perles de collier, —
» les autres assez grands pour avoir été employés comme bracelets. Parmi
» ceux-ci on en voit de plats, qui sont grossièrement ciselés ; quelques-
» uns ont leur baguette ronde mais creuse : ce n'est qu'une feuille de
» cuivre ; un plus grand nombre consistent en un mince fil de laiton
» retourné plusieurs fois sur lui-même, de manière à former un cercle
» d'environ deux pouces de diamètre (1). »

Ajoutons que la plupart de ces objets paraissent avoir été fondus et fabriqués sur le coteau même d'Écornebœuf. Les abondantes scories de cuivre, les fragments de cuivre rosette et d'émail antique bleu, retirés du sol en 1811 et 1812 et remis à M. Jouannet, en fournissent la preuve, et l'on croit même que l'emplacement de la fonderie était situé dans la partie méridionale du coteau, près de la butte qu'on y observe encore.

Quant à la céramique, nous devons reconnaître qu'à Écornebœuf on a découvert très peu de vases entiers. — On a exhumé du sol une certaine quantité de petits fragments de poterie, dont la pâte, mélangée de parcelles de pierre calcaire ou de roche siliceuse, avait été soumise à une cuisson très imparfaite. Il n'est pas difficile de la distinguer de la poterie

---

1. JOUANNET, *Statistique du Périgord*, 1819.

Romaine, dont le grain est plus fin et la couleur d'un beau rouge. — On croit que les vases auxquels se rapportent tous ces fragments, découverts à Écornebœuf, avaient été façonnés à la main et non au moyen du tour à potier. La plupart étaient de forme *ollaire*, quelques-uns étaient cylindriques, un très petit nombre affectaient la forme plate.

On a trouvé un certain nombre de médailles à Écornebœuf : leur type varié est généralement assez grossier. — Les unes sont coulées, les autres paraissent frappées ; elles sont généralement en plomb, en bronze ou en argent. — La plupart sont sans légende, sans exergue ; les têtes n'ont pas figure humaine, et leur coiffure est non moins bizarre. — Les symboles qu'on voit sur ces médailles sont des énigmes inexplicables, et les animaux qu'elles représentent sont sans reproduction dans la nature. Toutes, quel qu'en soit le travail, ont un caractère particulier ; elles sont bombées d'un côté et un peu concaves de l'autre, comme les médailles Grecques. — La plupart de ces médailles se rattachent généralement à deux types particuliers. — Le premier offre à l'obvers une tête ornée d'un riche diadème, et au revers un animal fantastique entouré de signes symboliques. Ce type est spécial à notre pays, et on en a trouvé beaucoup à Écornebœuf ; plusieurs même semblaient marquées de la lettre V, initiale de Vésone. — Le second type offre à l'obvers une tête grossièrement façonnée ; au revers, une aigle aux ailes déployées et vue presque de face. L'aigle paraît ici avoir été l'attribut héraldique de Vésone.

Tel est le résumé des documents historiques que nous ont transmis, sur le passé historique et la destination de cette antique citadelle Gauloise d'Écornebœuf, nos intrépides et savants archéologues. — Nous sommes convaincus que si ces derniers avaient eu des continuateurs dans leurs recherches, bien des secrets nous auraient été révélés, et bien d'autres détails intéressants nous auraient été donnés sur l'histoire de notre pays, d'autant plus fécond en richesses archéologiques qu'il a été le boulevard de plus grands événements.

Quoi qu'il en soit, ces restes et ces témoignages d'un temps qui est déjà bien loin de nous, sont plus que suffisants pour nous faire apprécier importance de cette vieille cité de Vésone et de sa citadelle, — le degré relatif de sa civilisation et la valeur de ses habitants. — Les vainqueurs de Vésone ont proclamé eux-mêmes l'importance de la vieille cité des Pétrocoriens, en édifiant sur ses ruines une nouvelle cité digne tout à la fois et de son passé et de la civilisation Romaine. On peut dire avec raison que la fille n'a été que l'auréole de la mère.

Mais avant de quitter ce coteau d'Écornebœuf, qui a été comme le dernier refuge et le suprême rempart des premiers habitants de Vésone, tout, d'après ce que nous venons de voir, nous porte à affirmer que là se sont livrés les derniers combats et ont été soutenus les assauts héroïques qui ont réduit sous la puissance des Romains la vieille cité de Vésone. — C'est la déduction qui découle naturellement de ce mélange des restes Romains trouvés à la surface du sol et recouvrant les débris calcaires et les instruments de provenance Gauloise.

Avant de franchir la rivière de l'Ille, qui nous sépare de la Vésone Romaine, nous devons, comme complément de cette première étude, aborder le coteau voisin de *La Boissière*, qui est vulgairement appelé le *Camp de César*, et sur lequel vinrent s'arrêter d'abord les vainqueurs de Vésone.

Nous entrons ici dans une nouvelle période relativement au passé historique de Vésone, période importante et pleine d'intérêt pour cette cité, et dans laquelle les efforts opiniâtres de ses conquérants pour lui enlever son autonomie nous font connaître toute la puissance et la valeur qu'ils lui attribuaient. Cette exploration nous servira de transition entre la période Celtique et la période Romaine.

Le coteau de La Boissière, qui confine au Midi le vallon de Campniac, est connu, comme la plupart des camps Romains dans la Gaule, sous le nom de Camp de César. — Cela veut-il dire qu'il fut établi par le grand conquérant des Gaules ? C'est peu probable : — on croit même que César n'est jamais venu à Vésone ; il n'en est nullement question dans les Commentaires. Ce qui paraît certain, c'est que ce camp fut établi après la reddition d'Uxellodunum, à la défense de laquelle les Pétragoriens contribuèrent par un contingent de cinq mille hommes.

Après la suprême défaite des Gaulois à Uxellodunum, les Commentaires nous apprennent que César, avant son départ pour Narbonne, où il séjourna peu de temps, mit ses légions en quartier d'hiver sous la conduite de ses lieutenants pour avoir des troupes un peu dans tous les cantons de la Gaule. — Il plaça quatre légions dans la Belgique; deux chez les Éduens, deux dans la Touraine et deux chez les Limousins. — Vésone était probablement une de ces villes dont parlent les Commentaires, qui, éloignées du théâtre de la guerre et se croyant inaccessibles aux armées Romaines, avaient négligé ou refusé d'envoyer leur soumission à Crassus, le conquérant de l'Aquitaine. — A l'appui de cette conjecture, nous avons les nombreuses monnaies consulaires trouvées sur cet emplacement, et dont plusieurs étaient à l'effigie d'Auguste, de Tibère, de Néron, de Caligula et d'Adrien, — et qui, avec l'étendue du camp Romain et les importants travaux qui y furent exécutés, nous portent à croire que le camp de La Boissière ne fut pas seulement une installation transitoire, établie pour le siège et la prise de Vésone, mais fut un poste d'occupation et un camp permanent destiné à maintenir dans la sujétion la cité conquise. Sa position, du reste, élevée et inaccessible, relativement à la Vieille-Cité et aussi à la nouvelle Vésone qu'allaient bâtir les conquérants, en faisait incontestablement un lieu de garnison et de concentration bien propre à contenir et, au besoin, à réprimer les vaincus d'hier. — Si les travaux d'installation d'un camp indiquent sa durée et sa permanence, il est certain qu'au camp de La Boissière les retranchements sont trop considérables, les débris d'urnes, les amas de cendres, les médailles, les fragments d'armes, sont en trop grande quantité pour qu'on ne soit porté à croire que ce camp fut stable, et qu'il fut destiné autant à la garde qu'à la conquête de Vésone par les armes Romaines.

Sans nous laisser ici entraîner par des supputations plus ou moins vraisemblables, et tout en regrettant bien des documents nécessaires et authentiques disparus sous l'action du temps et par suite des transformations que l'agriculture a fait subir au sol, bornons-nous à la description que nous a laissée du camp de La Boissière M. W. de Taillefer : c'est encore ce que nous avons de plus précis et de plus intéressant.

« Le coteau de La Boissière, nous dit-il, est fortement escarpé au Nord,
» à l'Est, au Sud, et même dans sa plus grande étendue du côté de l'Ouest.
» Ce n'est qu'en un seul point du Nord-Est, et sur la continuation
» de la croupe du Sud-Ouest, qu'il est facile d'aboutir à son sommet ; et
» ce furent ces parties faibles, jointes à quelques autres irrégularités du
» site, qui fournirent aux Romains l'occasion d'employer tout l'art de la
» castramétation, qu'ils connaissaient si bien.

» Le camp est placé sur le coteau. — Un rempart d'environ vingt-
» cinq pieds d'élévation vers le dehors le séparait du reste de la mon-
» tagne au Couchant, et le défendait ainsi du côté le plus accessible. —
» Ce rempart, dont les terres ont été prises extérieurement au camp
» dans une largeur de plus de cent cinquante pieds, prend naissance dans
» l'escarpement du Midi, se prolonge assez en avant vers le Nord en
» décrivant une ligne un peu courbe, et se rattache par un angle pres-
» que droit à un second rempart, également fort élevé, qui se dirige au
» Levant. C'est vers le milieu de son cours qu'on distingue la porte
» *Décumane*, c'est-à-dire celle par laquelle on pouvait sortir et recevoir
» des secours. »

» Ce retranchement n'embrassait, comme l'on voit, qu'une partie du
» côté de l'Ouest ; il s'arrête à une espèce de ravin, et c'est là qu'il change
» de direction. — Sans doute, les Romains crurent un si fort rempart
» inutile sur le penchant du coteau, où la nature semblait, pour ainsi dire,
» avoir assez fait pour la défense. Un rempart d'une médiocre hauteur
» pouvait suffire, et on suit aisément les traces de ce rempart presque
» depuis le grand retranchement dont nous venons de parler jusqu'à
» l'angle de la montagne au Nord-Ouest du camp, là même où se remar-
» quent deux épaulements considérables, et c'est surtout de ce côté qu'on
» les distingue parfaitement.

» Mais ces divers retranchements n'étaient pas la seule défense des
» Romains du côté de l'Ouest ; il y avait presque tout le long du grand et
» du petit rempart des ouvrages avancés, encore assez apparents pour
» qu'on ne puisse nier leur existence. Ils se remarquent surtout au Nord
» de la porte Décumane, c'est-à-dire, entre cette porte et l'angle du grand

» retranchement. Ils y forment deux lignes distinctes presque parallèles.
» Leur extrémité du Nord aidait à défendre une autre porte Décumane
» qui, placée sous l'angle des deux grands remparts, donnait issue à la
» partie septentrionale du camp.

» Quant aux deux épaulements du Nord-Ouest, ils étaient d'autant plus
» nécessaires sur cette espèce de cap que la pente n'y était pas très rapide,
» et il était bien important de défendre ce point dominant, puisqu'il abou-
» tissait presque directement à la rivière, et aurait ainsi communiqué
» facilement à la ville. Les coupures sont à environ trois cents pieds
» l'une de l'autre ; leur largeur est de plus de trente pieds.

» Tel était le système de défense vers l'Ouest. — Au Nord et au Sud,
» on distingue les vestiges d'un petit retranchement appuyé de quelques
» ouvrages extérieurs. — Au reste, ces deux côtés n'avaient pas grand
» besoin des ressources de l'art ; la nature avait amplement pourvu à leur
» sûreté par des escarpements rapides. — Le côté du Sud-Est seulement
» et la partie de l'Est qui l'avoisine pouvaient être d'un facile accès, car
» c'est sur ce point de la circonférence du camp qu'un petit vallon descend
» du coteau vers la rivière et se prolonge jusqu'au port de Campniac. Il
» pouvait donc être de la plus grande conséquence de fortifier ce côté
» avec soin. Voici comment les ingénieurs Romains s'en acquittèrent :

» Le fort retranchement, qui est du côté de l'Ouest, se dirige du Sud
» au Nord, fait un coude, comme nous l'avons dit, se prolonge à l'Est et
» traverse le camp. Dans le prolongement, le rempart a jusqu'à trente
» pieds de haut et plus de quatre-vingts pieds d'épaisseur. Vers le milieu
» de son cours est une large porte, et il s'arrête au petit vallon dont nous
» venons de parler, offrant à son extrémité un développement plus consi-
» dérable, ce qui semblerait annoncer qu'il y servait de base à une espèce
» de fort. De là partait un rempart qui se dirigeait vers le Nord. On en
» suit aisément la trace ; mais, placé comme celui de l'Ouest, la culture
» des terres l'a presque entièrement fait disparaître (1). »

Telles sont les principales indications qui nous restent sur le *camp de
César* à *La Boissière*, indications d'autant plus précises qu'elles sont plus

---

1. *Les Antiquités de Vésone*, tome II, c. v.

authentiques, et qu'aujourd'hui il serait plus difficile de relever, à cause des ravages du temps et des hommes.

Telle était donc la position stratégique que les Romains occupèrent, et derrière laquelle ils se retranchèrent lorsqu'ils voulurent réduire la vieille cité de Vésone. Nul doute qu'il n'y ait eu entre les deux peuples une série de luttes et d'assauts : le sol couvert de cendres, d'ossements, de charbon, la grande quantité de débris d'urnes cinéraires et d'armes brisées qu'on trouve dans le vallon de Vieille-Cité aussi bien que sur le coteau de la citadelle d'Écornebœuf, nous attestent éloquemment et l'attaque meurtrière et acharnée des assaillants et la défense héroïque et désespérée des vaincus.

Entre tous les objets intéressants découverts sur l'emplacement du camp de La Boissière, nous devons signaler de nombreuses meules de moulins à bras dont le diamètre moyen était d'environ un pied, une grande quantité de fers de flèches, ainsi que quelques fers de lances et de javelots.

Bloquée et resserrée par neuf ou dix camps Romains dont nos archéologues trouvent les traces à Atur, — Champsevinel, — Chamseigne, — Chambareau, — Chamlebout, — *Las Tranchiéras* de la Bessède, — Puy-de-Pont, près Neuvie, — Cantillac ou Quintillac, au confluent de la Drôme et de la Cole, — Marquessac, près de Ste-Eulalie d'Ans, — Puy-Romain, — Camp-Redon, — Camp-Segret, etc., — Vésone tomba sous la domination des Romains, selon les conjectures les plus probables, vers l'an 44 avant Jésus-Christ, l'année de la mort de Jules-César : ce qui explique le silence gardé par César dans ses Commentaires sur le blocus de Vésone.

Les Commentaires, en effet, finissent avec la campagne qui eut lieu dans la cinquante-et-unième année avant l'ère chrétienne.

Le blocus aurait donc duré six années environ, et se serait terminé par la reddition de Vésone. — Et ce serait peu de temps après qu'on aurait vu la famille du grand Pompée venir s'établir dans notre cité. — La présence de cette famille, puissante rivale d'Auguste, la résistance opiniâtre de Vésone, auraient-elles indisposé contre les Vésoniens l'empereur

Auguste ? — Ce qui est certain, c'est que, quinze ans avant notre ère, Auguste enleva à Vésone son titre de *métropole*, et que, ayant divisé en deux parties l'Aquitaine, qui avant lui ne formait qu'une seule province, il désigna Bourges et Bordeaux pour être les nouvelles métropoles de ces deux portions de la Gaule Aquitanique.

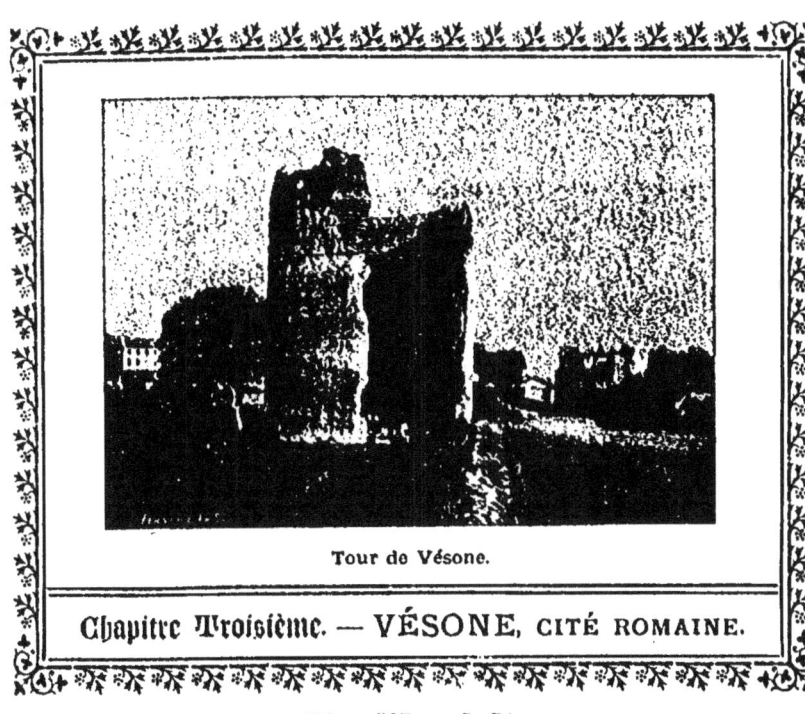

Tour de Vésone.

Chapitre Troisième. — VÉSONE, CITÉ ROMAINE.

(44. — 507 ap. J.-C.)

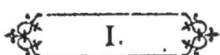

I.

Vésone rebâtie. — Son nouvel emplacement. — Son étendue. — Soulèvement des Gaules. — Réorganisation de l'Aquitaine. — Constitution administrative de Vésone. — Autel de Lyon. — « Augusta Vesunna. » — Étendue de la juridiction de Vésone. — Embellissement et importance de Vésone.

Une fois maîtres de Vésone, les Romains s'empressèrent de transformer ce peuple et cette contrée, et de se l'assimiler en y implantant leur civilisation, leurs mœurs, leurs institutions et surtout leur religion. Et s'il est vrai de dire qu'on mesure un être par la place qu'on lui fait, nous devons justement apprécier l'importance de la cité Gauloise par celle que lui donnèrent ses conquérants. Pour faire oublier la défaite et pour prévenir toute idée de soulèvement, ils transportent d'abord le siège de la nouvelle cité sur la rive droite, qu'ils commanderont longtemps encore par leur camp retranché de La

Boissière. — C'est dans cette partie de la plaine de l'Ille que va s'élever la nouvelle cité Romaine. Son développement, depuis les rives de l'Ille, sous Écornebœuf et La Boissière, jusqu'au ruisseau du Toulon, s'étendra sur un périmètre de plus de deux lieues de circonférence. — Le sol en est encore jonché de débris de toutes sortes, blocs de pierre sculptés, chapiteaux fouillés, mosaïques, médailles, bronzes de toute forme et de toute destination, marbres, vases, ustensiles, blocs de colonnes arrondis au tour, etc., etc. La brillante collection que nous offre le musée de notre ville, les découvertes et les fouilles heureusement conduites même de nos jours sur l'emplacement de Chamiers, se présentent comme autant de témoignages de la magnificence et de l'importance de Vésone sous les Romains.

Selon la remarque d'un de nos historiens, les habitants de Vésone, en succombant sous le joug de Rome, n'eurent pas trop à souffrir de leur défaite : leur honneur surtout fut atteint ; en perdant leur indépendance nationale et leur autonomie, ils se virent supplantés et presque absorbés par l'opulente civilisation des Romains, qui s'efforcèrent de toutes manières de faire disparaître tout ce qui pouvait rappeler le régime de nos vieux Gaulois.

A la mort de César, le conquérant des Gaules, les Aquitains se soulevèrent et reprirent les armes, espérant, à la faveur des sanglants démêlés du Triumvirat, recouvrer leur ancienne liberté. — Quelle fut l'attitude des Vésoniens en cette levée de boucliers qui fut, non moins que la première, funeste à l'Aquitaine ? Tout fait présumer qu'ils reconnurent le gouvernement des Triumvirs et se soumirent à leur autorité. Des médailles consulaires et triumvirales, trois bustes surtout représentant les triumvirs et que des témoins oculaires rapportent avoir vus exposés autrefois au-dessus de la grande porte intérieure des vieilles casernes de la cité, nous portent à croire que Vésone s'était rangée au gouvernement des Triumvirs.

Quand Auguste fut resté seul maître de l'Empire, son général Messala fut envoyé pour réduire l'Aquitaine, ce qu'il fit avec plus de rapidité et de succès que Crassus lui-même. — Pour écarter toute nouvelle tentative de soulèvement, les limites de l'Aquitaine furent reculées jusqu'à la

Loire. — Les Vésoniens firent alors partie de l'Aquitaine, et obtinrent d'Auguste de conserver leurs privilèges, le droit de se choisir leurs magistrats, et la faculté de se gouverner eux-mêmes; ils demeuraient pourtant sous la juridiction du commandant général de la province, qui, sous le nom de préteur ou de proconsul, réunissait en ses mains l'autorité civile, le droit de décider sans appel les procès et le commandement militaire. C'est à cette époque, comme nous le verrons plus tard, qu'il faut faire remonter l'origine de ces sénats, de ces consuls, de ces décurions, dont nos villes modernes semblent se glorifier.

On sait, par une inscription lapidaire déposée au musée (1) et par un certain nombre de médailles trouvées à Vésone, que cette cité, avec soixante autres peuples de la Gaule, avait contribué à l'érection du fameux autel de Lyon en l'honneur de l'empereur Auguste, et lui en avait même élevé un dans ses propres murs. — Il est très probable que ce fut à cette occasion, et en reconnaissance de son apothéose, que l'empereur conféra à notre cité le titre d'AUGUSTA VESUNNA. — Ce privilège était consigné sur une inscription rapportée dans les mémoires de l'Académie des Inscriptions. — Beaumesnil atteste avoir vu à l'un des murs de la cour des casernes cette inscription qui était gravée sur un marbre de plus de trois pieds de hauteur. — Elle a disparu depuis longtemps.

On sait pertinemment, par le témoignage de Pline et de Jules César, que le territoire de Vésone n'était séparé de celui de la cité de Toulouse que par le Tarn, et que cette métropole des Pétrogoriens fut une de celles qui défendirent le plus vigoureusement l'indépendance de l'antique Gaule contre l'invasion des Romains. César lui-même nous apprend dans ses Commentaires (2) que, pour renforcer l'armée de Vercingétorix, Vésone, ainsi que cinq autres cités, fournit un corps de troupes de cinq mille hommes, ce qui, pour lors et pour une ville qui avait elle-même à se défendre, suppose une importance toute particulière.

Après leur conquête, les Romains s'efforcèrent de faire de Vésone une de leurs plus intéressantes colonies. La plupart des monuments qu'ils y élevèrent, et dont les ruines subsistent encore, lui donnent la physiono-

---

1. *Catalogue du Musée de Périgueux*, par M. GALY, n° 244.
2. Lib. IV et VII.

mie d'une cité bâtie sur le modèle de la mère-patrie. Elle avait ses temples, sa citadelle, son capitole, son amphithéâtre, ses basiliques et ses privilèges particuliers. — Un de ses principaux aqueducs était l'œuvre d'un de ses *duumvirs*.— Or, on sait que cette magistrature n'était établie que dans les colonies et les municipes Romains ; ils y remplissaient le même rôle que les consuls à Rome. Ils y assemblaient le sénat, veillaient à la sûreté de la République, et y suppléaient le pouvoir de toutes les autres magistratures.

Bien des documents qui nous manquent nous empêchent de donner à notre récit toute la précision et les détails intéressants que l'on pourrait attendre de nous. — Pour cette période Romaine, comme pour la période Celtique, nous devrons chercher à travers les inscriptions, les médailles et les monceaux de ruines qui jonchent notre sol, la trame historique des personnages et des événements qui ont illustré notre cité. C'est pourquoi, à la suite de ceux qui nous ont précédé dans ce chemin de notre histoire, à l'exemple surtout de notre illustre M. de Taillefer — que nous regardons bien justement comme le *Père de l'histoire du Périgord* — pour donner plus de clarté et de précision à notre travail, nous passerons successivement en revue les monuments religieux, civils et militaires de Vésone sous la domination Romaine.

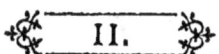

II.

Monuments religieux de Vésone. — Importance de la religion chez les Romains. — Inscriptions votives. — Divinités de Vésone. — Autels. — « Cablane. » — « Le Toulon. » — Autel des bouchers de Vésone. — « Vésone tutélaire. » — Temples de Vésone. — S. Clair et les prêtres de Jupiter. — Temple de Mars. — Tour de Vésone. — Sa destination primitive. — Ses dimensions. — Genre de construction. — Sa brèche. — Péristyle. — Le sol et le sous-sol intérieurs. — Le sol extérieur.

Uel qu'ait été le désordre intellectuel et moral inhérent à la civilisation Romaine, il n'en est pas moins certain que celle-ci donna toujours une certaine prépondérance aux idées et aux pratiques religieuses. Que ce fût pour satisfaire le besoin de

MONUMENTS RELIGIEUX DE VÉSONE.

l'âme naturellement religieuse, ou que ce fût un moyen politique et très efficace pour transformer les peuples vaincus et se les assimiler, — c'est un fait clairement constaté que la religion tint le premier rang dans les institutions du peuple Romain. — On la trouve partout, non seulement dans les temples et les tombeaux, mais encore dans les amphithéâtres et les cirques, dans les basiliques et les citadelles, et jusque même dans l'intérieur des habitations. — Aussi pouvons-nous affirmer tout d'abord que, s'il n'est pas de ville en France qui offre aux savants plus de richesses archéologiques de l'époque Romaine que Vésone, la plus grande partie de ces ruines rappelle le culte que le paganisme rendait à toute espèce de créatures, aux personnes, aux contrées, aux fontaines et aux génies.

Entre tous les nombreux vestiges religieux que l'on a exhumés des ruines de Vésone païenne, nous devons signaler d'abord quelques inscriptions votives gravées sur des pierres d'autels. — L'une, dont l'estampage figure au musée (1) et dont l'original est placé dans l'embrasi d'une fenêtre de la grande salle du château de Barrière, marque une dédicace faite en l'honneur d'Apollon et d'une divinité ou d'un génie tutélaire, devenu dieu topique, COBLEDULITAVUS (2). Cette dédicace avait pour auteur un certain *Marcus Pompeïus, fils de Caïus Pompeïus, de la tribu de Quirina, affranchi, prêtre : il restaura à ses frais le temple de la Déesse tutélaire et les Thermes publics, tombés naguère de vétusté.*

Un peu avant cette inscription, il en est une autre du même genre, lapidaire et votive, faisant mention d'une nouvelle divinité topique : — cette divinité ne serait rien moins, selon M. de Taillefer, que le génie de la source du Toulon, — TELONIO, — laquelle formait la limite de l'ancienne Vésone au Nord-Ouest. — Cette fontaine, qui a presque toujours occupé une place dans les fastes de notre cité, sortant d'un gouffre, devenait presque aussitôt un ruisseau assez fort pour qu'à cent toises de là elle

---

1. *Catalogue du Musée* de M. GALY, n° 248.
2. Certains auteurs traduisent : *Cobledulitavus* par *Cablan*. — Cablan a attiré l'attention des archéologues par les vestiges précieux des monuments Romains qu'on y a découverts et dont nous parlerons plus loin : un bassin de construction Romaine près de sa fontaine ; — deux voies antiques aboutissant à ce point ; — une colonne milliaire trouvée à quelques pas de là, — et les ruines imposantes de *Chamiers*, découvertes tout récemment dans le voisinage. — Tout cela rend de plus en plus probable l'opinion de ceux qui croient à une divinité topique de *Cablan*, *Cobledulitavus*, qui n'est d'ailleurs ni dans la mythologie ni sur aucune carte.

pût faire marcher deux moulins. — C'était une habitude assez commune aux Grecs, aux Romains et aux Gaulois d'adorer les phénomènes et les forces de la nature, et particulièrement les sources et les fontaines. « Nous » adorons les fleuves à leur source, dit Sénèque (1), nous élevons des autels » aux endroits où les eaux sortent brusquement du sein de la terre. »

Citons encore l'inscription votive gravée sur l'autel que les bouchers de Vésone avaient consacré *à Jupiter très bon, très grand, et au génie de Tibère* (2). — Cette inscription trouvée en 1843, dans la maçonnerie des anciens remparts de Périgueux, près la porte Hiéras, en face du théâtre, pouvait appartenir au temple de Jupiter, sur l'emplacement duquel fut bâtie plus tard l'église St-Silain, selon toute probabilité.

Nous devons aussi faire mention de l'autel élevé et dédié par Secundus Soter à *Vésone tutélaire*, et que Beaumesnil atteste avoir vu, mais qui malheureusement a disparu depuis sous le marteau destructeur de gens ignorants.

Nous avons dit plus haut comment, par reconnaissance ou par flatterie, les peuples de la Gaule avaient édifié à Lyon le fameux autel ROMÆ ET AUGUSTO. Les médailles qui rappellent cette dédicace se retrouvent en grand nombre dans les ruines de Vésone.

A ces quelques citations que nous venons de faire, nous devrions ajouter quantité d'inscriptions sépulcrales qui, toutes avec le cachet de la plus haute antiquité, portent l'empreinte religieuse. — Mais, obligé de nous borner, nous renvoyons le lecteur avide de plus amples détails aux précieux et intéressants spécimens de notre musée.

Les autels supposaient des temples et les vestiges des uns et des autres, après tous les ravages des Barbares et du temps, restent encore comme les témoins irrécusables de la grandeur de Vésone. — Les nombreux et remarquables fragments, bas-reliefs, chapiteaux, etc., etc., qui ont été recueillis, portent généralement le caractère distinctif des divinités païennes auxquelles ils étaient consacrés. — Toutefois, quelque multiples et variés que soient les vestiges qui nous ont été conservés,

---

1. Lettre 4.
2. *Catalogue du Musée*, par M. GALY, n° 249.

TEMPLES DE VÉSONE.

nous ne pouvons faire mention que des principaux temples dont Vésone était dotée.

Les Bollandistes, dans la vie de S. Clair, nous apprennent que *cet homme apostolique*, originaire *d'Afrique*, ayant été ordonné à Rome, après avoir évangélisé le Midi de la Gaule, « partit pour l'Aquitaine, et vint dans la
» capitale des Pétrocoriens ; il détruisit les temples des idoles, et, comme
» un autre Élie, plein de zèle pour la foi divine, il mit à mort les prêtres
» qui exerçaient l'horrible culte de Jupiter et de Mars (1). » On ne peut assigner exactement le lieu où était placé à Vésone le temple de Jupiter.
— Il n'en est pas ainsi de celui de Mars.

L'auteur de l'*Histoire des Églises de France* nous dit que « le temple
» de Mars, dépouillé de ses vaines idoles.... fut consacré au culte de saint
» Étienne, premier martyr. C'est de ce temple que saint Front fit sa
» cathédrale. » — M. de Taillefer croit que ce temple de Mars était défendu par une enceinte vaste et fortifiée, ornée d'un péristyle dans tout son pourtour intérieur et décorée de beaux ornements d'architecture. — Il rapporte à ce péristyle une inscription lapidaire déposée au musée (2) et qui attribue à *Aulus Pompeïus*, fils de *Pompeïus Antiquus*, l'érection du péristyle, des ornements et du mur d'enceinte élevés tout autour du temple.

Mais de tous les monuments qui nous restent de notre vieille cité Romaine, et dont les ruines grandioses encore subsistantes attestent d'une manière si éclatante la grandeur de la capitale des Pétrocoriens, un surtout s'impose à notre admiration et demande une étude particulière ; c'est cette tour qui, encore debout, porte majestueusement le nom de *Vésone*, comme elle servait probablement à en glorifier le génie. — Nous ne faisons que suivre l'opinion générale des archéologues en classant la *Tour de Vésone* dans la série des temples de cette cité.

Plusieurs ont voulu y voir un temple de Vénus. — M. de Taillefer prétendait que, par sa forme, la Tour de Vésone accusait un temple consacré à *Isis*, la lune. — Pour nous, basé autant sur le sens politique

---

1. *Acta Sanctorum*, tom. I, pag. 7 et 8.
2. N° 247.

des Romains, habiles à ménager les croyances des Gaulois, que sur les documents épigraphiques qui nous restent, nous pensons que cette rotonde à ciel ouvert fut la CELLA d'un temple élevé à VESUNNA, déesse *topique*, *tutélaire* et *augustale* des Pétrocoriens. Ce temple, sans coupole *subdiale*, avec péristyle, ayant un PRONAOS ou portique au Sud-Est, était au cœur de la cité ; les principales voies y aboutissaient.

La tour, à partir du sol primitif, mesure vingt-sept mètres environ de hauteur et vingt mètres soixante-onze centimètres de diamètre, y compris l'épaisseur du mur, qui avait un mètre soixante-dix centimètres. — Construite en appareil *smillé* et en blocage à bain de ciment, elle était revêtue de petites plaques de marbre, de couleurs variées, que retenaient des crochets en fer. Un grand nombre de ces crochets hérissent encore sa partie supérieure.

Une brèche de neuf mètres environ de largeur, peu régulière, bien qu'elle soit verticale dans son ensemble, ouvre l'édifice dans toute sa hauteur vers le Levant, à la place où se trouvait le PRONAOS. — La légende de saint Front, premier apôtre du Périgord, attribue à la vertu de ce saint évêque cette grande déchirure.

Le mur est traversé à quatre mètres du sol actuel par vingt-cinq pierres carrées, saillantes sur le parement intérieur et qui, placées à des intervalles égaux, suivent horizontalement son pourtour.

A la hauteur de dix mètres environ au-dessus de ces grosses pierres, règne un cordon de deux briques qui enlace la circonférence de la tour.

Immédiatement au-dessus de ce cordon sont percés, à distances égales et à l'extérieur, des trous décorés d'archivoltes rayonnées en briques ; très probablement ils étaient destinés à recevoir l'extrémité des poutrelles en bois qui, formant l'architrave, unissaient la colonnade circulaire ou péristyle au mur de la CELLA. — Ces trous, fort régulièrement espacés, sont au nombre de vingt-trois. — Ils s'étendent à peu près sur les trois quarts de la circonférence de l'édifice, et viennent s'arrêter au Nord-Est et au Sud-Est à des massifs de pierres et de briques.

Un second cordon de briques, semblable au premier, se développe parallèlement à un peu plus de quatre mètres de distance ; il borne la hauteur de neuf massifs de briques placés au-dessous à des intervalles égaux. — Un troisième, un quatrième et un cinquième cordon, distants l'un de l'autre d'un peu plus d'un mètre, courent également autour de la CELLA, comme autant de cercles qui l'étreignent. Ces divers cordons se distinguent à l'intérieur comme à l'extérieur du monument et paraissent traverser le mur dans toute son épaisseur.

A cinq mètres environ au-dessous des grosses pierres saillantes à l'intérieur de la tour est un sol inférieur qui s'élève de soixante-dix centimètres vers le centre. La maçonnerie, composée en grande partie de pierres posées de champ, accuse l'extrados d'une voûte qu'il ne faudrait pas confondre, du reste, avec quelques aqueducs souterrains découverts dans les fouilles entreprises par Mgr de Macheco de Prémeaux, évêque de Périgueux.

En dehors et tout autour de l'édifice, à quatre mètres cinquante de distance, existe un mur d'un peu plus de deux mètres d'épaisseur. — La construction de ce mur paraît être de même nature que celle de la tour, et se termine par une surface plane sur laquelle on distingue de larges empreintes d'arrachements. — En avant de la brèche, on a aussi découvert un massif plat et horizontal, très épais, se développant considérablement du côté de l'Est, et sur lequel on a constaté divers arrachements. — C'est là très probablement que se trouvaient le porche et la *principale* entrée de la tour. Nous disons principale, car on croit que l'on avait accès au péristyle circulaire par le moyen de certains perrons latéraux.

Telles sont les principales indications que nous avons pu recueillir sur ce monument, dont les ruines sont marquées au cachet de la grandeur de notre antique Vésone. — Et parce que ce temple, le plus grandiose et le plus beau de la cité, semblait concentrer en lui la sollicitude et le culte de ce peuple païen, il dut naturellement attirer sur lui les efforts et les attaques des premiers apôtres chrétiens envoyés parmi nous. C'est pourquoi l'opinion la plus accréditée fait remonter aux premiers jours de l'ère chrétienne la ruine de la tour de Vésone. — A partir de ce moment, cet édifice gigantesque et somptueux dut servir de carrière où l'on puisait, à profusion, colonnes et chapiteaux, marbres et matériaux de toute espèce, comme l'on a vu, du reste, la chose se passer à Rome pour le Colysée et autres monuments historiques. Quoi qu'il en soit, la Providence laisse encore debout cette superbe ruine pour attester tout à la fois, et la grandeur de Vésone Romaine, et le triomphe de la foi chrétienne.

III.

Monuments civils de Vésone. — Monnaies de Vésone. — Médailles. — Débris divers. — La famille Pompée à Vésone. — Amphithéâtre de Vésone. — Ses dimensions. — Ses dispositions. — Sa capacité. — Le château de « La Rolphie » dans les Arènes. — Les religieuses de la Visitation et les Arènes. — Thermes de Vésone. — Villa et thermes de Chamiers. — Ponts de Vésone. — Fontaines et aqueducs de Vésone. — Aqueduc du Petit-Change. — Aqueduc de Vieille-Cité. — Aqueduc du Toulon. — Ermite du Toulon. — Aqueduc de l'Arsault. — Fontaine de Ste-Sabine. — Voies Romaines. — Basilique et Capitole de Vésone.

Ous le rapport civil comme sous le rapport religieux, et peut-être même davantage, nous nous trouvons en présence d'une abondance d'objets et de souvenirs historiques toujours de plus en plus intéressants et lumineux. — Nous voudrions pouvoir en présenter ici une description fidèle et détaillée ; mais le cadre restreint de notre étude nous force, malgré nous, à nous borner. — Qu'il nous suffise de dire ici un fait incontestable, c'est que, sur tout le sol qu'occupait notre cité, on découvre partout et constamment une quantité considérable de ruines et d'objets divers, tous appartenant à l'époque Romaine.

Vésone frappait *monnaie*. — M. de Taillefer rapporte qu'en 1788, on retrouva près du couvent des Cordeliers, à la Cité, et à côté de l'emplacement de l'ancien Capitole, des coins de monnaie en terre cuite, qui furent presque tous brisés au moment de leur découverte. Il eut pourtant la satisfaction d'en recueillir quelques-uns. On distinguait encore sur un de leurs fragments la figure et une partie du nom de Faustine, femme de Marc-Aurèle. — Chacune des deux parties du coin, étant concave à l'extérieur, avait le centre très mince. — En 1807, en fouillant au même endroit, on y retrouva des fourneaux propres à cette fabrication, et jusqu'aux tuyaux de briqueterie antique servant de cheminées à ces fourneaux.

Les différentes monnaies qu'on a ramassées sur le sol de Vésone appartiennent au règne de tous les empereurs à dater d'Auguste jusqu'à la décadence de l'Empire Romain. — On y en rencontre même de consulaires, et particulièrement celles des familles : MUSSIDIA — AQUILIA, — CORNELIA, — ANTONIA,— SERGIA,— JULIA et MEMMIA.— Les médailles qui appartiennent au Haut-Empire sont celles d'Auguste, de Tibère, de Caïus Caligula, de Claude, de Néron, de Vespasien, de Domitien, de Nerva, de Trajan, d'Adrien, d'Antonin, de Marc-Aurèle, de Commode, d'Alexandre-Sévère, de Gordien, des deux Philippe; et parmi les médailles des Impératrices, celles des deux Faustine et d'Otacilia Severa.— Les médailles du Bas-Empire les plus communes sont celles de Posthume, en argent, petit et grand bronze; des Victorin, des deux Tétricus, en petit bronze ; de Claude II, d'Aurélien, de Maximin, de Constance-Chlore, petit et grand bronze ; de Magnence, de Décence, des deux Constantin père et fils, de Licinius, de Crispe, des autres Constance; enfin de Gratien et d'Arcade, en petit bronze. On en trouve quelques-unes d'Honorius, et très-peu au-dessous de cet empereur.

Nous avons dit l'immense quantité de débris de toute nature et de toute forme que l'on tire de ce sol bouleversé et calciné.— C'est un amas de ruines où l'on distingue, pêle-mêle, des bas-reliefs et sculptures de tout genre, des blocs de colonnes, des bases, des chapiteaux Corithiens surtout, des restes précieux d'architraves et de frises, — de riches mosaïques dont les curieux fragments sont merveilleusement conservés au musée ; des poteries de toute façon en TERRA CAMPANA, des urnes cinéraires dans les plus belles dimensions, quantité de grandes tuiles plates et de tuiles creuses, des vases, des lampes, des patères, etc., etc. ; des verres blancs et de couleur, beaucoup de fragments de marbres, jaspes, porphyres, granits, stucs, etc., etc. Ce serait pour nous une tâche de longue haleine que de décrire en détail chacun de ces objets ; mais, pour en être longue, elle n'en aurait pas moins ses charmes et son intérêt. Toutefois nous devons nous borner à cette énumération sommaire.

Entre toutes les inscriptions lapidaires relevées dans les ruines de Vésone, il en existe plusieurs faisant mention du passage et du séjour à Vésone d'une certaine famille Pompée. M. de Taillefer croit qu'il s'agit de la famille du grand Pompée. — Après la mort de ce dernier en Égypte, ses deux fils Cneius et Sextus continuèrent encore pendant quelque temps la lutte en Espagne contre César, qui les vainquit à la bataille de Munda, où Cneius, fils aîné de Pompée, fut tué. — Sextus, resté seul, 43 ans avant notre ère, emmenant avec lui sa famille et celle de son frère, sortit d'Espagne et vint se réfugier à Vésone, qui tenait le premier rang parmi les cités Romaines en Aquitaine. — C'est ce que feraient supposer un grand nombre de médailles consulaires et plusieurs monuments épigraphiques trouvés à Vésone.

Disons aussi qu'une inscription trouvée dans le Rhône relate qu'un lien étroit existait entre Cn. Pompeius Sanctus, *prêtre de Rome et d'Auguste* à Lyon, et M. Pompeius Sanctus, *prêtre d'Apollon Cobledulitave* à Vésone (1).

Un des monuments, le plus considérable après la tour de Vésone, et dont les ruines excitent vivement l'intérêt des archéologues, est l'*amphithéâtre* de Vésone, communément désigné sous le nom d'*Arènes*. Ces ruines comprennent d'énormes masses de maçonnerie dépouillées de leurs parements, plusieurs cages d'escaliers de diverses dimensions, deux grands vomitoires, une vingtaine de voûtes plus ou moins détériorées, et surtout un ensemble de fondations enfouies sous le sol actuel, soigneusement et méticuleusement étudiées par MM. de Taillefer et de Mourcin en 1821, avec le puissant concours de M. le comte Constant de Cintré, préfet la Dordogne, et de M. Gratien Lepère, ingénieur en chef.

Ces fouilles et ces études, marquées au coin d'une patience et d'une intrépidité héroïques, et racontées avec beaucoup d'intérêt par l'auteur des *Antiquités de Vésone* (2), ont eu pour résultat important de nous

---

1. *Revue archéol.*, t. V, 318.
2. Tome II, p. 26-80.

faire connaître, avec les proportions colossales, les dispositions monumentales de l'amphithéâtre de Vésone.

Assis sur le sommet d'une petite élévation, cet amphithéâtre dominait la plus grande partie de la cité Romaine. Le sol de ses voûtes, son arène, ses cloaques et même l'extérieur de son périmètre, avaient le roc pour base. — Sa forme générale était elliptique, comme, du reste, celle de la plupart des autres monuments de ce genre.— On a calculé, d'après tout ce qui en reste, que le grand axe, se dirigeant vers le Nord, avait un peu plus de cent trente-deux mètres, et le petit axe cent-six. — Ce qui donnerait pour tout l'édifice un périmètre total d'environ trois cent-cinquante mètres. — Ces dimensions générales seraient encore, selon M. de Taillefer, au-dessous de la réalité : « Car tout porte à croire, ajoute-t-il, que, » tout autour des constructions, aurait existé, comme dans la plupart des » autres amphithéâtres, une galerie extérieure en voûte circulaire. » — Quoi qu'il en soit, le grand axe de l'arène atteignait soixante-six mètres, et le petit axe en avait quarante. Ce qui donnait un développement ou pourtour de plus de cent soixante-dix mètres au PODIUM ou mur circulaire qui clôturait l'arène et la séparait des gradins. Ce mur avait sept pieds d'épaisseur.

Le sol de l'arène était de deux pieds plus bas que l'entrée du vomitoire, et le rocher était un mètre au-dessous de ce sol, composé de deux pieds de sable reposant sur un pied de moellons ; ce qui facilitait l'écoulement des eaux dans le cloaque creusé dans le rocher.

Comme disposition intérieure, l'amphithéâtre de Vésone avait, au rez-de-chaussée, deux vomitoires de plus de six mètres de largeur, quatre petites voûtes d'un mètre quarante centimètres d'ouverture, quatre petits escaliers d'égale largeur, — dix-huit grandes voûtes de près de trois mètres d'ouverture, et trente-deux grands escaliers de plus de deux mètres de largeur.

S'il n'a pas été possible d'apprécier aussi exactement la hauteur extérieure du monument, on peut conjecturer, d'après tout ce qu'on a retiré des fouilles, qu'il se composait d'un rez-de-chaussée surmonté de deux étages supérieurs, et le tout peut-être couronné d'un attique. Par les nombreux blocs de colonnes et chapiteaux qu'on a recueillis sur les lieux, on présume que le mur extérieur était décoré des trois ordres *Dorique, Ionique, Corinthien*, superposés.

Quelle pouvait être la contenance approximative de cette enceinte ? M. de Taillefer, se basant sur les mesures qu'il avait recueillies et que nous venons de rapporter, estime que l'amphithéâtre de Vésone pouvait recevoir de vingt à trente mille spectateurs ; ce qui nous autorise à conclure qu'il était plus vaste que celui de Nîmes.

On ne connaît point la date précise de sa construction. Beaumesnil rapporte une vieille tradition suivant laquelle Soter, affranchi de Néron, comblé de richesses par cet empereur et nommé proconsul de notre province pour avoir découvert la conspiration de Pison, aurait, pendant son proconsulat, employé une partie de son immense fortune à embellir Vésone, et aurait commencé la construction de l'amphithéâtre. — D'autres soutiennent, avec non moins de probabilité, que cette construction, comme celle de l'amphithéâtre de Nîmes et de plusieurs autres, remonterait au règne d'Antonin (138-161). — C'est, en effet, à cette époque, et après la construction du Colysée de Rome, que la plupart des amphithéâtres furent bâtis sur le modèle de ce dernier. — C'est ce qu'on a pu constater dans la maçonnerie de l'amphithéâtre de Vésone ; c'est un blocage lié par un ciment composé de tuiles brisées, de chaux, de sable, de gravier, d'un peu de charbon, et revêtu d'un parement de petites pierres cassées, dont les assises sont régulières et où l'on n'aperçoit aucun rang de briques.

Ce monument suivit le sort de la domination Romaine. Les révolutions politiques, les exigences et les prescriptions du christianisme qui ne pouvait tolérer les désordres et les cruautés des jeux de l'amphithéâtre, les invasions des Barbares, acharnés contre les monuments Romains, et, par dessus tout, les ravages du temps et la rapacité des démolisseurs, suffisent et au delà pour nous expliquer la ruine de l'amphithéâtre de Vésone. Lorsque plus tard, pour cause de défense et de sûreté publique, l'amphithéâtre fut enfermé dans l'enceinte murale de la Cité, il dut nécessairement souffrir de cette nouvelle disposition.

Le vaste enclos dans lequel se trouvaient jadis enfermés les restes de ce monument, situé au Nord-Ouest de l'église paroissiale de la Cité, appartint longtemps aux comtes de Périgord. C'est dans cet enclos, sur les ruines mêmes de l'amphithéâtre, que ces comtes, se croyant plus en sûreté, bâtirent leur château qu'ils conservèrent et habitèrent jusqu'en 1399. L'ancienne *Chronique des évêques de Périgueux*, imprimée dans le second volume de la *Bibliothèque des manuscrits du P. Labbe*, rapporte ainsi ce fait historique : ITEM TEMPORE EPISCOPI RAIMUNDI DE MAROLIO, CIRCA ANNO 1150, BOSO, COMES PETRAGORICENSIS, SUPRA LOCUM ARENARUM PETRAGORÆ MAGNAM TURRIM ET EXCELSAM CONSTRUXIT. Ce fait se trouve confirmé par plusieurs titres de l'Hôtel-de-Ville de Périgueux du XIIIe et du XIVe siècle. Ce château, qu'on appelait *les Rolphies*, CASTRUM RADULPHIÆ, connu plus anciennement sous le nom de *Château des Arènes*, suivit le sort de ses maîtres. Ce fut quelques années après l'expulsion des comtes de Périgord, c'est-à-dire en 1426, que les restes du château de *la Rolphie*, ainsi que les ruines de l'amphithéâtre, furent vendus à la ville du Puy-Saint-Front, pour la somme de cinq cents francs. On trouve mention de cette vente sur le livre noir des archives de l'Hôtel-de-Ville (f° 102, V°).

Lorsqu'au mois de juillet 1644 la ville permit aux dames religieuses de la Visitation d'enfermer l'amphithéâtre dans leur enclos, la conservation de ces ruines fut expressément stipulée par le maire et les consuls, qui se réservèrent même le droit d'y faire une visite chaque année (1).

On nous pardonnera d'anticiper ainsi sur l'avenir de notre histoire en présentant ici des détails qui, quoique d'une époque bien postérieure, ne laissent pas que de nous édifier sur l'importance et la magnificence de nos monuments Romains. C'est à ce titre que nous nous permettons de transcrire ici l'extrait suivant du livre-journal de ces religieuses de la Visitation ; il a été communiqué par M. Sauveroche, neveu d'une religieuse et recteur de l'Académie de Périgueux, et ne peut que nous instruire et nous intéresser sur le sujet actuel, malgré sa simplicité primitive.

---

1. Livre vert des Archives de l'Hôtel-de-Ville (f° 181, V°).

« On ne peut presque fouiller dans l'enclos des religieuses qu'on n'
» trouve des débris de maisons ruinées ou renversées par les min[es]
» qu'on a fait jouer dans ces lieux-là. — Heureusement pour elles, o[n]
» découvrit un mur quasi à fleur de terre, d'une prodigieuse épaisseu[r]
» et longueur, tout composé de quartiers de fort bonne pierre ; il y e[n]
» avait de six à sept pieds de longueur, trois de hauteur, trois d'épais
» seur, et huit ou dix des mieux traités, où l'on avait gravé sur le devan[t]
» toutes les lettres capitales de l'alphabet d'un langage inconnu ; toute[s]
» ces lettres entrelacées les unes dans les autres ne formaient aucu[n]
» mot. Mgr Le Boux, notre évêque, entra dans l'enclos, accompagné d[e]
» personnes qui savaient par cœur toutes sortes de langues, sans qu'au
» cune y pût rien comprendre, si ce n'est sur une seule, travaillé[e]
» avec perfection, où l'on avait gravé en grands caractères ce seul mot
» POMPEIVS. — A deux ou trois cents pas de ce mur, on s'aperçu[t]
» que, sous un vieil arbre, il y avait des quartiers. A peine eut-o[n]
» arraché cet arbre et creusé au-dessous, qu'on aperçut un quartier for[t]
» large qui avait des appuis aux quatre coins, comme pour le tenir sus
» pendu, ce qui obligea de prendre des précautions pour le lever san[s]
» l'endommager. On trouva sous ce quartier une statue de Jupiter, e[n]
» bas-relief, à demi-corps, — le visage d'une beauté achevée ainsi qu[e]
» tout le reste des membres, — qui tenait à la main deux serpents entre
» lacés en guise d'un sceptre. On tient que c'était une idole adorée pa[r]
» les idolâtres avant que saint Front fût venu en ce pays, où il détruisi[t]
» l'idolâtrie. — On trouva dans le même endroit une captive qui avai[t]
» une chaîne à un bras et un pendant à une oreille : son visage étai[t]
» travaillé avec une délicatesse telle que les plus habiles en furent sur
» pris, surtout d'un voile qu'elle avait sur la tête et qui la couvrait ; et
» ses cheveux étaient faits avec tant d'artifice et de dextérité qu'ils
» paraissaient au travers de ce voile. Plus une Vénus de hauteur natu
» relle, une Diane à cheval, un casque en tête, garni de plumets d'une
» délicatesse et d'un travail achevés, tenant dans sa main une chaîne à
» à laquelle un chien était attaché, — et encore un Hercule qui, de sa
» massue, abattait un monstre à ses pieds. Toutes ces statues auraient

» été pour nous un trésor si nous avions su nous en prévaloir. Mais
» Dieu ne le permit point ; toutes ces statues furent brisées et mises en
» pièces...

» Au mois d'avril 1668, on commença de creuser les fondements de
» l'église des religieuses de la Visitation. Au mois de mai suivant,
» Mgr Le Boux, évêque de Périgueux, en bénit les fondements et posa
» la première pierre. »

» Le 1er juillet 1682, le même Mgr Le Boux fit la bénédiction de cette
» église, sous l'invocation de saint François de Sales, qui en est le
» patron, y dit la première messe, et y transporta le Saint-Sacrement
» de la petite chapelle où il avait reposé 41 ans. »

» Permission accordée aux dames de la Visitation d'enfermer dans
» leur enclos les amphithéâtres, sous la condition de ne pas les détruire,
» de rendre foi et hommage à la ville, avec la redevance d'un cierge
» d'une livre. »

A côté de l'amphithéâtre et dans la catégorie des établissements civils des Romains, se placent naturellement *les Thermes*. Dire que Vésone eut ses Thermes, c'est reconnaître un fait aujourd'hui démontré par les données archéologiques.

MM. de Taillefer et de Mourcin, s'autorisant des nombreux et riches débris de briques, de mosaïques et autres vestiges caractéristiques, comme des fragments de baignoires de marbre ou de porphyre, des conduits ou tuyaux, etc., etc., avaient reconnu l'existence de Thermes publics ou privés : 1º dans le jardin de Saint-Gervais, près de la route de Bordeaux, au Sud de l'ancienne église de Saint-Gervais et du cimetière de ce nom ; 2º dans le jardin où est enfermée la petite église de Saint-Pierre-ès-Liens ; 3º dans un jardin de Campniac, au Sud-Ouest de la Tour de Vésone ; 4º dans les près de Campniac en particulier, assez près de la fontaine de Sainte-Sabine, autrement dite *Font-Laurière*. Il y a là, en effet, une petite source qui est à sec pendant tout l'été, et probablement s'écoule dans la rivière par quelque conduit souterrain, mais qui, pendant l'hiver, est assez abondante. Quelque froid qu'il fasse, il ne gèle point dans son voisinage, et on voit même constamment s'élever une vapeur à la surface. C'est cette fontaine qu'on appelle la *Font-Chaude*, et autour de laquelle on a découvert des vestiges de Thermes.

Mais le principal et plus important établissement des Thermes de Vésone était situé au Sud-Est de la Cité, à l'entrée des prés de Sainte-Claire, en face de la maladrerie qui se voit encore sur la rive gauche de l'Ille, à environ deux cents mètres au-dessous du moulin de Sainte-Claire et à cent mètres de la rivière.

« L'emplacement de nos Thermes, dit M. de Taillefer (1), était entière-
» ment ignoré lorsque, quelques années avant la Révolution, on voulut
» enlever les ruines du château *de Godofre* (Castrum Gothefredi), et
» faire un jardin potager à la place de ses décombres ; alors seulement,
» comme il fallut enlever les matériaux qui étaient sur le sol et creuser
» à une certaine profondeur pour préparer la terre, on découvrit des
» constructions Romaines qui occupaient un espace considérable et qui
» ne pouvaient appartenir qu'à des bains. On fit jouer la mine pour dé-
» truire ces masses solides de constructions, et on s'aperçut bientôt que
» la dépense de ces travaux dépasserait de beaucoup le profit qu'on en
» attendait ; et alors ils furent abandonnés, et l'on combla les excava-
» tions déjà faites.

» Toutefois on y avait trouvé de très riches mosaïques, des vases de
» marbre, des vases de terra Campana, peints ou sculptés, les uns en
» relief, les autres en creux. On en sortit aussi des marbres de revête-
» ment, des blocs et des chapiteaux de colonnes également de marbre,
» des tuiles et des briques, un grand nombre de conduits de plomb, une
» infinité de médailles, et d'autres curiosités de toute espèce. »

Ajoutons, pour compléter ces renseignements, qu'un mémoire de M⁏ Jourdain de Lafayardie, lu à l'Académie de Bordeaux (1758-1759) et accompagné de dessins, avait signalé l'existence de ces Thermes, dont les fouilles ont été reprises et savamment conduites, juste un siècle plus tard (1858), lors de l'ouverture du canal de navigation de l'Ille.

« La façade Sud de cet édifice, dont le plan a été très exactement dressé,
» avait soixante mètres de développement. Trois égouts voûtés, l'un au

---

1. *Antiquités de Vésone.*

» centre, deux aux extrémités, se dirigeaient en s'inclinant vers la rivière
» de l'Ilie. Des cendres et du charbon les remplissaient à moitié. — Mʳ
» Cruveillher, architecte, en a retiré un denier d'argent de *Vespasien* et un
» grand bronze de *Commode*. Ces égouts nous indiquent que l'édifice était
» divisé en trois principaux corps de logis, deux formant les ailes Nord et
» Ouest, le troisième central. — On pénétrait dans les *xystes*, ou galeries
» des extrémités, par un hémicycle qui devait être voûté en capuchon ;
» au milieu se trouvait la porte. — Nous avons reconnu un palier ; on y
» avait établi très anciennement un moulin à bras ; la meule inférieure
» était formée avec la base d'une colonne ; un conduit ou caniveau allait
» du moulin dans l'égout. — Le sol était pavé en mosaïque grossière, et
» les murs enduits de stucs coloriés. — A l'intérieur, de chaque côté de
» la porte, existaient de petites niches.— Le mur de façade reliait trans-
» versalement les galeries de l'Est et de l'Ouest ; sur ce mur régnaient
» avec symétrie des loges, tantôt en demi-cercle, tantôt rectangulaires, qui
» devaient abriter des statues.— Des pilastres les séparaient, semblables
» probablement à celui dont on a retrouvé la base ; ils étaient construits
» en appareil allongé et en briques. Au centre, deux grands massifs for-
» mant un avant-corps de six mètres paraissaient avoir servi de soubas-
» sement à un portique (1). »

Très probablement ces Thermes étaient alimentés par les eaux de l'aqueduc de Saint-Laurent, qui aboutissait directement à cet édifice en traversant la rivière près du moulin de *Cachepouil*. Peut-être aussi les eaux de la *Font-Chaude* y apportaient-elles leur contingent au moyen de canaux souterrains : cela expliquerait le nom de *Bains de César* qui est resté à cette fontaine.

Les Thermes de Vésone, construits dans les premières années de la domination Romaine, furent restaurés dans le second siècle par M. Pompeius. — Nous connaissons déjà l'inscription lapidaire conservée au château de Barrière, et d'après laquelle *Marcus Pompeius, prêtre du dieu Mars, affranchi d'origine, de la tribu Quirina et fils du saint prêtre Caius Pompeius*, aurait *consacré un autel à Apollon Cobledulita-*

---

1. *Catalogue du Musée*, par M. GALY, p. 8.

vien, pour s'acquitter d'un vœu, après avoir rétabli à ses dépens le Temple de la divinité tutélaire et LES THERMES PUBLICS TOMBÉS DE VÉTUSTÉ.

Les fouilles et découvertes qui ont été faites dans la plaine de *Chamiers*, au Sud-Ouest de l'antique Vésone, sur un espace de huit hectares environ, ne font que confirmer notre opinion sur l'opulence de cette cité Romaine. — Nous ne pouvons ici qu'énumérer rapidement les trouvailles précieuses qu'on y a faites. — On y a dégagé les fondations d'un théâtre, une construction présentant le caractère d'une riche habitation privée, une autre qui, selon toute vraisemblance, était un temple, — des Thermes assez bien conservés, et un balnéaire sur le bord de la rivière.

Les Thermes surtout offraient un aspect intéressant. On y a déblayé plusieurs chambres communiquant les unes avec les autres au moyen de voûtes en briques. — Dans l'une de ces pièces, on a trouvé bien conservé, quoique un peu affaissé par le poids des terres, un double dallage en briques. Tout autour de cette pièce, qui paraît avoir servi alternativement de piscine et d'étuve, on voit des gradins en pierre ; les parois portaient encore les clous de bronze qui soutenaient un revêtement de plaques de marbre.

Il y existe aussi, en assez bon état, de petits souterrains en briques qui devaient être des conduits de chaleur communiquant avec des murs de constructions attenantes. — Il y a d'autres conduits qui servaient, les uns à amener dans l'appartement l'eau d'une magnifique fontaine qui existe encore dans la prairie, sur un pont un peu plus élevé que la villa, et les autres à déverser dans la rivière le trop plein de la piscine. — Plusieurs de ces derniers ont encore l'*opercule* qui servait à les boucher, véritable bonde en briques très bien conservée, présentant un véritable manche, toujours en briques, que la main saisissait et faisait mouvoir.

Plus loin, on a trouvé des vestiges de portique avec les larges marches de pierre qui y aboutissaient.

Au milieu des débris de toute sorte, parmi les pans de mur encore revêtus de l'appareil Romain, bien connu à Périgueux, car on le retrouve semblable à la tour de Vésone et aux arènes, les ouvriers ont pu recueilir des pièces de monnaie à l'effigie de Néron et de Faustine, des fûts de colonnes, des chapiteaux Corinthiens, des fragments de vases, de fresques, de mosaïques en pierre lithographique et en lapis-lazuli. — On a pu retirer un des fragments tout entier : il mesure environ cinquante centimètres carrés ; il porte une couronne de fleurs tout autour, et au milieu une très belle corne d'abondance. — On voit également deux chaudières en pierre, que l'on appelle HYPOCAUSTUM, supportées par des piliers en briques. — Elles devaient servir à chauffer l'eau des bains.

Enfin, tout récemment on retirait des décombres une superbe statue en bronze de Mercure.

On se trouve évidemment en face d'une riche et somptueuse habitation Romaine, où se trouvait entassé tout ce que l'opulence pouvait donner à cette époque. — Le site environnant était admirablement assorti. — D'un côté, des coteaux boisés servant de fond de tableau au théâtre ; de l'autre, la rivière décrivant à cet endroit une gracieuse courbe, appelée encore dans le pays le GOUR DE L'ARCHE.

Tout autour, d'immenses forêts avec de grands parcs pleins de gibier où il devait y avoir des cerfs ; car on a trouvé des débris d'andouillers portant la trace d'instruments tranchants.

Tout près de là, naguère on voyait encore dans la rivière, quand les eaux étaient basses, les piles d'un vieux pont Romain. — Ce pont, placé au-dessous des Isarns, avait une direction oblique sur le cours de la rivière, c'est-à-dire qu'il se dirigeait de l'Est à l'Ouest.

Presque en face, il y en avait un autre sur le ruisseau de Toulon, composé de six arches extradossées, et dont la plus large avait plus de deux mètres. — Le pont situé à droite de celui que l'on a fait depuis pour la route d'Angoulême, fut finalement détruit en l'été 1821.

En outre, il y avait encore cinq ponts sur l'Ille. Deux étaient établis du côté du Midi : l'un au Sud-Est, remplacé par le pont de la Cité en 1832 ; l'autre à Campniac, faisant communiquer la ville à la citadelle Gauloise et à la Vieille-Cité. On voyait encore en 1821 des vestiges de ce pont, principalement du côté de la plaine.

Au Sud-Est de Vésone, à côté de l'ancien couvent de Sainte-Claire, on distinguait dans les eaux des restes considérables d'un ancien pont de Sainte-Claire, lequel a été désigné successivement sous plusieurs noms : au XII᷉ et au XIII᷉ siècle on l'appelait *Pont de pierre*, PONS LAPIDEUS, — Pont de la Cité, PONS CIVITATIS; — au XIV᷉ siècle, *Pont de Japhet* ; — en 1420, *Pont des Sœurs mineures*, PONS SORORUM MINORISSARUM, et plus tard *Pont de Saint-Jacques*, — *Pont de Saint-Hilaire*, — *Pont des Nonnains*. — Sa destruction paraît remonter au XVI᷉ siècle, probablement à l'époque des guerres de religion. — Il se dirigeait un peu au-dessus de l'abreuvoir. — On distinguait la trace de quatre de ses piles. — Ce pont communiquait à deux faubourgs, dont l'un se prolongeait directement dans la plaine jusqu'au faubourg actuel de Saint-Georges, et l'autre se dirigeait à droite dans le vallon de Borgnac.

Un sixième pont était jeté à très peu de distance de ce dernier ; on croyait en voir les restes sous les eaux, à côté du Pont-Neuf actuel sur la route de Lyon, lequel, comme on le sait, fut bâti au siècle dernier (1756-1767).

Enfin, le septième et dernier pont de Vésone était placé là où se dressait le *Pont-Vieux*, communiquant avec les *Barris* ou *Faubourg de Tournepiche*. — Ce pont avait subi plusieurs reconstructions et restaurations aux XII᷉ et XIV᷉ siècles. — Lors de la dernière démolition (1862), alors qu'il fut remplacé par le nouveau pont actuel, on trouva en dehors, et à la base de la tour qui commandait le pont, une pierre sur laquelle était gravé le millésime de 1572, probablement la date de la restauration du pont et de la forteresse. — On trouva aussi sur ce pont, en dehors et à la naissance du parapet, une sépulture étagée sur trois modillons et surplombant la rivière. — Une croix en pierre, surmontant probablement jadis ce tombeau, fut découverte dans la rivière, immédiatement au-dessous de ce sarcophage.

A la construction des ponts se rattache naturellement la construction et la direction des *aqueducs* destinés à alimenter la cité de Vésone. Nos archéologues en citent quatre principaux dont ils ont décrit le parcours et la construction.

1° *L'aqueduc du Petit-Change* était à l'Est de Vésone ; il côtoyait, dans la plus grande partie de son cours, la route actuelle de Lyon et empruntait les eaux des quatre fontaines de l'*Amourat*, du *Lieu-Dieu*, du *Chien* et de la *Grand-Font*. Les traces de cet aqueduc se voient encore au delà de la fontaine du Lieu-Dieu, dans le fossé à l'Ouest de la route ; et, il y a peu de temps encore, on pouvait le suivre serpentant au pied du coteau jusqu'aux fossés du Petit-Change. — Tantôt le tuf lui sert de base et tantôt le rocher. — C'est dans le parc du Petit-Change qu'il traverse la route, et c'est là qu'on a retrouvé les vestiges de ses formes ou arcades, après lesquelles on le suit aisément sous la terrasse du château et sous celle du jardin. — Après plusieurs détours, cet aqueduc traversait le vieux chemin de Saint-Georges, et, dans le voisinage de la fontaine de ce nom, s'étageait sur une série de formes ou arcades qui coupaient la route de Bergerac à l'Ouest du chemin conduisant à la *Fontaine des malades*, et allaient obliquement dans les prés du moulin de Cachepouil. — C'est à cet endroit que l'aqueduc, toujours porté sur ses formes, traversait la rivière après un léger détour, et arrivait au château de *Godofre*, où se trouvaient les Thermes. — Partout où ce canal est souterrain, il est fait de ciment et recouvert de petites dalles.— Lorsqu'il sortait de terre et n'était pas porté par des arcades, il était établi sur une espèce de muraille épaisse d'un peu plus d'un mètre, contre laquelle s'appuyaient de distance en distance des contreforts d'un mètre cinquante centimètres d'épaisseur environ sur trois mètres de saillie. — La maçonnerie se composait d'un solide blocage revêtu d'un petit appareil de pierres carrées.

2° *L'aqueduc de Vieille-Cité* desservait le Sud de Vésone. Il prenait ses eaux à l'ancienne fontaine de *Jameau*, qui a été comblée depuis plus de deux siècles.— Il se dirigeait vers l'extrémité du petit coteau de *Soucheyx*, et, après avoir traversé le vallon de la Vieille-Cité, il dut être toujours souterrain et suivre la base du coteau jusqu'à l'habitation des Rocs, en Campniac. — C'est là que commençaient ses formes ou arcades, très peu nombreuses, il est vrai, mais très élevées, et sur lesquelles il traversait l'Ille et portait ses eaux à Vésone. — Ce fut très probablement cet aqueduc que *Lucius Marullius Æternus, de la tribu Quirina, Duumvir,* fils de *Lucius Marullius Arabus, fit construire à ses frais,* comme l'indique la pierre commémorative découverte en 1754 sur l'emplacement des casernes, ou ancien séminaire de la Mission. — Cette pierre monumentale, de deux mètres de largeur sur soixante-dix centimètres de hauteur, toute mutilée par les démolisseurs de la Révolution, figure au musée (1) : au milieu de cette inscription se trouvent, placés l'un sur l'autre, deux trous de différentes dimensions, et où l'on aperçoit encore les marques des robinets qui y furent scellés.

3° L'*Aqueduc du Toulon,* au Nord-Ouest de Vésone, était alimenté par les fontaines du *Cluzeau* et de *Puy-Rousseau,* aujourd'hui presque perdues, et surtout par la fontaine de l'*Ermitage de Cablan.* Cette dernière source est à l'Ouest de Cablan, presque au bas de la côte, et tout contre une vieille grange qu'on dit avoir été longtemps l'habitation de l'*Ermite du Toulon.* C'est lui, dit-on, qui, ordinairement à l'exclusion de tout autre, remplissait les fonctions de *veilleur* de nuit, et se promenait ainsi dans les rues de la ville en jetant son cri habituel :

Réveille-toi, peuple qui dors,
Réveille-toi, pense à la mort.

Les rares vestiges de cet aqueduc ont été découverts sur une étendue de trois mètres environ, au Nord de l'abîme du Toulon, sur le versant du coteau qui domine la fontaine du *Cluzeau.*

4° L'*Aqueduc de l'Arsault* portait à Vésone les eaux de la fontaine de l'Arsault (ARDUUS SALTUS), au Nord de la Cité. Le témoignage que nous en avons est un bassin de forme octogone qu'on a découvert en 1812 au *Port de Graule,* et qui ne pouvait guère recevoir ses eaux que de la fontaine de l'Arsault ; elles venaient de cette direction dans des tuyaux en terre et paraissaient continuer l'aqueduc vers le Sud.

Nous avons nommé la plupart des sources et fontaines qui alimentaient la cité de Vésone. Nous devons une mention toute particulière à la *Fontaine de Ste-Sabine,* plus communément désignée sous le nom de *Font-Laurière.* Située près du moulin du *Rousseau,* en face du coteau de la

---

1. *Catalogue du Musée,* GALY, n° 240.

Boissière, elle fut en tous temps d'une grande utilité aux habitants de cette contrée. — Les constructions qu'on y remarque, le culte dont elle fut l'objet, sa consécration à une des premières martyres chrétiennes, prouvent sa haute antiquité et son importance. Plus d'une fois, en temps de sécheresse et de calamité, les fidèles, conduits solennellement par le clergé, y venaient en procession pour implorer la clémence divine.

Nul doute qu'en raison de son importance et du grand rôle qu'elle a joué sous la domination Romaine, Vésone n'ait eu ses grandes voies pour étendre son commerce et son industrie, autant que pour se mettre en communication avec les autres cités Romaines. Un grand nombre de documents, inscriptions lapidaires, médailles de divers peuples, monnaies Grecques, Celtibériennes, etc., etc., recueillis à Vésone, attestent le mouvement et les relations que cette cité entretenait tant avec les nations étrangères qu'avec les divers peuples de la Gaule.

L'histoire dit qu'Agrippa fit construire quatre grandes voies Romaines reliant toute la Gaule à la ville de Lyon. Et Strabon (1) remarque qu'une de ces voies passait par les Cévennes, l'Auvergne, traversait l'Aquitaine et allait jusqu'aux Pyrénées. Sans aucun doute elle aboutissait à Vésone, dont l'importance signalée devait particulièrement appeler l'attention des conquérants.

D'après l'*Itinéraire d'Antonin*, une voie Romaine partant de Bordeaux et aboutissant à Limoges traversait Vésone.

Enfin, selon la *Table Théodosienne* ou *Table de Peutinger* (2), que l'on croit généralement avoir été dressée sous le règne de l'empereur Théodose, cinq voies Romaines partaient de Vésone et se dirigeaient sur Bordeaux, Saintes, Limoges, Cahors et Agen.

C'est sur la voie de Saintes, au Toulon près Périgueux, que fut trouvée en 1754 la colonne milliaire de l'empereur Florien, marquant la première lieue (P.-L.) de distance de Vésone. « C'est, dit l'abbé Lebœuf (3),

---

1. Lib. IV.
2. Ainsi nommée parce que l'original de cet *Itinéraire* a été retrouvé par Conrad Peutinger, mort à Augsbourg en 1547.
3. *Mémoires de l'Académie des Inscriptions*, — t. XXIII. — Édit. in-4°, — par l'abbé LEBŒUF, chanoine d'Auxerre (1687-1760).

» l'unique inscription que l'on connaisse qui porte le nom de l'empe-
» reur Florien. » — Sur une hauteur de 1 mètre 32 cent. et un diamètre de 0-50 cent., elle indique que « *Marcus Annius Florien était sei-*
» *gneur du monde et de Rome, — Empereur, — César, — le pieux, —*
» *l'heureux, — l'invincible, — auguste, — très grand Pontife, — revêtu*
» *de la puissance Tribunitienne, — père de la patrie, — proconsul* (1). »
— Le style de cette inscription sent la basse flatterie, et les caractères en
sont d'une grossière exécution. — Le règne de Florien, frère utérin de
l'empereur Tacite, ne fut que de deux mois (276) ; encore ne fut-il reconnu que dans une partie de l'empire, l'autre s'étant soumise à Probus.

Vésone eut très certainement, comme les autres cités Romaines, ses
basiliques, ou vastes monuments dans lesquels les magistrats rendaient
la justice. On connaît le plan général de ces anciens édifices par ceux que
le christianisme a conservés à Rome et qu'il a transformés en églises.
— C'étaient d'immenses parallélogrammes divisés intérieurement,
au moyen de colonnades, en trois parties parallèles dans le sens de la
longueur, et terminées à une extrémité par une abside semi-circulaire,
où se plaçaient ordinairement les sièges des juges. — Une inscription
lapidaire, rapportée par le P. Dupuy, nous rappelle que *Soter Secundus*,
probablement le fils de Soter, l'affranchi de Néron, éleva dans Vésone
deux basiliques avec leurs ornements. Il est plus que probable que ces
deux basiliques avaient été précédées et furent suivies par d'autres. Il
suffit de se rappeler le texte historique indiquant la juridiction de
Vésone, et attestant que « de toute antiquité, la plus grande partie du
» duché d'Aquitaine, comme Bordeaux, Bayonne et plusieurs autres
» villes, était dans l'usage de ressortir des assises de Périgueux pour
» les causes d'appel (2). »

Plusieurs titres trouvés par M. Lespine, et s'accordant avec la tradition du pays et l'opinion des savants, attestent l'existence à Vésone d'un

---

1. N° 251, *Catalogue du Musée*.
2. *Cum ab antiquo maxima pars ducatus Aquitaniæ, ut villa Burdegualis et Bayone, et plures aliæ haberent resortiri in assisiagiis de Petragoris, in causis appellationum*, etc. — (Charte de Louis, duc d'Anjou, frère du Roi Charles V et son lieutenant-général dans la province du Languedoc (1369).

Capitole, c'est-à-dire, d'un monument plus spécialement édifié par le peuple, et dans l'intérieur duquel s'assemblaient le sénat des Décurions et les autres principaux magistrats. Ce Capitole, dont l'emplacement appartenait de temps immémorial à l'Hôtel-de-Ville de Périgueux, aurait été bâti dans l'enceinte de l'ancien cimetière, qu'on appelait *Cimetière des Pendus*, et sur l'emplacement qu'occupèrent plus tard les églises de Saint-Pierre-ès-Liens et de Saint-Cloud. — C'était là autrefois, dit-on, le lieu des exécutions : et il n'y a pas longtemps encore qu'on y enterrait les criminels.

Disons enfin qu'un grand nombre de fragments de colonnes, de pilastres et de frises, sur lesquels on retrouve très artistement sculptés des armures de toute espèce, des boucliers, des casques, des cuirasses, etc., nous font croire à l'existence de plusieurs *arcs de triomphe* dans la cité de Vésone.

C'est, comme on le voit, tout un monde qui revit, et dont le souvenir et les œuvres sont bien capables de rivaliser avec la civilisation prétentieuse de notre époque.

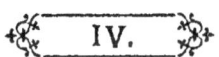

IV.

Monuments militaires de Vésone. — Puissance militaire de Vésone. — Temple de Mars fortifié. — Citadelle Romaine de Vésone. — Sa forme. — Ses dimensions. — Ses portes. — Ses murailles et ses tours. — Divers assauts qu'elle subit. — Décadence de Vésone. — Invasion des barbares. — Les Goths renversent et relèvent les murs de Vésone. — Ruine de Vésone. — Châteaux-forts de Vésone. — Château de Bourdeilles. — Château de la Rolphie. — Château de Godofre. — Château des Évêques. — Château de Barrières.

'Importance de Vésone au point de vue militaire est incontestable. Il suffit, pour s'en convaincre, de se rappeler les assauts qu'elle eut à subir pour défendre primitivement son indépendance contre les troupes de César ; le camp et les retranchements qui furent dressés près de sa citadelle d'Écornebœuf, et qui ont

dû subsister bien longtemps après sa défaite ; — le contingent de 5.000 hommes qu'au témoignage de César Vésone fournit à l'armée de Vercingétorix, etc., etc. — Et lorsqu'après la conquête achevée de la Gaule Vésone fut transformée en *municipe Romain*, l'importance qui s'attacha dès lors à sa nouvelle existence dut attirer sur elle autant la vigilance de ses maîtres que la convoitise des peuples étrangers, qui plus tard renversèrent dans la Gaule la domination Romaine. Mais ce qui, mieux que toutes les considérations qu'on pourrait faire, suffit à confirmer notre proposition, ce sont les restes encore bien marquants de la défense et de la puissance militaires de Vésone. Nous en résumerons l'étude dans ce qu'on est convenu d'appeler la *citadelle Romaine de Vésone*.

Nous savons déjà que le temple de Mars à Vésone, l'un des plus beaux et des plus anciens, avait été fortifié par les habitants de cette cité, qui y élevèrent une citadelle dont la richesse d'architecture ne le cédait point à la puissance de fortification. — M. de Taillefer en fait remonter la première fondation à un certain Pompée, comme il en attribue plus tard la restauration à un de ses descendants du nom de Tibère-Pompée. Ce dernier aurait eu pour exécuteurs de son œuvre certains affranchis, nommés Lannæus et Bassus.

Quoi qu'il en soit de cette première citadelle, grâce aux fouilles et aux études courageusement entreprises et habilement conduites par nos deux grands archéologues, MM. de Taillefer et de Mourcin, il paraît certain que Vésone fut munie d'une plus grande et vaste citadelle, élevée probablement par Probus, vers la fin du IIIe siècle, avec les débris de nos plus somptueux monuments.

Sa forme presqu'ovoïde n'avait rien de bien régulier. — Sa longueur, de la troisième tour du Sud-Est à la *Porte Normande*, près du château de *Barrières*, était de plus de 320 mètres, et de la porte principale à la septième courtine du Sud-Ouest était de 300 mètres environ. Elle avait dans sa plus grande largeur trois cents mètres à peu près et un kilomètre de circonférence, en y comprenant les constructions de l'amphithéâtre.

Quatre portes principales s'ouvraient dans ses murs, deux dont les ruines se voient encore, la *porte Romaine* (1) au Sud et la *porte Normande* au Nord-Ouest ; à l'est se trouvait la *porte Sarrasine*, qui, comme la *porte Normande*, tire son nom des barbares qu'elle servit à introduire dans Vésone. — Nous n'avons aucune donnée sur la porte du Nord. — En outre, des poternes étaient pratiquées de distance en distance, soit dans les courtines, soit dans la masse même des tours.

Les murailles avaient généralement un peu plus de cinq mètres d'épaisseur. — On y a compté jusqu'à vingt-quatre tours. — Les deux de la porte principale, ou porte de l'Est, sont extrêmement rapprochées ; les autres laissent entre elles des intervalles qui varient entre vingt et vingt-quatre mètres. Il y en avait deux entre lesquelles la courtine semblait se développer sur un espace de plus de trente mètres. — L'amphithéâtre lui-même était muni de tours dans sa partie saillante et attenant aux remparts.

On présume, et non sans raison, que sur certains points de ce mur d'enceinte devaient s'élever des espèces de châteaux-forts ; c'est ce qu'indique l'épaisseur des constructions inférieures, et ce qui va nous amener à parler un peu, par anticipation, des principaux châteaux de Vésone, qui ont été rebâtis sur les fondements primitifs de la citadelle Romaine.

La maçonnerie de cette vaste citadelle de Vésone fut généralement faite en gros quartiers de pierres, sans aucune espèce de ciment ni de mortier. On y voit des blocs qui ont plus de deux mètres de longueur sur un mètre de hauteur ; d'autres sont de gros cubes de pierre mesurant plus d'un mètre sur chaque côté ; il s'en trouve de plus faibles dimensions, mais tous proviennent généralement de la démolition des anciens édifices.

Toutefois, pour nous rendre un compte aussi exact que possible des diverses constructions de la citadelle de Vésone, nous devons remarquer, avec M. de Taillefer, que très probablement cette citadelle, comme la Cité qu'elle enfermait, subit une première catastrophe sous l'empereur Probus vers l'an 277. — On sait que ce prince commit d'affreux ravages dans

---

1. La porte Romaine fut détruite en 1783.

la Gaule, où il s'empara de deux cents villes environ et fit périr jusqu'à sept cent mille hommes ; très probablement Vésone ne fut point épargnée au milieu de tout ce carnage. On le conjecture, du reste, par la reconstruction de sa citadelle, qui, une fois renversée, fut relevée sur ses premières fondations et bâtie dans le petit appareil que l'on y a retrouvé et qui paraît remonter à l'époque de Probus.

A partir de ce moment, on peut dire que l'importance et la gloire de Vésone, suivant le sort de l'empire Romain, allèrent en déclinant. — C'était l'époque des luttes intestines, des divisions et des compétitions. — C'était surtout le commencement de ce déluge dévastateur connu sous le nom d'invasion des Barbares, et qui, en se précipitant de toutes parts sur cet immense colosse de l'empire Romain, devait tout entraîner, tout détruire et tout transformer.

Écoutez seulement le tableau lamentable que nous en trace saint Jérôme (1) : « Des peuples innombrables et féroces s'emparèrent de toutes
» les Gaules. — Tout le pays compris entre les Alpes et les Pyrénées, tout
» celui qui est renfermé entre l'Océan et le Rhin, furent en proie aux
» dévastations des Quades, des Vandales, des Sarmates, des Alains, des
» Gépides, des Hérules, des Saxons, des Bourguignons, des Allemands :
» et, ô malheureuse patrie ! tu fus entièrement saccagée par les Huns,
» ces peuples si fameux par leur cruauté !...

» A un très petit nombre près, toutes les villes de l'Aquitaine et des
» neuf peuples des provinces Lyonnaise et Narbonnaise furent entière-
» ment ravagées. »

C'est à la suite de tous ces bouleversements et de toutes ces ruines qu'on peut avec M. Jouannet faire remonter la dernière construction de la citadelle de Vésone, telle qu'elle nous apparaît encore dans certains fragments de murailles, où l'on voit entassés pêle-mêle des tronçons de colonnes, des chapiteaux, des fragments de frises, de tombeaux, et autres matériaux de ce genre. « Cette masse informe, remarque judicieusement
» M. Jouannet, fut sans doute l'ouvrage des Goths, de ces Barbares
» auxquels Vésone devait sa ruine. Le besoin de se fortifier sur un ter-

---
1. HIÉRON. — Epist. 11, *ad Aguerruciam*.

» rain qu'ils avaient envahi leur fit sans doute une nécessité de relever
» en partie les murs qu'ils avaient abattus. »

Ce fut vers l'an 416 que les Goths se fixèrent dans le Midi de la France; mais leur invasion ne saurait se comparer à celle de ces hordes féroces et sanguinaires dont parle plus haut saint Jérôme. Celle des Vandales, qui commença en Gaule le 1er janvier 406, dura jusqu'en l'année 409, qu'ils allèrent envahir l'Espagne.

Cependant M. Jouannet précise d'une manière plus rapprochée l'époque de la grande catastrophe qui précipita la ruine de Vésone. « Il
» paraît, dit-il, que l'invasion du Périgord par les Goths et la première
» catastrophe de Périgueux remontent au règne d'Évaric, vers l'an 466.
» Quand ces Barbares furent devenus maîtres, il y eut quelque repos ;
» mais il fut de peu de durée. Alaric, successeur d'Évaric, ayant été
» défait en 507 par les Francs que commandait Clovis, le Périgord et
» sa capitale passèrent sous la loi du vainqueur. C'est peut-être à l'époque
» de l'invasion de Clovis qu'il faut rapporter la reconstruction des murs
» de la citadelle, de cette enceinte qui entoure encore une partie de l'an-
» tique cité, et dans laquelle on retrouve confusément entassés les débris
» des temples, des grands édifices et des tombeaux de Vésone. Pressés
» par les Francs et par l'imminence du danger, les Goths relevèrent sans
» doute les murs qu'eux-mêmes avaient détruits, et, dans leur précipi-
» tation, ils prirent pour matériaux les ruines qu'ils avaient faites, les
» débris de ces colonnades, de ces portiques, de tous ces monuments
» que leur fureur avait renversés. » — On peut se faire une idée de ce qu'était cette nouvelle muraille, toute composée de ruines opulentes, se développant sur les anciennes fondations sur une épaisseur de trois ou quatre mètres, par le spécimen qui en reste dans le jardin actuel du Noviciat des Sœurs de Sainte-Marthe à la Cité.

Vésone succomba sous les coups répétés et le nombre toujours croissant de ses ennemis, et, telle fut sa défaite, qu'elle n'a jamais pu s'en relever.— Ce fut, à la suite de cette catastrophe, qu'on lui a jeté la qualification de Vicus ou *bourgade* ; c'est ce qu'on a pu lire sur des demi-sous d'or, portant en exergue, d'un côté, autour d'une tête couronnée d'un diadème, VESONNO VIC, et de l'autre, cette autre inscription FRVNTω Iω ILAS ; ce qui marque tout à la fois, et la disparition de la Vésone Romaine et païenne, et sa transformation en cité chrétienne. — C'est une nouvelle vie qui commence, c'est la résurrection de ce peuple que le joug Romain n'a pu faire disparaître ; ce sont donc pour nous de nouveaux horizons à contempler et une nouvelle carrière à parcourir.

Avant d'aborder cette étude nouvelle, nous devons observer qu'en perdant son rang et son importance dans le nouveau monde qui se formait alors, Vésone ne perdit point aussitôt son nom, pour le remplacer par celui de ses peuples. Cette transformation ethnographique ne s'opéra décisivement que dans le VIe siècle. — Sidoine-Apollinaire, qui vivait vers la fin du Ve siècle, est le dernier auteur qui se soit servi du mot VESUNNICI pour désigner les habitants de Vésone ; et Grégoire de Tours, qui écrivait un siècle plus tard, n'emploie que les noms de PETROCORII pour indiquer les habitants de Vésone, et PETROCORIUM pour nommer Vésone. — C'est donc dans l'intervalle qui sépare ces deux écrivains, c'est-à-dire au milieu du VIe siècle, que Vésone changea son nom pour celui de *Périgueux*, qu'elle a conservé jusqu'en 1182, époque où Henri II le lui enleva pour le donner simplement à la nouvelle ville du Puy-Saint-Front. — Depuis, l'emplacement de Vésone a toujours porté le nom de Cité de Périgueux.

Avant de clore cette revue sommaire sur la puissance militaire de Vésone, et comme nous l'avons déjà signalé en parlant de la citadelle de notre cité, nous devons mentionner certains châteaux, ou lieux de plus puissante concentration de forces, établis en divers points des remparts de Vésone, et qui, plus tard, ont pris le nom des seigneurs qui les ont possédés et restaurés. — Nous avons gardé le souvenir et la trace de cinq ou six de ces maisons seigneuriales :

1º Le château, dit *de Bourdeilles*, anciennement plus connu sous le nom de *Maison de Périgueux*, était bâti sur l'entrée principale de l'enceinte murale de Vésone, vers l'an 980, et fut démoli en 1793 (1).

2º Le château de *La Rolphie*, CASTRUM DE RADULPHIA (1247), construit

---

1. L'ancienne maison Lafforest occupait une partie de son emplacement.

ar Boson, comte de Périgord, sur l'emplacement de l'amphithéâtre Romain, fut rasé au XIVᵉ siècle. — Ce fut en ce lieu que fut bâti le couvent de la Visitation, en 1644.

3º Le château de *Godofre*, Castrum Gothefredi, situé dans les prés du moulin de Sainte-Claire, sur l'emplacement des Thermes Romains, appartenait aussi aux comtes de Périgord, et fut détruit à la même époque que celui de La Rolphie.

4º Au Sud-Est, du côté de la porte Romaine, et sur la courtine la plus voisine de cette porte, on construisit pendant le moyen âge le château de *Limeuil*.

5º La *Tour*, le château et le palais *des Évêques*, placés dans l'ancien jardin *Chambon*, appartenant aujourd'hui au Noviciat des Sœurs de Sᵗᵉ-Marthe, paraissaient remonter au VIIᵉ siècle. En 1378, sous l'épiscopat de Pierre Tison, les habitants de Périgueux démolirent le palais épiscopal pour punir ce prélat de son attachement aux Anglais. Plus tard, lorsqu'éclatèrent les guerres de religion et que les protestants s'emparèrent de la Cité, ceux-ci détruisirent le palais épiscopal (1577), dans lequel, suivant les chroniqueurs, soixante-six évêques avaient résidé. — Ce palais ne fut point relevé ; mais la résidence des évêques fut transférée par Mgr François de Bourdeilles à un nouveau château, bâti également sur les fondations de l'enceinte murale de Vésone, et qu'occupe aujourd'hui la manutention militaire. Ce nouveau palais épiscopal fut définitivement abandonné par les évêques en 1669, après la réunion des deux chapitres, et fut érigé en monastère sous le nom de l'*Abbaye de Peyrouse*. — L'emplacement primitif du château des *Évêques*, dans le jardin actuel des Sœurs de Sainte-Marthe, après le départ des évêques, devint le *Sol de la dîme* jusqu'en 1792, époque où il fut vendu. — En 1821, il devint la propriété de M. Chambon, savant archéologue, qui y avait fait une précieuse collection d'antiquités.

6º Mais le château de *Barrières*, dont les ruines imposantes semblent braver les ravages du temps et des révolutions, est de tous celui qui nous offre le plus d'intérêt et dont les diverses constructions nous apportent de plus précieux souvenirs. — Nous ne connaissons pas son nom primitif : il a emprunté son nom actuel à un personnage vivant au moyen âge, qui en serait le restaurateur, et dont la famille remplissait de hautes fonctions à la Cour des souverains de la province.

« Le château de *Barrières* et ses dépendances, dit M. de Taillefer, » avaient pour base le mur de la citadelle, sur lequel ils formaient une ligne » de constructions de près de cent mètres de longueur. Ils étaient dia- » métralement opposés au château de Périgueux, et sans doute le bâti- » ment principal tenait la place d'un vrai château Romain, ou d'une » large plate-forme qu'on avait dû établir à cette extrémité pour en faci- » liter la défense. Quoi qu'il en soit, le corps de logis de ce château, » construit dans le moyen âge, n'existe plus; mais on ne peut douter que » sa forme ne fût un carré long, et l'on voit qu'il était flanqué de deux » tours élevées sur les tours antiques de la citadelle. »

Une de ces tours subsiste encore et conserve une hauteur considérable ; elle est ronde vers l'extérieur de l'enceinte et carrée du côté de l'intérieur. Elle est bâtie en petit appareil, et se trouve munie, de distance en distance, de contreforts dont la saillie mesure la moitié de la largeur.

Le corps du château fut sans doute entièrement détruit pendant les guerres que la ville eut à soutenir au XIVe siècle ; mais auparavant il eut à subir les attaques et les déprédations des Barbares dans leurs invasions successives en Aquitaine. — C'est ainsi qu'au témoignage du P. Dupuy, le chef des Sarrasins, trouvant la position de Vésone très favorable pour maintenir dans son obéissance le pays qu'il avait conquis, fit bâtir l'enceinte murale à laquelle, pour ce motif, est demeuré le nom de *Mur des Sarrasins*, Murus sarracenus.

Lorsque Pépin-le-Bref voulut réduire Waïffre, duc d'Aquitaine, il le poursuivit jusque dans le Périgord, et y fit raser, avec les murailles de Vésone, le château de Barrières lui-même.

Les Normands vinrent à leur tour porter le feu et le sang dans notre cité, qu'ils prirent et saccagèrent; et, comme les habitants s'étaient retirés dans la citadelle, les Normands en forcèrent l'entrée, et la porte par où ils entrèrent, et qui est attenante au château de *Barrières*, porte encore le nom de *porte Normande*.

C'est une construction du XIVe siècle qui a remplacé le corps primitif du château, et s'est prolongée jusque sur la courtine qui vient immédiatement après, du côté du Nord. On voit encore les ruines de cette seconde construction, qui fut détruite par un incendie en 1577, dans les circonstances suivantes :

En 1575, les protestants s'étaient emparés de la Cité et l'avaient détruite de fond en comble. Ce succès ne leur suffisait pas ; ils voulaient avoir aussi la possession de la ville de Périgueux ; mais ne pouvant s'en emparer par la force, ils cherchèrent à la prendre par la ruse et la trahison, et le complot en avait été déjà machiné, lorsque le propriétaire du château de Barrières, un sieur d'Abzac, en découvrit toute la trame aux magistrats de la ville. Par malheur pour lui sa révélation fut dénoncée aux religionnaires qui jurèrent de s'en venger. — Devenus maîtres de la ville de Périgueux et de la Cité, ils mirent le feu au château de Barrières et le réduisirent à l'état de ruines où nous le voyons aujourd'hui.

C'est au Nord de ces ruines et toujours sur la même ligne, que se trouve contigue l'habitation actuelle, dont le principal bâtiment forme un parallélogramme de vingt-cinq mètres de longueur sur neuf mètres de largeur environ.

Dans la partie souterraine se trouve une crypte voûtée, qui paraît avoir été un lieu de sépulture, puisqu'à diverses époques on en a retiré plusieurs sarcophages en pierre. Au-dessus de cette crypte, à l'étage supérieur, était une chapelle paraissant remonter au Xe ou XIe siècle, recevant le jour d'une baie très étroite pratiquée dans le mur du Levant. On y voyait jadis à l'intérieur, et même autour de la vieille porte cintrée qui y donnait accès, des larmes peintes en rouge.

Le mur de la citadelle sert de base à cette façade. Les premières assises, au dessus des grosses pierres, se composent, du côté de la tour et dans une assez grande étendue, d'un petit appareil partagé de distance en distance par des cordons de briques, tels qu'on les remarque dans les constructions de l'amphithéâtre. Dans la partie supérieure, on voit un autre genre d'appareil qu'on a caractérisé sous la qualification de construction à *ailes de fougères;* les assises de moellons placés diagonalement se contrarient alternativement : cet appareil remonte, dit-on, au IXe siècle.

La tour, qui est à côté, présente à peu près le même intérêt et la même variété de construction. Elle était munie de petites et grandes ouvertures cintrées, pouvant, par leur évasement intérieur, servir de meurtrières. Tel est ce vieux château sur lequel la plupart des siècles semblent avoir laissé leur empreinte depuis l'époque Romaine jusqu'à nos jours.

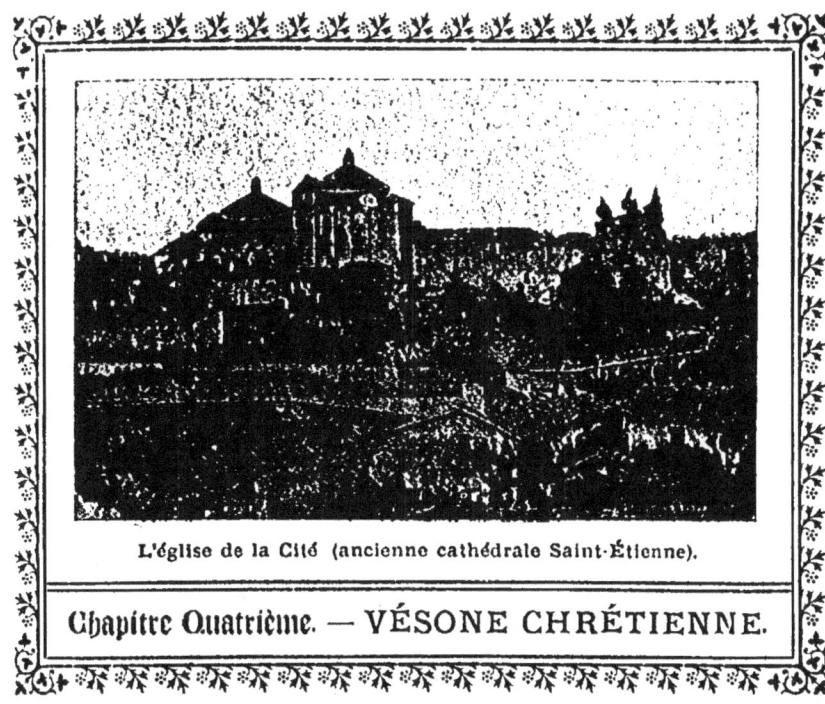
L'église de la Cité (ancienne cathédrale Saint-Étienne).

Chapitre Quatrième. — VÉSONE CHRÉTIENNE.

(76 — 1000.)

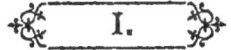

Saint-Front, disciple de saint Pierre, envoyé en Périgord. — Raisons de cette mission apostolique. — Vie et travaux de saint Front. — Oratoire de Notre-Dame. — Église de Saint-Pierre l'Ancien. — Martyre et sépulture des compagnons de saint Front. — Mort et sépulture de saint Front. — Culte et pèlerinage au tombeau de saint Front. — Succession des évêques de Périgueux. — Saint Anian. — Chronope 1er. — Interruption. — Persécutions. — Ariens. — Paterne. — Gavide. — Barbares. — Pégase. — Chronope II. — Saint Cybard. — Saint Avit. — Saint Astier. — Translation des reliques de saint Front dans l'église latine. — Confession de saint Front. — Confession de saint Frontaise et de saint Anian. — Confession des saints Séverin et Sévérien. — Sabaude. — Chartaire. — Saffaire. — Les Sarrasins. — Raymond. — Abbaye de Brantôme. — Saint Antibe. — Les Normands à Vésone. — Peste des « Ardents ». — Relique de saint Denys. — Sébalde. — Frotaire. — Places fortes du Périgord. — Translation des reliques de saint Front. — Grand monastère et cloître de Saint-Front. — Martin de La Marche. — Rodolphe de « Coub· ». — Restauration et consécration de l'église de Saint-Astier. —

L'an 1.000. — L'église cathédrale Saint-Étienne de la Cité. — Table pascale — Cloître. — Palais épiscopal. — Chapelle.

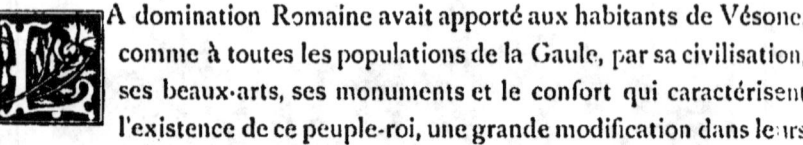A domination Romaine avait apporté aux habitants de Vésone, comme à toutes les populations de la Gaule, par sa civilisation, ses beaux-arts, ses monuments et le confort qui caractérisent l'existence de ce peuple-roi, une grande modification dans leurs mœurs et leurs usages. D'aucuns pourraient y trouver une certaine compensation à la perte de la liberté et de l'indépendance du peuple vaincu. Il n'est pas moins vrai cependant que, pour être un joug doré et plein de charmes, la domination Romaine n'en était pas moins un joug pour les Gaulois, qui, en les privant de leur autonomie primitive, n'était propre qu'à les affaiblir, les démoraliser et leur faire perdre tout à la fois, avec leurs vertus et leurs qualités natives, la gloire et le mérite acquis.

Mais la Providence, qui tient entre ses mains le sort des peuples et dispose des événements selon ses vues, ne permit pas que la révolution politique qui avait mis notre pays au pouvoir des Romains fût la cause de sa ruine et de son effacement; elle se servit au contraire du régime nouveau pour introduire en notre nation un principe de vitalité qui, malgré les efforts acharnés de la puissance Romaine, devait tourner à la ruine et à la confusion de celle-ci, et faire de notre Gaule la première nation chrétienne du monde, *la fille aînée de l'Église immortelle*.

Pendant que le vieux colosse de l'empire Romain s'énervait et se disloquait sous les étreintes d'un paganisme sensuel et tyrannique, le christianisme faisait son apparition dans le monde. A peine son divin fondateur, JÉSUS-CHRIST, avait-il jeté sa parole dans l'âme de ses apôtres, que cette parole avait résonné jusqu'aux extrémités du monde, suivant, dépassant même les voies que lui avaient ouvertes les conquérants de Rome. Aussi, à peine César est-il entré dans notre région, a-t-il pénétré dans les forêts, inaccessibles jusqu'ici à toute investigation étrangère; à peine, après lui, Auguste a-t-il imposé le silence et la discipline à ces peuplades de la vieille Gaule, que les hommes nouveaux envoyés par le CHRIST arrivèrent sur les traces de l'empire Romain, pour conquérir à la religion nouvelle et les peuples déjà vaincus et les vainqueurs eux-mêmes.

C'est saint Front, l'un des disciples de Jésus-Christ, qui fut envoyé par saint Pierre pour évangéliser le peuple de Vésone, et lui communiquer cette nouvelle vie qui, en le relevant de sa défaite, le fera survivre à ses conquérants eux-mêmes. L'apôtre arrivait de Rome, la capitale du monde ! mais avec quel contraste écrasant il fit son entrée dans la capitale du Périgord ! Alors qu'avec leurs faisceaux triomphants les légions Romaines y avaient implanté leur puissante tyrannie, saint Front se présente aux portes de Vésone avec le bâton pastoral qu'il a reçu de saint Pierre, et escorté de quelques faibles compagnons qu'il s'est associés pour l'accomplissement de sa mission.

Quelques critiques jadis ont révoqué en doute l'authenticité de l'apostolat de saint Front au premier siècle. — Nous n'avons pas à discuter ici cette question, qui est aujourd'hui un fait historique, et dont la certitude, solidement établie par la plupart des documents les plus autorisés, vient d'être confirmée et reconnue par la plus grande autorité du monde, la cour de Rome (1). Quoi qu'il en soit, qu'on nous permette d'exposer ici brièvement certaines considérations caractéristiques qui, en faisant ressortir l'authenticité de cet apostolat de saint Front au premier siècle, nous feront comprendre le rang distingué et l'importance de l'Église du Périgord dans les siècles qui ont suivi.

1° C'est la croyance générale et l'affirmation presqu'unanime de tous les chroniqueurs qui ont parlé de saint Front, que ce même saint a été, comme disciple de Jésus-Christ, envoyé par saint Pierre à Vésone. L'Église du Périgord, la plus intéressée comme aussi la plus compétente pour rendre raison de son origine et de son fondateur dans la foi chrétienne, est parfaitement d'accord avec toutes les traditions des Églises des Gaules. De manière que contester à S. Front son origine apostolique serait non seulement contredire l'Église du Périgord, mais encore les nombreuses Églises visitées et évangélisées par notre saint ; et elles se présentent ici avec une autorité bien respectable, tant par leur nombre que par les monuments encore subsistants qui y parlent de saint Front.

1° *Nouvel office de St Front*, imposé au diocèse de Périgueux.

Mais à cette généralité de témoignages (1) se joint encore une co‑
nexion d'origine.

2º L'apostolat de saint Front, apôtre et premier évêque du Périgor[d] n'est-il pas lié très étroitement avec celui de saint Georges, apôtre premier évêque du Puy-en-Velay, et peut-il être permis de douter [de] l'un sans ébranler l'autre ? — N'existe-t-il pas une affinité semblab[le] entre St Front et St Saturnin de Toulouse, St Martial de Limog[es] etc., etc., et est-il permis de repousser sans la plus grande témér[ité] l'intéressante et précieuse légende de Ste Marthe à Tarascon, q[ui] consacre avec tant d'autorité l'apostolat de St Front au premier siècl[e]. Et s'il est vrai de dire que l'histoire en général, et l'histoire ecclésia[s]‑ tique en particulier, s'écrit et se conserve plus en ses monuments et s[es] traditions que dans les mémoires et les écrits de ses chroniqueurs, est[-il] un fait historique plus généralement attesté que la mission apost[o]‑ lique de St Front ?

3º Mais pour les esprits observateurs et réfléchis, il y a dans la vi[e] les actes et l'apostolat de St Front, tout un ensemble de circonstance[s] un cachet tout particulier, — *un faire*, comme disent les antiquaires, q[ui] l'identifie avec cette ère primitive des temps apostoliques. — St Fro[nt] comme St Timothée, disciple de St Paul, est né en Lycaonie, dans l'Asi[e] Mineure. — Il s'attache à St Pierre, qui le députe vers la capitale d[es] Pétrocoriens. — Nous connaissons déjà l'importance, le renom de Véson[e] cette cité où se sont donné rendez-vous d'illustres familles Romaines, [et] où le commerce et l'industrie ont attiré de l'Orient certains personnag[es] dont la pierre et le bronze ont conservé le nom. St Front, selon le pr[o]‑ gramme de Jésus-Christ son maître, se met en route avec un compagno[n] il arrive à Vésone et y plante aussitôt l'étendard de la croix. Il heurte d[e] front les erreurs, les passions et les divinités païennes. Chassé, il ne sa[it] contenir le don de Dieu et va divulguer la divine parole dans les princ[ipales]

---

1. Entre toutes les villes qui, en dehors du Périgord, ont conservé le souvenir de l'apostolat [de] St Front, nous pouvons citer Angoulême, Saintes, Bordeaux et Poitiers, qui furent les premièr[es] cités qu'il évangélisa après Vésone ; — puis Domfront, dans le canton de Conlie, près du Man[s] — Domfront, chef-lieu d'arrondissement de l'Orne en Normandie ; — Saint-Front, dans le ca[n]‑ ton de Maignelay en Beauvaisis ; — Neuilly-Saint-Front, chef-lieu de canton dans l'arrondisseme[nt] de Château-Thierry ; — Saint-Front dans le canton de Duras, et Saint-Front dans le canton [de] Fumel en Agenais.

ales contrées de notre antique Gaule. — Il revient à Vésone et, après y avoir vu fructifier sa première semence, il se met à édifier des temples au vrai Dieu. Son premier oratoire, dans lequel il se retire pour prier et se reposer, fut pour Notre-Dame, la Mère de Dieu ; mais sa cathédrale fut consacrée au premier saint et au premier martyr, St Étienne. — Précieuse et intéressante analogie avec les principales cités apostoliques de notre Gaule, qui toutes généralement eurent leur première église vouée à St Étienne ! — Vint ensuite le culte et l'oratoire de St Pierre, dont le martyre fut postérieur, mais dont le culte fut unanime et spontané dans toutes les églises alors établies.

4° Et cette admirable basilique de St-Front qu'un illustre pontife (1) décorait du titre de *Patriarche de nos plus antiques cathédrales*, n'est-elle pas, elle aussi, le porte-voix éclatant de l'apostolat de St Front ? Non point qu'elle remonte aux jours de notre glorieux apôtre, mais, par sa forme toute orientale et unique en notre Gaule, par son antiquité, elle proclame bien haut l'authenticité de la mission de St Front. Cette immense construction est toute une synthèse et une démonstration historique, surtout si l'on considère que la basilique de St-Front, consacrée par Chronope au onzième siècle, est venue après trois autres églises dont elle recouvre les fondations et l'emplacement, pour continuer le même culte et perpétuer le même nom. — On peut se demander, en effet, comment auraient pu s'élever successivement sur le même lieu ces différentes églises, si, comme l'avaient imaginé certains auteurs, St Front n'avait paru qu'au troisième siècle, à l'époque la plus tourmentée, et par les persécutions, et par les hérésies naissantes, et par l'invasion des Barbares ; — époque pourtant où nous voyons le souvenir de l'apostolat de St Front se conserver et se traduire par des traditions constantes et par des églises.

Nous n'avons pas à insister sur ce fait désormais acquis à la certitude historique ; nous avons à suivre les progrès et les développements de cette Église naissante de Vésone, personnifiée dans la succession de ses pontifes. Aussi, pour simplifier et caractériser cette étude si intéressante,

---

1. Mgr GEORGES, *Discours au Congrès archéologique tenu à Périgueux en 1858.*

nous nous attacherons à présenter ici la chronologie historique des Évêques de Périgueux, en signalant les événements principaux de leur épiscopat.

✠ Saint Front (76).

Originaire de la tribu de Juda, S. Front naquit en Lycaonie, au royaume de Cappadoce, dans l'Asie-Mineure, de Siméon et de Frontonia. Il fut baptisé par S. Pierre, qui lui conféra le ministère sacré de l'Apostolat. Une tradition très autorisée place notre saint au rang des soixante-douze disciples de Jésus-Christ. Il s'attacha aux pas de S. Pierre, qu'il suivit à Rome, et d'où le prince des apôtres, après lui avoir conféré la consécration épiscopale, le députa dans les Gaules pour y porter la doctrine de l'Évangile et la prêcher spécialement aux Pétrocoriens. S. Front reçut pour compagnon S. Georges, l'apôtre futur du Puy-en-Velay. Les martyrologes et les actes des premiers siècles rapportent que, lorsque nos deux apôtres furent arrivés sur les bords du lac de Volsène, en Toscane, S. Georges tomba malade et y mourut. — Mais il revint bientôt à la vie, sous la parole puissante de S. Front et au contact du bâton pastoral que l'apôtre S. Pierre avait donné à son disciple. Rien de plus solidement établi que cette mission apostolique de S. Front; elle est mentionnée par la plupart des chroniqueurs et des historiens qui ont parlé de S. Front. Et nous savons que les actes de ce saint pontife datent presque de l'époque de sa mort, puisqu'ils furent recueillis et dressés par ses successeurs immédiats, Anian et Chronope.

La résurrection de S. Georges fut suivie de la conversion et du baptême d'un grand nombre de païens. — Ce fut à cette époque que S. Front baptisa et ordonna ses premiers disciples Frontaise, Séverin et Sévérien qui s'étaient mis sous sa conduite.

Dès son entrée dans la Gaule, S. Front se dirigea d'abord vers l'Aquitaine. — Après avoir laissé S. Georges au Puy-en-Velay, il pénétra dans le pays des Pétrocoriens, et trouva ce peuple asservi sous la domination Romaine et partagé entre les superstitions Gauloises et le paganisme dissolu des Romains. Entre tous les miracles qu'il opéra pour convaincre ces habitants, on cite celui par lequel, au moyen du signe de la croix, il ruina le temple de la déesse topique de Vésone, et celui par lequel il délivra la contrée de Lalinde d'un horrible dragon qu'il aurait terrassé et précipité dans la Dordogne. — A cause de ce dernier prodige, la ville de Bergerac, BRAGERAC, *gens braccata*, ou *Braccas gerens*, par reconnaissance et en souvenir de ce bienfait, aurait placé dans ses armes *un dragon volant*, dans le quartier gauche, en champ de gueule.

S. Front ne se borna pas à renverser les temples des idoles en la ville de Vésone, mais il édifia sa cathédrale sur l'emplacement du temple de Mars, et, selon l'inspiration de la plupart des hommes apostoliques, la voua sous le vocable du premier martyr S. Étienne. Il éleva aussi deux autres sanctuaires, l'un à l'honneur de Notre-Dame et l'autre à l'honneur de S. Pierre.

L'oratoire de Notre-Dame était situé un peu à l'Ouest de la cathédrale actuelle, et à l'endroit où se trouvait naguère la chapelle de l'ancien évêché. — C'est là que S. Front se retirait pour passer la nuit en prières, accomplissant un grand nombre d'exercices de vertu et de piété, et soutenant de ses enseignements apostoliques les nouveaux fidèles. C'est là, comme nous le verrons, qu'il voulut être enseveli (1). — Il est impossible de savoir aujourd'hui quelle fut la durée de cet oratoire de Notre-Dame.— Le P. Dupuy, qui écrivait en 1629, atteste que les fondements de cette chapelle avaient été découverts il y avait tout au plus cinquante ans, près la nef de l'église bâtie en l'honneur de S. Front par Chronope quelque quatre cents ans plus tard.

L'église de St-Pierre l'Ancien, connue sous le nom de *Saint-Pey-l'Ancy*, était située sur l'emplacement de l'ancien cimetière de la Cité, non loin de la Tour de Vésone, derrière les casernes actuelles. — Il ne faut pas la confondre avec l'église de St-Pierre-es-Liens, dont les restes se voient encore au fond de la place Francheville. — L'antique sanctuaire bâti par S. Front fut longtemps l'objet de la plus grande vénération du peuple. Quand les évêques de Périgueux faisaient leur entrée solennelle dans la ville et prenaient possession de leur cathédrale, ils venaient d'abord dans

---

1. *Vie de saint Front*, Bordeaux (1612).

l'église de St-Pierre-le-Vieux ou l'Ancien, et de là, par la porte Romaine, entraient à la Cité (1). Elle fut toujours fréquentée par les pèlerins, qui venaient y vénérer les nombreuses et insignes reliques qui s'y trouvaient; car jusqu'au XVIIe siècle cette église était comme le trésor très riche des reliques de Périgueux. — Parmi celles dont le culte était le plus populaire et le plus prodigieux, citons les reliques de S. Mémoire, dont la châsse s'élevait au milieu de l'église. On l'invoquait pour la guérison de nombreuses maladies. Au onzième siècle, ce sanctuaire portait depuis longtemps le nom de *vieille église*. C'est alors, en 1072, que, creusant le sol à l'intérieur, on découvrit le corps d'un pontife paré de ses habits pontificaux et portant à son doigt un anneau d'or avec cette inscription : S. LEO PAPA. C'était le saint pontife Léonce, dont le culte fut en si grand honneur (2).

Mais le vieil oratoire tombait en ruines, les murs étaient ébranlés, et une reconstruction était nécessaire. Il fallut, en conséquence, transporter toutes les reliques à la Cité, dans la chapelle de Notre-Dame de Pitié, qui fut bientôt le sanctuaire le plus fréquenté de la ville. La vieille église Latine de Saint-Pey-l'Aney fut rebâtie à neuf, et passa à la forme bysantine comme les autres églises de la ville reconstruites après l'an 1000. Elle subsista encore six siècles ; en 1646, elle tombait de nouveau en ruines pour ne plus se relever. — On bâtissait alors le grand séminaire, et la nouvelle chapelle de cette maison prit le titre de la vieille église voisine disparue.

Les prédications apostoliques de S. Front ne tardèrent pas à lui susciter de grandes tribulations. — La persécution venait, du reste, d'être mise à l'ordre du jour par Néron contre les chrétiens. Le gouverneur de Vésone n'osant pas sévir directement contre S. Front qui, par ses miracles et sa parole avait acquis dans le peuple une grande influence, tourna ses attaques contre ses disciples. C'est ainsi qu'il fit d'abord arrêter S. Silain, originaire du Périgord, et qui, d'abord bateleur ou jongleur, s'était converti au christianisme et avait même mérité d'être élevé aux saints Ordres. Bientôt après, les saints Frontaise, Sévérin et Sévérien subirent le même sort,

---

1. *Bréviaire du Diocèse de Périgueux* (1559).
2. Suivant l'opinion la plus connue, c'est vers le commencement du sixième siècle que le nom de *Pape* a été réservé au pontife Romain.

et ces quatre premiers confesseurs de la foi en Périgord furent condamnés au supplice pour servir d'exemple au peuple. On les conduisit hors de la Cité et, après leur avoir fait subir d'affreux tourments, on leur trancha la tête.

La sentence qui les avait condamnés à mort avait prononcé un simple bannissement contre S. Front. Le saint apôtre, avant de s'éloigner, voulut lui-même présider aux funérailles de ses disciples martyrs, qu'il fit ensevelir dans une crypte voisine de son oratoire de Notre-Dame. Il consentit cependant à se dessaisir du corps de S. Silain en faveur d'une pieuse matrone, qui sollicita l'insigne privilège de conserver et de vénérer ces précieuses reliques dans sa propre maison ; c'est là que plus tard s'éleva l'église paroissiale de St-Silain. Puis, cédant aux fureurs de la persécution, S. Front s'éloigna pour un temps de Vésone, et alla porter, comme nous le savons déjà, en plusieurs contrées de la Gaule la lumière de l'Évangile. — Il se dirigea d'abord vers la région de Brives, et parcourut successivement la Saintonge, la Gironde, la Charente, la Normandie, le Beauvaisis, le Puy-en-Velay, le pays de Tarascon, et revint par Toulouse et Agen, laissant partout la trace de ses prédications et de ses miracles.

Outre toutes ces pérégrinations apostoliques de S. Front, le P. Dupuy fait mention de la présence merveilleuse de notre saint apôtre aux funérailles de Ste Marthe à Tarascon, en Provence. Le souvenir de cet événement prodigieux, qui s'est transmis d'âge en âge dans le pays de Tarascon, a été confirmé par une Bulle du pape Sixte IV, donnée l'an 1476 en faveur de l'église collégiale de St-Front (1).

Lorsqu'après toutes ses courses apostoliques S. Front rentra à Vésone, il y retrouva le même gouverneur Squirius ou Quirinus, qui de persécuteur était devenu néophyte, et avait fini par se convertir à la foi chrétienne. — S. Front le baptisa et lui conféra le nom de Georges.

Enfin, après trente-quatre ans de travaux et de luttes, pendant lesquels S. Front avait fondé et gouverné l'Église du Périgord, notre apôtre, sentant sa fin approcher, désigna pour son successeur *Anian*, qui lui avait déjà servi de coadjuteur, et recommanda qu'après sa mort on ense-

---

1. *Quod ab eodem Domino nostro ad sepeliendam sanctam Martham hospitam suam electus fuisse prædicatur.*

velit son corps dans son oratoire de Notre-Dame, auprès des saints martyrs Frontaise, Séverin et Sévérien, ses premiers disciples. — Il rendit doucement son âme à Dieu, après avoir annoncé lui-même le jour de son trépas, qui arriva le 25 octobre, l'an 42 après la Passion de N.-S. Jésus-Christ, le septième du pontificat de S. Lin, et le cinquième du règne de Vespasien.

Ces précieuses dates nous ont été transmises par l'épitaphe que Pierre de Saint-Astier, un des évêques de Périgueux, trouva, au treizième siècle, sur la châsse du saint apôtre.

Le Périgord est tout entier rempli du souvenir de S. Front. Entre toutes les localités qui en ont pris le nom et en perpétuent le culte glorieux, qu'il nous suffise de mentionner ici : La Linde et sa grotte de St-Front *de Colubri*, — St-Front d'Alemps, — St-Front Larivière, — St-Front de Pradoux, — St-Front de Champniers, — St-Front de Clermont, — St-Front de Champagnac, — St-Front de Douville, — St-Front de Bru, etc.

Le tombeau de S. Front fut glorieux dès le principe et devint l'objet de la vénération des fidèles qui y accouraient de toutes parts, même de l'Extrême-Orient. Les pieux pèlerins, en allant à Compostelle, venaient généralement prier aux tombeaux de S. Martial à Limoges et de S. Front à Périgueux. — Parmi les plus illustres de ces pèlerins, l'histoire a conservé les noms de S. Hilaire, évêque de Poitiers, et de son disciple et biographe S. Just (360), ainsi que de S. Géry, évêque de Cambrai (VIe siècle).

Calépode, à qui S. Front avait confié la sollicitude de son Église naissante de Vésone lorsqu'il fut obligé de s'en éloigner pour éviter les rigueurs de la persécution, avait précédé dans le tombeau notre saint apôtre. Voilà pourquoi le successeur immédiat de S. Front fut

✠ Saint Anian,

sur le pontificat duquel nous ne savons rien de particulier, sinon qu'il était contemporain d'un autre S. Anian, évêque d'Alexandrie, successeur de S. Marc.

✠ Chronope Ier,

également disciple de S. Front, succéda à S. Anian. D'après une tradition, il aurait été ressuscité par S. Front et, à la suite de ce prodige, il aurait été baptisé avec toute sa famille par le saint apôtre. On lui attribue, ainsi qu'à S. Anian, certains mémoires sur la vie et l'apostolat de S. Front, que l'on reprochait plus tard aux hérétiques d'avoir adultérés. — Ses parents se nommaient Elpidius et Benedicta.

Après Chronope, la succession de nos évêques subit une interruption. La plupart des chroniqueurs, comme S. Grégoire de Tours, Adon, Flodoart, etc., signalent la même lacune et les mêmes incertitudes dans l'histoire chronologique des évêques et des plus anciennes Églises de la Gaule à cette époque. Ils en trouvent généralement l'explication dans la violence des persécutions suscitées par les empereurs Romains et leurs lieutenants en Gaule, et continuées sans relâche presque jusqu'à l'avènement du grand Constantin. — Cette rage brutale s'acharna non seulement contre les personnes, mais encore contre tout ce qui pouvait intéresser l'organisation et l'histoire des Églises chrétiennes. On s'en prenait tout particulièrement aux Livres sacrés et aux actes des martyrs et des pontifes. — Dioclétien donna l'ordre de brûler tous les livres des chrétiens. — Cet ordre fut exécuté avec fureur à Rome et dans les provinces. — L'histoire de cette persécution est pleine des récits de ce vandalisme ; les bûchers se rallumèrent, pendant près de dix ans, par tout l'empire, avec les redoublements de frénésie de Galère. — Là ne se termine point la désolation de nos Églises.

Les persécutions violentes étaient à peine apaisées que l'hérésie arienne promena partout sa rage hypocrite et cruelle, souvent bien plus funeste et plus désastreuse que le déchaînement des persécuteurs. Elle avait infecté la race des Visigoths, qui s'étaient abattus sur notre malheureux pays, où ils s'acharnèrent contre la religion catholique en ruinant les Églises et en empêchant la succession de leurs pontifes. Pour s'en faire une idée, il faudrait entendre les auteurs du temps. — Entre tous,

Sidoine Apollinaire, évêque de Clermont, qui écrivait l'an 472, nous en a laissé un tableau bien propre à nous édifier. Écoutons-le : « Évaric
» roi des Visigoths de Toulouse, prince arien, faisait encore de plus
» grands ravages dans l'Église.— Passionné pour sa secte, il attribuait la
» prospérité de ses armes à ce prétendu zèle, et il se faisait un point de
» religion de persécuter les catholiques de ses États. — Pour faire plus
» aisément perdre la foi aux peuples, *il commença par leur enlever leurs*
» *pasteurs*. Il exilait les évêques ou il les faisait cruellement mourir sous
» quelque prétexte, et *défendait qu'on en ordonnât d'autres à la place de*
» *ceux qui étaient morts*. Bordeaux, *Périgueux*, Rodez, Limoges, Mende,
» Eauze, Bazas, Comminges, Auch et plusieurs autres villes *étaient sans*
» *évêques*. Les églises tombaient en ruines ; on en avait arraché les portes
» et on avait bouché avec des épines l'entrée de plusieurs. Les bestiaux
» couchaient dans les vestibules des lieux saints, et ils allaient quelque-
» fois brouter l'herbe qui croissait autour des autels abandonnés. Ce
» n'était pas seulement dans les églises des campagnes qu'on voyait cette
» solitude ; celles des villes n'étaient guère plus fréquentées.— Ainsi la foi
» s'affaiblissait tous les jours, et l'arianisme s'établissait au milieu des
» Gaules sur les ruines de la catholicité (1). »

Parmi les évêques qui occupèrent le siège de Périgueux au IVe siècle, on cite généralement

✠ Saint Léonce,

dont le culte fut en si grand honneur dans notre pays. Nous avons déjà dit comment on trouva, en 1072, dans l'église de Saint-Pierre-l'Ancien, le corps de ce pontife, paré de ses ornements pontificaux et portant à son doigt un anneau d'or sur lequel on lisait : S. LEO PAPA.— Cette qualification de PAPA, ou père, était, dès les temps apostoliques, donnée indistinctement à tous les évêques.

✠ Paterne

fut aussi évêque de Périgueux au quatrième siècle. — Il se laissa gagner par les ariens. On croit qu'il assista avec Saturnin d'Arles au concile de

---

1. *Epist.*, lib. VII, Epist. 6.

Béziers, tenu en 356, et où les ariens résistèrent opiniâtrément à l'enseignement catholique, soutenu avec tant de vigueur par Hilaire de Poitiers. Paterne et Saturnin, persistant dans leurs erreurs, furent déposés, après le concile de Rimini, par tous les évêques des Gaules.

✠ Gavide,

selon ce qu'en dit Sulpice-Sévère, aurait été le successeur de Paterne.

Le cinquième siècle fut encore, pour notre contrée, une période de tribulations et de ruines. — On ne connaît pas d'évêques de Périgueux à cette époque. Nous en serons moins surpris lorsque nous nous rappellerons que nous sommes au moment où les Barbares se précipitent de tous côtés sur notre pays ; Barbares qui, à leur brutalité native, joignent encore l'acharnement et la cruauté raffinée de l'hérésie arienne dont la plupart d'entre eux étaient imbus. Aux témoignages de S. Jérôme et de Sidoine Apollinaire, nous pourrions ajouter ceux de beaucoup d'autres écrivains, qui tous sont unanimes à déplorer les ravages effroyables causés à notre Église par ces torrents dévastateurs.

Le P. Dupuy, à la suite de Salvien (1), semble attribuer tous ces fléaux au relâchement qui s'était introduit alors dans le monde ecclésiastique. « Nous sçavons très-bien, dit-il, que toute la discipline ecclésiastique
» estoit desbandée dans nos provinces.» Salvien n'a point de honte d'ap-
» peler toutes les villes de la Guyenne « *un vray Bourdeau, que tous les*
» *grands ont vescu dans la bourbe de la lubricité, de l'adultère et plusieurs*
» *autres crimes* honteux pour nos chrestiens, qui n'aguères avoient eu la
» saincteté de leurs premiers apôtres. »

« Dans ces temps de troubles Dieu avait donné à l'Église du
» Périgord, dit encore le P. Dupuy, *un très-digne et très-fidelle Pasteur*
» que S. Paulin, cité par S. Grégoire de Tours (2), *met au rang des*
» *Evesques de son temps dignes du Seigneur, conservateurs de la foy et*
» *religion.* »

---

1. Lib. VII, *De vero judicio.*
2. Lib. II, *De gestis Francorum.*

✠ Pégase,

contemporain de S. Exupère, évêque de Toulouse (406), vivait sous Childéric, au cinquième siècle. Vers la même époque vivait aussi Lupus, originaire d'Agen, — selon ce qu'en écrit Sidoine Apollinaire, — et résidait en la ville de Vésone, où il avait pris son épouse et où il professait la rhétorique.

✠ Paulin,

auteur d'une vie en vers de S. Martin de Tours, était, selon Dom Ceillier, évêque de Périgueux en 475.

✠ Chronope II (476).

Après la série des persécutions et des bouleversements qui avaient désorganisé les Églises des Gaules, on vit peu à peu se rétablir les sièges épiscopaux, mais non sans peine et sans difficultés. La simonie s'introduisit en bien des endroits à cette occasion, comme s'en plaignait amèrement Sidoine Apollinaire. Toutefois notre Église de Vésone eut la bonne fortune d'obtenir un pontife selon le Cœur de Dieu dans la personne de Chronope II. Périgourdin de naissance et de famille Gallo-Romaine, notre évêque était de race sacerdotale, et très probablement de la famille de Chronope Ier. Venance Fortunat, qui vivait au sixième siècle, dans une épitaphe pleine de poésie et d'élévation, en a célébré la dignité, les vertus et les gestes. — En 506, Chronope assista au concile d'Agde, présidé par S. Césaire d'Arles. Il souscrivit le dix-septième sur trente-cinq évêques présents, à qui on avait décerné le titre de *Confesseurs de la foi*. En 507, pour conjurer la persécution d'Alaric, roi des Goths d'Aquitaine, et aussi sur l'invitation du roi Clovis, Chronope se rendit, avec la plupart des évêques de la Gaule, au concile d'Orléans que présida Tétradius, métropolitain de Bourges. Sur trente-trois délégués présents il souscrivit le onzième. Clovis avait adressé une lettre aux Pères de ce concile, en les assurant de toute sa bienveillance, eux et tous leurs partisans, pendant la guerre qu'il se proposait de soutenir contre Alaric. Il battit ce dernier près de Poitiers, et chassa les Goths de l'Aquitaine. Après avoir pris possession de sa nouvelle conquête, Clovis y organisa son administration au moyen de consuls et proconsuls qu'il établit partout, et que nous avons connus nous-mêmes sous le titre de *Comtes*. Le premier de ces comtes en Périgord, comme nous le verrons bientôt, fut Félicissime, père de Félix Auréol, qui fut aussi comte, et l'aïeul de S. Cybard ou Euparchius.

S. Cybard naquit dans la ville capitale du Périgord. Il fut élevé à Trémolat jusqu'à l'âge de sept ans; puis il revint à Vésone, où il demeura quinze ans en qualité de chancelier de son grand-père Félicissime, qu'il abandonna furtivement pour se consacrer à la vie cénobitique. — Après la mort de ses parents, il revint à Vésone fonder un monastère de religieux, qui plus tard fut ravagé dans le sac de Périgueux, l'an 846.

Vers le même temps vivait *S. Avit*, noble gentilhomme de l'ancienne maison de Lanquais en Périgord. — Après avoir reçu une éducation distinguée, il servit dans l'armée de Clovis et fut fait prisonnier à la bataille de Vouillé. — Il quitta bientôt la carrière des armes pour se consacrer définitivement à Dieu, et, après une vie de prodiges et d'austérités, vint mourir au Bourg de Banes, et s'y faire ensevelir dans un petit oratoire qu'il y avait bâti en l'honneur de Notre-Dame.

Au bruit des vertus et des mérites de S. Cybard, un autre gentilhomme, *S. Astier*, à peine âgé de quinze ans, fils du seigneur de Puy-de-Pont, près Neuvic, quitta sa famille et le monde, et se fit religieux sous la conduite de S. Cybard. — Après avoir converti tous les siens, il vint dans le voisinage de son pays natal se fixer au fond d'une grotte, et étonner toute la contrée autant par ses austérités que par ses nombreux et éclatants miracles. — Après avoir creusé lui-même sa fosse et élevé tout auprès un autel en l'honneur de S. Front, il mourut glorieusement, plein de mérites et de sainteté, l'an 600, sous le pontificat de Saffaire.

« *Il faut advouer*, dit le P. Dupuy, *que nostre Chronope estoit le pre-*

» mier mobile de tant de sainctelé que nous verrons durant son pontifica-
» dans ce diocèze. »

Un des actes les plus intéressants de l'épiscopat de Chronope II fut la translation des reliques de S. Front que fit ce prélat, le 6 octobre, au milieu de grandes solennités et d'éclatants miracles. Cette translation se fit de la petite chapelle qu'avait élevée le saint apôtre lui-même, dans la nouvelle église édifiée par Chronope, et qui occupait l'espace sur lequel étaient placés le porche et le vestibule de la cathédrale actuelle, du côté de la Clautre. — Cet emplacement est bien facile à distinguer, puisque ses fondements, plusieurs de ses murs et une partie de sa façade existent encore.

« Lorsque, de l'intérieur de la basilique actuelle, dit M. de Verneilh,
» on examine la muraille qui la clôt à l'Occident, on est aussitôt frappé
» de sa préexistence à la masse du monument. On y voit d'énormes
» pilastres, d'une construction plus ancienne, qui ne supportent rien
» maintenant. Au-dessus se remarquent encore des arrachements de
» voûte, qui indiquent positivement que l'édifie auquel ils ont appartenu
» se continuait sur l'emplacement actuel de la grande basilique. Enfin, il
» est impossible de ne pas reconnaître sur cette muraille occidentale
» comme la coupe d'une église à trois nefs. Du reste, en pénétrant sous
» la base du clocher, on distingue plusieurs travées de ces nefs, et, en
» poursuivant plus loin, on retrouve la façade et même le porche qui la
» terminait à l'Occident (1). »

Telle était l'église bâtie par Chronope II au sixième siècle ; on a coutume de la désigner sous le nom de *Vieille Église*, ou *Église Latine*. Elle passait pour remarquable, et les anciens chroniqueurs l'appelaient *Basilique nouvelle*, BASILICAM NOVAM (2). — Elle était composée d'une nef principale et de deux nefs latérales. — Sa longueur totale était à peu près de quarante mètres, sur une largeur de vingt mètres environ. A l'entrée était un vestibule, et l'extrémité opposée se terminait par une abside à trois baies cintrées. Les trois nefs étaient partagées chacune en

---

1. *L'Architecture Byzantine*, 1re partie, chap. III.
2. *Proprium Sanctorum Eccles. et Diæces., Sarlat.* Paris, 1677, p. 206.

cinq travées, et chaque travée avait pour comble un berceau de voûte particulier. — La voûte principale s'élevait à près de cinquante pieds et les autres à trente environ (1). — On n'y a pas trouvé de traces d'ogives ni de clocher.

Aux deux côtés de l'abside principale, en dehors et parallèlement, étaient deux édicules, *confessions* ou tombeaux de saints. Ces confessions, qui viennent d'être restaurées dans leur plan primitif, avaient la forme de parallélogrammes. — Comme dispositions intérieures, ces édicules se composaient de deux étages superposés : l'étage inférieur, formant crypte, était partagé en deux parties dans le sens de la longueur. — L'étage supérieur de la confession du Nord, que l'on croit avoir servi de sépulture à S. Frontaise et à S. Anian, était divisé en trois compartiments, dont un plus grand et principal. — L'étage supérieur de la confession du Sud, que l'on s'accorde généralement à reconnaître pour la première confession de S. Front, était de beaucoup plus grand et plus développé; il portait la trace de modifications notables, d'embellissements et de peintures, qui se faisaient aussi remarquer dans la partie souterraine. C'était un témoignage de la dévotion provoquée par les reliques qui s'y trouvaient renfermées. — Ces deux confessions communiquaient à l'église Latine par deux portes pratiquées dans les parties latérales de l'abside. La confession du Midi s'ouvre par une porte sur le cloître auquel elle est adhérente.

Une troisième confession, conservée à l'état de crypte, existait au Nord-Est, dans le milieu de la cathédrale actuelle. — L'entrée de ce caveau était placée dans le pilier central de l'angle rentrant du Nord-Est, auquel était autrefois adossée la chaire, qui est aujourd'hui placée en face. — L'ouverture alors était sous l'escalier de la chaire : nous l'y avons vue nous-même obstruée de débris de maçonnerie. — M. de Taillefer, qui avait exploré cette confession, nous en a gardé la description et les dimensions. — Il y avait vu le sarcophage de pierre dans lequel avait été placée la cassette de bois renfermant les reliques. — Ce tombeau avait été brisé d'un côté, et la cassette avait été ouverte; mais les osse-

---

1. *Antiquités de Vésone*, W. DE TAILLEFER.

ments s'y trouvaient encore. — On descendait tous les ans dans cette crypte pour y célébrer les saints Mystères, le 2 janvier, jour de la fête des SS. Séverin et Sévérien.

Revenons à l'église Latine. Tout fait présumer, surtout depuis les fouilles qui ont été faites pour la restauration du clocher de St-Front et l'exhumation du cloître adjacent, tout fait présumer que la confession de S. Front dans l'église Latine, où Chronope II transporta les reliques du saint apôtre, était installée sur l'emplacement du clocher actuel.

Une portion de la façade de cette *Vieille Église* se voit encore sur la Clautre; elle était supportée par une haute arcade, dans laquelle on a inséré plus tard l'ogive que nous y remarquons aujourd'hui. Au-dessus de cette ogive se trouve une frise entrecoupée de pilastres corinthiens. C'est le seul débris de ce monument qui soit resté intact et apparent. Dans un entre-colonnement bien conservé, il y a un arbre en miniature; les autres figures ont été martelées. — Enfin, après un examen attentif, on distingue des fleurons creux à six lobes, — avec un bouton saillant au milieu, — qui sont semés sur le fond des bas-reliefs. Il existe encore des fragments de rinceaux, de moulures, de statuettes, etc. (1).

Une étude patiente a permis à M. Félix de Verneilh de recomposer la façade de cette église avec son pignon, ses fenêtres, ses corniches et plusieurs statues, dont une principale, placée au milieu, représentant le Christ dans une gloire, entouré de ses anges. — Cette église de Chronope ne subsista pas longtemps; elle n'eut pas un siècle de durée, comme nous le verrons bientôt.

Chronope II, après avoir pris part au second concile d'Orléans (536), où se trouvèrent réunis trente évêques, mourut à l'âge de quatre-vingts ans.

✠ Sabaudes

se trouve mentionné dans la vie de S. Cybard, qui aurait sollicité l'agrément de cet évêque pour aller se fixer dans la retraite que lui offrait Aptonius, évêque d'Angoulême (2).

---

1. M. Abbadie s'en est inspiré pour la décoration intérieure de l'abside principale, de la basilique de Saint-Front restaurée.
2. LECOINTE, *Annales ecclésiastiques* (542).

Dom Mabillon, dans ses annales Bénédictines (581), parle de

✠ Saint Aquilin,

évêque de Périgueux, vivant du temps de S. Cybard.

Il est aussi question dans un ancien hagiologue de l'abbaye de Brantôme, de

✠ Saint Amand,

évêque et confesseur, mort à Périgueux, le VII des calendes de Juillet.

✠ Chartaire

était évêque de Périgueux lors des troubles et des divisions qui s'élevèrent entre les fils de Clotaire, et dont Chilpéric prit occasion pour s'emparer de l'Aquitaine et ravager Périgueux. — Notre évêque, au rapport de S. Grégoire de Tours, fut injustement dénoncé et poursuivi par un diacre nommé Fronton. L'affaire fut portée devant le roi, qui fit preuve, en cette circonstance, d'un grand esprit de conciliation et donna raison à l'évêque.

En 585, Gondevald, qui se disait fils de Clotaire et prétendait au royaume, se retira à Angoulême. Il se rendit à Périgueux, où il maltraita l'évêque, qui n'avait pas voulu le reconnaître. — Ce fut à cette époque que l'abbaye de Genoulhac jeta son plus grand éclat et fut illustrée par les miracles et les vertus de S. Sour, S. Amand et S. Cyprien. Ce dernier surtout, au témoignage de S. Grégoire de Tours, étant abbé d'un monastère à Périgueux, jouit d'une grande réputation de miracles et de sainteté.

✠ Saffaire (590),

de concert avec Gondegisile, archevêque de Bordeaux, Nicaise, évêque d'Angoulême, et Mérovée de Poitiers, se rendit dans cette ville de Poitiers pour apaiser les troubles survenus parmi les religieuses du couvent de S^te.Croix, au sujet de la succession de Ste Radegonde. Il y eut une espèce de brigandage fomenté par le parti des religieuses mutinées, et dans lequel les évêques et les gens de leur suite furent fort maltraités. S. Grégoire de Tours raconte tout au long cette triste affaire (1). — On a retrouvé au Fleix, sur l'emplacement de l'ancien prieuré, le cippe funéraire de Saffaire. — C'est une modeste pierre dont une des faces porte l'épitaphe de l'évêque en caractères qui accusent le *faire* du siècle qui suivit le *Labarum*. — La partie supérieure est marquée d'une *étoile symbolique;* c'est une couronne ou cercle, agrémentée de six rayons concentriques, signe abréviatif du *chrisme*, alors fort employé dans l'iconographie chrétienne.

La fin du sixième siècle fut marquée par une série de bouleversements politiques qui eurent une influence très funeste sur le monde religieux. Les compétitions se multiplient pour le royaume d'Aquitaine. — Nous sommes au moment où la prépondérance des Maires du Palais prépare un changement de dynastie à la couronne de France. — L'anarchie se répand un peu partout, conséquence nécessaire du défaut d'unité dans le gouvernement et d'initiative courageuse dans ceux qui le représentent. La Féodalité s'implante sur tout le sol de la Gaule, et avec elle les empiétements, les exactions et la force brutale, au détriment le plus souvent de l'Église et de ses ministres. — Pour comble, les Sarrasins d'Espagne traversent les Pyrénées, et, s'ouvrant un chemin par le fer et le sang, viennent s'abattre sur la Guyenne. — Tout est mis au pillage; les églises sont incendiées. — Les anciennes murailles et une des portes de Vésone ont gardé longtemps, avec le nom, le triste souvenir du passage et des affreux ravages des Sarrasins. — Toutefois Charles-Martel ne leur laissa pas grand répit; il vint les arrêter près de Poitiers, et faire mordre la poussière à Abdérame, leur roi, et à trois cent soixante-quinze mille de ses soldats. — Après cette mémorable victoire, Charles reconquiert l'Aquitaine sur Eudes, qui en était duc. — Pendant cette période d'agitations et de luttes, notre pauvre Église du Périgord fut, on le comprend, soumise à de grandes tribulations. — L'histoire en est restée confuse et pour le moins très obscure : nous avons peu de données sur nos

---

1 *Hist.*, lib. VII, p. 39, 40, 42, 43, etc., etc.

évêques et les actes de leur administration. Certain catalogue pourtant nous a gardé les noms isolés de deux évêques que nous devons mentionner pour mémoire :

✠ Marc,

✠ Erménonaris.

Les éditeurs de la vie de S. Didier de Cahors (1) nomment un certain

✠ Austérius,

qui aurait été évêque de Périgueux vers l'an 629. — Après lui,

✠ Arculphe

aurait occupé le siège épiscopal de Périgueux, au moins à partir de 680 jusqu'à 702.

Sous la domination de Pépin, les églises d'Aquitaine commencèrent à sortir des ruines où les avaient précipitées les guerres et les exactions qu'elles eurent à subir tant de la part des envahisseurs étrangers que des seigneurs féodaux qui s'en prétendaient les protecteurs. — Nous avons encore ici des lacunes regrettables dans la liste chronologique de nos évêques. — Cependant des peintures que fit exécuter Pierre Mimet, à la fin du XIIe siècle, sous la coupole du Midi de la basilique de St-Front, près de l'autel de Ste-Catherine, ont conservé longtemps les portraits de quatre évêques, dont les deux premiers portaient les noms de

✠ Bertrand

et de ✠ Raymond (805-811).

Le chroniqueur qui rapporte ce fait, n'avait pu déchiffrer les noms des deux autres prélats qui précédaient immédiatement Frotaire.

A la mort de Pépin (768), Charlemagne devint le vingt-deuxième roi d'Aquitaine, et sa première sollicitude fut de procéder activement à la

---

1. *Gallia Christiana*, tome II, p. 464, col. 2.

réorganisation de cette contrée, tant au point de vue religieux que politique. Après avoir divisé l'Aquitaine en neuf comtés, il eut à cœur surtout de pourvoir les Églises de pontifes recommandables, de leur rendre les biens qui leur avaient été enlevés, de relever les monastères ruinés et d'en fonder de nouveaux.

Dans un second voyage qu'il fit en Aquitaine et en Périgord, il fonda à Brantôme une abbaye de religieux Bénédictins, dont il fit consacrer l'église par le pape Léon IV, et dans laquelle il déposa les reliques de S. Sicaire, un des Saints Innocents, qu'il avait rapportées de son voyage à Rome (1). — S. Antime ou Antibe, fut, selon le P. Dupuy, un des premiers abbés de Brantôme, et Dieu l'honora du don des miracles. — Ses reliques reposaient dans l'église abbatiale, à côté de celles de S. Silain, disciple de S. Front, des saints martyrs Menne et Galle.

Les divisions qui survinrent entre les fils de Louis-le-Débonnaire, fils et successeur de Charlemagne, jetèrent encore dans une désolation profonde les Églises d'Aquitaine. En même temps, les Normands faisaient irruption en notre pays et y portaient la dévastation et le carnage le plus horrible. — Ils pénétrèrent, sans aucune résistance, dans les villes de Saintes, Angoulême et Limoges. — Après avoir pillé Bordeaux, ils remontèrent la Dordogne, parcoururent les plus belles contrées du Périgord et vinrent mettre le siège devant Vésone. — Comme les Sarrasins, qui les avaient devancés, ils laissèrent leur nom à une partie des murs et à une des portes de notre citadelle qu'ils ne purent cependant réduire. — C'est alors qu'ils concentrèrent leurs attaques sur le bourg et le monastère du Puy-Saint-Front qu'ils brûlèrent et ruinèrent misérablement. Ils se disposaient à faire subir le même sort à l'église du saint apôtre, lorsque, suivant le témoignage de Sébalde, un de nos anciens évêques, ils furent atterrés et mis en déroute par l'apparition mystérieuse de saints personnages qui se montrèrent à eux sur les remparts de la Cité.

Cette invasion des Normands fut suivie de deux autres fléaux, non moins terribles, qui s'abattirent sur le pays. La *famine* d'abord, et ensuite la *peste des Ardents*, espèce de feu violent qui s'attachait aux entrailles

---

1. REGINON, lib. II, *Chro.*

et causait une mort cruelle à ceux qui en étaient attaqués. Tous ces malheurs semblaient être le juste châtiment des désordres de l'époque.

Charles-le-Chauve, qui régnait sur l'Aquitaine, s'était attaché les seigneurs du pays en leur distribuant les abbayes et bénéfices de l'Église, et, malgré les réclamations des évêques réunis en conciles, à Meaux, à Soissons et à Pamiers, n'était guère disposé à en opérer la restitution.— Il assembla, en 850, à Limoges, les États de son royaume, et, entre autres délibérations, il fut décidé que désormais l'Aquitaine serait un fief incorporé à la couronne de France, gouverné par des ducs qui relèveraient en hommage des rois de France. — Le premier duc fut Ranouil ou Arnouil, et le premier comte de Périgord et de l'Angoumois fut Wulgrin Taillefer, frère d'Audouin, abbé de St-Denys. — Ce Taillefer était un noble chevalier, parent du roi Charles-le-Chauve, et qui épousa la fille de Guillaume 1er, comte de Toulouse.

Le chroniqueur Nicétas rapporte qu'un des enfants de Wulgrin, moine de St-Denys sous le gouvernement de son oncle, l'abbé Audouin, put arracher au pillage et aux profanations des Normands, à Paris, la tête de S. Denys, premier évêque et apôtre de cette capitale. — L'ayant apportée furtivement à Périgueux, il la cacha avec soin dans l'église de St-Martin, autour de laquelle était bâtie l'abbaye de St-Cybard, et où depuis, les Frères Prêcheurs ont établi leur couvent. Cette église s'élevait sur l'emplacement de la chapelle actuelle du couvent de Ste-Ursule. Et, lorsqu'en 1274, les Frères Prêcheurs commencèrent les constructions de leur monastère, ils trouvèrent dans les ruines d'un vieux mur, un coffret renfermant cette précieuse relique, avec une inscription gravée sur une plaque de cuivre, attestant l'authenticité du dépôt, et relatant la généalogie des Wulgrin de Taillefer. — Cette abbaye de St-Martin fut ruinée et démolie par les Normands.

✠ Ainard ou Aimard,

selon la chronique de Maillezais, se fit remarquer sur le siège de Périgueux vers l'an 844.

✠ Sébalde (892),

que certains chroniqueurs appellent *docte* et *éloquent*, fit un recueil des mémoires d'Anian et de Chronope et de tout ce qui avait échappé aux persécutions des Romains et aux déprédations des Barbares, et en composa une vie de *notre Bienheureux saint Front*. Il nous a laissé le récit de plusieurs miracles éclatants opérés sur le tombeau et par l'intercession du saint apôtre.

Pendant les soixante-douze années qui s'écoulèrent de Sébalde à Frotaire, cinq évêques, dont les noms nous ont été transmis par la copie d'un ancien nécrologe de Brantôme, occupèrent le siège de Vésone :

✠ Auscléole,

✠ Gobert,

✠ Turpin,

✠ Udalric,

✠ Hugues.

✠ Frotaire (976-991),

issu de l'illustre maison de Gourdon en Quercy : « L'an de l'Incarnation
» 976, Frotaire, évêque, fut envoyé par Hugues Capet à Périgueux, et
» gouverna cette Église quatorze ans six mois et trois jours ; et l'an du
» Seigneur 991, le 6 des Ides de Décembre, il fut enseveli dans la basi-
» lique de St-Front. — Ce prélat commença la construction du grand
» monastère de St-Front, et bâtit les forts d'Agonac, de Crogniac,
» d'Aube-Roche, de la Roque-St-Christophe, de la Roche de Bassiliac,
» pour servir de lieux de refuge et de retranchements contre les Nor-
» mands, alors livrés à toutes les erreurs des païens. — Frotaire fit aussi
» la translation des reliques du B. Frontaise, dont le corps, longtemps

» caché aux ravages des envahisseurs, fut découvert à un religieux, cha-
» noine de la même Église. — A la fin, cet évêque fut étranglé par son
» prévôt, dans le lieu dit *Morcinq*, de la paroisse de *Coursac*. — Vers
» 988, Frotaire souscrivit aux canons du concile de Carfeux (CARFO-
» RENS), rassemblé par Gumbald, archevêque de la seconde Aquitaine.
» Il restaura magnifiquement le monastère de Paunat, et participa, à
» Limoges, à la consécration épiscopale d'Alduin, évêque d'Angou-
» lême (1). »

« Frotaire, dit le P. Dupuy, voyant le premier monastère de St-Front,
» qu'avait bâti Chronope, tout ruiné et mis en désolation par les dernières
» guerres des Normands, résolut d'en bâtir un plus magnifique et plus
» beau. » — On l'appela le *Grand Monastère*. — Cette dénomination
s'applique à l'ensemble de l'abbaye, et surtout de l'église, dont le cloître
et les habitations des moines n'étaient que l'accessoire. — Les auteurs du
GALLIA CHRISTIANA fixent le commencement des travaux à l'année 984.

Le monastère de St-Front, jadis occupé par l'évêché, se composait de
trois corps de bâtiments reliés entre eux à angles droits, et au milieu
desquels se développait le cloître. — Un de ces corps de bâtiments se rat-
tachait contre la confession du Sud, et développait sa façade à l'Est, sur
une longueur de vingt-six mètres environ. Il joignait le second et le plus
grand corps de bâtiment, qui, au Sud, avait un développement de cinquante-
cinq mètres. — Enfin, le troisième corps raccordait le précédent avec le
clocher sur les fondements de la vieille église Latine, sur une longueur de
trente-six mètres du côté de l'Ouest ou de la place de la Clautre. — Chacune de ces ailes du monastère avait une dizaine de mètres de profondeur.
— La construction extérieure en était agrémentée d'une série d'arcatures grandes et simples : on peut en voir quelques restes sur la façade du
Sud. — C'est dans l'espace quadrangulaire compris entre ces trois corps
de logis et l'ancienne basilique, que s'ouvrait le cloître, rendu au jour par
les nouvelles restaurations. — Il se composait de quatre galeries donnant
sur le préau, au moyen de six arcades du côté de l'Est, cinq du côté de
l'Ouest, sept du côté du Sud et huit du côté du Nord. — Tel qu'il nous

---

1. LABBE, *Bibl. nouvelle*, tome IX, p. 737, 764.

apparaît aujourd'hui, ce cloître nous révèle une restauration qui remonte au douzième ou au treizième siècle, et laisse voir sur ses murs intérieurs certaines arcatures de l'époque Romane, probablement des restes de la construction de Frotaire. — Dans la galerie du Sud, une porte cintrée s'ouvrait sur une très vaste salle voûtée, qui servait jadis aux collections du musée de la ville, et qui pouvait bien être un des anciens réfectoires du monastère. — Dans la galerie de l'Est, plusieurs portes donnaient accès à la confession, à une salle capitulaire et à la grande sacristie, transformée aujourd'hui en chapelle de catéchismes.

Le P. Dupuy regrette vivement que la perte de tous les documents tombés entre les mains des hérétiques ne lui permette pas de préciser l'Ordre auquel appartenaient les religieux du grand monastère de St-Front. — On dit bien qu'un vieux cartulaire affirmait que c'étaient des *Augustins*. Toutefois, il est probable que lorsque S. Maur, disciple de S. Benoît, passa en France, les monastères qui avaient des règles particulières se rangèrent bien vite sous la houlette du grand législateur des moines, S. Benoît. — D'où le P. Dupuy conclut que les religieux de St-Front étaient *Bénédictins*. — Ajoutons avec le même chroniqueur que cette abbaye de St-Front fut une des premières sécularisées. — L'abbaye fut réunie à l'évêché, et les religieux, réduits au nombre de vingt-quatre chanoines, formèrent dès lors une collégiale.

Le successeur de Frotaire fut

✠ Martin de la Marche (991-1000),

fils de Boson-le-Vieux, comte de Périgord et de la Marche. — Il mourut l'an 1000, et fut enseveli dans l'église St-Front, *dont il avait bien mérité*, dit le GALLIA CHRISTIANA. — Quelques auteurs lui donnent pour successeur un évêque nommé

✠ Gérard.

✠ Rodolphe (*de Couhé* en Poitou)

s'inspira du mouvement de renaissance de son époque, et travailla à la restauration d'un grand nombre d'églises et de monastères. — Il releva l'église de Saint-Astier et y bâtit, à la place d'un ancien couvent de religieuses, un monastère de chanoines réguliers, qu'il dota de plusieurs revenus et de la moitié de la dîme de la paroisse de Saint-Léon. Il invita l'évêque de Toulouse à la consécration de l'église de St-Astier. — Et ce fut à cette occasion que les Chapitres de St-Front de Périgueux et de St-Saturnin de Toulouse consacrèrent leurs relations par une alliance plus solennelle. — Rodolphe de Couhé fut présent à l'acte de cession consentie par Adhémar, abbé de Terrasson, au monastère de St-Martial.

Il fit le pèlerinage de Terre-Sainte avec Guillaume, duc d'Aquitaine, et, à son retour, il raconta les malheurs et la désolation dont il avait été le témoin. — Il se rendit ensuite à St-Astier, pour la translation des reliques de ce saint, et mourut le 5 janvier 1003, après avoir gouverné son Église douze ans et six mois. Il fut enseveli dans le vieux monastère, où un autel fut consacré en l'honneur de S. Thomas martyr.

Nous sommes à l'an 1000, à une des époques les plus importantes de l'histoire, alors que les idées chrétiennes, pénétrant de plus en plus la société, semblent engendrer un monde nouveau et communiquent à la politique et à la civilisation une impulsion et une fécondité toutes particulières. — C'est le commencement des croisades, c'est l'esprit de chevalerie qui s'empare des peuples. — Les monarchies se fondent : l'Église inspire toutes les institutions. — Les couvents se multiplient, et, avec eux, les sciences, les arts et la sainteté germent et se développent merveilleusement. — Les cathédrales s'élèvent partout dans des conceptions et des proportions tellement admirables, qu'elles sont encore pour nous des sujets de gloire et d'imitation.

Comme monument de cette époque, nous devons signaler l'église St-Étienne de la Cité, qui fut la première cathédrale de nos évêques. Ce monument, à tous égards vénérable, demanderait de nous une description minutieuse et détaillée, mais nous devons avouer ici notre impuissance par le manque de documents authentiques. Tout ce que nous savons de sa construction et de ses dispositions générales, nous a été tracé par M. de Taillefer, d'après le récit et la planche de Belleforêt (1).

---

1. *Cosmographie universelle.*

Cette église cathédrale de Saint-Étienne, bâtie dans l'enceinte que forme le gros mur de la citadelle Romaine, et sur l'emplacement du temple de Mars, a subi nécessairement plusieurs restaurations ou reconstructions successives. Elle est restée cathédrale jusqu'au dix-septième siècle, et a toujours conservé sa forme de parallélogramme. Telle qu'elle est aujourd'hui, elle se compose de deux parties distinctes, couronnées chacune par une coupole dont les dimensions offrent peu de différence et occupent un développement de quarante-huit mètres environ de longueur, sur vingt-deux de largeur. — A la suite de la coupole de l'Ouest plus basse et plus ancienne que celle de l'Est, le monument, comme on peut s'en convaincre par les arrachements de pendentifs qui subsistent encore au dehors, se prolongeait sur une largeur de douze mètres seulement et sur une longueur de trente-quatre mètres. — Dans cet espace, M. de Taillefer pense qu'il y avait deux autres coupoles attenant au clocher. — Ce qui aurait fait une longueur totale de quatre-vingts mètres pour l'édifice entier.

La porte qui se trouve du côté Nord communiquait au cloître ; il y en avait une autre au Sud qui semble avoir toujours donné au dehors. — L'entrée principale de l'église était à l'Ouest, immédiatement au-dessous du clocher. « Plusieurs vieillards, dit M. de Taillefer, se rappelaient avoir » vu son cintre et ses pieds-droits presque dans leur entier. La douille » du cintre était ornée de peintures. »

Le clocher était saillant au dehors de l'église, son rez-de-chaussée était fourni par quatre gros piliers ; et comme sa construction était beaucoup moins large que celle de l'église, probablement qu'il était cantonné de porches ou vestibules latéraux. — D'après Belleforêt, ce clocher avait trois étages dont le premier, en formé de tour carrée, avait deux rangs superposés de fenêtres : trois sur chaque face, non compris les arcades du rez-de-chaussée. — Le second étage, étant également de forme carrée, mais moins large que le premier, avait aussi deux rangs de fenêtres. Le troisième enfin, en retrait sur le second, avait quatre rangées de fenêtres ; sa forme était celle d'un cône très allongé et un peu renflé ; il était surmonté d'un globe supportant une croix.

Des deux coupoles qui restent et composent l'église actuelle, celle de l'Est ou du sanctuaire porte encore les traces bien apparentes de la restauration. On sait, en effet, que cette partie de la cathédrale St-Étienne, ainsi que l'autre partie occidentale attenant au clocher et le clocher lui-même, furent incendiés et ruinés en 1577 par les protestants. — Cette coupole orientale fut relevée par Mgr François de la Béraudière, évêque de Périgueux (1614-1664), avec le puissant concours du Chapitre : on voit sculptées sur les murs latéraux les armes de l'un et de l'autre. Cette coupole a les mêmes dimensions en longueur et en largeur que celle qu'elle a remplacée : elle est plus élevée cependant, quoique la calotte de son dôme paraisse un peu surbaissée. Les trois baies qui l'éclairent sous chacun de ses trois grands arcs, sont vastes et ornées de colonnettes. — Les arcatures qui décorent les murs sont d'un style simple et dégagé. — Le caractère général de la coupole ancienne, les cintres de ses grands arcs et de ses fenêtres, l'ensemble de sa construction, en font rapporter l'origine à une époque antérieure à celle de la basilique de St-Front, qui se rapproche un peu plus de l'époque ogivale. On suppose que sa construction commença du huitième au neuvième siècle. — Elle fut consacrée le même jour, mais non la même année que l'église de St-Front.

Entre toutes les inscriptions qu'on trouve sur les murs de cette vieille cathédrale de la Cité, une des plus remarquables est celle qui se voit sur le mur Sud de la coupole orientale. — C'est une table pascale qui donne les mois et les quantièmes où tombe chaque année le dimanche de Pâques. Scaliger pense que c'est le Cycle de Théophile d'Alexandrie, composé de quatre-vingt-quinze années. — L'abbé Lebœuf (1), qui en fait remonter l'origine à 1162 ou 1163, y trouve une partie de la période de Victorius d'Aquitaine : elle était de 532 années et fut corrigée au sixième siècle par Denys-le-Petit. Les computs de cette table ne sont pas exacts. Les dernières lignes ont été ajoutées au fur et à mesure que les années s'écoulaient. — Les trous servaient à placer une cheville portant un petit drapeau de couleur éclatante, qui chaque année marquait le jour de Pâques (2).

1 L'abbé Lebœuf, chanoine d'Auxerre, vivant de 1687 à 1760.
2. D. GALY, *Catalogue du musée archéologique*.

Au Nord de l'église St-Étienne, et à partir du clocher jusque vers le milieu de la vieille coupole encore subsistante, se développait le cloître sur une longueur, de l'Ouest à l'Est, d'environ quarante-trois mètres, et une largeur de trente-et-un mètres. Ce cloître se composait de quatre galeries très simples, dont celles de l'Est et du Nord, composées de dix arcades chacune, ont été détruites depuis peu de temps. Le peu d'élévation de ces galeries, faisait présumer qu'elles étaient surmontées d'un étage : nous les avons vues nous-même, en cette disposition servant de cave à l'ancien presbytère de la Cité ; les murs en étaient couverts d'inscriptions très intéressantes, pour la plupart des épitaphes, qui nous ont été conservées par M. de Taillefer (1).

Au-dessus et tout autour de ce cloître, se développait sur un vaste emplacement, embrassant la plus grande partie du jardin du noviciat de Ste-Marthe, le palais épiscopal. Des pans de murs et des restes de voûtes, qui ont subsisté jusqu'au milieu de ce siècle, portaient le caractère du style Roman et du style Gothique. — Ce palais fut restauré au quatorzième siècle. — Mais il eut le sort de la cathédrale dans les guerres de religion : il fut saccagé et ruiné par les protestants en 1577. Il ne nous reste plus qu'une partie de la chapelle construite par Mgr Guy de Castelnau : c'est un beau morceau d'architecture flamboyante, dont nous parlerons en son temps.

Comme nous l'avons déjà dit en parlant des châteaux-forts de Vésone, ce palais épiscopal ne fut point relevé, mais la résidence des évêques fut transférée par Mgr François de Bourdeilles à un nouveau château, également bâti sur les fondations de l'enceinte murale de Vésone, et à la place qu'occupe aujourd'hui la manutention militaire. Les évêques l'habitèrent jusqu'à la réunion définitive des deux Chapitres de St-Étienne et de St-Front (1669), alors que l'ancien monastère de St-Front fut transformé en palais épiscopal.

Le mouvement de renaissance qui se manifesta dans le monde, au onzième siècle, se fit vivement sentir dans notre cité, laquelle, sous l'inspiration chrétienne, retrouva avec ses vertus natives une sève plus

---

1. *Antiquités de Vésone.*

abondante de vie et d'activité qu'elle manifesta par ses monuments et son organisation puissante.

Pour mieux nous en convaincre, arrêtons-nous un peu, et portons nos regards sur la situation politique et administrative de Vésone. Voyons comment s'est opérée la transformation de cette antique cité, si fortement ébranlée par tant de guerres et de révolutions, et comment elle s'est constituée sous le souffle puissant de la foi chrétienne.

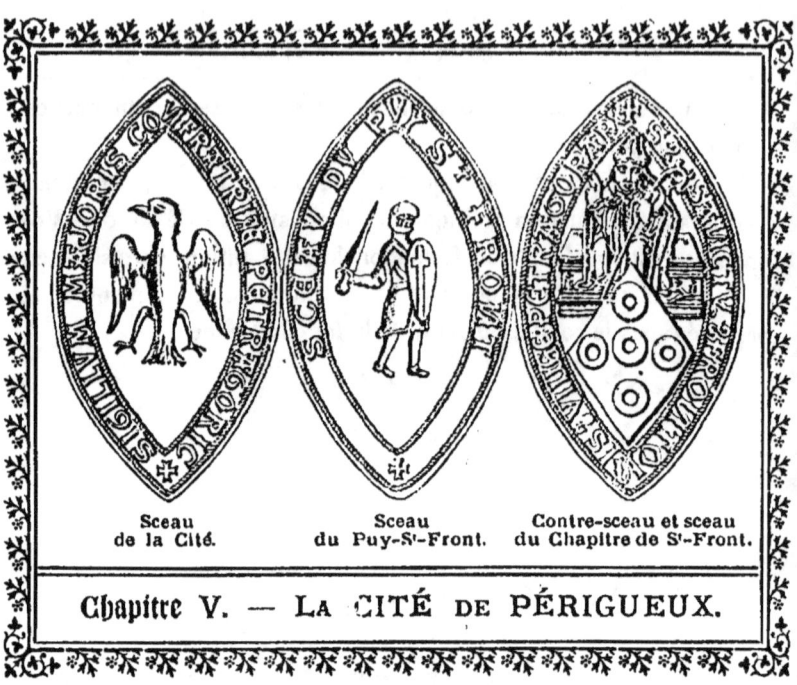

Sceau de la Cité. — Sceau du Puy-St-Front. — Contre-sceau et sceau du Chapitre de St-Front.

Chapitre V. — LA CITÉ DE PÉRIGUEUX.

(412 — 1000.)

Domination des rois Goths en Aquitaine. — Conquête de l'Aquitaine par les Francs. — Compétitions et luttes. — Eudes, duc d'Aquitaine. — Les Sarrasins en Aquitaine. — Charles Martel. — Pépin-le-Bref et Waifre. — Charlemagne en Aquitaine, en Périgord, à Brantôme. — Les Normands à Vésone. — Wulgrin Taillefer, premier comte de Périgord. — État politique et municipal de la Cité de Périgueux. — Les trois Ordres de la Cité. — Sceaux de la Cité et du Puy-Saint-Front. — Origine de la ville du Puy-Saint-Front.

Ous avons laissé la vieille cité de Vésone presque anéantie sous ses ruines fumantes, et entièrement saccagée par les Goths, qui avaient renversé la puissance du municipe Romain, et l'avaient réduit aux maigres proportions d'une simple bourgade. Puis, pour se défendre eux-mêmes contre les attaques et les invasions des

Francs, les Goths s'étaient retranchés derrière les monceaux de ruines de l'antique cité, d'où ils avaient été impitoyablement délogés par les troupes victorieuses de Clovis.

Mais, nous le savons déjà, en perdant la domination opulente des Romains, Vésone avait trouvé dans le christianisme le germe d'une nouvelle vie, et partant d'une nouvelle et plus solide prospérité. — C'est une voie nouvelle dans laquelle elle est engagée, voie de lutte, d'indépendance et de progrès, où nous trouvons toujours l'âme de la grande Cité, en attendant qu'elle transforme son nom en celui du peuple qu'elle représente et qu'elle résume. Vésone va être désormais pour nous *la Cité de Périgueux*. Pour justifier d'ailleurs cette nouvelle qualification que nous employons ici, nous devons observer qu'à côté des ruines de l'antique Vésone, depuis la mort glorieuse de S. Front et de ses illustres compagnons, sur une colline voisine s'élève et se forme une cité nouvelle, qui doit supplanter et remplacer celle qui jusqu'ici a été l'objet de notre attention.

Lorsqu'en 412 les Goths, imbus des erreurs ariennes, eurent ravagé l'Italie, l'empereur Honorius, impuissant à les combattre, leur abandonna le Midi de la Gaule. Ils vinrent donc s'établir en Aquitaine, sous la conduite de leur roi Ataulphe, et firent de Toulouse leur capitale. Dès son arrivée, Ataulphe leva le drapeau de la persécution et de la tyrannie, et fit massacrer la plupart des évêques de la Guyenne. Mais il ne tarda pas à tomber sous les coups de ses sujets, et sa mort violente fut suivie de celle de ses six enfants (414). — Après Ataulphe, Segericus, son successeur, ne fit que passer et mourut assassiné. — Wallia, qui fut élu ensuite, est le premier reconnu par les annales d'Aquitaine (419). Il fit avec Constance, général Romain, un traité par lequel il était reconnu légitime possesseur de toute la basse Guyenne. — C'est à cette même époque qu'Attila, le roi des Huns, qui se donnait comme le *Fléau de Dieu*, vint mettre le comble à la désolation et aux malheurs de la Gaule, et aggraver la situation des Aquitains (451).

Après Wallia, nous voyons passer rapidement, sur le trône des Goths d'Aquitaine, Théodoric I*er* (456), Thurimond et Théodoric II. — Ce dernier ayant porté ses armes de l'autre côté des Pyrénées, Childéric profita de son absence pour s'établir dans le pays de France et y fonder sa monarchie. — Évaric, qui succéda à son frère Théodoric II (464), redoubla de cruauté et d'acharnement dans la persécution contre les catholiques. — Comme nous le savons déjà, il s'attacha particulièrement à ruiner la hiérarchie catholique, en bannissant les pontifes, faisant mourir les autres, et empêchant, par toutes sortes de moyens, le rétablissement du ministère pastoral. L'Église de Périgord, entre toutes, eut à souffrir de grands dommages en cette circonstance. « Les Vésunniens, à » cette dernière persécution, disent les chroniqueurs, furent chassés de » leur ville par les Goths, et la religion catholique, demeurant sans » pasteur pour la conserver, reçut un notable dommage. » Évaric, frappé de la main de Dieu, mourut misérablement en 476, et eut pour successeur Alaric. — Ce prince se montra tout différent de ses prédécesseurs. Pendant les vingt-deux ans qu'il régna, il laissa la liberté aux catholiques, et, tout hérétique qu'il était, il témoigna son estime aux évêques, et eut de grands égards pour Chronope, notre pontife. C'est au crédit de leur prélat que les habitants de Vésone doivent leur rétablissement dans leur cité, d'où ils avaient été bannis par Évaric.

Cependant Clovis, qui commandait les Francs, était devenu, par sa conversion à la religion catholique, *le premier Roy très chrétien* de France. — Supportant avec peine que la plus belle partie de la Gaule fût entre les mains d'un prince hérétique, et d'autre part, ayant à se plaindre de ce dernier pour quelques offenses qu'il en avait reçues, Clovis se ménagea d'abord l'appui et la faveur des évêques d'Aquitaine, et profita du mécontentement qu'avaient provoqué parmi eux certaines mesures de sévérité exercées par Alaric. — Après s'y être sagement et fortement préparé, Clovis, à la tête d'une puissante armée, vint près de Poitiers livrer bataille à Alaric. — Sa victoire fut complète. — Il tua de sa propre main le roi des Goths, mit en pièces son armée, et demeura ainsi maître de toute l'Aquitaine. — Il descendit jusqu'à Bordeaux, où il reçut le serment de fidélité de toutes les villes et provinces, dans lesquelles il établit des gouverneurs, qu'on a diversement appelés consuls, proconsuls, et que nous connaissons plus communément sous le nom de *comtes*. — Ce genre d'administration n'était pas nouveau pour l'Aquitaine : il rappelait celui de l'occupation Romaine, où des gouverneurs, connus sous les mêmes dénominations, représentaient et faisaient respecter la juridiction de Rome, tout en respectant eux-mêmes les droits et privilèges des anciens municipes ou colonies Romaines. Nous aurons, du reste, à revenir bientôt sur ce sujet, en parlant de l'organisation municipale et des droits de franchise de la Cité de Périgueux.

Pour inaugurer sa nouvelle administration, Clovis nomma gouverneur ou comte de Périgord (1) *Felicissime*, homme très recommandable par ses vertus et rendu plus estimable encore par sa sainteté. Il eut pour successeur dans son gouvernement *Félix*, surnommé *Auréol*, seigneur de Trémolat et aïeul de S. Cybard.

A la mort de Clovis (514), Clodomir, un de ses fils, reçut d'abord l'Aquitaine en partage ; mais il mourut bientôt, et laissa l'Aquitaine avec tout le royaume de son père à Clotaire, son frère, devenu seul roi. — A la mort de ce dernier (564), son fils Gontran reçut et gouverna l'Aquitaine pendant neuf ans, après lesquels il se vit attaqué par les troupes de son frère Chilpéric, qui avait mis à leur tête Théodebert son fils. — Celui-ci, d'abord battu par le duc Didier, n'en continua pas moins ses hostilités et déprédations dans le Périgord, le Limousin, l'Agenais et le Quercy, qu'il ravagea et inonda de ses forfaits, n'épargnant ni les églises, ni les prêtres, ni les vierges. Il mit tout à feu et à sang, et finit par s'emparer des villes capitales de Périgueux, Agen et Limoges, dont il remplaça les gouverneurs, et sur lesquelles il imposa de lourdes contributions qui provoquèrent, surtout en Périgord, de violentes séditions.

Gontran avait cédé l'Aquitaine à Sigebert, roi de Bourgogne (573). — Ce dernier, pour échapper à la fureur de Théodebert, fut obligé de se

---

1. Les armoiries des comtes de Périgord étaient : dans le champ, trois lions rampants couronnés, posés dans l'ordre naturel, 2 et 1. Légende : ✠ S.... COMES PETRAGOR....

retirer dans Bordeaux ; il parvint néanmoins à réduire son ennemi et demeura ainsi possesseur de toute l'Aquitaine. — Frédegonde, femme de Chilpéric, le fit assassiner et posséda elle-même ce royaume. — A la mort de Chilpéric, elle se jeta entre les bras de Gontran, qui la défendit contre Childebert, fils de Sigebert. En somme, après cette série si lamentable de guerres et de compétitions, ce fut ce dernier, Childebert, qui fut reconnu libre possesseur de l'Aquitaine. — A sa mort (600), il laissa à ses deux fils, Théodebert et Théoderic, toutes ses possessions, qu'ils se partagèrent, sauf l'Aquitaine, qu'ils se contentèrent de garder par indivis, afin de pouvoir mieux réduire les Gascons rebelles. — Mais la jalousie ne tarda pas à ameuter les deux frères l'un contre l'autre. Théodebert tomba sous les coups de son frère (617), qui, à son tour, l'année d'après, fut empoisonné par son aïeule Brunechilde.

En 619, Clotaire II, au détriment des enfants mineurs de Thierry, s'empara de l'Aquitaine, qu'il conserva jusqu'à sa mort (632), et que ses deux fils Aribert et Dagobert gouvernèrent ensuite successivement l'un après l'autre. A cette époque, le royaume d'Aquitaine avait pour limites au Nord la Loire, au Midi les Pyrénées, et l'Océan à l'Ouest : Toulouse était la capitale. — Aribert mourut au bout de trois ans (640) et eut pour successeur son frère Dagobert. — Celui laissa, pour lui succéder sur le trône d'Aquitaine, son fils Clovis II, âgé de trois ans, qui régna jusqu'à l'an 662. A cette époque, Clotaire III prit en mains les rênes du gouvernement de l'Aquitaine, dont il ne tarda pas à être dessaisi par le soulèvement des gouverneurs de Gascogne, d'Auvergne, de Quercy et de Périgord, qui se révoltèrent et s'émancipèrent de la juridiction royale : si bien que ni Clotaire III, ni les six souverains qui vinrent après lui, peu secondés d'ailleurs par les maires du palais, ne purent jouir de ce royaume d'Aquitaine. Ce triste état de choses dura jusqu'à Pépin.

Telle est la nomenclature sommaire des rois d'Aquitaine : quelque monotone et embrouillée qu'elle puisse nous paraître, il était nécessaire de la faire passer sous nos yeux, pour nous rendre un compte exact de la situation où se trouvait alors l'Aquitaine, et de l'aspiration de ces peuples après un régime nouveau pour améliorer leur condition.

Eudes, fils de Lupus, fut le premier duc qui ait secoué le joug des rois d'Aquitaine. Aussi bien que Charles Martel, contre lequel il eut à soutenir longtemps la lutte, il chercha des ressources dans la confiscation des biens ecclésiastiques. D'aucuns l'accusent d'avoir appelé en Aquitaine les Sarrasins pour faire échec à la puissance de Charles Martel ; mais il nous paraît plus vraisemblable que les musulmans, sous l'impulsion du Coran et enhardis par leurs succès en Espagne, voulurent pousser leurs conquêtes en nos contrées tant pour étendre leur domination que sous le prétexte de revendiquer les anciennes possessions des Goths.

Aussi Zama, leur général, à la tête d'une puissante armée, traverse les Pyrénées et, après s'être fait reconnaître par quelques villes du Languedoc, vient mettre le siège devant Toulouse (722). — Mais Eudes, à la tête de ses Aquitains, accourt et lui inflige une sanglante défaite. Les Sarrasins ne se tinrent point pour battus, et, sous la conduite de leur vaillant capitaine Abdérame (725), ils reviennent plus nombreux que jamais, pénétrant du côté de Perpignan dans le Languedoc, et, après avoir battu l'armée d'Eudes, s'avancent à grandes journées vers notre pays. — Ils traversent le Languedoc, le Quercy, l'Agenais, arrivent sur Bordeaux, en répandant partout sur leur passage la désolation et la ruine. — C'est en vain que Eudes rallie son armée, et avec de nouvelles forces veut arrêter ce torrent dévastateur : il subit une défaite aussi humiliante que la première. — Abdérame se rend maître de Bordeaux, et delà, sans rencontrer de résistance, il pénètre dans la Saintonge, traverse toute la province du Périgord, dont il met à feu et à sang la capitale. — Et ce fut probablement pour s'y retrancher, qu'avec les monceaux de ruines qui s'y trouvaient, il fit élever en forme de barricades ces énormes murailles auxquelles est restée la dénomination *Murus Sarracenus*, mur des Sarrasins. — Après avoir ravagé notre pays, Abdérame entre dans l'Angoumois et se dirige de là vers Poitiers, où il brûle l'église de Saint-Hilaire. Il se disposait à aller faire subir le même sort à la basilique de St-Martin à Tours, lorsque Charles Martel vint lui présenter la bataille, et lui infligea la plus complète défaite, en faisant mordre la poussière à lui et à trois cent soixante-quinze mille Sarrasins (732).

Charles Martel ne s'en tient pas là : mais, à la tête d'une puissante armée, il pénètre dans la Saintonge, le Périgord et le pays d'Entre-deux-Mers, attaque vigoureusement Eudes, qu'il défait et met à mort, et se fait reconnaître aussitôt roi d'Aquitaine. — Il abusa de ses succès et de sa puissance pour asservir l'Église d'Aquitaine, dont il bannit et dépouilla les évêques, et distribua les biens ecclésiastiques aux chefs de son armée. — Il mourut une année après Eudes (733).

La lutte recommença plus vive que jamais entre Waïfre, fils d'Eudes, et Pépin-le-Bref, fils de Charles Martel. — Pendant que celui-ci était occupé en Italie à rétablir le pape Zacharie dans les biens de l'Église, usurpés par les Lombards, Waïfre avait fait main basse sur les biens ecclésiastiques en Aquitaine. Pépin lui adressa des remontrances par des ambassadeurs qu'il lui envoya, mais ce fut en vain. A son retour d'Italie (758), il prit toutes ses dispositions pour aller rétablir l'ordre en Aquitaine. Waïfre conjura cet orage et arrêta cette expédition en promettant à Pépin de restituer tous les biens ecclésiastiques dont il s'était emparé ; il offrit même pour otages Adalgère, son parent, et Ithier, tous deux comtes en Aquitaine. — Mais, loin de tenir sa promesse, par ses rapines et ses exactions sur les bénéfices ecclésiastiques il força Pépin à faire, dans l'espace de dix ans, huit expéditions en Aquitaine, qui ne contribuèrent pas peu à la désolation et à la ruine de ce pays. En 765 surtout, Pépin s'empara des villes d'Angoulême, Périgueux et Agen, qu'il fit démanteler. Il fit pendre, à cause de sa félonie, Ramestan, oncle de Waïfre, qu'il trouva dans Périgueux. — Enfin Waïfre poussa la témérité jusqu'à aller en Périgord provoquer Pépin, qui lui infligea une sanglante défaite ; il tomba bientôt après sous les coups meurtriers des siens, près de Bordeaux. — Son frère Hunald essaya de continuer la lutte par des soulèvements qu'il provoqua en Poitou, en Périgord et en Limousin ; mais tout cela ne servit qu'à précipiter sa ruine et celle de son parti, et mettre fin aux guerres et dissensions de l'Aquitaine. Pépin en demeura le paisible possesseur, et y remit en ordre et honneur les personnes et choses ecclésiastiques (767). Il mourut en 768, et eut pour successeur, dans le royaume d'Aquitaine, son fils Charlemagne.

Le premier soin de Charlemagne fut de faire taire les prétentions de Hunald, fils d'Eudes, qu'il traita avec condescendance, après s'être rendu maître de lui. — Puis il reçut l'hommage et le serment de fidélité des évêques et seigneurs d'Aquitaine, et retourna au milieu de ses Francs, laissant en notre contrée tous les gages de la paix et de la prospérité.— L'an 778, au retour d'une expédition qu'il avait faite victorieusement en Espagne contre les Sarrasins, Charlemagne s'arrêta dans l'Aquitaine, qu'il partagea en neuf gouvernements, à la tête desquels il plaça autant de comtes, avec la réserve qu'ils rendraient hommage et tribut au roi d'Aquitaine. Les chroniqueurs ne s'accordent guère sur le nom de celui qui fut alors comte de Périgord. — Willebaud (778) figure sur la liste donnée par le P. Dupuy. — Ce fut pendant ce second voyage en Aquitaine que Charlemagne fonda en Périgord la célèbre abbaye de Brantôme, qu'il dota et enrichit de plusieurs reliques de saints.

Lorsque Charlemagne fit un second voyage à Rome, le pape Adrien Ier couronna son fils Louis roi d'Aquitaine. Celui-ci, sur l'ordre de son père, se retira dans ce royaume et y travailla activement et efficacement au rétablissement de la discipline ecclésiastique. A la mort de Charlemagne (814), il se déchargea du royaume d'Aquitaine sur Pépin, son troisième fils, par donation faite et approuvée au concile d'Aix-la-Chapelle, que présidait le pape Étienne V (816). — Mais ce nouvel état de choses ne dura pas longtemps. Les trois fils de Louis-le-Débonnaire, et Pépin surtout, s'étant révoltés contre leur père, celui-ci transféra le royaume d'Aquitaine à Charles-le-Chauve, fils de Judith, sa seconde femme (833). De nouveau l'Aquitaine retomba dans les luttes et les dissensions les plus désastreuses.

Pépin, pour subvenir aux frais de la guerre, usurpe les biens ecclésiastiques. L'empereur Louis-le-Débonnaire tombe entre les mains de ses enfants, qui le font déposer de l'Empire par une assemblée d'évêques, où ne prévalurent que trop, dit-on, les évêques d'Aquitaine. Mais l'année suivante (834), les comtes d'Aquitaine, prenant parti pour leur vieil empereur, le remettent sur son trône.— Après avoir trouvé grâce devant son père et réparé quelques-uns des dommages portés aux Églises d'Aquitaine, Pépin mourut l'an 839, laissant le royaume d'Aquitaine entre les mains de Charles-le-Chauve.—Mais voici que, sous prétexte de revendiquer les droits du fils de Pépin, les comtes d'Aquitaine se soulèvent, envahissent le Poitou, la Saintonge, le Périgord et le Limousin, y exercent toutes sortes de déprédations, et finissent par rentrer sous l'autorité de Charles-le-Chauve, grâce à l'intervention vigoureuse de l'empereur. Louis-le-Débonnaire mourut bientôt après, laissant à ses trois fils, avec le partage de ses États, un aiguillon cruel de divisions et de luttes fratricides (842), dont le funeste résultat ne tarda pas à se produire. — Les Normands avaient déjà commencé leurs ravages avant la mort de Charlemagne. Toujours de plus en plus alléchés par le butin qu'ils enlevaient sans trop de résistance, et profitant de la terreur qu'ils répandaient partout, ils vinrent attaquer la Guyenne, dans laquelle ils pénétrèrent par l'embouchure de la Gironde. — Vainement Seguin, alors gouverneur d'Aquitaine, se porta à leur rencontre. Son armée tout entière fut passée au fil de l'épée. Et presque sans plus de résistance les Normands prennent et saccagent successivement les villes de Saintes, Angoulême et Limoges. Ils pénètrent dans la ville de Bordeaux, où ils mettent tout à feu et à sang. Puis, sous la conduite de leur chef Maurus, ils remontent la Dordogne, ravagent tout le Périgord et viennent en assiéger la capitale.— Ils ne purent, malgré tous leurs efforts, forcer la seconde enceinte ou citadelle de Vésone, que l'on croit avoir été bâtie par Abdérame. — En compensation, ils tournent leur fureur contre le Bourg et le monastère du Puy-St-Front, qu'ils pillent et incendient. Ils voulaient aussi ruiner l'église bâtie sur le tombeau de notre saint apôtre, mais ils furent obligés d'abandonner la place précipitamment, grâce, rapporte-t-on, à une intervention divine. — Ils laissèrent après eux la *famine* et la *peste des ardents*, qui continuèrent d'une manière désastreuse leur œuvre de ruine et de désolation.

Ce fut pour parer à tant de calamités que Charles-le-Chauve convoqua à Limoges, en 850, les États de son royaume, et y fit décider que désormais l'Aquitaine ne formerait point un royaume à part, mais serait incorporée à la couronne de France et gouvernée par des ducs qui relèveraient en hommage du roi de France.— Le premier duc fut Radolphe, ou Ranouil, ou Arnouil.—En outre, pour l'administration et la défense de chacune des provinces de l'Aquitaine, Charles-le-Chauve y établit de nouveaux comtes.

« Le Périgord et l'Angoumois, dit le P. Dupuy, eurent pour premier
» comte Wulgrin Taillefer, frère d'Audoin, abbé de Saint-Denys, noble
» chevalier, parent du Roy Charles-le-Chauve.—Il épousa la fille de Guil-
» laume, premier de ce nom, comte de Tolose. Portoit pour armoiries
» *lozanges d'or et de gueules;* il fut comte durant trente-quatre ans,
» restant toujours vainqueur des Normands. Le tiltre de Taillefer luy
» estant donné à cause qu'il avait taillé à travers un Normand tout armé
» par un seul coup de son épée, qu'il appelait *Corton.* »

En 891, Ranouil ou Radolphe, premier duc d'Aquitaine, fut tué près de Soissons, dans une bataille livrée contre les Normands. Il eut pour successeur Guillaume, son neveu, surnommé le *Piteux* ou Dévot.

D'autre part, après une administration de trente-quatre années, Wulgrin Taillefer mourut, et eut pour lui succéder dans le gouvernement du Périgord et de l'Agenais son fils Guillaume, qui assista à la sanglante victoire remportée en Limousin sur les Normands par Raoul, roi de France ; car ces farouches lutteurs avaient profité d'un nouveau soulèvement des ducs et comtes d'Aquitaine contre le gouvernement tyrannique d'Eudes, maire du Palais sous le roi Charles-le-Simple, pour recommencer leurs ravages en Aquitaine.

Puis, nous voyons se succéder comme ducs d'Aquitaine après Guillaume, mort en 927, — Ebles Ier, — Ebles II, petit-fils du précédent (935), — Guillaume Hugues ou Hugon, son fils (970),—Guillaume, fils de Hugon, surnommé *Tête d'Etouppe.* En la même année (970), Boson, comte de la Marche, surnommé *Vetulus,* épousa Ayma, sœur de Bernard, troisième comte de Périgord, et par ce mariage la succession ou hérédité des comtes de Périgord sortit de la famille des Taillefer.

Nous touchons à la fin de la seconde race des rois de France. Hugues-Capet, sous le nom de maire du Palais, exerçait déjà le pouvoir royal, qui lui fut confirmé avec le titre de roi l'an 987. — Il favorisa de tout son crédit l'administration et le développement de la discipline ecclésiastique. — Le P. Dupuy rapporte qu'en ce temps-là le Périgord, l'Agenais et l'Angoumois avaient pour comte Guillaume Talleyrand, qui avait entrepris le siège de Tours.— Et comme Hugues Capet, et son fils l'admonestèrent vigoureusement dans une lettre où ils lui disaient : « Qui est-ce qui t'a fait Comte ? » — Guillaume Talleyrand, sans plus de façon, répondit à Hugues Capet : « Mais qui est-ce qui t'a fait Roy ? »

Après Guillaume Talleyrand nous trouvons Gérard, dont les trois fils Élie, Audebert et Boson furent successivement comtes de Périgord, comme nous le verrons.

En 992, le siège épiscopal de Périgueux fut occupé par Martin Boson, fils de Boson, comte de la Marche et de Périgord, et d'Ayma, qui fut un des derniers rejetons de la famille des Taillefer.

Nous sommes à l'an 1000, c'est-à-dire, à l'époque où la monarchie française se développe et se consolide, et où la féodalité batailleuse cherche à s'étendre aux dépens de la royauté et des anciennes cités. — Arrêtons-nous un peu et tâchons de nous rendre compte de la situation politique de notre cité, de son organisation municipale et de l'étendue de ses prérogatives. — Cette vue rétrospective ne sera pas sans intérêt pour nous, et, tout en faisant ressortir le germe puissant de vitalité qu'il y avait en ce peuple des Pétrocoriens, elle ne fera que confirmer les témoignages de sa glorieuse antiquité et découvrir la perspective de son brillant avenir

Les cités des Gaules, on se le rappelle, avaient été conservées pour la plupart, par les Romains, dans leur ancien état de municipes ou de petites républiques, c'est-à-dire, dans le droit de se gouverner elles-mêmes par leurs propres lois. — Plusieurs même de ces villes avaient été décorées par les empereurs de nouveaux privilèges et s'étaient souvent gouvernées plutôt en *colonies Romaines* qu'en municipes. Chacune d'elles avait son petit Sénat, ses magistrats, son *Plaids* ou audience de Justice, ses revenus, sa petite armée ; et grâce à l'influence et à l'intervention des évêques, cet état de choses se conserva sous les nouveaux conquérants, excepté pourtant sous la domination des Goths ariens, qui, autant par haine du catholicisme que par une méfiance de leurs nouveaux sujets, ne firent de leur passage en Aquitaine qu'une période courte, il est vrai, mais bien lourde de tyrannie, de persécutions, de ruines et de désastres. Les évêques seuls obtinrent, à de rares époques, quelque liberté et quelque allégement pour les malheureux vaincus. Lorsque Clovis vint à leur secours et à leur appel, et que, par la glorieuse victoire de Poitiers, il les eut affranchis du joug odieux d'Alaric, il rétablit l'ancienne administration des municipes Romains, accorda aux cités leurs anciens privilèges et ne se réserva que la haute juridiction et le pouvoir exécutif. — Le comte, qu'il préposa au gouvernement de la province, reçut du prince ses provisions ou mandat, et présida le *Plaids* de la cité ; mais la cité conserva sa liberté, son administration, son pouvoir, ses lois ou statuts, la forme de ses jugements. — Toutefois ce fut en vertu de l'autorité du roi que tout fut alors exécuté ; le gouvernement fut monarchique, l'administration fut démocratique. — Le système était habile et politique de la part du roi, qui avait tout intérêt à soutenir les cités et leurs confraternités contre les seigneurs, comme nous le verrons mieux plus tard.

Sous la première et la seconde race des rois de France, les comtes de Périgord étaient, nous le savons, au nom du monarque, les dépositaires de la puissance exécutrice. Ce fut là le caractère dominant de leur autorité, quelques prétentions qu'ils aient pu avoir et entretenir par la négligence de Louis-le-Débonnaire et de ses successeurs, et par la faveur intéressée des maires du Palais. — Ils ont pu parfois prendre le commandement des troupes ; quelquefois la cité des Pétragoriens s'est vue obligée de marcher à leur suite et de joindre son drapeau à leur bannière ; peut-être aussi a-t-elle pu recourir à leur intervention p[our] assurer l'exécution des ordonnances et des jugements de ses magistra[ts;] mais jamais la cité n'a confondu l'autorité du roi avec la juridict[ion] inférieure du comte, dont on ne trouve, d'ailleurs, aucune trace de p[ou]voir direct exercé dans la Cité de Périgueux. — S'il y commande, c['est] toujours au nom du roi et nullement en son nom personnel. — Et [la] preuve en est dans cette résistance continuelle et dans ces luttes f[ré]quentes, à main armée, de la Cité contre le comte, dès que celui-ci préte[nd] lui imposer sa volonté propre, et usurper sur elle ces droits de *Seigneu[r] féodale* qui, dans ce temps d'anarchie, étaient regardés par les vassa[ux] comme des *droits régaliens*. — La preuve en est encore dans ce[tte] initiative et cette entreprise personnelle de l'évêque Frotaire, env[oyé] aux Pétragoriens par Hugues Capet (991), et qui consacra toute s[on] activité et ses efforts à se défendre, ainsi que ses diocésains, contre [les] entreprises des seigneurs voisins et des Normands. — C'est lui, nous [le] savons, qui éleva les principales places fortes que nous avons nomm[ées] plus haut et qui assuraient la défense de Vésone. — Telle était la sit[ua]tion politique des comtes de Périgord relativement à la Cité de Pé[ri]gueux ; nous la comprendrons mieux encore lorsque nous aurons vu [la] constitution et l'organisation municipale de cette ville.

La Cité de Périgueux, municipe libre sous les Romains, avait soute[nu] et conservé énergiquement, au milieu des luttes de la féodalité, s[es] droits et privilèges. — Comme en toutes les autres cités du royaum[e,] ses habitants se divisaient en trois classes : 1° le *Clergé*, composé [de] l'évêque, du chapitre et des autres ecclésiastiques ; — 2° l'*Or[dre] seigneurial*, comprenant tous ceux qui possédaient quelque fief et q[ue] l'on appelait plus ordinairement les *Nobles*. — Les nobles existai[ent] dans les Gaules lorsque Clovis y vint fonder la monarchie, et Grégo[ire] de Tours nous parle lui-même de ces familles anciennes qui devaient [le] rang dont elles jouissaient dans les cités aux dignités qui les avai[ent] illustrées; mais ces dignités n'avaient point été une propriété. — C[es] nobles Gaulois, ces magistrats Français qui vinrent ensuite, ne l'avai[ent] point possédée à titre de droit privé et patrimonial. — On lui donna ce caractère de *domanialité* en l'attachant à la terre, et on en continua la transmission avec la glèbe ; et c'est alors que nos rois, loin de s'élever contre cette aliénation de leur pouvoir, secondèrent eux-mêmes les prétentions de leurs vassaux, dont ils ne se réservèrent par l'*inféodation* que le *ressort* et la *mouvance ;* — 3° enfin l'ordre des *Ingénus* ou simples possesseurs, qui n'avaient que leur liberté, leur propriété et le droit d'assister aux *Plaids* de la cité, et pouvaient parvenir comme les autres aux dignités ; leur qualité était équivalente à celle du citoyen Romain avant l'établissement de la monarchie. — Ils gardèrent le droit et la prétention de ne devoir leur soumission qu'au roi. — Ce sont eux qui plus tard, par l'acquisition de domaines et de dignités, deviendront les *Bourgeois.*

A une époque postérieure, il se forma une certaine catégorie d'habitants du royaume qu'on désignait sous le nom de *Roturiers* ou *Villains ;* ils furent despotiquement asservis par les seigneurs, auxquels ils payaient les contributions comme serfs ou *main mortable.*

A part cette dernière classe d'individus, la cité de Périgueux se composait des trois ordres de citoyens que nous venons d'indiquer, et qui y étaient unis et confédérés sous le nom de Cité, de Confraternité, *Confratria,* — de Communauté, *Universitas,* pour défendre leur territoire et tous ses habitants. — On les voit, d'un côté, repoussant vigoureusement les attaques des seigneurs, et, de l'autre, gouvernant et administrant leur territoire, non plus en délégués et représentants, mais en maîtres et seigneurs ; et comme les autres seigneurs ils ne reconnaissent qu'un seul suzerain, le Roy, auquel ils rendent hommage avec leurs services, et qui, de son côté, leur assure aide et protection dans le besoin.

Cette constitution municipale et politique de la Cité de Périgueux était, du reste, reconnue par les plus anciens titres, qui ne font que constater ses droits et prérogatives. — C'est ainsi que les *citoyens-seigneurs* [1] de Périgueux exercent sur tout le territoire les mêmes droits de

---

1. Voir au sujet de cette qualification une étude de M. Augustin THIERRY ; *Fragments du Recueil des monuments inédits de l'Histoire du Tiers-État.* -- (1ᵉʳ fragment. — II.)

justice, de police et d'administration que les autres seigneurs. — Comme ces derniers, ils mettent à la taille leurs sujets et leurs justiciables ; comme eux, ils ont un *Sceau*, symbole de la puissance qui leur appartient, et qui seul donne l'exécution aux jugements, la force et l'authenticité aux contrats (1) ; comme eux, ils exigent le serment de tout ce qui leur est soumis ; comme eux, ils déclarent, ils font la guerre aux seigneurs voisins, au comte même de Périgord, dont la capitale leur appartient ; ils se lient par des traités ; ils se regardent tellement les maîtres et propriétaires de leur territoire qu'ils en excluent, non seulement les officiers des autres seigneurs, mais le sénéchal du roi lui-même, à moins que celui-ci ne les rassure par des lettres dans lesquelles il reconnaît qu'il n'y exerce ses fonctions qu'avec leur permission et sans préjudicier à leur seigneur. — Comme tous les autres vassaux, ils sont obligés de porter les armes ; ils commandent leurs propres troupes ; ils en choisissent, ils en nomment les chefs ; et lorsque le roi lui-même exige d'eux des secours militaires, si, pour le bien de son service, il leur présente un officier digne de sa confiance, celui-ci est obligé lui-même de reconnaître et de déclarer ne tenir que d'eux l'autorité militaire qu'il va exercer sur leurs soldats.

Cet état seigneurial est non seulement celui de la corporation, il est celui de tous les membres qui la composent. Obligés, dès l'âge de quinze ans, de prêter à la ville et à ses représentants le serment qui les agrège au corps des vassaux, ils ratifient par ce serment l'hommage prêté en leur nom par la seigneurie commune, dont ils sont tous co-propriétaires par indivis.

Tel était le rang distingué et notable que tenait la cité de Périgueux

---

1. Les trois sceaux, que nous avons placés en tête de ce chapitre, représentent : 1° *Le Sceau de la Cité*. —L'aigle Romaine qu'on y voit annonce le municipe Romain, et l'inscription qu'on y lit autour indique de plus une confédération particulière des trois ordres de cette cité pour la défense de leur liberté commune. — 2° Le *Sceau du Puy-Saint-Front*. — L'homme armé figuré dans ce sceau désigne assez clairement l'état militaire de cette corporation, qui n'était qu'un démembrement de la cité.— 3° Le *Contre-Sceau*.— Il porte l'image d'un évêque, qui ne peut être que saint Front, l'un des disciples de JÉSUS-CHRIST et l'apôtre du Périgord.

au milieu de la féodalité. Toujours sur la défensive pour repousser les empiétements des comtes de Périgord, « elle ne relève que du Roy ; elle
» en relève immédiatement, elle en relève comme une vraie seigneurie ;
» elle joint à tous les actes de foi qui indiquent le caractère noble de sa
» mouvance, le service militaire et tous les autres devoirs féodaux qui en
» acquittent la dette. — Son hommage est celui d'un fief de dignité,
» reçu par le Roy lui-même dans les premiers temps, par le Chancelier
» de France dans un siècle postérieur ; il est dû à la Couronne, qui ne
» peut pas plus en aliéner la mouvance, que la ville elle-même ne peut
» renoncer à la dépendance ; il annonce un *Fief jurable* et *rendable ;* il
» remplit l'engagement, non d'un corps d'administrateurs, mais d'une
» corporation propriétaire et vassale ; et non seulement d'une ville
» vassale, mais de tous ses citoyens-vassaux et co-seigneurs, puisque les
» Représentants de la Corporation ne prêtent eux-mêmes la foi qu'en
» s'obligeant de la faire prêter à tous les co-propriétaires du Fief, et que
» cette obligation aux premiers de rendre à perpétuité ce serment, fait
» partie des devoirs que l'on promet et que l'on rapporte au Souve-
» rain (1). »

Cette situation politique de la cité de Périgueux, quelque privilégiée et exceptionnelle qu'elle puisse paraître, a été confirmée dans la suite par les témoignages des rois eux-mêmes, tels que S. Louis et Louis XIV, et aussi par les parlements. — Elle a eu sa continuation dans cette nouvelle cité du Puy-Saint-Front qui, ayant surgi des ruines de l'antique Vésone, est venue se dresser et se développer autour de Saint-Front.— Nous sommes amenés par la suite des événements, aussi bien que par l'importance qui s'attache à cette ville nouvelle, à en étudier les origines et la toute récente organisation.

Nous savons, en effet, que la volonté de S. Front avait été d'être enseveli auprès des SS. Frontaise, Séverin et Sévérien, ses compagnons, dans la petite chapelle qu'il avait élevée lui-même en l'honneur de Notre-

---

1. *Mémoires de la Constitution politique de Périgueux.* -- Paris, 1775.

Dame, sur la colline voisine de Vésone. — Ce tombeau devint glorieux, soit par les miracles qui s'y opérèrent, soit par les pieux et nombreux pèlerins qui s'y succédèrent, soit parce qu'il devint le centre d'une puissante famille de Religieux autour desquels vinrent s'établir une foule de citoyens. — C'était le *Puy-Saint-Front*, qui plus tard deviendra la *Ville de Périgueux*. — Sa situation topographique était plus favorable, sous bien des rapports, que celle de l'ancienne Cité. Les ravages des Normands, pour qui Vésone était une place toujours ouverte, avaient déterminé les habitants de cette cité si souvent saccagée à quitter leurs ruines et leur enceinte démantelée, et à venir s'établir au grand air de la colline et s'y abriter sous le puissant patronage du monastère du Puy-Saint-Front. Les Religieux favorisèrent ces déplacements, et peu à peu il se forma autour de leur couvent une ville moins vaste peut-être, mais plus peuplée que l'ancienne. — Elle eut ses fortifications et ses remparts, et finit par absorber tout le mouvement politique et administratif de l'ancienne Cité.

Toutefois, et c'est en cela que se confirme ce que nous avons dit sur la situation noble et privilégiée de la Cité de Périgueux, les habitants de cette antique citadelle, en changeant le lieu de leur habitation et en venant s'établir dans le bourg du Puy-Saint-Front, n'eurent point l'idée de changer leur situation politique et de prendre de nouveaux maîtres. — Ils ne portèrent dans cette nouvelle ville ni des renoncements ni des prétentions, mais des droits; libres ils étaient, libres ils comptaient se maintenir. — Ils étaient citoyens d'un municipe qui n'avait reconnu d'autre autorité que celle du roi ; ils avaient l'immémoriale possession de l'exercice de la puissance publique sur leurs corporations, sur leurs sujets et sur tout le territoire dont la Cité était le chef-lieu. — Ils ne pouvaient reconnaître d'autre souverain que le roi, et s'il sacrifiait son pouvoir, s'il le laissait envahir par ceux qui autrefois l'avaient exercé en son nom, rien ne les obligeait à reconnaître ces nouveaux maîtres ; ils avaient autant et plus de droit qu'eux de se regarder indépendants.

Aussi est-il bien avéré que le territoire de la nouvelle ville du Puy-

Saint-Front était indépendant des comtes de Périgord qui n'avaient point encore eu le temps d'y établir leur juridiction seigneuriale.— C'est là ce qui a été reconnu par tous ceux qui ont écrit sur nos antiquités. — Nous ne citerons ici que Belleforêt, qui, dans sa *Cosmographie universelle* (1), après avoir parlé de la vieille Cité de Périgueux, dit que « la » cité nouvelle est une ancienne place non sujette aux comtes, qui fut » cause que les citoyens de la ville s'y retirent jadis sur une colline, » autour de l'abbaye de Saint-Front ; enfin, closèrent la place de fortes » murailles par l'octroi du Roy Philippe-le-Bel. »

Nous devons cependant faire ici une réserve : c'est que, comme un grand nombre de maisons du Puy-Saint-Front étaient bâties sur des places concédées par les Religieux, ceux-ci retinrent sur le terrain qui leur avait appartenu des droits de *Directe* et de *Lods* et *Ventes*. — Ils jouissaient encore au siècle dernier de ce droit de *Directe* qu'ils ont appelé une seigneurie, et qu'ils n'ont ainsi caractérisé qu'à la suite de la convention du *Pariage* avec saint Louis.

Comme dernier témoignage que nous pouvons apporter en faveur de la constitution seigneuriale et des prérogatives municipales de la Cité de Périgueux, nous devons faire remarquer que cette ville est une des rares cités qui n'ont jamais reçu de nos rois ni des lettres de bourgeoisie, ni des chartes de commune. — Le cartulaire de Philippe-Auguste contient les titres de la constitution politique de la plupart des villes de France ; on les voit toutes recouvrer ce qu'elles avaient perdu, tantôt rappelées à la liberté par des affranchissements, tantôt soustraites à la tyrannie par la protection du souverain ; on n'y en voit aucune qui n'ait eu besoin d'un titre nouveau, non pour se mettre à la place qu'elle occupait autrefois, mais au moins pour s'en rapprocher. — La ville de Périgueux peut se flatter d'un avantage qui lui est commun avec la plus haute noblesse du royaume. — Elle a toujours conservé la constitution politique qu'elle avait sous la première et la seconde race de nos rois, à laquelle, par l'*Inféodalité*, elle ajouta l'État seigneurial.

---

1. Page 204.

Cela se verra plus tard, lorsque, au mois de mai 1204, Philippe-Auguste, recevra dans son camp, devant la ville de Rouen, l'hommage et le serment de fidélité du comte de Périgord et aussi de la ville de Périgueux ; c'est dans la même forme que le roi donnera à l'un et à l'autre des *Lettre Reversales*, qui, en attestant les obligations du vassal, annoncent également les engagements du seigneur. La ville de Périgueux n'était ni sujette ni vassale du comte de Périgord lorsque, placée sur la même ligne que lui, elle offrait, comme lui et à ses côtés, le témoignage de la fidélité qu'elle devait immédiatement à son souverain.

Après avoir ainsi établi et démontré les prérogatives exceptionnelles qui ont fait de notre cité une des plus distinguées de la Gaule, nous allons maintenant suivre dans son organisation et ses développements cette seconde ville du Puy-Saint-Front qui, après tout, n'est que la fille chrétienne de l'antique Vésone.

La cathédrale de Saint-Front de Périgueux.

Chapitre VI. — LE PUY-SAINT-FRONT.

(1014 — 1266.)

Arnaud de Vitabre et les Normands. — Géraud de Gourdon et le comte de Périgord. — Basilique de Saint-Front. — Plan général. — Intérieur. — Porche des Gras ou du Greffe. — Chapelle Sainte-Anne. — Chapelle et culte de la Sainte Vierge. — Tombeau de saint Front. — Chapelle Saint-Antoine. — Vitraux. — Cryptes. — Dômes et toitures. — Le maître-autel. — La chaire. — Le clocher de Saint-Front. — L'église Saint-Silain. — Saint-Front et son rayonnement. — Guillaume de Montberon. — Raynaud de Thiviers en Palestine. — Guillaume d'Auberoche et l'abbaye de Cadouin. — Le Saint-Suaire. — Guillaume de Nauclars et le schisme. — Ladrerie ou léproserie d'Écornebœuf. — Raymond de Mareuil. — Les Pétrobrussiens. — Saint Bernard. — Jean d'Assido et les Routiers. — Son tombeau à la Cité. — Pierre Mimet. — Rodolphe de La Tour et les Albigeois. — Couvent des Frères Mineurs. — Couvent des Clarisses à Sainte-Claire. — Pierre de Saint-Astier. — Invention des reliques de saint Front. — Couvent des Frères Prêcheurs à Périgueux.

Itué sur une colline, au Nord-Est, à une très petite distance de la Cité, le Puy-Saint-Front n'était vraisemblablement, vers le onzième siècle, qu'un amas de petites maisons groupées autour du monastère, et bâties sur les terres dont les Religieux étaient les possesseurs. — Probablement alors un *Vigier*, vicarius, exerçait au nom de la Cité la juridiction qui appartenait à celle-ci sur le Puy-Saint-Front. Quant à la juridiction ecclésiastique, elle était naturellement toute entière entre les mains de l'évêque dont la cathédrale, le Chapitre et le palais épiscopal se dressaient au sein de la Cité. — A cette époque, et après Rodolphe de Couhé, nous trouvons sur le siège épiscopal de Périgueux

✠ Arnaud de Vitabre (1014-1037).

Il fut sacré à Saint-Benoît de Nanteuil par Seguin, archevêque de Bordeaux. Il assista (1015) à la consécration de l'église du monastère d'Uzerche, faite solennellement par Guillaume Duret, évêque de Limoges. — C'est en 1025 que l'abbaye de Tourtoirac fut fondée par Guy, vicomte de Limoges, et Emma sa femme : leur fils Richard en fut le premier abbé. Notre évêque prit part, à Limoges, à l'élévation du corps de saint Martial, et à la consécration de l'église Saint-Étienne, au mois d'août, l'an 1028, de même qu'à celle de l'église royale de Saint-Sauveur, bâtie par Pépin, et consacrée au mois de novembre 1028, avec l'assistance de onze prélats [1]. Il se trouvait aussi au concile de Limoges (1031) où l'on agita la question de l'apostolat de saint Martial et de celui de saint Front, et il vint à Poitiers à un concile qui s'y tint l'année suivante.

Comme les Normands, venant du côté du Bas-Poitou, menaçaient d'envahir de nouveau l'Aquitaine, notre prélat, se laissant emporter par sa bravoure militaire, fit lui-même une levée de soldats, et, marchant à leur tête avec le corps d'armée du comte de Poitou, il remporta avec ce dernier une brillante victoire sur les Normands. — Et afin d'entretenir sa petite troupe de guerre, il engagea pour une somme d'argent l'archiprêtré d'Excideuil à Antoine, évêque de Limoges. Il mourut en 1037, et fut enseveli dans le monastère de Saint-Front.

---

1. Cette même année, il avait assisté Guillaume, comte d'Angoulême, à ses derniers moments, et avait célébré ses funérailles avec Rohon, évêque de cette ville.

✠ Géraud de Gourdon (1037-1059),

lui succéda en 1037, et gouverna le diocèse presqu'aussi longtemps que son prédécesseur, mais avec plus de difficultés. Ce prélat soutint contre Audebert Cadoyrac, comte de Périgord, des luttes sanglantes, au sujet de certaines monnaies frappées au préjudice de l'abbé de Saint-Front. Il se vit obligé, pour subvenir aux frais de la guerre, d'aliéner de la mense épiscopale les deux châteaux-forts d'Agonac et d'Auberoche, qui plus tard rentrèrent sous la juridiction seigneuriale des évêques de Périgueux. Ce fut sous l'épiscopat de Géraud de Gourdon, le 21 mars 1047, que l'archevêque de Bourges, Aymon de Souillac, consacra l'église de Saint-Front. — Notre évêque assista la même année à la dédicace de Sainte-Marie de Saintes. Il siégea au synode de l'an 1052, dans lequel on élut Itier, évêque de Limoges, et mourut en 1059.

Nous devons nous arrêter ici devant cette imposante basilique de Saint-Front, merveille d'architecture, qui semble résumer toutes les gloires et la légende historique de notre ville.

« Cette église, dit Belleforêt, qui la visita au seizième siècle, occupe
» une grande place ; elle est bâtie et composée de forts matériaux et de
» belle manufacture, quoique ressente grandement son antiquité ; voûtée
» à cinq faces et contenant encore sous terre un grand trait de beaux
» édifices voûtés et soutenus de piliers massifs ; et il y a encore un clo-
» cher et pyramide ronde, assise sur une tour carrée, portant le nom de
» saint Front, premier évêque de cette ville, et lequel y vint prêcher
» l'Évangile, étant envoyé par saint Pierre (1). »

« Cette construction grandiose, dit encore un de nos anciens maîtres,
» de douce mémoire (2), dans laquelle la pierre seule intervient à l'ex-
» clusion de tout autre élément, est l'une des plus belles expressions de
» l'idée religieuse. — Église orientale, placée comme une exilée au fond
» de l'Occident, elle doit à cette position extraordinaire un charme nou-

---
1. *Cosmographie universelle.*
2. Abbé DION, *Coup d'œil sur Saint-Front.*

» veau. Sœur ou fille de Saint-Marc de Venise, écho lointain de Sainte-
» Sophie de Constantinople, ce magnifique édifice a frappé l'attention
» des savants. Il était convenable qu'une Église byzantine abritât de ses
» lignes orientales le tombeau sacré d'un disciple du Sauveur venu de la
» Judée ; il y avait ainsi une harmonie frappante entre le tombeau qui
» illustrait la basilique et la basilique qui contenait le tombeau. »

Cette basilique, que les savants ont appelée « *un monument merveil-*
» *leux* (1), — *un monument hors ligne, mystérieux et digne des plus*
» *sérieuses études* (2), — *le plus curieux monument de France* (3), » —
que le grand évêque qui en avait conçu et entrepris la restauration désignait comme « *le Patriarche de nos antiques cathédrales, un monument*
» *unique sur le sol de notre France et la gloire de notre cité* (4), » — la
basilique de St-Front a mérité d'être le prototype de cette autre grande
basilique de Montmartre à Paris ; et dans un concours solennel où l'on
avait fait appel à tous les plus grands architectes de France, M. Abadie,
l'illustre architecte qui a présidé à la restauration de Saint-Front, s'est
vu préféré pour le plan et la construction de cette église qui doit servir
d'ex-voto national de la France —: *Gallia pœnitens et devota*, — au
Sacré-Cœur de Jésus.

M. de Verneilh qui, par l'étude approfondie qu'il a faite de *Saint-
Front*, a eu le mérite de faire connaître et apprécier cette antique basilique et d'attirer sur elle la sollicitude de l'État, fait remonter la date de
cette construction byzantine peu après celle de Saint-Marc de Venise,
c'est-à-dire de 976 à 1047. — C'était le moment où des colonies Véni-
tiennes se fondaient dans la région centrale de la France.

Le plan général de Saint-Front est une *croix grecque* régulière dont
les quatre branches sont formées par quatre coupoles rayonnant autour
d'une coupole centrale un peu plus élevée que les autres. — Chacune de

---

1. SCHNAASSE, *Histoire des Beaux-Arts au moyen âge*.
2. DIDRON, *Annales archéologiques*, tome XI.
3. *Congrès archéologique de France*, session XV.
4. Mgr GEORGES, *Discours au Congrès archéologique tenu à Périgueux en 1858*.

ces cinq coupoles reproduit le plan général de la basilique, c'est-à-dire une nouvelle croix grecque par le cantonnement de ces quatre piliers respectifs sur lesquels s'appuient les grands arcs qui soutiennent la coupole. — Ajoutons que chacun de ces douze piliers sur lesquels repose la masse gigantesque de cet édifice, sont eux-mêmes intérieurement divisés et ouverts transversalement, et présentent encore la croix grecque. L'orientation de cette église est parfaite, c'est-à-dire, que son axe principal suit la direction de l'Ouest à l'Est. On y distingue, comme dans toutes les grandes églises bâties à cette époque, le caractère de déviation de son chevet ou de la coupole du sanctuaire de droite à gauche, en souvenir du CHRIST mourant sur la Croix. — Cette particularité saillante n'a pas échappé aux calculs et aux observations de notre savant M. de Taillefer, et elle a été relevée dans la restauration moderne par M. Abadie, au moyen de deux cancels de pierre sur lesquels s'appuient les stalles des chanoines, et qui font bien ressortir l'irrégularité de la déviation.

On pénètre dans l'intérieur de la basilique par trois portes principales, situées l'une au Midi, c'est la porte du Touin, — l'autre à l'Ouest, c'est la porte du Clocher ou de la Clautre, — et la troisième au Nord, c'est la porte *des Gras* ou du Greffe, qui paraît avoir été la principale, puisqu'elle est précédée d'un porche magistral. — Trois absides semi-circulaires terminent les croisillons du Nord, de l'Est et du Midi. — Celle de l'Est, plus considérable que les autres et servant aux offices capitulaires, paraît avoir été la principale, et, vue de l'entrée de la Clautre, elle fait ressortir le cachet grandiose de ce merveilleux édifice. — Tel est, du reste, le génie qui a présidé à l'élévation de cette basilique que, par quelque porte que le visiteur pénètre dans son enceinte, il est frappé aussitôt par la simplicité et la majesté de ces voûtes dont il saisit spontanément le plan, et sous la masse imposante desquelles son âme abîmée s'incline et adore le Maître de ce lieu.

Ce n'est pas à cette première impression qu'il faut s'arrêter. — Après avoir obéi à ce sentiment religieux que commande l'aspect intérieur de cette basilique, il faut, pour bien s'en rendre compte et pour en apprécier toutes les beautés architecturales, il faut étudier en détail chacune des parties de ce tout qui paraît si simple, mais qui, comme toutes les œuvres de génie, est si varié dans ses parties. C'est ce que nous nous proposons de faire rapidement, autant pour notre avantage que pour suppléer aux appréciations incomplètes et superficielles que l'on a pu produire sur ce monument.

Disons d'abord que le plan comme le style de cet édifice est exclusivement byzantin, tandis que son ornementation appartient plus généralement au style Roman. La longueur totale de Saint-Front, prise hors d'œuvre, et y compris le vestibule, est de cent vingt-quatre mètres; la largeur, non compris les porches latéraux du Greffe et du Touin, dépasse soixante mètres. — La hauteur moyenne de chaque coupole, du pavé au sommet de son clocheton, est de trente-huit mètres, et la largeur de chacun des croisillons est de vingt-cinq mètres.

Avant de parcourir successivement chacune de ces cinq coupoles et de ces trois absides, qui ont leur destination et leur disposition particulières, mettons-nous bien dans l'esprit que toute cette masse énorme qui s'élève au-dessus de nous, ces grands arcs, ces cinq dômes à double enveloppe de pierre, avec leurs dix-sept clochetons, toute cette construction repose absolument sur les douze piliers qui nous frappent par leur masse plus dégagée qu'elle ne paraît ; si bien qu'on pourrait démolir les murs latéraux dans lesquels s'ouvrent de si grandes et si nombreuses fenêtres, l'édifice principal resterait majestueusement suspendu dans l'espace. — Et, dans cette construction gigantesque, n'oublions pas que la pierre seule a été employée, à l'exclusion du bois et du fer, et que la taille sous toutes ses formes et avec la précision de ses calculs a suffi à consolider ces arcs, ces pendentifs, ces coupoles de toutes dimensions jetées dans les airs, et ce, sans l'appui d'aucun contrefort.

Pénétrons maintenant dans l'intérieur de l'édifice sacré par la porte du Nord, qui en était l'entrée principale. — Cette porte, anciennement appelée *porte des Gras*, en latin DE GRADIBUS, c'est-à-dire, *des degrés*, parce que pour y arriver il fallait gravir plusieurs marches, est précédée d'une place publique appelée autrefois du même nom que la porte, et aujourd'hui connue sous le nom de *Place du Greffe*. — Elle est restée le cimetière de Saint-Front jusqu'à l'année 1584. Les moindres fouilles y ont fait découvrir quantité d'antiques sépultures. — Cette entrée de la cathédrale vient d'être restaurée dans son état primitif, c'est-à-dire, sous la forme d'un vaste porche, ouvert par cinq grandes arcades qui se développent sur toute la largeur de la coupole, et qui forment un long vestibule voûté ouvert à ses deux extrémités et surmonté extérieurement d'une espèce d'attique.

La porte qui donne accès dans la cathédrale a été rebâtie successivement à plusieurs époques, et particulièrement au seizième siècle (1581). Des deux côtés de cette porte, extérieurement et sur l'emplacement du porche actuel, étaient deux petites chapelles recouvrant des caveaux funéraires. — Celle qui était à l'Est, et que nous avons fréquemment visitée, servait, avant la restauration actuelle de la cathédrale, de sacristie pour les employés du bas-chœur. Elle avait été construite dans le dernier style gothique du seizième siècle. — Elle donnait accès à l'ancienne église paroissiale de Sainte-Anne, construite dans l'angle rentrant de la coupole Nord et de la coupole Est, sur l'emplacement de l'abside actuellement consacrée à la Sainte Vierge. Son origine nous a été ainsi transmise par M. de Taillefer (1) :

...« Ce qu'il y a de certain, c'est qu'en l'an 1524 un prêtre nommé
» Pierre Roux, curé de Montagnac, y fonda une vaste chapelle sous
» l'invocation de saint Jean-Baptiste. Vers l'an 1530, ce même curé
» donna tous ses biens pour la continuation de l'entreprise, et il nomma
» à cet effet, pour ses exécuteurs testamentaires, Hélie de Laurière,
» chanoine, Pierre Gay, greffier au sénéchal, et Pierre de Saint-Angel,
» licencié en droit. L'édifice fut donc continué ; mais, en 1549, la com-
» mune intenta un procès aux architectes, parce qu'elle ne trouvait pas
» que les basses voûtes fussent faites avec assez de solidité ; et alors,

---

1. *Antiquités de Vésone*, tom. II, p. 512.

» sans doute, on refit une partie du travail. — Quoi qu'il en soit, lorsqu[e]
» le procès fut terminé, les travaux furent repris, et ils furent continué[s]
» jusqu'en 1575, alors que les protestants s'emparèrent du Puy-Sain[t]
» Front.

» Après la rentrée des catholiques, la nouvelle chapelle fut consacré[e]
» à sainte Anne et les travaux furent repris. Ils furent ensuite encor[e]
» interrompus faute d'argent, et ce ne fut que vers 1590 que les Péni[-]
» tents bleus firent continuer l'ouvrage à leurs dépens, moyennant l[a]
» cession qui leur fut faite de l'édifice pour leurs cérémonies religieuses[.]
» Enfin le tout fut achevé en 1620 ou environ, et à la fin du dix-septièm[e]
» siècle les vicaires perpétuels de la paroisse demandèrent à y célé[-]
» brer l'office divin, et s'en emparèrent. » — Cette église, destinée au[x] offices paroissiaux, était tout entière construite dans le style de la Renais[-]sance, bien ouverte par de larges et grandes fenêtres, et décorée exté[-]rieurement par des pilastres cannelés dont le couronnement extérieu[r] était un riche entablement de l'ordre Corinthien. — Le chevet de cett[e] église communiquait par l'ancienne sacristie des chanoines, autrefois destinée aux vicaires de Saint-Antoine, à la chapelle de ce nom, dont nou[s] aurons bientôt à parler. C'est dans l'église Ste-Anne que se fit en 1789 l'ouverture des États du Périgord. — Quatre ans plus tard (1793), le[s] Révolutionnaires s'en emparèrent et en firent une *Salle Décadaire*. — Aujourd'hui plus rien ne reste de ces constructions du seizième siècle. Lorsque l'on a dû rouvrir et réédifier l'abside actuelle consacrée à la Sainte Vierge, on trouva dans les murs latéraux de l'ouverture primitive de l'abside plusieurs sépultures d'évêques.

Cette partie de la cathédrale, qui a été rebâtie en entier, a été la première livrée au culte. — Le plan de cette coupole est identique à celui des trois autres formant les croisillons de la croix grecque. Quatre forts piliers s'élèvent à une hauteur de quatorze mètres environ. Ils sont transpercés, à angles droits, par de grandes arcades qui forment une *simple travée* dans les piliers du centre, et une *petite coupole* dans les autres piliers ; au dessus de ces petites *travées* et *coupoles*, règne dans chaque pilier une chambre voûtée, éclairée par des fenêtres s'ouvrant à l'intérieur et à l'extérieur, et couronnée par un gracieux clocheton. — Les piliers sont reliés entre eux par les murs de l'édifice, que décorent de belles arcatures aux chapiteaux sculptés, et entre lesquelles s'ouvrent, à l'Ouest, les longues fenêtres munies de leurs grisailles. — Au-dessus de ces arcatures circule une galerie intérieure, espèce de *Triforium*, qui fait communiquer entre elles les chambres voûtées des piliers. — Les quatre grands arcs qui prennent naissance au-dessus des piliers, ont un rayon de sept mètres environ. Leur développement accuse une pointe assez sensible de l'ogive : c'est la transition du Roman au Gothique. — C'est sur le point culminant de chacun de ces arcs que s'appuie la calotte sphérique de chaque coupole. — La partie de construction faisant le remplissage entre chaque arc et la coupole, s'appelle le *Pendentif.* C'est sur ces quatre pendentifs, et à la naissance de la coupole, que court une galerie intérieure, éclairée par quatre baies, et à laquelle on arrive du dehors. — Chacune des quatres coupoles extrêmes s'élève à une hauteur de trente-et-un mètres au-dessus du pavé ; celle du centre est un peu plus élevée. — Toutes se rapprochent à l'intérieur, mais surtout à l'extérieur, de la forme conique ; — car le dôme ou couverture paraît plus accentué que la coupole ; — dans la restauration nouvelle les coupoles sont bâties en pierre dure du pays, et recouvertes extérieurement d'un dôme en forme de pomme de pin, et en pierre dite de Chancelade, imbibée de silicat ; — sur chacun de ces dômes s'élève un gracieux clocheton. — Nous avons vu les anciennes coupoles, et nous savons qu'intérieurement elles étaient formées par un fort blocage de moellon, noyé dans une épaisse couche de ciment, et dont le revêtement extérieur était exclusivement en pierre. — Nous entrons dans ces détails pour n'avoir pas à nous répéter dans l'étude de chacun des croisillons que nous avons à parcourir, et où nous n'aurons qu'à signaler certaines particularités distinctives.

Ce qui, dans la nef du Nord, attire le plus notre attention, c'est l'abside que nous avons déjà signalée. — C'est un vrai bijou d'architecture et d'ornementation Romane. — Deux rangs d'arcatures superposées, aux chapiteaux variés, tapissent l'intérieur de cette abside, au milieu de laquelle s'élève un gracieux autel en pierre, décoré de marbres, d'émaux et de bronze. Le pavé tout entier est fait en mosaïque sur laquelle se détachent, avec d'autres symboles, les écus de Mgr Georges, de la Ste Vierge et de St Front. — A l'entrée du sanctuaire, et sur le pavé de l'église se trouve la pierre tombale qui recouvre les restes de Mgr Baudry, auxquels l'on a joint plus tard ceux de Mgr de Lostanges.

Cette coupole du Nord avait été tout particulièrement consacrée à la Sainte Vierge par Mgr Georges. Cet illustre prélat, tout en s'inspirant de sa haute piété, ne fit que perpétuer la tradition apostolique de son église, où le culte de Notre-Dame avait occupé une place toute particulière depuis St Front. Qu'il nous suffise de rappeler qu'avant la Révolution on voyait dans la cathédrale sept chapelles ou autels exclusivement consacrés à la Sainte Vierge, et que le Chapitre de St-Front avait la collation de bénéfices simples attachés à ces autels ou chapelles particulières, dont les titres étaient: Notre-Dame de *Pitié*, — Notre-Dame *la Vieille*, — Notre-Dame des *Hosties*, — Notre-Dame à *la sainte Coiffe*, — Notre-Dame *la Noire*. — Notre-Dame des *Neiges*, etc. (1)

Avant de quitter la coupole du Nord, jetons un coup d'œil d'admiration sur l'élégante cuve des fonts-baptismaux installée sous le pilier Nord-Est à gauche de la *Porte des Gras*. — Cette coupole Nord, la première achevée, fut livrée au culte en 1862.

De là nous pénétrons immédiatement sous la coupole centrale, qui ne nous offre rien de particulier, si ce n'est qu'elle est un peu plus élevée que les autres.

---

1. La ville elle-même de Périgueux professait un culte tout particulier pour la Mère de Dieu. Pour s'en convaincre, nous n'avons qu'à nommer ici quelques-unes des nombreuses chapelles érigées en son honneur : Notre-Dame de la *Garde*, située sur la route de Paris, sur le côté opposé qui fait face au couvent actuel des Clarisses; — Notre-Dame de *Leydrouse*, à la Cité, ancienne église placée dans le bas de la rue Romaine ; — Notre-Dame de *La Daurade*, près de la fontaine des malades, sur le bord de l'Ille et qui dépendait de Cadouin ; — Notre-Dame du *Grand Pouvoir*, chez les religieuses Ursulines; — Notre-Dame des *Vertus* ou de Sanilhac ; — Notre-Dame de la *Chaise*, de l'*Annonciation*, de l'*Assomption*, du *Rosaire*, du *Scapulaire*.

Les quatre gros piliers qui la soutiennent ont été reconstruits et consolidés ; les anciens piliers qui s'y trouvaient, ayant fléchi sous la masse des coupoles, avaient été doublés dans tout le sens de leur hauteur. Nous avons déjà dit que ces piliers du centre, au lieu d'une petite coupole, n'avaient qu'une simple voûte à arêtes, formée au-dessus du passage transversal qui les coupe à angles droits. — Nous savons aussi que, au pied du pilier Nord-Est, contre lequel jadis était adossée la chaire, se trouvait un petit escalier en spirale par lequel on descendait dans la confession des saints Séverin et Sévérien, dont les reliques furent dispersées en 1575 (1).

La nef de l'Est, dans laquelle se font les offices du Chapitre, nous présente bien des particularités intéressantes. — Entre toutes nous devons signaler l'irrégularité de cette partie de la basilique qui semble dévier du Nord au Sud. — Cette déviation a été rendue plus sensible par la construction des deux cancels ou murs intérieurs, ornés d'entre-colonnements, contre lesquels s'appuient les stalles des chanoines. — Nous aimons à y reconnaître un pieux souvenir des croisades, imprimé à toutes les églises de cette époque, et par lequel nos pères vénéraient la tête expirante du CHRIST. — Jadis ces deux cancels massifs étaient remplacés par des grilles de fer forgé. — Les deux piliers de l'Est, entre lesquels s'ouvre la grande abside, ont cela de distinctif, qu'à chacun d'eux extérieurement est adossée une absidule, destinée à servir d'oratoire pour les cérémonies pontificales. — Dans le pilier Nord-Est se trouve un escalier montant à la galerie ou *Triforium*, et desservant les chambres voûtées des piliers.

La grande abside s'ouvre d'une manière magistrale au moyen d'une grande arcade que soutiennent deux puissantes colonnes couronnées de leurs riches chapiteaux Romans. — Elle est décorée intérieurement par deux rangs d'arcatures d'inégale hauteur, superposées, et qui, en se

---

1. Dans le pilier Sud-Est, contre lequel s'appuie aujourd'hui la chaire, on trouva le 7 avril 1854, lors des démolitions de la cathédrale, quinze cents deniers de billon portant pour légende EGOLISSIME, une croix pattée d'un côté, et de l'autre un O cruciforme avec quatre annelets. C'était la monnaie typique des comtes d'Angoulême, devenus comtes de Périgord.

déroulant tout autour de la chapelle, étalent la richesse variée de leurs chapiteaux. — On y remarque aussi certains bas-reliefs, qui ne sont que la reproduction de ceux de l'Église latine. — Cette abside est percée, à la naissance de sa voûte, de sept baies Romanes, donnant un jour insuffisant pour les offices capitulaires. — Sur la croupe de sa couverture extérieure on a placé un ange, le visage tourné vers l'Orient, signifiant probablement l'ange de cette église. — Au dessous de cette abside, on a ménagé une vaste crypte réservée à la sépulture des évêques.

C'était sous cette coupole de l'Est qu'était placé le tombeau de l'apôtre du Périgord. «Le sépulcre de Saint-Front, dit M. de Verneilh, était circu-
» laire et voûté en pyramide. Placé directement sous la coupole de la tête
» de la croix, il devait, et par sa forme et par son style, s'harmoniser admi-
» rablement avec la grande cathédrale. — C'était tout un petit édifice, à la
» décoration duquel concouraient la sculpture, la mosaïque, les émaux. L'art
» naissant des émailleurs Limousins y était traité en grand et appliqué à
» l'architecture. — Rien ne peut aujourd'hui nous en donner une idée. »
Comme nous le verrons bientôt, ce fut un moine de la Chaise-Dieu, nommé Guinamond, célèbre sculpteur, qui construisit ce monument et dont la dépense fut payée par Itier, chanoine et cellérier du monastère de St-Front. On y remarquait surtout une table d'argent sur laquelle étaient représentés les douze apôtres, et dont plus tard Henri Plantagenet, d'Angleterre, fit frapper des monnaies anglaises. Ce tombeau fut glorieux, et par les nombreux prodiges qui s'y opéraient, dont l'authenticité a été reconnue par les souverains-pontifes, entr'autres le pape Eugène IV (Bulle 144), — et par les nombreux pèlerins qui y accouraient même de l'Orient. — D'aucuns prétendent que l'ancienne rue *Hiéras*, ou Sacrée, aurait tiré son nom de ce qu'elle servait plus ordinairement de passage aux pèlerins pour arriver au tombeau de saint Front.

Nous verrons plus tard comment, dans leur fureur aveugle, les protestants profanèrent et pillèrent ce tombeau, dont le souvenir n'a été conservé que par une pierre tombale de marbre noir, jadis placée sur le pavé de la chapelle Saint-Antoine, derrière le maître-autel, et sur laquelle était gravée cette inscription : SEPVLCHRVM BEATI FRONTONIS APOSTOLI (1582).

Nous ne pouvons nous dispenser de parler ici de cette construction gothique, bâtie au quatorzième siècle, sur l'emplacement de la grande abside, par le cardinal Antoine de Talleyrand-Périgord (28 juin 1347), et à laquelle se rattache l'institution de plusieurs bénéfices dont était dotée notre basilique (1). Cette chapelle, adossée à la coupole de l'Est, fit disparaître la première abside Romane, qui, selon toute probablité, avait été édifiée par Ayma, mère de l'évêque Martin Boson, successeur de Frotaire, et était consacrée à saint André. C'était comme une église secondaire et indépendante ayant son clergé et ses offices à part. — L'évêque François de Bourdeilles la mit en communication avec la cathédrale, en ouvrant une grande arcade ogivale, au sommet de laquelle on lisait naguère la date de 1583. — Primitivement le sol était inférieur à celui de la basilique ; mais il fut exhaussé avec sa nouvelle appropriation, qui la fit servir à tous les offices capitulaires et aux cérémonies pontificales. C'était une longue et spacieuse abside, terminée par un rond-point à pans coupés, qui s'appuyait au-dehors sur de puissants contreforts, et au fond de laquelle se développaient trois immenses baies géminées et garnies d'élégantes grisailles. — Un peu avant le rond-point s'ouvraient, des deux côtés, deux petites travées dont l'une, celle du Nord, donnait accès dans la sacristie des chanoines, et l'autre, celle du Midi, avait été appropriée pour servir de sépulture à Mgr de Lostanges de douce mémoire.

Nous entrons maintenant dans la nef du Sud ou du *Touin*, dont le plan général est parallèlement identique à celui de la nef du Nord. L'ab-

---

1. Le cardinal Antoine de Talleyrand-Périgord y avait fondé douze autels pour être desservis par douze chapelains ou *vicaires perpétuels* nommés par le Chapitre sur la présentation du comte de Périgord. — Ces douze autels portaient les titres : 1° de la Sainte-Vierge, — 2° de Saint-Jean-Baptiste, — 3° de Saint-Michel, — 4° de Saint-Jean l'Évangéliste, — 5° de Saint-Jacques, — 6° de Saint-Pierre-es-Liens, — 7° de Saint-Étienne, — de Saint-Front, — 9° de Saint-Martial, — 10° de Saint-Euparche, — 11° de Sainte-Madeleine, — 12° de Sainte-Marthe. Il y avait en outre, dans ce même rond-point, les anciennes vicairies de Saint-André, — du Saint-Esprit, — de Saint-Nicolas, — de Sainte-Barbe.

side est la même quant aux proportions et à l'ornementation. — C'est une double rangée d'arcatures superposées et courant tout autour du mur intérieur de l'abside, qui reçoit le jour par trois fenêtres établies au-dessus de l'arcature inférieure. — Les moulures et les sculptures accusent la plus belle époque du Roman fleuri. Aux deux côtés de l'abside s'ouvrent, comme pendants, deux espèces de grandes niches ayant chacune leur petite fenêtre et leur autel. L'une de ces niches, celle qui confronte la nef de l'Est, porte sur sa calotte la trace de vieilles fresques, où l'on distingue le Père Éternel. — Au-dessous de cette abside, existe un caveau ou crypte qui servait autrefois de lieu de sépulture aux religieuses de la Visitation, dont le couvent contigu a été remplacé par celui des Sœurs de Sainte-Marthe.

Au milieu du mur du Sud de cette coupole, s'ouvre la porte *du Touin*, ainsi nommée parce qu'il y avait un toit au-dessus de cette entrée (1). Le pilier attenant à ce mur, du côté de l'Ouest, est un de ceux qui avaient été le plus ébranlés, et dont la reconstruction porte encore les traces de quelques déchirures. — Jadis il servait, dans sa partie supérieure, d'oratoire à l'ancien évêché ; et lorsqu'on a fait les fouilles pour le reconstruire, on a trouvé plusieurs caveaux funéraires superposés contenant encore des restes de dignitaires ecclésiastiques.

Le mur de l'Est est percé de sept fenêtres, comme dans la nef du Nord, et décoré de ses grandes arcatures. — C'est au milieu de ces arcatures que s'élève le magnifique tombeau de Mgr Georges, élevé par la reconnaissance de ses diocésains. — C'est l'œuvre de M. Abadie, architecte de la cathédrale. — Le double cercueil du pontife est immédiatement au-dessous du monument, dans une fosse murée, la tête tournée du côté du Sud. — La statue et le groupe d'anges qui l'entourent sont du sculpteur Paschal. — C'est le long de ce mur et au dehors que se trouvait la grande sacristie, dont il ne reste plus qu'une salle voûtée, servant actuellement de salle de catéchismes.

---

1. De là le nom latin *Porta de Tecto*. — On disait en patois périgourdin, il y a deux ou trois siècles : *la Porta del Touy ;* en français c'était la *Porte du Toyet*.

Cette nef du Sud a été la première dont la restauration fut entreprise (1852). — Mais comme cette restauration partielle ne donna pas de résultats satisfaisants, il fut décidé qu'on procéderait dès lors à une reconstruction complète de la vieille basilique. — Et ce ne fut qu'en dernier lieu que l'on procéda à l'achèvement de cette nef, par la reconstruction de sa coupole. — Elle reçoit le jour par vingt-trois fenêtres, qui sont les seules dans la cathédrale, comme nous le verrons bientôt, qui n'ont pas encore été décorées de verrières.

Nous arrivons à la coupole de l'Ouest, qui touche le clocher. Cette nef n'offre rien de particulier dans sa disposition aussi bien que dans l'ensemble de ses détails. — Elle est identique à celle que nous venons de visiter, avec cette différence pourtant qu'elle n'a pas d'abside. On y pénètre du dehors par la porte et le vestibule du clocher, au moyen d'escaliers qu'il faut descendre ; car le sol de cette partie de la cathédrale est bien inférieur à celui de la Clautre. Le mur massif de l'Ouest dans lequel s'ouvre la porte, sert, à l'extérieur, de fondement au clocher, et à l'intérieur, de point d'appui à une tribune destinée aux grandes orgues. L'ensemble de la construction de ce mur semble avoir appartenu à l'ancienne Église latine.

Le mur du Midi est percé de ses trois grandes fenêtres au-dessous du grand arc, et décoré dans sa partie inférieure de ses longues arcatures entre lesquelles s'ouvrent quatre baies. — C'est au pied de ce mur que, comme nous le verrons bientôt, l'évêque Pierre Mimet fit déposer les corps de plusieurs évêques et fit peindre sur la muraille leurs portraits et leurs noms. Contre le gros pilier Sud-Ouest de la coupole centrale, il avait consacré à Ste Catherine un autel qui en remplaça un autre dédié à S. Barthélemy. — C'est derrière ce mur du Midi et parallèlement que se trouve la Confession, (première de S. Front), que nous avons déjà signalée avec ses peintures et dont l'ouverture donne dans le cloître. Le mur du Nord, qui est en face, offre les mêmes dispositions. La petite porte qui s'ouvre dans le bas donne accès à la confession, bâtie en dehors et derrière ce mur, et que l'on croit être celle de S. Frontaise et de

S. Anian. Avec les quatre petites ouvertures de la coupole, cette nef reçoit le jour par dix-huit fenêtres.

Tel est l'ensemble de cette intéressante basilique qui, avec sa simplicité apparente, est pourtant si pleine de curieux détails et de souvenirs historiques. — Elle paraît nue au premier abord, mais cette simplicité imposante abîme l'âme dans un profond acte religieux. — Disons pourtant, pour la satisfaction des artistes, qu'il existe un projet de peintures murales pour les cinq coupoles actuelles de la cathédrale de Saint-Front, et dans lesquelles seraient retracées à grands traits les cinq périodes principales de l'histoire générale de l'Église. Les cartons en ont été exposés il y a quelques années à l'exposition des Beaux-Arts à Paris.

A une certaine époque, notre cathédrale surabondait d'autels et de monuments de tout genre. — « Avant la Révolution, dit M. de Tail-
» lefer, il n'y avait pas un recoin, pas un pilier qui ne fût consacré à un
» saint particulier. — Maintenant, comme il n'y a plus de prêtres atta-
» chés à chacune de ces chapelles, on en a presque entièrement perdu le
» souvenir (1). »

« *Il y avoit aussi dans la dicte église plusieurs sépulchres de chevaliers,*
» *cardinaux et évesques, élevés en pierre, et de très excellens ouvrages qui*
» *furent rompus,* de sorte que l'on n'y en voit aucune marque ni appa-
» rence (2). »

Nous savons maintenant, et on peut facilement s'en rendre compte, comment, de cette masse gigantesque de pierre, l'architecture byzantine a fait un des plus beaux et des plus élégants monuments par la variété et l'harmonie qui règnent extérieurement dans l'élévation, la coupe et la forme des coupoles, des clochetons et des nombreuses moulures de l'édifice. Mais, cette difficulté une fois résolue, restait encore un problème non moins difficile: c'était d'éclairer suffisamment et agréablement l'intérieur de la basilique. — C'est là ce que l'on a réalisé merveilleusement

---

1. *Antiquités de Vésone.*
2. *Livre rouge* ou *Gros Livre noir* des archives de la Mairie, perdu (1583).

dans la conception et l'exécution de ces splendides verrières qui inondent de lumière le vaste édifice, et n'en laissent aucun recoin dans l'obscurité. Bien plus, l'art et le pinceau du verrier ont fait de ces ouvertures comme autant de tableaux vivants qui, en colorant et tamisant la lumière, parlent aux yeux et à l'âme des fidèles le langage de l'Église et du Ciel. — Nous croirions être incomplets dans notre étude et ne pas répondre aux désirs du visiteur, si, sommairement du moins, nous ne fournissions ici des indications sur l'ensemble et les sujets principaux de ces vitraux, dont l'exécution très variée et pourtant suivie, doit s'étendre à une centaine de baies. — Contrairement à notre premier itinéraire, nous suivrons pour cette revue des vitraux une marche opposée.

Nous sommes sous la coupole de l'Ouest ou du Clocher, qui semble, par sa position relative à l'édifice, être la première, et par conséquent celle destinée au peuple. Toute la morale évangélique est là retracée en personnages vivants et en scènes bibliques. — A droite, sur le mur du Midi, ce sont les sept béatitudes de l'Évangile. — Tout en haut, sous le grand arc, dans le vitrail du milieu, c'est Abel qui offre des sacrifices au Seigneur ; sa houlette est sur son épaule, des agneaux sont à ses pieds ; près de lui, un autel sur lequel un bûcher d'où s'échappent des flammes à travers lesquelles apparaît un petit agneau blanc.—Au-dessus des flammes, une main qui semble bénir l'holocauste. C'est la pureté du cœur, *Beati mundo corde*, qui se pratique par l'intelligence et la foi, *Intelligentia, Fides*.—A droite, l'enfant prodigue se jette dans les bras de son père. C'est la miséricorde, *Beati misericordes*, à laquelle on parvient par le conseil et la prudence, *Consilium, Prudentia*.— Dans la fenêtre de gauche, Abraham et Loth, après s'être partagé leurs troupeaux, se séparent, tout en gardant le lien de la paix. C'est pour les pacifiques, *Beati pacifici*, qui ne le deviennent que par la sagesse, *Sapientia*.—Dans les quatre grandes fenêtres qui s'ouvrent au-dessous, on voit, dans la première, à gauche, Job sur son fumier, subissant les discours de ses amis et de sa femme. C'est la pauvreté volontaire, *Beati pauperes spiritu*, à laquelle on arrive par la crainte de Dieu et l'espérance, *Spes, Timor*.

Suit la scène touchante de l'entrevue de Joseph, premier ministre de Pharaon avec ses frères ; Benjamin se distingue au milieu de ces derniers. C'est la douceur, *Beati mites*, alimentée par la piété et la justice, *Pietas, Justitia*. — Ensuite nous nous trouvons en face de David préludant sur sa harpe et chantant son cantique de la pénitence devant le prophète Nathan. C'est la pénitence produite par la science et la foi, *Cognitio, Fides*. —Enfin, la dernière scène qui apparaît, c'est l'innocence de la chaste Suzanne démontrée par Daniel, et la confusion de ses impudiques accusateurs. C'est cet amour de la justice, *Beati qui esuriunt et sitiunt justitiam*, qui est seul le partage de la force, *Fortitudo*.

Si nous nous retournons maintenant du côté du mur du Nord, nous nous retrouverons en face de scènes non moins intéressantes, et d'une édification non moins pratique. Ce sont les différents moyens de justification évangélique, tels qu'ils seront récompensés par le Juge suprême.— Dans le plus grand vitrail, qui est au-dessous du grand arc, c'est la visite des prisonniers, *In carcere eram et venistis ad me*, pratiquée par le patriarche Abraham qui vient briser les fers de captivité de Loth. — A droite, c'est la visite des malades, *Infirmus eram et visitastis me*, représentée par le jeune Tobie répandant sur les yeux de son père aveugle le remède que lui a révélé l'ange Raphaël. — A gauche, c'est la charité envers les vivants et les morts, pratiquée par Tobie le père, qui ensevelit les morts avec le concours de son fils : *Gratia dati in conspectu omnis viventis et mortuorum omnium*. — Descendons aux quatre vitraux inférieurs. — Dans le premier, à droite, c'est la veuve de Sarepta nourrissant de son pain le prophète Élie : *Esurivi et dedistis mihi manducare*. — A côté, Éliézer demande à boire à Rebecca, qui lui tend sa cruche d'eau : *Sitivi et dedistis mihi bibere*. — Le vitrail suivant nous offre une scène du Nouveau Testament : c'est St Pierre ressuscitant *Thabitha*, la servante si dévouée des premiers disciples et des fidèles : *Nudus eram et cooperuistis me*. — Enfin le dernier sujet qui s'étale devant nous, c'est Abraham recevant la visite des trois anges et leur donnant l'hospitalité : *Hospes eram et collegistis me*. — Tel est le tableau sommaire des sujets reproduits par les verrières de cette coupole de l'Ouest. Belle page de théologie morale, disons-nous. Touchante et éloquente prédication pour le peuple, qui s'y retrouve constamment en face de ses luttes, de ses épreuves et de ses espérances. — Sublimes leçons de philosophie présentées par la Sagesse elle-même, et rendues accessibles et intéressantes aux esprits les plus simples, par tout ce que l'imagination, la peinture et la lumière ont de plus riche et de plus merveilleux.

Avançons dans la basilique, traversons la coupole centrale éclairée par les fenêtres des coupoles qui lui servent de croisillons, et revenons à cette coupole de l'Est où se trouve installé le chœur des chanoines et qui se termine par la grande abside du fond. — C'est là que se trouve le maître-autel réservé aux cérémonies pontificales, c'est là que se dresse le siège ou le trône épiscopal, c'est là, à proprement parler, la *Cathedra* ou siège de l'évêque. Il ne faut pas s'étonner si tout se rapporte à ce sujet dominant. Le verrier devait naturellement s'inspirer de cette pensée pour composer son travail. C'est ce qui apparaît sensiblement dans cette série de vitraux qui nous présentent les scènes principales de la vie et de l'apostolat de S¹ Front, apôtre, premier évêque de Périgueux, patron et modèle de tous ses successeurs. La légende du saint apôtre commence du côté du Nord et se continue dans les verrières du Midi. — Le premier sujet qui se présente dans le vitrail le plus rapproché du pilier central du Nord, nous montre S¹ Front recevant de S¹ Pierre, avec le bâton pastoral, sa mission apostolique en Périgord. Le grand vitrail du milieu résume les fruits, les succès de cette mission. S. Front s'y présente rayonnant, au milieu des dépouilles qu'il a faites sur le dragon infernal, sur le serpent qu'il terrasse, figure du paganisme dont il a ruiné les temples et renversé les idoles. Puis apparaît la scène de la résurrection de S¹ Georges par S¹ Front au moyen du bâton pastoral. — Si nous nous retournons maintenant du côté des fenêtres du Midi, nous y retrouverons la suite de notre légende. — Le vitrail qui se rapproche le plus du pilier central représente un ange qui porte, avec ses révélations, la grâce de la conversion à Squirius, gouverneur de Vésone, et auparavant persécuteur de S¹ Front.—A côté, dans le grand vitrail du milieu, apparaît S¹ Front, revêtu de ses ornements pontificaux et conférant le baptême à Squirius. — Enfin le troisième vitrail reproduit S¹ Front, suivi de deux diacres, ses disciples, et leur conférant probablement la grâce de l'apostolat.

Dans les deux piliers latéraux qui encadrent l'ouverture de la grande abside, s'ouvrent deux petites chapelles destinées à l'accomplissement des cérémonies pontificales ; elles aussi, dans leurs vitraux, portent des enseignements historiques pour l'évêque. — Dans son ministère, l'évêque, grand ouvrier apostolique, doit, en honorant la mémoire de ses prédécesseurs, toujours édifier son église par sa parole et la dispensation des sacrements. C'est ce que lui rappelle, dans la chapelle du côté Nord, Chronope II portant en ses mains le plan de l'Église Latine qu'il avait bâtie, et où il transféra le corps de S¹ Front ; c'est ce que marque l'autre vitrail représentant S¹ Front ensevelissant ses trois disciples martyrs, S¹ Frontaise, S¹ Sévérin et S¹ Sévérien, en son oratoire de Notre-Dame ; c'est ce que redisent dans la chapelle du Midi l'évêque Frotaire, présentant le plan de la basilique actuelle et du grand monastère de S¹ Front, dont il commença la construction, et Hélies de Bourdeilles, faisant la translation des reliques de S¹ Front avec le concours des évêques de Sarlat et de Rieux.

Pénétrons maintenant dans la grande abside : c'est là que de son trône, dressé sur la crypte réservée à la sépulture de ses prédécesseurs comme à la sienne propre, l'évêque trouve abondamment de quoi s'édifier et s'élever aux inspirations les plus sérieuses. — En reposant ses regards sur les sept anges de l'Apocalypse, il peut saisir l'écho de leurs enseignements et y trouver pour lui-même une parole de vie et de vérité.

Les vitraux des deux coupoles Ouest et Est que nous venons de parcourir sortent des ateliers de M. Didron. — Conçus avec une profondeur et une précision tout à la fois historique et théologique, ils portent le cachet le plus éclatant de l'art et du bon goût. — Les dessins en sont corrects et pleins d'originalité ; les couleurs, bien distribuées et aux teintes adoucies, tamisent une lumière suffisante qui n'éblouit ni ne fatigue. Ils ont une empreinte d'archaïsme qui ne les dépare point et les rend accessibles aux intelligences les moins clairvoyantes.

Dans le croisillon de droite, consacré au culte de la Sainte Vierge, nous trouvons dans les verrières nombreuses qui l'illuminent tout un poème en l'honneur de Notre-Dame. — Disons d'abord que cette coupole reçoit le jour par vingt-six fenêtres. — Dans les trois grandes fenêtres qui sont sous le grand arc de l'Ouest, en face de l'abside, on voit sainte Élisabeth avec son enfant, saint Jean le Précurseur ; Judith sous le costume guerrier, et tenant en main la tête d'Holopherne ; Esther portant le sceptre et la couronne. — Sous le grand arc du Nord, qui est au-dessus de la *porte des Gras*, on reconnaît saint Siméon tenant le divin Enfant et prophétisant la douleur de Marie ; David avec sa couronne royale et sa harpe ; Isaïe tenant à la main la banderole de sa prophétie. — Dans les fenêtres du grand arc qui couronne l'abside, apparaît la famille de la Sainte Vierge : sainte Anne qui instruit Marie, saint Joachim tenant un rouleau à la main, le livre des Saintes Écritures, et saint Joseph qui se présente comme un patriarche. — Dans la principale fenêtre de l'abside, la Vierge-Mère est assise dans l'attitude d'une reine et avec une gravité toute byzantine. Elle tient l'Enfant Jésus sur ses genoux. — A droite et à gauche de l'abside, deux absidules abritant un autel et éclairées chacune par une baie à grisailles, au-dessus de laquelle de chaque côté se développe une longue fenêtre étalant quatre riches médaillons. — On y voit représentés les principaux mystères de la vie de la Sainte Vierge ; dans l'une, l'Annonciation, la Nativité de Jésus, l'Adoration des rois, le Calvaire ; dans l'autre, la mort de la Vierge, sa sépulture, son Assomption et son couronnement au Ciel. — Dans le pilier occupé par les fonts baptismaux, on voit un médaillon représentant le baptême de Notre-Seigneur ; dans le pilier en face, le médaillon porte la Transfiguration. — Tous ces vitraux, d'une facture supérieure, ont un éclat et une richesse de couleurs qu'on ne saurait trop apprécier ; — en raison de leur archaïsme trop prononcé, ils ne sont compris et goûtés malheureusement que par un nombre restreint de connaisseurs. — Ils sortent des ateliers de feu M. Gérente, un des maîtres modernes dans l'art du verrier.

Nous savons que la coupole du Midi, qui abrite le tombeau de Mgr Georges, attend encore ses verrières ; nous faisons des vœux pour y voir retracer les principaux saints et patrons du diocèse de Périgueux et de la France. Ce serait le complément nécessaire de cette grande épopée entreprise par l'Église du Périgord à la gloire du Christ et de son apôtre saint Front.

Au-dessous de cette immense basilique se trouve une série de cryptes assises sur le roc et construites dans les appareils les plus primitifs. — La plus grande partie de ces caveaux, transformés en charniers, et qui, selon M. de Taillefer, avaient la propriété de conserver les corps et de les dessécher, s'étendait sous les coupoles de l'Est, du Centre, du Midi et du Nord, et on y pénétrait par des ouvertures pratiquées du côté de la place du Greffe, et aussi du côté du jardin des religieuses du Touin. — Nous en avons parcouru nous-même bien souvent les sombres dédales, et toujours avec un nouvel intérêt.

Pour rendre plus complète cette étude de Saint-Front, nous devrions maintenant faire pour l'extérieur ce que nous avons fait pour l'intérieur de ce monument. — Cette tâche nous entraînerait au delà des bornes que nous nous sommes imposées ; d'ailleurs, en étendant aussi longuement que nous l'avons fait nos investigations dans la vieille basilique, nous avons voulu surtout conserver des souvenirs qui tendent de plus en plus à s'effacer, tandis que chacun, aussi bien et mieux que nous n'essaierions de le faire ici, pourra se rendre compte par lui-même de la valeur artistique et architectonique de notre belle cathédrale. — Qui ne voudra se donner la satisfaction de contempler, de loin comme de près, l'aspect de ces cinq dômes cantonnés et couronnés de leurs gracieux clochetons, à la restauration et à la conception desquels ont concouru les plus habiles de nos architectes et nos plus savants archéologues ! — Qui n'admirera ces majestueux frontons courant sur les grands arcs, soutenus par leurs innombrables corbeaux, et tout cet ensemble d'arcatures et de moulures Romanes qui encadrent si bien ces formes orientales et caractérisent ce qu'on appelle chez nous le style Romano-Bysantin.

Nous avons vu autrefois, avant leur restauration, les coupoles du vieux Saint-Front ; elles avaient pour elles, avec leur forme primitive, un cachet d'antiquité vénérable, mais elles étaient loin, disons-le, de la gracieuse élégance qu'elles portent dans leur résurrection. — Primitivement recouvertes de dalles de pierre, elles durent ensuite être abritées sous une toiture simple de tuiles creuses assujetties dans une couche de mortier, et durent présenter l'aspect des deux coupoles de l'église de la Cité. — Plus tard, pendant les guerres de religion, les protestants, poussés par une fureur aveugle, s'acharnèrent contre la basilique de Saint-Front. — Ne pouvant en renverser les coupoles, ils mirent le feu aux charpentes qui recouvraient les grands arcs, et c'est par suite de ce désastre que nous avons vu ce monument, en 1760, recouvert dans toute son étendue d'une double et immense charpente en forme de croix, l'une inférieure, reposant immédiatement sur les grands arcs et abritée sous des tuiles creuses ; l'autre plus élevée, sur un mur de parpaing, recouvrant les cinq coupoles au moyen d'une toiture en ardoise ; le faîte et les arêtiers étaient formés de plomb laminé. — C'est de cette ignoble enveloppe qu'elle est sortie plus belle que jamais par la restauration actuelle.

La cathédrale actuelle est assez dépourvue de mobilier sacré. — Le maître-autel que l'on y voit n'est là que provisoirement ; il doit faire place, dit-on, dans des temps meilleurs, à une riche table de porphyre. — Il appartenait jadis à la Chartreuse de Vauclaire, où il fut consacré en 1762. — Il fut apporté à Saint-Front en 1806. Il avait, en forme de retable, deux grandes colonnes en marbre supportant une gloire avec le triangle symbolique; le tout était couronné par un baldaquin doré. — Tout cet ensemble d'autel avait été exécuté à Gênes et portait le fatras et le mauvais goût du genre *Rocaille*.

La chaire à prêcher est l'œuvre d'un Jésuite nommé le P. Laville et qui vivait au dix-septième siècle. — Elle appartenait à l'église des Jésuites.

C'est un travail de patience dont les détails habilement fouillés font un peu oublier la lourdeur de l'ensemble.

Il en est de même du grand autel de bois que l'on a vu, depuis le commencement du siècle, se promener successivement dans les trois nefs du Nord, de l'Ouest et du Midi, et qui, enfin voué à l'ostracisme, est venu échouer dans l'église Saint-Étienne de la Cité.—Même provenance, même auteur, même genre et même matière que la chaire à prêcher ci-dessus mentionnée.—C'est un immense retable de plus de neuf mètres de hauteur sur une largeur de onze mètres. — Il se divise en trois compartiments séparés par des colonnes torses bien fouillées. — Le tableau principal du centre représente l'Assomption de la Vierge en présence des onze apôtres réunis autour de son tombeau. Dans les deux compartiments latéraux on voit, d'un côté, l'archange Gabriel, et de l'autre, la Vierge Marie reproduisant le mystère de l'Annonciation. — Comme couronnement de l'acrotère fouillé à jour, se dresse une gloire où se trouve le Père Éternel, et au-dessus, le monogramme du CHRIST soutenu par deux anges.

En sortant de la coupole de l'Ouest, on monte quelques degrés placés sous la tribune, et on se trouve immédiatement sous le clocher, dans ce qu'on est convenu d'appeler généralement le *Porche de Saint-Front*. — Le sol en est élevé d'un peu plus d'un mètre au-dessus du pavé de l'église et est sensiblement incliné vers elle. L'intérieur de ce porche se divise en trois galeries, formant autant d'allées et se dirigeant de l'Ouest à l'Est.—Le mur du Sud s'appuie contre le cloître, auquel il donne accès. — Sur chacun de ces murs se développent deux grandes arcades de plus de douze mètres de hauteur sur deux mètres de largeur. — C'est la base du clocher, qui forme un parallélogramme rectangle de quinze mètres de long environ sur neuf mètres de large, et qui s'élève à une hauteur de quatorze mètres.—C'est sur cette base que s'élève le clocher proprement dit, en forme de tour carrée à deux étages superposés ; le premier de ces étages est décoré de quatre pilastres sur chacune de ses faces, entre lesquels s'ouvrent deux fenêtres, l'une au-dessus de l'autre ; — il était couronné extérieurement d'une espèce d'acrotère ou parapet. — Au-dessus de cet étage, et en s'amoindrissant, s'en élevait un second reproduisant l'ordonnance de l'étage inférieur avec le même nombre de fenêtres ; une seule différence s'y présente, c'est qu'à la place des pilastres il y a des colonnes à demi-engagées, au-dessus desquelles court un couronnement en damier surmonté de son acrotère ou parapet extérieur. — Enfin, comme couronnement supérieur, une lanterne gigantesque de huit mètres de hauteur, formée par cinquante-huit colonnettes détachées sur lesquelles repose une calotte conique en forme de pomme de pin. — C'est une conception merveilleuse et un véritable tour de force que ce clocher couronné à soixante mètres d'élévation par une coupole. — « C'est, dit » M. de Verneilh, le plus ancien clocher de France, et même le seul clo-» cher byzantin qu'il y ait au monde (1). » Ce clocher fut brûlé en 1120, et paraît avoir subi plusieurs restaurations successives, qui toutes avaient plutôt pour but sa consolidation que son embellissement. — Vers l'année 1760, ce clocher fut couvert en plomb, comme il l'était encore au moment de la Révolution, qui le dépouilla de ce parement. Sa hauteur totale depuis le pavé de l'église est de soixante-trois mètres. — Tel est l'ensemble de la basilique de Saint-Front, sur la description de laquelle nous avons cru devoir nous arrêter plus particulièrement, — soit à cause de l'importance de ce monument, en qui, au point de vue historique, semblent se personnifier tout le passé et toute la gloire de notre cité, — soit parce qu'au point de vue architectonique cette basilique a été le prototype d'un grand nombre d'autres églises qui lui ont emprunté sa forme et son ornementation.

Après la cathédrale Saint-Étienne de la Cité, que nous connaissons déjà, l'église la plus voisine, qui porta le cachet romano-byzantin de Saint-Front, c'est-à-dire qui présenta comme caractère spécial *une série de coupoles sphériques sur pendentifs*, fut l'église de *Saint-Silain*.—Située au Nord-Ouest et à peu de distance de la basilique de Saint-Front, cette église occupait l'emplacement connu aujourd'hui sous le nom de *Place*

---

1. *L'Architecture Byzantine*, chap. III et VII.

Saint-Silain, et qu'on avait aussi désignée sous les noms révolutionnaires de *Place du 18 Fructidor* et *Place de la Concorde*. — C'était une église conventuelle, orientée de l'Ouest à l'Est ; son plan formait un parallélogramme rectangle d'environ cent pieds de long sur cinquante-sept pieds de large, dans lequel se développaient deux coupoles. — A l'extérieur du mur de l'Ouest on avait élevé un clocher à base carrée. — Au centre de cette église se trouvait une crypte qui très probablement avait, dès le principe, renfermé les reliques de saint Silain. — Nous savons que tous les ans, le 1er janvier, le Chapitre de Saint-Front se rendait processionnellement à Saint-Silain pour y chanter les premières vêpres de la fête de ce saint martyr, et que le lendemain, jour de la solennité, on célébrait la messe dans la crypte, dont les murs ornés de fresques du XIVe siècle reproduisaient les légendes de saint Georges et de saint Silain. — Au Nord de l'église, et sur une ligne parallèle, était un vieux cloître dont M. de Taillefer a pu, à l'aide de quelques ruines subsistantes, reconnaître certaines dispositions.

Nous ne pouvons ici mentionner toutes les églises qui se sont formées sur la basilique de Saint-Front ; le nombre en est très considérable, aussi bien hors de notre diocèse que dans le diocèse lui-même. — On les compte par centaines en Périgord, et au dehors elles semblent marquer tous les pas de notre glorieux apôtre. — Écoutons d'ailleurs le témoignage bien compétent de M. Viollet-le-Duc.— « Ce prototype (de Saint-
» Front) pousse au Sud une ramification le long de la rivière de l'Isle,
» s'étend sur les bords de la Dordogne inférieure et remonte la Garonne
» jusqu'à Toulouse ; un rameau pénètre jusqu'à Cahors. — Dans le
» Nord, l'influence de ce prototype s'étend plus loin ; elle envahit l'An-
» goumois, la Saintonge, l'Aunis, le Poitou, descend la Vienne, se pro-
» longe au Nord vers Loches et remonte l'Indre jusqu'à Châteauroux.
» Ce rameau passe la Loire entre Tours et Orléans, et vient se perdre
» dans le Maine et l'Anjou (1). »

---

1. *Dictionnaire raisonné de l'Architecture.*

✠ Guillaume Ier de Montberon (1059-1081),

issu de la noble famille de ce nom, en Angoumois, fut nommé évêque de Périgueux aussitôt après la mort de Géraud de Gourdon. Il gouverna cette église vingt ans, onze mois et trois jours. Ce fut un prélat d'une sainteté remarquable. On parle de lui à l'occasion de certains moulins situés sur la Nisonne, dans le pays de Villebois, — qu'il aurait maudits, et dont la ruine aurait suivi immédiatement la malédiction. — Il assista au concile de Saint-Maixent en 1075 et à celui de Bordeaux en 1080. — C'est de son temps que Guinamond, moine de la Chaise-Dieu, décora merveilleusement de mosaïques et d'émaux le tombeau de saint Front en 1077, le tout aux frais d'Étienne Itier, chanoine et cellérier de la dite église. — En 1080, comme le monastère de Brantôme s'était relâché dans la règle de Saint-Benoît, et que tout y allait à la dérive par l'incurie et l'abus des religieux, il persuada au comte Hélies de céder cette maison à Seguin, abbé de la Chaise-Dieu, et à ses successeurs, pour y réformer les abus : ce qui eut lieu l'année suivante. — Guillaume de Montberon donna au monastère de Sarlat l'église de Puits-Gérolme, et confirma en 1081 la donation de l'église de Saint-Pierre de Sourzac faite au monastère de Saint-Florent de Salmure. — Ce fut vers cette même époque que fut fondé le monastère de *Notre-Dame de Chartres*, de l'Ordre régulier de Saint-Augustin, dans la paroisse de ce nom. Cette maison, après avoir été très florissante, fut ruinée en 1440. — Ce saint évêque mourut le 9 février 1081, et fut enseveli à Montberon, avec ses ancêtres, dans l'église de Saint-Maurice. — Il eut pour successeur immédiat

✠ Raynaud de Thiviers (1081-1099),

issu de la noble famille de Thiviers, connue aujourd'hui sous le nom de Vaucocourt. — L'an 1086, il bâtit l'église de Saint-Jean de Côle, fonda le prieuré conventuel et le donna à des chanoines réguliers de Saint-Augustin. — C'est ce couvent que nous avons vu tout récemment ressuscité par les Prémontrés, qui en furent presqu'aussitôt stupidement expulsés. — L'an 1093, il assista au concile de Bordeaux présidé par l'archevêque Amé, légat du Siège apostolique. — En 1095, il était au concile de Clermont, où le pape Urbain II prêcha la première croisade. — De Clermont il vint la même année à Limoges avec le pape et plusieurs autres prélats assister à la consécration de l'église de Saint-Étienne et de l'église du monastère de Saint-Martial. — En 1096, il se croisa et partit pour la Terre-Sainte. — Il célébrait le Saint-Sacrifice de la messe dans la ville d'Antioche, lorsque les infidèles pénétrèrent dans la ville et y mirent tout à feu et à sang. — Notre saint évêque, tout encore revêtu des ornements sacrés, eut la tête tranchée le 8 septembre 1099. — Après lui les chroniqueurs placent généralement

✠ Raymond II (1101),

qui occupa peu de temps le siège de Périgueux. — On trouva son nom dans les chartes de l'abbaye de Ligueux, au sujet d'une donation faite par Hélies de Bourdeilles entre les mains de l'évêque Raymond, et en présence de Guillaume, archidiacre, qui fut plus tard évêque sous le nom de

✠ Guillaume II d'Auberoche (1104-1130).

Les chartes de son temps rapportent plusieurs donations qu'il fit. Dans *les Annales Périgourdines*, l'an 1115, il est dit que Robert d'Arbrisselles ayant prêché devant Guillaume, évêque de Périgueux... l'évêque et les chanoines de Périgueux lui donnèrent la terre qu'ils possédaient au lieu de Cadouin, pour qu'il y fondât un monastère. Mais Robert transmit cette donation à Géraud de Sales, « *son maître vénérable, son* » *compagnon, son ami,* » et à ses fils. — Cette donation fut confirmée 1º par Pétronille, abbesse de Fontevrault, et sa communauté ; 2º par les bienfaiteurs de qui Robert l'avait reçue ; 3º enfin par Guillaume, qui donna un diplôme exprès, à la date de 1116. — Il est à remarquer que dans ces deux chartes l'évêque de Périgueux prend le titre d'*abbé de Saint-Front*. — C'est vers cette même époque que le Saint-Suaire fut apporté en Périgord, et plus tard déposé à l'abbaye de Cadouin par un prêtre du Périgord à son retour de la croisade : celui-ci l'aurait reçu d'un autre pèlerin, à qui Adhémar, évêque du Puy, l'avait confié. — Cette précieuse relique, d'abord placée dans une petite chapelle de Cadouin, fut, à la suite de l'incendie de cette chapelle, recueillie par les moines de Cadouin ; et, c'est pour honorer ce dépôt sacré, que ces religieux commencèrent à bâtir l'église de leur abbaye en 1118. — Guillaume d'Auberoche consacra la belle église de Saint-Avit-Sénieur en 1117, et contribua à la fondation de l'abbaye de Chancelade, dont l'église fut commencée en 1128. — Ce fut vers cette époque qu'un violent incendie réduisit en cendres le bourg et l'abbaye du Puy-Saint-Front, voire même le clocher, où les flammes furent si violentes qu'elles firent fondre les cloches. — Guillaume d'Auberoche bénit à Périgueux *le Cimetière des Pauvres*, situé au delà de l'Ille, probablement au faubourg Saint-Georges et à côté du *Pré des Pauvres*, dans les terrains qui s'étendent entre l'École Normale et la chaussée du Pont-Neuf (1). — Notre prélat mourut le 2 avril 1130 et fut enseveli dans l'église de Saint-Front. Il eut pour successeur

✠ Guillaume III de Nauclars (1130-1138).

L'an 1131, cet évêque mit fin par un diplôme au procès existant entre les religieuses de Sainte-Marie de Saintes, qui revendiquaient comme leur légitime et antique possession l'église Saint-Silvain, et les moines de Saint-Martial de Limoges, à qui Guillaume, comte de Périgord, avait vendu cette église ; — l'évêque donna droit aux religieuses. — Les annales d'Aquitaine racontent que, dans le schisme qui divisa l'Église universelle au sujet de l'antipape Anaclet, Guillaume de Nauclars prit fait et cause pour le pape Innocent II ; qu'il eut beaucoup à souffrir, et qu'il fut même chassé de son siège par Gérard, évêque d'Angoulême, et Guillaume, comte de Périgord, — tous les deux partisans acharnés d'Anaclet. Il assista au concile de Clermont en 1130 et à celui de Pise en 1134. — Saint Bernard lui adressa, ainsi qu'aux évêques de Limoges,

---

1. Le pré épiscopal était contigu. — La chaussée du Pont-Neuf actuel le coupe en deux.

de Poitiers et de Saintes, la vigoureuse lettre dans laquelle il flétrissa l'odieuse conduite de Gérard d'Angoulême. — Il fut également loué p[ar] Pierre le Vénérable, abbé de Cluny, en raison des mauvais traitement[s] qu'il avait endurés à son retour du concile de Pise.— L'abbaye de Chan[ce]lade fut l'objet de ses faveurs. Il y consacra les deux autels des cha[-]pelles latérales : l'un, en l'honneur des saints apôtres Pierre et Paul, [et] l'autre, en l'honneur des saints diacres Laurent, Étienne et Vincent. — La petite chapelle du cimetière, qui est en face de l'église de Chancelade date de cette époque. — On lit sur la porte ce mot : *Pax*. — C'est u[ne] véritable bijou d'architecture Romane.

Vers le même temps, on construisait à Périgueux, sous le coteau d'Écornebœuf, la maladrerie ou léproserie, dont on voit encore quelques vestiges. — Cet hôpital était désigné, au treizième siècle sous le nom de *Hospitalis de Caroljo*, ou de *Scornabone* (1270).

A peine établi sur son siège, Guillaume de Nauclars eut à subir une nouvelle épreuve. — Le magasin de blé de Saint-Front, qui était dans le cloître, fut ravagé par le comte Hélie Rudel et par les bourgeois, et les grains destinés à la subsistance du monastère furent enlevés. — Ce méfait souleva une telle indignation que la comtesse elle-même, mère de Rudel, nommée Gasconia ou Brunechild de Foix, écartant toute pudeur, en pleine assemblée et devant l'évêque, déclara son fils bâtard, et affirma qu'il n'était point le fils du comte Hélie. — Guillaume de Nauclars mourut le 29 décembre 1138, et fut enseveli en l'église de Saint-Front. — Son successeur fut

✠ Geoffroy Ier de Cause (1138-1142),

qui appartenait à une noble famille du Périgord. Son administration fut de courte durée. Il établit les Templiers dans le couvent de St-Maurice d'Andrivaux, jadis occupé par des religieuses qui n'y avaient pu subsister. — Il unit les *Merlandes* à l'abbaye de Chancelade. — La belle église des Merlandes, dont il ne reste que de rares et précieuses ruines, date de cette époque. — Après avoir gouverné son diocèse deux ans huit mois et onze jours, Geoffroy mourut le 28 août 1142, et fut enseveli en l'église de Saint-Front. — Les auteurs du *Gallia Christiana* lui donnent pour successeur

✠ Pierre Ier (1142-1147),

dont on ne sait rien de particulier. — Après lui,

✠ Raymond III de Mareuil (1147-1158)

« se montra, dit le P. Dupuy, *très bon prélat, tout pieux et de bon génie.* » Il unit à l'abbaye de Chancelade les églises de Saint-Martial d'Artensec, de Saint-Sernin de Blis et de Saint-Vincent. — Il consacra l'église de ce monastère le 12 octobre 1147 et celle de Cadouin le 3 octobre 1154. — L'an 1149, il assista au concile de Bordeaux avec Gilbert de la Porée, de Poitiers, qu'il avait défendu de toutes ses forces au précédent concile de Reims. — En 1151, il était avec son métropolitain au concile de Beaugency, où fut prononcé le divorce d'Éléonore d'Aquitaine avec le roi Louis-le-Jeune. — La fondation des abbayes de Boschaud et de Peyrouse date de son épiscopat. — Les Pétrobrussiens, qui n'étaient que les avant-coureurs des Albigeois, faisaient alors leur apparition. — Saint Bernard vint les attaquer dans leur repaire à Toulouse, et les poursuivit jusqu'en notre pays, qu'il illustra autant par ses miracles que par ses éloquentes prédications. — Il vint à Sarlat, où il prêcha devant le légat apostolique Geoffroy, évêque de Chartres, et où il opéra plusieurs miracles éclatants. — A la mort de Geoffroy, archevêque de Bordeaux (1158), notre évêque fut choisi par les suffragants de la province pour lui succéder ; mais il mourut au mois de décembre de la même année, et fut enseveli dans l'église métropolitaine de Saint-André. Il fut remplacé sur le siège de Périgueux par

✠ Jean Ier d'Asside (1160-1169).

Ce prélat nous vint du Poitou et « *se montra*, dit un chroniqueur, *aussi habile à faire la guerre qu'à feuilleter son bréviaire.* » En effet, il tourna et déploya toute son activité et son énergie à réprimer les insolences [et] les déprédations des hérétiques que nous avons déjà signalés, et qu[i] connus sous le nom de *Routiers*, — RUPTARII, — brisaient, dévastai[ent] et ruinaient les croix, les images et les autels. — Ils s'étaient forteme[nt] retranchés dans le château de Gavaudun en Agenais.— C'est là que Je[an] d'Asside, notre évêque, à la tête d'intrépides combattants, vint les dél[o]ger et les réduire; ensuite il fit raser la forteresse.— Il assista à plusieu[rs] conciles qui, pour la plupart, avaient pour but d'enrayer les progrès d[es] hérétiques de Toulouse.— Il augmenta les bénéfices de l'abbaye de Cha[n]celade et mourut en 1169.— Sa sépulture donna lieu à un certain confl[it] entre les religieux du Puy-Saint-Front et le clergé de l'église cathédra[le] de Saint-Étienne de la Cité. Ces derniers enlevèrent le corps de l'év[ê]que et le déposèrent dans la cathédrale de la Cité, où l'on voit encor[e] son tombeau.— C'est une arcature gothique soutenue par deux colonnes [et] couronnée par un pignon. L'épitaphe se trouve gravée sur les deux pied[s] droits qui supportent le pignon.

✠ Pierre II Mimet (1169-1182),

originaire de la Petite-Bretagne et cousin de Pierre de Blois, fu[t] appelé à occuper le siège de Périgueux alors qu'il était archidiacre. — Sous son épiscopat, Henri II, roi d'Angleterre, vint assiéger le Puy[-]Saint-Front, qui fut obligé de capituler. En 1170, notre prélat fut députe[é] avec plusieurs autres seigneurs pour accompagner en Espagne Éléonore[,] fille d'Henri II et épouse d'Alphonse de Castille. Il consacra l'église d[e] Saint-Alvère en 1172, et plusieurs autels à Chancelade (1171-1178[)], dont il avait béni le troisième abbé Gérard. — Il leva de terre les corp[s] de plusieurs évêques de Périgueux, ses prédécesseurs, ensevelis dan[s] l'église de Saint-Front, les fit transporter avec grande solennité dan[s] des cercueils de pierre, et, comme nous le savons déjà, les fit placer le long du mur du Midi, dans la nef ou croisillon de l'Ouest, où il con[-]sacra un autel à sainte Catherine. Il fit peindre sur le mur leurs portraits avec l'indication de leurs noms, depuis Bertrand jusqu'à Geoffroy de Cause. Il mourut le 11 avril 1182. et fut enseveli dans l'église cathédrale de Saint-Étienne.

✠ Adhémar Ier de La Tour (1182-1201)

lui succéda. Il était chanoine de l'église métropolitaine de Saint-André de Bordeaux. Dès le début de son administration, pour couper court à bien des désordres et prévenir certaines conflagrations entre les membres de son clergé, il eut recours au Saint-Siège et obtint du pape Urbain III une Bulle par laquelle ce pontife, à l'imitation de ses prédécesseurs Alexandre et Lucius, met sous sa protection et sauvegarde l'Église de Périgord, reconnaît et confirme les droits et prérogatives de l'évêque, aussi bien que les privilèges et les devoirs des divers membres du clergé séculier et régulier, soit entre eux, soit par rapport à l'évêque. Cette Bulle apostolique, datée du 1er octobre 1187 et signée par douze cardinaux à la suite du souverain-pontife, prévint bien des contestations et procédures.

L'année suivante, le pape Clément III confirma aussi par une Bulle tous les droits et privilèges de l'abbaye des religieuses bénédictines de Ligueux. — En 1189, notre évêque Adhémar était au nombre des prélats qui firent la translation des reliques de saint Étienne de Muret ou de Grand-Mont. — Il consacra l'église de Saint-Martin de Marcuil en 1194, et fut enfin choisi par Innocent III comme arbitre, avec Hélie, archevêque de Bordeaux, dans le différend qui s'éleva entre les abbés de Pontigny et de Cadouin ; il y fut convenu et déclaré que l'abbaye de Cadouin était une fille de celle de Pontigny et occupait le septième rang dans l'ordre de toutes les abbayes qui en dépendaient. — Après Adhémar, les chroniques nous marquent sur le siège de Périgueux

✠ Raymond IV de Castelnau (1202-1211).

Il fut consacré dans l'église de la Couronne par Hélie de Bordeaux, assisté des évêques d'Angoulême, de Saintes et de Cahors. Il répondit peu à la dignité de son caractère épiscopal, et mérita d'attirer sur lui les censures de l'Église. Le pape Innocent III écrivit à l'archevêque de Tours (janvier 1208), pour qu'il procédât à une enquête juridique sur tous les griefs reprochés à ce prélat, et qu'après connaissance de cause on le déposât de son siège ; ce qui eut lieu en effet. Deux années auparavant, Raymond avait donné au monastère de Cadouin l'église de *Notre-Dame de la Daurade*, située près du pont de la Cité à Périgueux. Presque en même temps, trois frères de la noble maison de La Faye consacrèrent leurs biens de Léguillac et de Mensignac à la fondation d'un prieuré de l'Ordre de Saint-Augustin, connu sous le nom de *Notre-Dame de La Faye*. Après la déposition de Raymond, on élut à sa place

✠ Rodolphe de La Tour (1210-1232).

Ce prélat appartenait à la noble famille Limousine de Laron, dans laquelle les biens et les titres de la maison de La Tour passèrent avec leur unique héritière. — On dit qu'il avait fait profession dans l'Ordre des Frères-Prêcheurs. De son temps, les Albigeois de Toulouse étant venus en Périgord y continuer leurs brigandages, on prêcha et on organisa la croisade contre eux. Simon de Montfort les y pourchassa vigoureusement et leur fit évacuer les quatre châteaux-forts de Domme, Castelnau, Monfort et Beynac, dont ils s'étaient emparés, et qu'on avait appelés pour cela *le Siège de Satan*. — De concert avec l'archevêque de Bordeaux et l'évêque de Bazas, Rodolphe de La Tour écrivit au pape Innocent contre Raymond VI, comte de Toulouse, qu'on regardait comme le fauteur et le champion des hérétiques. — En 1217, il fonda à Périgueux le couvent des Frères-Mineurs, situé dans le voisinage de celui de Sainte-Claire, dont nous allons parler ; il posa la première pierre de l'église de ce couvent en 1220. — Cette maison, qui occupait le trentième rang dans la province d'Aquitaine, avait sous sa *Custodie* les six maisons d'Aubeterre, Sainte-Foy, Excideuil, Sarlat, Montignac et Bergerac. — Ce prélat fit un pèlerinage en Terre-Sainte, et, à son retour en 1219, il confirma la fondation du prieuré de La Faye. — Enfin, il donna sa démission le 12 octobre 1232 entre les mains du pape Grégoire IX. Il mourut un mois après accablé d'infirmités.

Ce fut à cette époque que le Chapitre de Saint-Étienne fonda, près de l'Ille, au lieu dit de *Sainte-Claire*, le monastère des *Clarisses* ou des Filles de Sainte-Claire, en leur donnant l'église et le bâtiment de l'hôpital Saint-Jacques, à la charge que chaque abbesse, après son élévation, offrirait au grand autel de Saint-Étienne un cierge d'une livre, et donnerait tous les ans la rente d'un marbotin d'or, valant vingt sous, et deux livres d'encens. — Ce couvent, situé dans la paroisse de Saint-Jean de la Cité, confrontait d'une part au *Pont de Pierre*, qu'on a appelé successivement *Pont de Japhet*, — *Pont Saint-Jacques*, — *Pont des Nonnains*, — *Pont de Sainte-Claire*, — à deux chemins publics se dirigeant l'un vers la Cité et l'autre vers le Puy-Saint-Front, et aux murs de clôture des Frères-Mineurs.

✠ Raymond V de Pons (1232)

était fils de Bertrand, seigneur de Pons, qui fut tué à la première croisade au siège de Jérusalem, et d'Élisabeth de Toulouse. Il fut créé cardinal en 1227, et, en raison de cette dignité, résida bien peu dans son évêché. — Après lui, nous trouvons

✠ Pierre III de Saint-Astier (1236-1266),

issu de la noble famille des seigneurs de Saint-Astier. Son épiscopat fut long et fructueux. Il le rendit célèbre et fécond autant par ses mérites personnels que par les actes de son administration. — Une de ses premières entreprises, et qui ne fut pas la moins précieuse et la moins efficace, fut la pacification et la réunion définitive de la Cité de Périgueux et de la ville du Puy-Saint-Front. Il fut nommé pour arbitre avec Élies de Valbec (DONZELLUS) et le maire de la ville. — Un traité, dont nous parlerons au chapitre suivant, fut conclu et signé, par lequel ces deux villes ne devaient faire désormais qu'une même communauté. Il fit l'élévation du corps de saint Front ; et cet acte nous intéresse trop, dans le culte que nous rendons à notre bienheureux apôtre, pour que nous n'en reproduisions pas ici *in-extenso* le procès-verbal :

RESCRIT DE MONSEIGNEUR PIERRE DE SAINT-ASTIER CONTENANT LE PROCÈS-VERBAL DE L'INVENTION DES RELIQUES DE SAINT-FRONT.

« Pierre, par la grâce de DIEU évêque de Périgueux, aux abbés,
» prieurs, recteurs, au clergé et aux fidèles du diocèse de Périgueux, à
» qui ces présentes parviendront, salut en Notre-Seigneur JÉSUS-
» CHRIST.

» Depuis les temps les plus reculés, plusieurs avaient douté que le
» corps du très heureux Front, premier évêque de Périgueux, se trou-
» vât encore dans son église, dans le tombeau vulgairement appelé la
» *Tombe de Saint-Front*, soutenant, les uns par ignorance, les autres par
» malice, que les Normands l'avaient emporté.

» Nous, le Chapitre et les bourgeois du Puy-St-Front, voulant avoir
» à ce sujet une pleine certitude, après avoir ouï et bien compris les
» révélations ou visions que le Seigneur avait montrées à plusieurs per-
» sonnes pieuses en l'honneur de notre Saint pour confirmer la vérité
» du séjour de ses reliques parmi nous ; la veille des calendes de mai,
» entrant dévotement dans le dit Sépulcre, accompagné de plusieurs
» Frères Mineurs et Prêcheurs, de plusieurs chanoines de Saint-Front et
» de deux bourgeois, les abords du sépulcre étant garnis d'un grand
» nombre d'autres chanoines et prêtres, clercs, consuls de la dite ville et
» bourgeois, assistants et témoins, avec de grands luminaires, nous avons
» ouvert avec grand travail le tombeau de pierre dans lequel, rassuré
» par le bruit public et par d'autres conjectures, nous pensions fermement
» que reposait le très saint corps ; nous y avons trouvé une grande caisse
» de bois bien solide et bien ferrée contenant une autre grande caisse
» de plomb dans laquelle étaient, comme nous l'espérions, les saints osse-

» ments intègres et parfaitement conservés par la grâce de Dieu, et de
» grands fragments de la tête, solides et fermes.

» Avant de toucher en quoi que ce soit les dites reliques, nous avons
» fait tirer les deux cercueils avec tout ce qu'ils contenaient du dit sépul-
» cre, et en présence des témoins déjà indiqués et de plusieurs autres, à
» la grande joie et dévotion des assistants ; du cercueil de plomb nous
» avons ôté tous et chacun des os pour les déposer dans une nouvelle
» caisse de bois très belle, revêtue entièrement d'une étoffe de soie. Cela
» fait, après avoir rendu au Seigneur de grandes actions de grâces, en pré-
» sence de tous les témoins indiqués, nous avons remis au même lieu les
» reliques retrouvées, pour y reposer jusqu'à ce qu'elles soient placées
» dans une châsse digne d'elles, ce qui ne tardera pas, si Dieu veut bien
» nous l'accorder. Après cette translation, à l'heure de Tierce, de l'avis
» du clergé et du peuple, nous avons commencé la fête de la translation
» en l'honneur de Notre-Seigneur Jésus-Christ, en chantant la messe
» solennelle de saint Front au milieu d'une foule innombrable accourue
» à son église. Ayant fini notre discours en exposant tous les détails ci-
» dessus mentionnés, nous avons montré une lame de plomb sur laquelle
» étaient gravés ces mots : *Hic jacet corpus Beati Frontonis, Jesu Christi*
» *discipuli, et Beati Petri in baptismate dilecti filii.* Nous avons aussi
» montré une autre lame contenant cette inscription : *Hic jacet corpus*
» *Beatissimi Frontonis, Jesu Christi discipuli, et Beati Petri apostoli in*
» *baptismate filii, ex Lycaonia regione orti, de tribu Juda, ex Simone et*
» *Frontonia. — Obiit octavo kalendas novembris anno quadragesimo*
» *secundo post Passionem Domini Jesu.* — Ces deux lames ont été trouvées
» par nous dans le cercueil de plomb avec le très saint corps ; nous y
» avons trouvé aussi d'autres inscriptions gravées et des vers composés
» en l'honneur du saint apôtre. Comme tout le clergé et le peuple de ce
» diocèse de Périgueux doit immensément se réjouir d'un si grand patron,
» qui le premier a prêché la foi dans ces contrées et a converti à Jésus-
» Christ le peuple qui les habite, nous vous requérons tous et vous
» prions, vous enjoignant, en vertu de la sainte obéissance, qu'en la veille

» de Saint-Philippe et de Saint-Jacques, en l'honneur du Seigneur et du
» très heureux Front, vous célébriez solennellement à perpétuité la fête
» de la dite translation. Nous accordons à tous ceux qui la célébreront
» avec piété et dévotion quarante jours d'indulgence. — Donné le VI des
» nones de mai, l'an du Seigneur M.CC.LXI. »

Avant de procéder à cette Invention, Pierre de Saint-Astier avait fondé à Périgueux (1241) le couvent des Frères-Prêcheurs de Saint-Dominique, au lieu où jadis S. Éparque avait bâti une abbaye, et où depuis les chanoines réguliers de St-Jean de Côle avaient fondé un prieuré et une église dédiée à saint Martin. Voici du reste, comment Bernard de Guidonis, qui écrivait vers la fin du treizième siècle, raconte cette fondation :

« Suivant le récit qui m'a été fait, dit-il, surtout par un vieillard de
» la première période, je puis conclure que vers l'an 1241 de l'ère
» chrétienne, les Frères-Prêcheurs arrivèrent à Périgueux pour s'y
» établir et occuper une maison qu'on leur offrait pour une fondation.
» Parmi les premiers religieux, on signale le Frère Jean Balétrier, né en
» Limousin. En ce temps-là, le siège épiscopal était occupé par un prélat
» de digne et sainte mémoire, Pierre de Saint-Astier, qui daigna faire
» le plus paternel et le plus bienveillant accueil aux enfants de saint
» Dominique. Car ce pontife, de concert avec le Chapitre des chanoines,
» où l'on comptait plusieurs membres distingués par leur âge et leur
» haute probité, fit cession aux Frères-Prêcheurs du local et de l'église
» appelée Saint-Martin, hors les murs de la ville, avec ses dépendances
» et ses édifices. Il y avait, à cette époque, un prieuré appartenant au
» monastère des chanoines réguliers de Saint-Jean de Côle, et un cha-
» noine y résidait avec le titre de prieur ; voilà pourquoi l'Évêque et le
» Chapitre de Périgueux ne voulurent pas disposer de ce local sans
» offrir au monastère et aux chanoines une légitime et convenable com-
» pensation. — Ces chanoines obtinrent d'abord de l'Évêque une église
» située au Toulon ; mais, cette église ayant été abandonnée dans la suite,

» ils se fixèrent dans l'intérieur de la ville pour y occuper une autre église
» de Saint-Martin, où ils sont encore.

» Pour ce qui concerne l'église de Saint-Martin, dont les Frères-Prê-
» cheurs venaient d'entrer en jouissance, ils firent démolir la partie
» supérieure, qui était en forme de coupole. Ce qui reste de l'ancienne
» église forme aujourd'hui la chapelle de l'Infirmerie.

» L'évêque de Périgueux ne se contenta pas d'un premier don qu'il
» avait fait aux enfants de saint Dominique ; il mit encore à leur dispo-
» sition une somme d'argent assez considérable pour leur aider à cons-
» truire un couvent, de même qu'il voulut donner une autre somme
» d'argent aux chanoines de Saint-Jean de Côle, qui avaient abandonné
» leur vieille résidence.

» On peut avancer, à juste titre, que cet illustre évêque a été le père
» et le fondateur du couvent des Frères-Prêcheurs à Périgueux. On
» sait, du reste, qu'il finit lui-même par prendre l'habit de l'Ordre, et
» qu'il entra dans le couvent de Limoges en 1267, après trente-trois
» ans d'épiscopat ; — et ce ne fut qu'après avoir bien des fois sollicité
» du Saint-Siège la permission de quitter son diocèse. — Il prit enfin
» congé de son peuple, dit le P. Touron, par un discours qui fit répandre
» bien des larmes et pousser bien des gémissements. Il put suivre les
» règles et les constitutions d'une manière fort édifiante durant l'espace
» de huit ans et quelques mois, puisqu'il termina sa carrière un jour de
» dimanche, au mois de juillet 1275. Il fut enterré au milieu du chœur de
» l'église des Frères-Prêcheurs de Limoges. Sur son tombeau on avait
» placé une inscription remarquable. » — On voyait jadis dans l'ancienne chapelle de Ste-Ursule à Périgueux, qui était la chapelle Domi-
nicaine, le portrait de ce saint et religieux prélat parmi les médaillons
qui décoraient la voûte lambrissée.

Arrivés à cette période de notre histoire, nous avons devant nous
deux grands faits historiques que nous n'avons fait qu'indiquer en passant, et qui pourtant eurent une grande importance pour la situation
politique de notre ville. — Nous voulons parler de la prise de possession

de l'Aquitaine par les Anglais, à l'occasion du divorce d'Éléonore d'Aquitaine et de son mariage avec le roi d'Angleterre ; et puis, de la réunion définitive de la Cité de Périgueux et de la ville du Puy-Saint-Front. Ces deux événements vont être l'objet pour nous d'une étude toute spéciale.

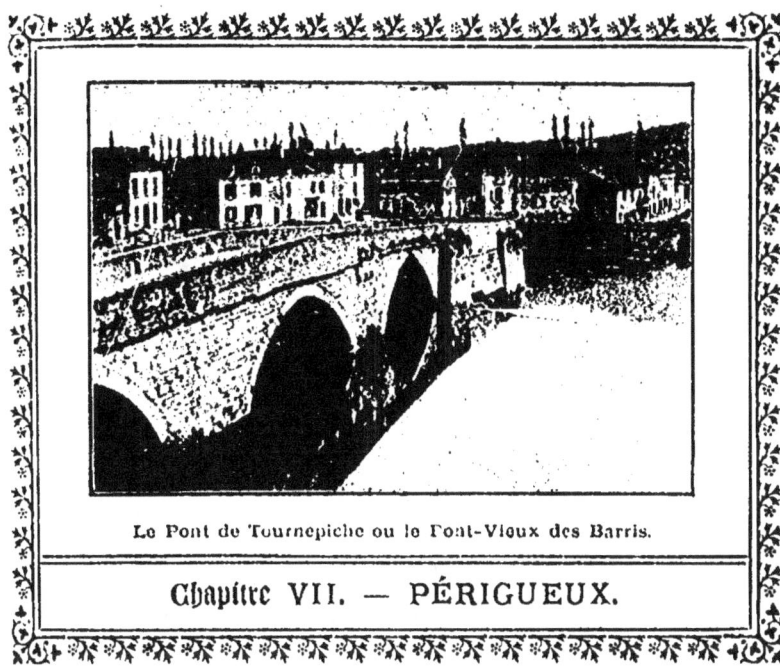

Le Pont de Tournepiche ou le Pont-Vieux des Barris.

Chapitre VII. — PÉRIGUEUX.

(1000 — 1292.)

Comtes de Périgord. — Démêlés du comte Hélies Talleyrand avec l'évêque de Périgueux. — Le comte Hélie Rudel saccage le monastère du Puy-Saint-Front. — Gasconia sa mère. — Le Périgord passe sous la domination des Anglais. — Le comte Boson bâtit une tour sur les arènes. — Henri, roi d'Angleterre, fait le siège du Puy-Saint-Front. — Louis VIII, roi de France, reconnaît les prérogatives des habitants de Périgueux. — Saint Louis et le Pariage du Puy-Saint-Front. — Traité de réunion de la Cité et de la ville de Périgueux. — Les trois Ordres de la ville de Périgueux. — Opposition et menées du comte Hélies Talleyrand. — Intervention de saint Louis. — Traité passé entre le comte de Périgord et le Chapitre de Saint-Étienne de la Cité ; — armoiries des deux villes réunies. — Arbitrage et jugement de saint Louis. — Rivalité et hostilités entre le Puy-Saint-Front et la Cité. — Saint Louis cède aux Anglais ses droits sur la Guyenne, et fait ses réserves à l'égard de Périgueux. — Le comte Archambaud veut battre monnaie. — Maison du consulat à Périgueux. — Les trois sceaux, 1° du Chapitre de Saint-Front ; — 2° du Pariage ; 3° du Monastère de Saint-Front.

E fait, la ville du Puy-Saint-Front était devenue peu à peu le centre principal de l'activité et du groupement des Pétrocoriens, qui, après toutes les révolutions politiques et les désastres qu'ils avaient eu à subir, avaient assis leur nouvelle cité autour et sous la protection de S. Front, leur apôtre et premier évêque.

Cette nouvelle existence politique et municipale ne tarda pas à être confirmée par des actes authentiques et autorisés dont nous allons parler. Pour nous en bien rendre compte, nous devons reprendre le récit des événements et des actes politiques de notre cité au point où nous les avons laissés lorsque nous avons dû préciser le caractère distinctif de franchise, les droits et privilèges de la vieille Cité des Pétrocoriens.

C'était en l'an 1000, dit le P. Dupuy ; « Guillaume VI *le Dévotieux, et à cause de sa bonté surnommé Teste d'Étouppe*, était duc d'Aquitaine. » Il avait fait le pèlerinage de Terre-Sainte en compagnie de l'évêque de Périgueux, Rodolphe de Couhé. Il mourut en 1025 et eut pour successeur son frère Gui. Pendant son gouvernement, il avait vu mourir le fameux Guillaume Talleyrand, comte de Périgord, de l'Agenais et de l'Angoumois.

Celui-ci eut pour successeur son frère Gérard, sous l'administration duquel il ne se passa rien de remarquable. A sa mort, son fils aîné Hélie hérita de sa charge et se rendit tristement célèbre en faisant crever les yeux à Benoît, évêque et coadjuteur de l'évêque de Limoges. Pour expier ce crime, Hélie entreprit le pèlerinage de Rome, où il ne put arriver. En outre, méconnaissant les droits de l'Évêque et du Chapitre, il avait fait battre certaine monnaie appelée HELIANENSIS, qui fut la cause de désordres et de troubles sérieux après sa mort. — Audebert Cadoyrac, son frère, lui succéda, et hérita des sujets de querelle dont Hélie avait jeté le germe, en s'arrogeant le droit de battre monnaie au coin du Chapitre. L'évêque d'alors, Gérard de Gourdon, protesta contre cette inique prétention, ce qui lui valut les représailles violentes du comte Audebert. Pour se défendre, l'évêque mit sur pied de guerre ses places fortes, bâties autrefois par Frotaire ; il engagea et hypothéqua même deux de ces châteaux-forts pour se procurer des ressources ; plus tard ils revinrent à la mense épiscopale. Audebert ne tarda guère à suivre dans la tombe son frère Hélie, en laissant pour lui succéder son fils Bernard, qui fut impitoyablement écarté et dépossédé par son oncle Boson, comte de la Marche ; mais ce dernier mourut bientôt empoisonné, et laissa son fils Hélie comte de la Marche et du Périgord.

Gui, septième duc d'Aquitaine, ne garda pas longtemps ce duché, puisqu'en 1045 nous trouvons son fils Guillaume, surnommé *Geoffroy*, huitième duc de ce nom. Celui-ci gouverna plus longtemps la province ; car sa mort n'arriva qu'en 1086. Il laissa pour lui succéder son fils Guillaume d'Aquitaine.

Celui-ci ne fut d'abord que trop célèbre, hélas! par sa fille Éléonore, qui, par son divorce avec Louis VII, fut la cause de tant de troubles et de guerres qui désolèrent notre province. — Il vit le pape Urbain II traverser l'Aquitaine pour aller consacrer l'église cathédrale de Saint-Étienne à Limoges (30 décembre 1094), ainsi que la grande église de Saint Martial (1er janvier 1095), et de là se diriger sur Clermont pour y tenir le fameux concile où fut prêchée et décidée la première croisade. — Un auteur du temps raconte « *que tous les Évesques de France y comparurent ; au moins nostre Évesque n'y fit point défaut, et ce fut là que ceste divine arangue du Sainct-Père, faicte sur la misérable condition des chrestiens de la Syrie, mit le cœur au ventre d'une infinité de seigneurs qui se croisèrent, pour aller restablir par armes les chrestiens en leur liberté.* » Nous savons déjà quel fut le double résultat de cette première croisade pour notre Périgord : Raynaud de Thiviers, égorgé et martyrisé à Antioche sur l'autel où il célébrait les saints mystères, et l'acquisition providentielle du saint suaire de Notre-Seigneur, déposé à Cadouin.

Cependant Hélie, fils de Boson, laissé à la tête du comté de Périgord par l'usurpation de son père, se voyait justement disputer cette possession par Bernard, fils et légitime héritier d'Audebert. — Guillaume, neuvième duc d'Aquitaine, mit la paix entre les deux cousins en assignant, par une combinaison assez originale, le comté de la Marche à Bernard, et en maintenant à Hélie le comté de Périgord.

Quelque temps après, nous trouvons le comte Hélie Rudel, fils présumé du comte Hélie, lequel, à la tête d'une troupe de bourgeois, vint faire le sac du monastère de Saint-Front, d'où il enleva toutes les provisions destinées à la subsistance des religieux. — Sa mère Gasconia, nous l'avons déjà dit, en fut si courroucée que, sacrifiant son propre honneur, elle vint en personne au tribunal de l'évêque déclarer ouvertement que Hélie Rudel n'était que son fils naturel, et nullement le fils légitime du comte Hélie, son mari. — En conséquence, elle demandait son exhérédation.

Dans le schisme malheureux qui désolait l'Église à cette époque (1130), nous voyons les partisans du duc Guillaume prendre fait et cause pour le Normand Roger et l'antipape Anaclet contre le vrai pape Innocent II. Gérard, évêque d'Angoulême, qui se couvrait tout à la fois et de l'autorité du duc d'Aquitaine et du faux titre de légat de l'antipape, se déchaîna furieusement contre les évêques de la province qui voulaient rester fidèles à Innocent II. On sait comment saint Bernard s'employa activement à mettre fin à tous ces désordres et à rétablir la paix dans l'Église. — Après sept ans d'efforts inouïs, il réussit enfin à remettre la France, et l'Aquitaine en particulier, dans l'obédience du pape Innocent II. Ce fut alors que Guillaume, duc d'Aquitaine, rétablit sur leurs sièges et dans leurs droits primitifs les évêques que Gérard avait persécutés et dépossédés. — Il ne se borna point à cet acte de réparation; mais, tout pénétré d'un vif repentir de s'être laissé entraîner à d'aussi violents désordres, il feignit d'être malade, alla se jeter aux pieds du souverain-pontife à Rome, et, après avoir fait son testament, se retira dans un désert de la Palestine pour y vivre et mourir en saint anachorète, et mériter ainsi le titre de saint sous lequel l'Église l'honore. Par son testament, il donnait à Louis-le-Jeune, fils du roi Louis-le-Gros, le duché de Guyenne, à la condition qu'il épouserait sa fille Éléonore, ce qui fut accueilli avec empressement. Aussitôt le roi envoie son fils en Guyenne, et vient lui-même à Bordeaux célébrer solennellement le mariage. — C'est ainsi que le duché d'Aquitaine retourna à la couronne de France, car Louis-le-Jeune, dixième duc, avait été sacré depuis quelques années roi de France par le pape Innocent II au concile de Reims.

Ce jeune prince se démit en faveur du clergé du droit de *Régale*, en sorte qu'à l'avenir l'élection des archevêques, évêques et abbés de la dite province de Bordeaux pouvait se faire librement, sans l'intervention ni la confirmation du roi, ni de ses successeurs.

La seconde croisade venait d'être prêchée par S. Bernard, et avec tant de succès, qu'au concile de Chartres (1146), Louis-le-Jeune, roi de France, et Éléonore son épouse, se croisèrent et partirent l'année d'après pour la Terre-Sainte, avec « *tel nombre de seigneurs*, disait saint Bernard, » *que les villes et chasteaux demeurèrent vuides*. » L'issue de cette croisade fut loin de répondre à ses brillants débuts; elle amena pour notre pays de grands troubles et de funestes dissensions. La conduite plus que légère de la reine Éléonore alluma dans le cœur de son royal époux la passion funeste de la jalousie, si bien que Louis-le-Jeune avait, dès son retour, conçu et arrêté le plan de son divorce. — Et en cela, remarque un auteur du temps, il faisait preuve de plus d'honnêteté que de politique. Le divorce fut prononcé par les évêques du royaume au concile de Beaugency, en 1152, et aussitôt ratifié par le Pape Eugène III. — Éléonore se retira donc dans son duché d'Aquitaine, où elle ne tarda pas à conclure un second mariage avec Henri, comte d'Anjou, duc de Normandie, héritier présomptif de la couronne d'Angleterre, qui lui échut deux ans après. C'est ainsi qu'avec le duché d'Aquitaine le Périgord passa sous la domination des Anglais.

Le nouveau duc d'Aquitaine, Henri d'Angleterre, ne respecta pas les franchises du clergé. Il voulut s'immiscer dans l'élection de l'archevêque de Bordeaux ; mais il éprouva la résistance des évêques suffragants, qui préférèrent à son candidat l'évêque de Périgueux. — Et ce fut, dit-on, pour l'apaiser, que le Chapitre de Saint-Front de Périgueux lui offrit une magnifique table d'argent sur laquelle étaient représentés les douze apôtres (1159).

Au milieu de cette révolution politique apparurent les *Pétrobrussiens*, nouvelle forme de la secte hérétique des Albigeois, plus connus chez nous sous le nom de *Routiers*, RUPTARII. Ils portaient partout le ravage et la désolation, et ce fut pour se mettre à l'abri de leurs surprises que Boson, comte de Périgord, fit bâtir dans le terrain des Arènes, sur les remparts de la ville, une tour très élevée qui servait de retraite à ses troupes (1).

---

1. P. LABBE. p. 739.

Cette tour fit le malheur du Puy-Saint-Front, et cela de deux manières : d'un côté, elle favorisa les vexations et le pillage ; d'un autre côté, elle attira la guerre aux malheureux habitants de cette ville naissante. — En effet, Henri II d'Angleterre, mécontent d'Hélie Talleyrand, comte de Périgord, qui vraisemblablement était attaché au roi, lui fit une guerre assez longue pour que le Puy-Saint-Front, dont il s'était emparé, essuyât deux sièges ; la ville fut prise deux fois, et enfin la tour qu'avait fait bâtir Boson fut rasée. — Ce fut une obligation que la ville eut à ses ennemis ; mais comme ses murailles furent également détruites, elle ne s'en trouva que plus exposée aux incursions du comte.

Probablement il s'était élevé des querelles et des rivalités entre elle et l'ancienne Cité, car il paraît que celle-ci, dans la guerre dont nous parlons, prit le parti du duc d'Aquitaine, vraisemblablement en haine du comte et de la tyrannie. — Mais presque immédiatement après la destruction de la forteresse, la Cité de Périgueux et la ville du Puy-Saint-Front se réunirent pour faire la guerre au comte, et ces hostilités, dont l'histoire effrayante suffirait pour peindre la barbarie du siècle, durèrent jusqu'en 1159.

Le comte voulait être le maître ; la Cité travaillait à maintenir sa liberté. Le bourg du Puy-Saint-Front résistait aux efforts par lesquels on cherchait à le subjuguer ; le comte, n'ayant aucun droit de commander ni dans l'une ni dans l'autre, avait toujours le bras levé et les armes à la main, s'efforçant de diviser ces deux villes pour mieux les opprimer. — On le vit souvent solliciter l'alliance de l'une contre l'autre, et les avoir alternativement pour alliées ou ennemies, mais jamais pour sujettes.

A l'occasion du mariage d'Éléonore, fille du roi d'Angleterre et d'Éléonore d'Aquitaine, avec Alphonse II, roi d'Espagne, — lequel mariage fut célébré très solennellement à Bordeaux, et où, avec tous les évêques de la province, figuraient Raoul de La Faye, sénéchal de la Guyenne, et Hélie, fils de Boson, comte de Périgord, — on conclut le mariage de Richard Cœur-de-Lion, second fils du roi d'Angleterre, avec la fille du comte de Barcelone : on y stipula le duché d'Aquitaine pour apanage. —

C'est ainsi que Richard Cœur-de-Lion devint le douzième duc d'Aquitaine.

Cependant les Aquitains subissaient avec peine le joug des Anglais. Après plusieurs soulèvements, ils avaient fini par les déloger de certaines places fortes. — Ce fut à la suite d'un de ces soulèvements que nous voyons venir en Périgord Henri roi d'Angleterre, suivi de ses deux fils, Henri duc de Normandie, et Richard Cœur-de-Lion, — assisté du roi d'Aragon, du comte de Bretagne et d'Hergamonde, dame de Narbonne, pour faire le siège du Puy-Saint-Front. — Ils en eurent certainement raison, puisque nous savons que cette ville était sous leur domination en 1202, et que ce fut là que fut ourdi le complot de la trahison de Poitiers par les Anglais avec le clerc du maire de Poitiers.

Mais n'anticipons point : de graves événements politiques firent surgir en notre Aquitaine un nouvel état de choses. — Richard Cœur-de-Lion, monté sur le trône d'Angleterre en 1190, avait fait alliance avec Philippe, roi de France, pour la troisième croisade prêchée et résolue contre Saladin au concile de Paris. Le début n'en fut pas heureux. — Les deux souverains se séparèrent avant d'arriver en Terre-Sainte. Le roi de France, rebroussant chemin, vint en Normandie assiéger des villes de la juridiction du roi d'Angleterre. — Richard se hâte d'accourir ; mais, en route, il est fait prisonnier par l'empereur d'Allemagne, qui ne lui accorde sa liberté que moyennant la rançon de cent cinquante mille marcs d'argent. — Cette somme fut généralement prélevée sur les bénéfices et les riches mobiliers des églises d'Aquitaine. — Malgré tous ces sacrifices, Richard Cœur-de-Lion ne survécut pas longtemps à sa captivité ; il vint, en 1200, se faire tuer en Limousin sous les murs de Chalus, et eut pour successeur au trône d'Angleterre et au duché d'Aquitaine Jean-sans-Terre. Mais, parce que celui-ci fut convaincu d'avoir fait mourir son neveu, le duc de Bretagne, et de s'être révolté contre son suzerain Philippe roi de France, son duché d'Aquitaine lui fut confisqué et réuni à la couronne de France.

Loin d'accepter cette confiscation de l'Aquitaine, Henri d'Angleterre, frère et successeur de Jean-sans-Terre, expédia sur Bordeaux une flotte de trois cents vaisseaux, commandée par son frère Richard, qui n'y trouva que la défaite et la confusion. — Car Louis VIII, alors roi de France, après s'être fait reconnaitre par les principales villes de la Guyenne, repoussa vigoureusement toutes les tentatives de débarquement de la flotte anglaise, qui se vit ainsi forcée de rentrer en Angleterre sans avoir pu rien faire.

Ce fut à l'occasion de cette campagne si bien menée que le roi Louis VIII, ayant besoin de faire passer ses troupes à travers le Périgord, enjoignit au sénéchal de cette province d'avoir à respecter et sauvegarder les droits et prérogatives des habitants de Périgueux, qu'il avait toujours considérés comme *relevant directement de la couronne de France*. — Après avoir reçu la *Foi* des habitants du Puy-Saint-Front, il leur fit expédier, à la date de 1223, des lettres par lesquelles le maire et l'universalité des bourgeois du Puy-Saint-Front, qui forment une association établie postérieurement à celle de la Cité, dont elle est un démembrement, sont déclarés *Hommes du Roi*, et tenus de lui faire *Hommage*.

Trois ans après, en 1226, saint Louis monta sur le trône, et dès cette même année il reçut encore l'hommage du maire et des bourgeois du Puy-Saint-Front. — Plus tard, Philippe-le-Hardi (1272), et Philippe-le-Bel (1286), renouvelèrent et confirmèrent la même déclaration au moyen de *Lettres Reversales*.

Il est bon de remarquer qu'à cette époque de l'avènement de saint Louis, cette communauté du Puy-Saint-Front était seule en possession de l'exercice de la puissance publique sur tout son territoire. — Le monastère du Puy-Saint-Front, sans doute, avait des rentes sur les portions de terrain qui lui avaient appartenu et qu'il avait aliénées pour y construire des maisons ; — il pouvait aussi avoir stipulé des droits aux mutations ; mais il était bien difficile qu'il se créât une justice sur des domaines dont il n'avait été que propriétaire ; — aussi, pour se faire de ces droits une espèce de seigneurie, le Chapitre de Saint-Front, en 1246, en céda la moitié par indivis à saint Louis. — Le roi accepta la moitié de cette seigneurie, que l'on appela depuis le *Pariage* du Puy-Saint-Front, c'est-à-dire, la possession et la propriété indivise entre le roi et le Chapitre, des droits que celui-ci prétendait avoir sur le terrain dont il s'agit (1). — De ce moment le Chapitre, uni avec un si puissant co-propriétaire, non seulement réalisa son droit, puisqu'il était approuvé par le souverain, mais trouva tant d'occasions de faire respecter sa possession que ces redevances foncières, — prix ordinaire d'une aliénation des domaines possédés par une corporation ecclésiastique, — sont devenues une véritable seigneurie à laquelle se trouve jointe la justice. — Telle est donc l'origine de cette petite seigneurie *en Pariage*, qui ne pouvait 'alors faire obstacle ni exception à l'exercice des droits du maire et de la communauté.

En 1231, nous trouvons comme comte de Périgord Archambaud Ier, qui avait succédé à Augenius. Il fut remplacé lui-même l'année suivante par Hélie Talleyrand, qui avait épousé Brunissande, fille d'Augenius.

Nous sommes à une époque mémorable et importante pour les intérêts et l'avenir de la ville de Périgueux, — qui tendait de plus en plus à prendre la prépondérance sur l'ancienne Cité, et à se fortifier contre les agissements et la politique des comtes de Périgord. Il s'agissait d'assurer la tranquillité du pays aussi bien que les droits et prérogatives des deux confédérations rivales, et de faire cesser ces luttes suscitées par la politique des comtes et qui duraient depuis plus de cinquante ans. — C'est pourquoi la ville du Puy-Saint-Front et la Cité de Périgueux, se rappelant leur origine commune et devant leur ennemi commun, voulurent unir leurs forces avec leur destinée, et conclurent entre elles un traité *d'Union et d'Incorporation*. — On élut pour cela un Conseil d'arbitrage composé de Pierre de Saint-Astier, évêque de Périgueux, de Élies de Valbec, damoiseau (Donzellus) gentilhomme, et du maire de la ville. — Ce traité fut conclu et signé le dimanche avant la fête de Saint-Matthieu, de l'année 1240. — C'est une pièce trop importante et trop intéressante pour

---

1. La juridiction du *Pariage* comprenait les paroisses de Notre-Dame de Sanilhac, — Le Sel, — Marsaneix, — Pissot, — La Cropt — Sainte-Marie de Chignac, — Saint-Laurent-du-Manoire, — Le Breuil, — Chalagnac, — Creyssensac, — Saint-Mayme, — Ladouze. — (*Dictionnaire topographique* de M. le Vte DE GOURGUES).

que nous ne la reproduisions pas dans sa teneur sous les yeux de nos lecteurs.

TRAITÉ DE RÉUNION de la Cité et de la Ville de Périgueux.

(Année 1240.)

LE Chapitre de Saint-Etienne, et tous les Clercs, Chevaliers, Damoiseaux et autres Laïcs Citoyens de la Cité de Périgueux, les Consuls et la Communauté de la Ville du Puy-Saint-Front de Périgueux, à tous ceux qui ces présentes lettres verront, paix véritable et salut en celui qui est le salut éternel, au nom de la Sainte Trinité, de la Bienheureuse Vierge Marie, Mère de Notre-Seigneur Jésus-Christ, de saint Etienne, premier martyr, de saint Front et tous les autres Saints. Nous déclarons et vous signifions que, voulant procurer le bien public du diocèse de Périgueux, nous avons fait et contracté alliance, de la manière suivante : savoir, que nous nous pardonnons mutuellement, en général et en particulier, tous sujets de haine, vengeance, ou altercations respectives, lesquelles nous pouvions avoir les uns contre les autres au moment du présent Traité, sous la réserve, cependant, qu'on sera obligé de payer, en la manière accoutumée, les cens, rentes et revenus à qui ils appartiennent. Nous avons statué que ledit Traité sera perpétuellement observé, et que, de nous, et de nos successeurs, il sera fait une Université ou Corps composé de l'universalité de tous les Citoyens de la Ville et de la Cité ; lequel sera gouverné suivant les coutumes anciennes de la Ville du Puy-Saint-Front, qui seront exactement observées ; de manière que pour le gouvernement de ladite Université, on élira, de l'avis et du consentement de tous, un Maire et des Consuls, ou des Consuls seulement, auxquels

CAPITULUM Sancti Stephani et omnes Clerici, Milites et Donzelli et alii Laici Civitatis Petragoricensis, Consules et Communia Ville Podii Sancti Frontonis Petragoricensis, universis has litteras inspecturis, salutem in eo qui salus æterna est et pax vera, in nomine Sancte Invidue Trinitatis et Beatissime Virginis Marie Matris Domini nostri Jesu Christi, et Sanctorum Protomartiris Stephani et Frontonis, omnium aliorum Sanctorum, significamus vobis, quod nos publice utilitati Petragoricensis diocesis intendentes, fedus inivimus, familiaritatem contraximus, sic componendo et statuendo quod generaliter et specialiter, omnes rancones et iras nobis ad invicem remisimus et querelas, si quas occasione dampnorum et maleficiorum, injuriarum seu violentiarum habebamus, vel habere poteramus, tempore compositionis et statuti, exceptis debitis censibus et redditibus qui, illis quibus debebantur, debentur, et debebuntur ad numerum debitum et consuetum, et mensuram solitam persolvantur. Statuimus quidem quod prædicta compositio in perpetuum observetur et de nobis omnibus, et successoribus nostris una fiat *universitas* perpetuo duratura, quæ secundum antiquas consuetudines Ville Podii Sancti Frontonis Petragoricensis gubernetur ; et ipsæ consuetudines observentur, ità quod, ad universitatem regendam, de consilio et assensu dictæ universitatis, eligantur Major et Consules, vel Consules tantum, per quorum providentiam se regat universitas et illis obediat ; *ita quod*

... *de universitate, qui œtatem quindecim annorum habebunt, regimini eorum se subjiciant, et illis jurent obedientiam, et promittant, exceptis casibus in quibus Clerici se jurisdictioni non possunt subjicere Laicali.* Si quis vero de Civitate obedientiam Rectoribus Consulatus exhibere noluerit, non erit habitator universitatis vel de communia ipsius.

Item quod tam Civitas quam Villa Podii Sancti Frontonis Petragoricensis, suas clausuras retineant in muris, turribus, portalibus, antemuralibus et fossatis ; fiat tamen una Clausura de Civitate ad Villam Podii Sancti Frontonis Petragoricensis contigua, infra quam, si qui habitaverint, erunt de universitate, et obediant per omnia, sicut alii Civitatis et Ville Podii Sancti Frontonis Petragoricensis, Rectoribus Consulatus ; et ut universitas de dampno infecto sibi caveat, nullus infra clausuram, vel circa, construet hedificium per quod universitas pati valeat detrimentum, sive domus, sive alio nomine censeatur, et super hoc, per Rectores Consulatus universitati fideliter providetur.

Item CUM CIVITAS SIT LIBERA ET NULLIUS JURISDICTIONI SUBJECTA, *cum vindictam in ea exerceat in furtis, homicidiis, verberibus, falsis mensuris, seu aliis injuriis, et dampnis et debitis,* statutum est quod Rectores Consulatus PLENAM HABEANT JURISDICTIONEM COGNOSCENDI DE OMNIBUS CAUSIS IN CIVITATE *et in nova clausura, et infligendi pœnas, vel puniendi reos secundum quod viderint expedire ;* exceptis causis feodalibus, que ratione feodorum coram ipsorum feodorum dominis tractabuntur ; si vero contigerit aliquem ab aliquo spoliari vel de possessione, sine auctoritate sui judicis, ejici vel expelli, a Rectoribus Consulatus restituetur possessio spoliato, et spolians ad arbitrium Consulatus punietur.

Item, infra Civitatem necque circa NEC

cette même Université obéira, et par lesquels se fera l'administration de la Chose publique ; ainsi tous ceux qui auront atteint l'âge de quinze ans, seront obligés de promettre, et jurer soumission et obéissance auxdits Maires et Consuls, excepté les Clercs, dans les cas où ils ne peuvent se soumettre à la juridiction laïque ; et si quelqu'un de la Cité refuse de se soumettre et d'obéir aux Consuls, il ne sera pas regardé comme membre de la dite Université.

Item. Il demeure convenu que, tant la Cité que la Ville du Puy-Saint-Front de Périgueux, auront toujours leurs murs séparés, leurs tours, leurs portes, leurs fossés et avant-murs ; cependant il sera fait une clôture et une enceinte contiguës, depuis la Cité jusqu'à la Ville ; et ceux qui habiteront au dedans seront Membres de l'Université, et obéiront en toutes choses aux Consuls comme les autres Citoyens de la Cité et de la Ville du Puy-Saint-Front; et afin que ladite Université soit à l'abri de recevoir aucun tort ni dommage, il ne sera permis à personne de construire, au dedans de ladite enceinte, aucune espèce d'édifice, soit maison ou autre bâtiment quelconque, duquel il puisse résulter du dommage ou du danger pour ladite Université, et les Consuls seront chargés d'y veiller.

Item. Comme la Cité est libre et n'est assujettie à la juridiction de personne, comme elle exerce la justice dans les cas de vol, homicide, combat, fausse mesure ou autres crimes et injustices, il a été arrêté et statué que les Consuls auront pleine juridiction, et le droit de connaître de tous les cas, dans la Cité et dans la nouvelle clôture ou enceinte, et d'infliger des peines aux coupables, selon qu'ils le jugeront convenable ; excepté les causes féodales, lesquelles, à raison des fiefs particuliers, seront discutées et jugées devant les seigneurs desdits fiefs. — S'il arrive que quelqu'un soit dépouillé par un autre, ou chassé de ses possessions sans le concours et l'autorité de son juge, les Consuls rétabliront dans ses droits celui qui aura été dépossédé, et le ravisseur sera puni de la manière que le Consulat le jugera à propos.

Item. Ni dans la Cité, ni aux environs, ni

dans la nouvelle clôture ou enceinte, aucun Clerc ni Laïc ne fera hommage à qui que ce soit, s'il n'est de sa famille propre ; en cela, on suivra la coutume observée depuis longtemps dans la Ville du Puy-Saint-Front.

Item. Il a été statué qu'aucun de ladite Université, Clerc ou Laïc, ne citera ou ne fera citer une autre personne de l'Université, devant aucun juge ecclésiastique ou séculier, hors de la Cité ou de la Ville du Puy-Saint-Front ou de la nouvelle enceinte ; pourvu cependant que celui qui sera appelé devant un juge étranger, soit disposé à reconnaître la juridiction des juges ordinaires, délégués ou subdélégués, Ecclésiastiques ou Laïcs, et à se soumettre à leurs jugements en toutes les choses qui pourront être de leur compétence.

Item. Si quelqu'un des Citoyens possède une maison forte, ou quelqu'autre édifice, et qu'à cause de ce, il soit justement suspect au Consulat, il doit prendre les précautions nécessaires, et de l'avis du Consulat, pour qu'il n'arrive ni tort ni dommage à l'Université ; si au contraire il ne peut ou ne veut prendre, à cet égard, les mesures convenables, le Consulat s'emparera de ladite maison ou forteresse, et la gardera aux dépens de celui à qui elle appartiendra ; et si le seigneur de la maison refuse de fournir aux dépenses nécessaires, cette forteresse ou maison sera mise au niveau des murs, avec une porte du côté de la Cité, le tout, ainsi que le Consulat le jugera à propos.

Item. On tiendra le marché au lieu accoutumé dans la Ville du Puy-Saint-Front.

Item. On mettra un beffroy dans la Cité et dans la Ville du Puy-Saint-Front, et on donnera en même temps le signal, dans l'une et dans l'autre, à l'entrée de la nuit ; et pour lors les portes, tant de la Cité que de la Ville, seront fermées. *Item.* Si on ferme la Cité de murs, depuis la porte des Boucheries jusqu'à la porte du Bourreau, la Ville du Puy-Saint-Front ne sera nullement tenue de contribuer à cette première dépense ; mais si dans la suite il est néces-

Clericus, nec Laicus habeat Homagium in aliqua persona, neque in nova clausura, nisi sit de sua familia, de qua observabitur consuetudo, quæ duravit diutius in Villa Podii Sancti Frontonis Petragoricensis supra dicta.

Item, statutum fuit quod nullus de prædicta Universitate, Clericus vel Laïcus, tradat vel trahi faciat aliquem de prædicta Universitate, ad aliquem judicem ecclesiasticum vel secularem, extra Civitatem, vel Villam Podii Sancti Frontonis Petragoricensis, vel clausuram supradictas, dum tamen qui vocandus est ad judicium, coram judicibus ordinariis delegatis vel subdelegatis, in hoc quod ad singulos illorum judicum pertinet, sint Clerici vel Laïci, ibi vel juxta, paratus sit stare juri.

Item, si quis de Civibus fortem habens domum, vel aliquod hedificium, ex juxta causa Consulatui sit suspectus, caveat, ad arbitrium dicti Consulatus, ne per ipsum dampnetur Universitas ; si vero cavere non potuerit vel noluerit, domum illam sive forcalitiam occupet Consulatus, et ad expensas domini domus, vel forcalitiæ, conservetur, quandiu expensas præstare voluerit ; ipso vero cessante à præstatione expensarum, domus sive forcalitia muris adæquetur, et adaperiatur a parte Civitatis, quantum Consulatus viderit expedire.

Item, mercatum fiet in solito loco, infra Villam Podii Sancti Frontonis Petragoricensis.

Item, quoddam inter signum erit in Civitate et in Villa Podii Sancti Frontonis simile, et ad pulsationem unius alterum in nocte pulsabitur ; et tunc portæ tam Civitatis quam dictæ Villæ firmabuntur. Item, si Civitas se clauserit, à porta Bochariæ, usquè ad portam Boarela, claudet se, sine expensis Villæ Podii Sancti Frontonis Petragoricensis, satis bona ac firma clausura, hac prima vice ; quam si reparare necesse fuerit, ad expensas Communie reparabitur, sicut et aliæ clausute Civitatis et Ville Podii Sancti Frontonis Petragoricensis.

Item, præcones preconizabunt et edicent ex parte Communie et Consulatus, tam in Villa Podii Sancti Frontonis Petragoricensis quam in Civitate et nova clausura.

Item, Universitas unico et eo sigillo utetur, quo hujus compositionis tempore Consulatus et Communia Villæ Podii Sancti Frontonis Petragoricensis utebatur, cum omni plenitudine consuetudinis et juris quo illo utebatur.

Item, pondera bladi, farine, debent esse ad portam Civitatis, sicut sunt in porta Villæ Podii Sancti Frontonis Petragoricensis, et molendina pro blado molendo parte sexta decima sint contenta.

Item, omnes mensuræ æquales erunt et omnia pondera æqualia in Civitate et nova clausura et Villa Podii Sancti Frontonis Petragoricencis; et ejusdem quantitatis quomodo sunt in dicta Villa, et tradentur ad arbitrium Consulatus, et quidquid indè fuerit acquisitum, in utilitatem publicam convertetur.

Item, *ad voluntatem vel dispositionem Consulatus, ibit Universitatis exercitus et ducetur.*

Item, domus Consulatus erit infrà Villam Podii Sancti Frontonis, ad voluntatem eorum qui ad regendum Consulatum fuerunt instituti.

Item, homines Universitatis, cum eis placuerit, de loco ad locum, infrà clausuras Universitatis, se transferent et facient mansionem.

Item, viginti libras quæ, in natali Domini, debentur Comiti, solvet Universitas, et a Consulatu colligentur et Comiti persolventur. *Propter hoc tamen, in Civitate, vel novà clausurà, vel in earum habitatoribus,* NULLA JURISDICTIO COMITI ACQUIRETUR.

saire de réparer ces murs, ces réparations, ainsi que les autres de la Cité et de la Ville du Puy-Saint-Front, seront à la charge et aux frais de l'Universalité des Citoyens.

Item. Les hérauts feront les cris et publications, de la part de la Communauté et du Consulat, tant dans la Ville du Puy-Saint-Front que dans la Cité et dans la nouvelle enceinte.

Item. La Communauté se servira du seul et même sceau, dont le Consulat et la Communauté de la Ville du Puy-Saint-Front avaient accoutumé de se servir au temps de ce traité, avec toute plénitude de droit.

Item. Les poids du bled et de la farine doivent être mis à la porte de la Cité, comme ils sont à la porte de la Ville du Puy-Saint-Front; et les moulins ne prendront pour leurs droits que la seizième partie du bled qu'ils feront moudre.

Item. Toutes les mesures seront égales, ainsi que les poids, dans la Cité, dans la Ville du Puy-Saint-Front et dans la nouvelle clôture ; et tous les droits en provenant seront convertis en fonds pour le bien public.

Item. L'armée de l'Universalité marchera, et sera conduite selon la volonté et la disposition du Consulat.

Item. La maison du Consulat sera dans la Ville du Puy-Saint-Front, à la volonté de ceux qui seront établis pour le gouvernement et l'administration du dit Consulat.

Item. Les hommes de l'Universalité pourront au dedans de ladite clôture ou enceinte se transporter, quand ils voudront, d'un lieu à un autre, et y faire leur séjour.

Item. L'Universalité payera, tous les ans à Noël, les vingt livres qui sont dues au Comte ; mais pour cela néanmoins le dit Comte n'acquerra aucune juridiction dans la Cité ou nouvelle enceinte, ni sur les habitants d'icelle. Il a été convenu encore et arrêté que l'Universalité contribuera, et tous en commun, à toutes les dépenses nécessaires ; de manière que lorsqu'on devra imposer des tailles sur les biens meubles et immeubles des Laïcs, les Clercs de la Cité paieront la moitié de la somme imposée sur les Laïcs ; en sorte que si ces derniers sont obligés de payer quarante sols, les Clercs doivent en payer vingt, et ainsi l'Universalité et le Consulat s'obligent de défendre la personne des Chanoines et des Clercs de la Cité, leurs hommes et leurs droits, avec le même zèle et la même attention que les hommes et droits seigneuriaux des Citoyens de la Ville du Puy-Saint-Front ; et en conséquence et de la même manière, les Chanoines et les Clercs de la Cité seront tenus de défendre les hommes de ladite Ville et de veiller à la conservation de leurs droits. Les biens meubles, quelque part qu'ils soient, et les immeubles à la distance d'une lieue, seront évalués.

Item. On ne fera dans les murs ni dans les tours de la Cité, aucune poterne ou fausse porte, ni autres ouvertures qui puissent causer aucun dommage ni préjudice à l'Universalité.

Item. Si on fait des fossés ou autres fermetures pour la nouvelle enceinte, et que pour cela on prenne le fonds de quelqu'un, on le paiera ainsi qu'il sera jugé et réglé par le Consulat.

Item. Toutes les fois que le Consulat le jugera à propos et nécessaire, il pourra s'emparer des forteresses de la Cité et de la Ville du Puy-Saint-Front, et personne ne doit introduire dans aucun de ces trois endroits des gens suspects et de qui l'Universalité puisse avoir à souffrir quelque dommage.

Item. Si quelqu'un demande à être reçu dans le Corps de l'Universalité des Citoyens et Bourgeois, il y sera admis malgré l'opposition que pourrait y former quelqu'un des Citoyens, pourvu que cependant, dans le cas qu'il serait porté quelques plaintes contre lui, il se soumette en présence des Maire et Consuls aux choses de droit, selon l'usage observé, en pareil cas, dans le Consulat.

Præterea statutum est quod expense necessarie, ab Universitate, communiter persolventur. Ita quod cum necesse fuerit tallias facere mobilibus et immobilibus rebus omnium Laïcorum, per libras legitime computatis, cognitio, quantum de summa colligenda, colligi debeat à Laïcis Civitatis, tantum quantum fuerit medietas illius summæ, ut si quadraginta solidos solverint Laïci, Clerici ad solvendum vigenti teneantur, et sic quantacumque summa fuerit, erit, in talliis singulis et collectis, sic facta, vel collecta, juramento seu alio modo, et sic Universitas et Consulatus tenetur deffendere personas Canonicorum et Clericorum Civitatis, et homines et jura eorum, sicut homines et jura hominum Villæ Podii Sancti Frontonis Petragoricensis ; et eodem modo Canonici et Clerici Civitatis tenentur defendere homines dictæ Villæ et jura eorumdem, res verò mobiles ubicumque sint, et res immobiles infrà leucam contentæ computentur.

Item, posternæ nunquam erunt in muris vel turribus Civitatis, neque alia foramina perquæ Universitati dampna valeant irrogari.

Item, si fossata vel novæ clausuræ fiant ad novam clausuram faciendam, satisfiet illis quorum terræ sunt, ad arbitrium Consulatus.

Item, quoties Consulatus viderit expedire, occupare potest omnes forcalitias Civitatis et clausuræ novæ, et Villæ Podii Sancti Frontonis, nec aliquis debet introducere in Civitatem vel clausuram novam, aut Villam Podii Sancti Frontonis, gentes aliquas per quas Universalitas incurrere possit perhiculum sive dampnum.

Item, si quis in Universitatem recipi voluerit, recipiatur, non obstante contradictione alicujus ; dum tamen coram Consulatu juri pareat, si quis de ipso conqueratur, secundum consuetudinem quam observat super hoc Consulatus.

Item, si novus casus contingat de ipso, Consulatus sibi et Communitati providerit et disponat, et illa dispositio ab Universitate teneatur et in perpetuum observetur. Hæc autem omnia robur perpetuæ firmitatis habere concedimus, *salvo dominio Regis Francorum, cujus dominio recognossimus nos esse subjectos et adstrictos*. Præterea nos Capitulum, Clerici, Milites et Donzelli et alii Laici Civitatis Petragoricensis pro omnibus hiis, sicut in præsenti carta continentur, firmiter et inviolabiliter observandis, omnia nostra mobilia et immobilia, et hæreditaria Consulatus et Communie Ville Podii Sancti Frontonis Petragoricensis, esse concessimus obligata; et ut ista compositio et hæc statuta firmius teneantur, nos Capitulum, Clerici, Militès et Donzelli dictæ Civitatis et Laici ejusdem Civitatis, et nos Consules et Communia dictæ Villæ Podii Sancti Frontonis Petragoricensis, ipsam compositionem et statuta, prout in præsenti carta continentur præstito, super sancta Dei Evangelia, corporaliter juramento, promisimus nos inviolabiliter servaturos; et eodem modo, eodemque juramento, concessimus ipsam compositionem valituram et hæc statuta perpetuo duratura. Ne vero que præscripta sunt possint, per calumpniam vel processum temporis, aboleri, et ut perpetuæ firmitatis robur obtineant, præsentes litteras Sigillis Venerabilis Patris P. episcopi, et Capituli Sancti Stephani, et Communie Ville Podii Sancti Frontonis Petragoricensis, fecimus roborari. Hujusmodi vero compositionis tempore erant, de Capitulo Sancti Stephani, Iterius de Petragoris, decanus, Guillelmus de Salis, Bertrandus de Biron, Petrus de Longo Vado, archidiacon; Hélias Desespes, cantor, Ademarus Hélie, Lambertus Porta, Ademarus de Melet, Aymericus de Marolfo, Willelmus Mimeti, B. de Genestes, Grimoardus de Salis. Consules vero Ville Podii Sancti Frontonis Petragoricensis erant Helias de Rupe, miles, Helias Espes, Arnaldus de Salis, Ademarus Darmanhac, P. de Baccallaria, Willelmus de Beona, B. Blanqueti, Helias Vachiers, Helias Fabri, Stephanus de Ponte, Johannes de Clarens, Helias Auttors. Actum anno Domini millesimo ducentesimo quadragesimo, mense septembris, die Dominica ante festum sancti Mathei, apostoli.

Item. S'il arrive quelque nouvelle circonstance ou événement qui intéresse la Communauté, c'est au Consulat à y voir et à disposer toutes choses à cet égard; et tout ce qu'il aura arrangé et disposé formera une obligation indispensable pour l'Universalité de tous les Citoyens. Nous voulons et entendons que toutes les choses réglées et arrêtées ci-dessus soient stables et durables à jamais, sans entendre préjudicier à la suzeraineté ni souveraineté du Roi de France, auquel nous faisons profession d'être soumis et attachés. De plus, nous, Chanoines et Ecclésiastiques, Chevaliers et Damoiseaux, et autres Laïcs Citoyens de la Cité de Périgueux, engageons et affectons tous nos biens, meubles et immeubles, présents et à venir, aux Consuls et à la Communauté de la Ville du Puy-Saint-Front, pour garantie inviolable de l'exécution constante de tous les articles contenus au présent traité; et afin qu'il puisse subsister à jamais dans toute son intégrité; nous Chanoines et Ecclésiastiques, Chevaliers, Damoiseaux et Citoyens de ladite Cité, et nous Consuls et Communauté de ladite Ville du Puy-Saint-Front, nous nous sommes respectivement promis par serment d'en observer en tout temps et à jamais, et de point en point, toutes les clauses et conditions; que nous regarderons toujours comme sacrées et inviolables ; et, pour leur donner toute la force et l'authenticité requises, nous avons muni le présent traité du Sceau du Vénérable Père Pierre, évêque, et de celui du Chapitre de Saint-Etienne ; et les noms des Chanoines qui lors étaient du Chapitre de Saint-Etienne sont ci après, savoir : Ytier de Périgueux, doyen, Guilhaume de Salles, Bertrand de Biron, Pierre de Longuevau, archidiacres. Hélie Despes, chantre, Adémar Hélie (ou Pompadour), Lambert Laporte, Adémar de Melet, Aymmerie de Mareuil, Willehm Mimet, Bernard de Geneste, Grimoard de Salles; et les Consuls du Puy-Saint-Front étaient Hélie de Roche, chevalier, Hélie Hespes, Arnaud de Salles, Adémar d'Armanhac, P. de Bachallaria, Willehm de Béon, B. Blanquet, Hélie Vaschiers, Hélie Fabre, Etienne de Pons, Jean de Clarens, Hélie Autorts. Fait et passé l'an du Seigneur mille deux cent quarante, au mois de septembre, et le jour du Dimanche avant la fête de saint Matthieu, apôtre.

Les bourgeois du Puy-Saint-Front, en souscrivant à ce traité, devinrent *citoyens*, et les trois ordres de la Cité devinrent *bourgeois* (BURGENSES) (1); — les deux villes réunies prirent un blason commun ainsi composé : *Écartelé aux 1 et 4 de gueules, à deux tours d'argent maçonnées de sable, couvertes et sommées de girouettes, les tours jointes par un mur percé d'une porte munie d'une herse et surmontée d'une fleur de lys d'or à la Champagne de sinople, et aux 2 et 3 d'or à l'aigle Romaine de sable.— L'écu surmonté d'une couronne de Comte. Pour devise, sur une bannière :* FORTITITUDO MEA CIVIUM FIDES.

Le comte de Périgord, Hélie Talleyrand, mécontent de voir ainsi, par ce traité, lui échapper tout moyen de division et de domination sur ces deux Communautés de Périgueux, mit tout en œuvre pour en empêcher l'exécution. Il commença par circonvenir l'évêque et le Chapitre, et parvint à insurger la Cité contre le Puy-Saint-Front. Cette guerre, la dernière qui ait divisé ces deux rivales, fut ainsi la plus sanglante et la plus meurtrière. Il n'est pas de cruautés et d'excès de barbarie auxquels ne se soit laissé emporter le comte pour détruire la Cité par la ville et la ville par la Cité.— C'en était fait de la liberté même de la Cité, si le Consulat du Puy-Saint-Front ne lui eût opposé la plus ferme et la plus invincible résistance.

Saint Louis, obligé, et comme roi et comme seigneur, de venir au secours de ses vassaux, voulut mettre fin à ces luttes. Il intervint et commença par envoyer des commissaires, qui constatèrent les violences exercées par le comte, lequel, ne pouvant souffrir l'autonomie du Puy-Saint-Front, l'avait combattue à outrance. — Entre toutes autres prétentions il affichait : 1° le droit d'y battre sa monnaie au prix qui lui convenait; 2° le droit de haute police; 3° la nomination des consuls ; 4° le commandement des troupes, etc., etc. Il faut bien dire aussi qu'il professait un certain attachement pour la domination anglaise, et qu'il s'était laissé entraîner dans une coalition de plusieurs seigneurs mécontents qui

---

1. Le *bourgeois* est le citoyen d'une ville où il n'y a pas de siège épiscopal ; le *citoyen* est le bourgeois d'une ville épiscopale.

avaient appelé les Anglais à leur secours. — On dit même que l'évêque de Périgueux, alors Pierre de Saint-Astier, était entré dans le parti des rebelles.

Pontius, sénéchal du Périgord, en vertu d'une commission royale, se présenta avec main forte au château de la Rolphie, près de l'amphithéâtre, et somma le comte d'avoir à rendre la place au roi. — On lui répondit par un refus. — Sur ce, il somma l'évêque de rendre aussi son château épiscopal, qui était proche, mais il ne trouva là encore que de la résistance et des injures ; bien plus, son cheval fut blessé sous les projectiles lancés du haut des tours. Aussitôt il se mit en mesure de battre en brèche le château de l'évêque, défendant pourtant de tirer contre l'église cathédrale, qui était contiguë. Quoi qu'il advînt de ces hostilités, il est certain que l'année suivante un traité fut signé par Hélie, comte de Périgord, le Chapitre de Saint-Étienne, les chevaliers et bourgeois de la ville et quelques habitants du Puy-Saint-Front. Ce traité fut dû en partie à la sollicitude du sénéchal, qui réussit à se faire remettre un compromis par toutes les parties intéressées.

Il ressort de tout cela que la préoccupation du comte de Périgord avait été de s'assujettir les habitants du Puy-Saint-Front et de les obliger à lui prêter serment de fidélité et à reconnaître sa seigneurie. — Les bourgeois et la communauté du Puy-Saint-Front lui avaient opposé la plus ferme résistance. — Un jour que le comte avait rassemblé quelques artisans dans l'église de St-Front pour leur faire accomplir un acte d'hommage qui pût en imposer aux autres habitants, l'un de ces derniers pénètre dans l'église, et voyant le comte, le livre des évangiles à la main, en train de faire prêter serment à ceux qui l'entourent, il s'approche du seigneur et, d'un vigoureux coup de poing, lui fait tomber le livre des mains, se met en même temps à crier aux armes et appelle ses concitoyens. — La tentative du comte avait échoué.

Le trésor des chartes nous a conservé un jugement bien précieux, dont le texte original, portant en tête le nom vénéré de saint Louis et scellé en cire verte du sceau de ce grand roi, est arrivé jusqu'à nous. —

Saint Louis s'attache à deux points principaux : 1° punir les violences et les voies de fait du comte et de ses partisans; 2° faire ressortir les droits et privilèges des habitants de Périgueux. — Pour cela, d'abord il prive le comte à perpétuité de tous les droits et revenus qu'il pouvait revendiquer dans la ville du Puy-Saint-Front et dont il était en possession au moment de la guerre.—De ces revenus, qui appartiendront au roi pendant la vie du comte, les trois premières années seront distribuées aux veuves, aux enfants et héritiers de ceux qui avaient été tués pendant la guerre. Quant aux prétentions de *haute police* que le comte réclamait, ainsi que les droits de fixer les mesures de blé dans les marchés publics, — de marcher à la tête des troupes de la ville et de les assembler sous sa bannière, — de nommer les consuls ou du moins de leur donner l'investiture du consulat, le roi saint Louis lui impose un silence absolu, PERPETUUM SILENTIUM.

Tout le reste du jugement ne fait qu'autoriser la résistance des habitants du Puy-Saint-Front. Le comte est condamné à leur rendre les rançons qu'il avait reçues pour les prisonniers, et à payer deux mille marcs d'argent à titre de dommages-intérêts pour les meurtres, les ravages et les infractions des traités.—Son château de la Rolphie, qui était hors de la ville, doit demeurer entre les mains du roi, et tous ceux qui ont partagé son injustice doivent également partager sa peine. — C'est ainsi que les habitants de la Cité sont condamnés à payer quarante livres d'argent, qui seront distribuées aux veuves et aux enfants de ceux qui ont péri à la guerre, et à fonder de plus, pour le repos de leur âme, un service perpétuel, pour lequel ils paieront aux chanoines et aux prêtres de l'église de Saint-Front vingt sous de rente annuelle. — Quant aux gens de travail qui sont sortis du Puy-Saint-Front, si on veut bien leur rendre la jouissance des immeubles qui leur appartenaient hors de la ville, on confisque tout leur mobilier et les immeubles qui pouvaient leur appartenir dans l'intérieur des murs, et on en ordonne la vente au profit des pauvres familles dont les parents ont péri. Ce n'est qu'après avoir statué sur ces indemnités que ce jugement met hors de cour sur toutes les autres demandes, et défend de renouveler aucunes prétentions relatives aux dommages et intérêts.

Le *Vigier* (VICARIUS) est confirmé dans les droits de la *Vigerie*, et on ordonne la restitution des fruits dont il a été privé ; mais une des dispositions les plus remarquables de ce jugement est la confirmation authentique de l'incorporation de la Cité et de la ville qui s'était faite par le traité de 1240, à la charge cependant que, pour le maintien du bon ordre, le roi nommera lui-même, pour les quatre années suivantes, un maire et des conseils qui ne seront ni de la ville ni de la Cité.

Tout semblait augurer une ère de paix longue et prospère. C'était, en effet, pour cimenter à jamais l'union des deux corporations que saint Louis avait ordonné l'exécution du traité de 1240. La Cité cependant osa encore résister. Elle ne trouvait pas que cet acte lui donnât assez d'influence dans l'administration. — Elle entreprit audacieusement de nouvelles hostilités et sans que le comte parût y prendre part. — Le roi, en possession des châteaux et des revenus de ce dernier, ne lui laissait plus les moyens de nuire ; mais la guerre n'en fut pas moins cruelle, et on peut juger des excès qui s'y commirent par la nature des réparations qui furent imposées. — En effet, les parties ayant enfin compromis entre les mains de l'évêque de Périgueux SUB POENA DUODECIM MILLE SOLIDORUM, une sentence arbitrale de l'évêque Pierre de Saint-Astier, à la date de 1250, condamna la Cité à faire à la ville une amende honorable. — Cette satisfaction se fit par députés, qui, en chemise et pieds nus, furent obligés de venir demander pardon aux maire et consuls du Puy-Saint-Front (1).

Tel fut le dernier effort de la Cité contre le traité d'union de 1240, qui, depuis cette époque, est devenu la loi fondamentale du gouvernement de la ville de Périgueux. De ce moment, on ne regarde plus ces

---

1. Et quod cives qui plura damna intulerant, nudi, in camisiis et braccis, et discalceati humiliter veniant, nobiscum, ad domum Praedicatorum processionaliter, ubi, genibus flexis et junctis manibus, a Burgensibus praedictis, misericordiam postulent et requirant, quorum humilitatem et nostram, ac preces devotissimas dicti Burgenses misericorditer audiant, et postulata sine difficultate concedant. (*Sentence arbitrale de l'évêque de Périgueux entre la Cité et le Puy-Saint-Front.*)

deux anciennes corporations que comme un seul et même corps politique, administré par des règles communes, jouissant des mêmes droits et obéissant aux mêmes magistrats.

Il paraît que, quelques années après ce jugement, saint Louis, persuadé que le comte de Périgord avait renoncé pour toujours à ses prétentions, voulut bien lui rendre la jouissance de ses revenus, mais à la condition qu'il le suivrait dans la guerre d'outremer, et qu'il ferait le voyage de la Palestine. On ne vit plus, en effet, ce comte former de nouvelles entreprises contre la liberté des habitants du Puy-Saint-Front, qui plus que jamais d'ailleurs étaient en état de se défendre.

En 1258, Archambaud II devint comte de Périgord ; il épousa Marie, fille de Raymond IV, comte de Toulouse, qui lui apporta en dot la terre de Labardat. Ce fut en 1259, et peu de temps après le rétablissement du comte de Périgord, que saint Louis, cédant à une délicatesse de sa conscience et malgré l'opposition de ses conseillers politiques, fit cession de tous ses droits sur le duché de Guyenne, *sauf la mouvance*, au roi d'Angleterre. — Il lui céda également tout ce qui lui appartenait dans les trois évêchés de Cahors, de Limoges et de Périgord ; mais il excepta formellement « Les choses que li Roy de France ne puet mettre » hors de sa main par lettres de lui ou de ses antecessors, les- » quelles choses li Roy de France doit pourchachier a bonne » foy vers cels qui ces choses tiennent (1). » — Et nous ne parlons ici de cette clause que parce que, dans des procès-verbaux de 1311 donnés par les commissaires des deux cours, à la tête desquels étaient d'un côté l'évêque d'Amiens, de l'autre l'évêque de Norwick, chargés de constater les objets de la cession faite par saint Louis, on trouve rappelées les stipulations du traité de 1259, pour prouver que la Cité de Périgueux n'avait jamais fait partie de la cession. — Elle était donc très évidemment comprise parmi *les mouvances* que le roi saint Louis n'avait pas cru qu'il lui fût permis d'aliéner. Dans tous les temps, elle a été regardée comme inséparablement unie à la couronne.

---

1. Voir ce traité dans le Recueil de Rymer, tom. I, p. 2.

Archambaud II, que nous avons vu succéder à son père Hélie Talleyrand en qualité de comte de Périgord, prétendit encore avoir le droit de faire battre monnaie dans la ville du Puy-Saint-Front. Il soutenait que ce droit avait appartenu à son père avant la dernière guerre, terminée par l'arrêt du jugement de saint Louis (1247), et qu'il était alors absolument le maître du titre, de la quantité et de la qualité des espèces qui s'y fabriquaient. — Le maire et la communauté s'opposèrent à cette prétention, et soutinrent à leur tour que ce droit de battre monnaie appartenait si bien à leur ville, que si le comte de Périgord son père « *avait fait ouvrer dans leur ville, c'était précairement et par faveur,* » et qu'il avait été obligé d'obtenir permission de leurs prédécesseurs pour y faire frapper quelques espèces qui pouvaient avoir cours dans le reste du comté, et que cette permission même avait été limitée et modifiée par la loi qui lui avait été imposée sur le titre et sur la qualité de la monnaie. Pour mettre fin à cette contestation, les parties intéressées s'en remirent à un Conseil d'arbitrage, composé de l'archidiacre de Périgueux, de l'abbé de Saint-Astier et de deux bourgeois du Puy-Saint-Front, nommés Pierre d'Armagnac et Pierre Land-Marie. — Après discussion de cette affaire, ces arbitres, le samedi après la Toussaint de l'année 1266, portèrent une sentence d'après laquelle on accordait au comte de Périgord la permission de faire battre monnaie dans la ville du Puy-Saint-Front ; mais cela pendant trois ans seulement, et à la condition encore qu'on lui prescrirait et le titre et la qualité des espèces. — Il fut convenu, en outre, que les deniers PÉRIGORDINS nouveaux *seraient aux cinq œils*, QUINQUE OCULIS, et que tant ceux des comtes que ceux des bourgeois, EX UTRAQUE PARTE, seraient semblables pour le dessin et la légende, ET FORMA ET LITTERIS CONSIMILES.

Plus tard, comme le comte prétendait avoir un droit de *police* sur la fabrication des pièces de monnaie appelées *Périgordins*, qui avaient cours dans le reste de la province dont le comte était reconnu pour seigneur, un compromis en langue romane (1276) précisa le même coin : ET LI PEREGORI DEVENS ESSER FACT BLANCS AB V OLS. — La bourgeoisie n'apporta pas de distinction entre la monnaie des comtes et la sienne. — On indiqua le lieu où en serait placée la fabrique (1), et on convint que le comte pourrait nommer deux prud'hommes habitants du Puy-Saint-Front, qui, joints au Conseil nommé par les consuls, « *garderoient bien et loyalement la monnoie.* »

C'est dans l'intervalle qui s'écoula entre le jugement de 1266 et le traité de 1276 que l'on vit enfin la ville et la Cité, parfaitement unies, renouveler, confirmer et exécuter le traité d'union de 1240. — Le dimanche avant l'Épiphanie de l'année 1281, les consuls, tant de la ville que de la Cité, tinrent une assemblée générale de tous les citoyens et bourgeois, dans laquelle fut de nouveau lu, convenu et juré le traité de 1240, dont une copie entière fut insérée au procès-verbal.

En 1283, les habitants de la Cité voulaient obliger *le Consulat* de venir tenir ses audiences sur leur territoire, pour y traiter les affaires qui les intéressaient. Il fut décidé que toutes les audiences se tiendraient dans la ville et dans la maison du Consulat.

Cette maison du Consulat, ou l'Hôtel-de-Ville, était bâtie sur la place du Coderc (2), sur l'emplacement de la Halle actuelle. — C'était un parallélogramme rectangle adossé à une tour carrée, qui remontait au XIIe siècle ; cet édifice offrait un intérêt plus historique qu'artistique.

Disons cependant qu'en venant plaider leurs affaires devant le Consulat du Puy-Saint-Front, les habitants de la Cité pouvaient exiger que leurs propres consuls fussent appelés et présents à l'audience. — Ils avaient le même droit dans toutes leurs causes criminelles, et les amendes de celles-ci devaient être perçues au profit de la Cité, dont les consuls nommaient seuls leurs sergents et faisaient faire toutes les exécutions dans l'étendue de leur territoire. — Toutefois ces mêmes habitants de la Cité pouvaient bien être traduits au tribunal des consuls, qu'ils regar-

---

1. C'était dans la salle de la maison du Consulat désignée spécialement sous le nom de *Salle au Comte.*

2. Le mot *Coderc* signifie en beaucoup d'endroits une espèce de *Cornière* ou *allée couverte*. — Il marquait très probablement l'ancienne *Halle couverte*.

daient comme leurs juges naturels ; mais on ne pouvait jamais les forcer de comparaître à la barre du *Cellerier*, officier préposé à la justice du Chapitre de St-Front, ou devant la cour du *Vigier*, lieutenant d'une autre justice mouvante du Chapitre.

En 1284, un nouveau procès surgit : les habitants de la Cité s'étaient dispensés de contribuer aux charges communes, et refusaient de payer au comte de Périgord leur part des vingt livres de rente que la ville avait reconnu lui devoir par le traité de 1240. — La question fut portée aux assises du sénéchal de Périgord, chargé, par un arrêt du roi de 1283, d'instruire toutes les instances qui se soulèveraient entre la ville et la Cité. La sentence, rendue le vendredi après la St-Barnabé de l'an 1284, porta que les Citadins devaient non seulement prêter aux maire et consuls le serment de fidélité, mais qu'ils étaient tenus de contribuer à toutes les charges de la ville. Il fut aussi décidé que tous les criminels seraient transférés dans la prison du Consulat. Toutefois la Cité pouvait avoir une prison particulière, où elle ferait conduire, par provision et pour la nuit seulement, ceux qui, arrêtés après la fermeture des portes, ne pouvaient être sur-le-champ menés à la ville. Cette sentence, confirmée par un arrêt du parlement, contribua à conserver l'unité.

Cependant le comte Archambaud, se prévalant de la rente annuelle de vingt livres que lui payait la ville du Puy-Saint-Front, voulut s'en faire un titre pour se faire doubler cette rente. Afin de mettre un terme à ces revendications, les maire et consuls, par un acte passé en 1286, souscrivirent à cette exigence, mais à la condition que, de son côté, le comte renoncerait aux *Droits et Émoluments de Justice* qu'il s'arrogeait sur les environs du Puy-Saint-Front. D'après une enquête de 1305, ces *droits et émoluments de justice* consistaient, non point dans le droit de juger et de punir, mais dans celui de percevoir une rétribution, une amende, une espèce de composition pour le crime. Ce droit purement pécuniaire était prélevé à main armée, et celui qui le lui payait en était quitte, et n'était ensuite ni ajourné ni emprisonné par les officiers du comte. Il fut stipulé ensuite que, lorsqu'un malfaiteur aurait été condamné à mort par le tribunal de la ville, les magistrats pouvaient faire conduire le coupable devant la porte de l'hôtel du comte, qui était tenu alors de faire exécuter le jugement. Dans le cas où celui-ci, par lui ou par ses officiers, refuserait cette exécution, les maire et consuls, en vertu de *leur droit inviolable*, pouvaient y procéder eux-mêmes par leurs sergents et officiers.

Un arrêté rendu par le parlement, en 1290, en faveur de la justice du Chapitre de St-Front, fut regardé par ce dernier comme une victoire signalée. Fier de posséder, par indivis avec le roi, une petite seigneurie qui ne produisait en somme que quinze livres de revenu, monnaie du Périgord, il voulut la relever par de nouvelles prétentions, Il s'avisa de se fabriquer un sceau (1) qu'il produisit hors de son territoire, sous prétexte que ce sceau lui était commun avec le roi. Cette entreprise, condamnée d'avance par l'arrêt de 1290, qui avait attribué au Consulat de Périgueux le droit de sceau exclusif, excita les réclamations du maire et de la ville ; une requête adressée au roi fut remise entre les mains du sénéchal de Périgord, qui donna acte de cette plainte.

Ainsi s'effectua la transformation et l'unification politique de la ville de Périgueux. Ce ne fut pas sans contestation et sans luttes. Il ne fallut rien moins alors que le puissant développement du Puy-Saint-Front et l'intervention opportune du roi pour faire taire les susceptibilités bien légitimes de l'antique Cité, et lui faire subir, sinon le joug, au moins la prééminence de la nouvelle ville. Elle se consolait peut-être de tant de concessions par la prérogative inappréciable qu'elle avait de conserver dans ses murs l'évêque du diocèse avec son Chapitre. Et tant que ce privilège lui restera, disons-le, l'union des deux cités sera loin d'être parfaite. Mais le sort en est jeté : la vieille Cité ne doit garder de son ancienne

---

1. Le sceau du *Pariage*, dont il est ici question, était : *Écu mi-partie de France et du Chapitre. Trois crosses mises en pal 2 et 1*. On ne voit de la légende que ces mots : *Sigillum* CVRIE COMMUNIS. Le sceau du monastère de St-Front, tel que nous l'avons reproduit en tête du Chapitre V, était : Dans le champ d'un ove perlé et en chef, *saint Front mitré bénissant et tenant la crosse. Il est assis sur la* CATHEDRA ; au-dessous, *losange chargé du type monétaire de la ville : les cinq œils*. Légende : † S. SANCTI : FRONTONIS : VILLE PETRAGORARV. Le sceau du Chapitre de l'abbaye de St-Front était : *Au centre d'un ove perlé, saint Front bénissant et tenant sa crosse*. Légende : † S. CAPITULI : SCI : FRONTONIS : PETRAGOR.

puissance et de sa splendeur que le souvenir gravé sur ses ruines et dans les fastes de l'histoire. Dans un avenir plus au moins rapproché, la puissance ecclésiastique suivra la puissance politique. Encore deux siècles et l'évêque aura fixé son siège dans l'antique basilique de St-Front. Les événements qui se préparent amèneront insensiblement et consommeront ce nouvel état de choses. Ce sera la conclusion de ces deux grandes périodes de notre histoire qui se présentent à notre étude : l'occupation des Anglais et les guerres de religion, qui, en faisant ressortir l'esprit chevaleresque et l'attachement à la foi catholique de nos pères, ne contribueront pas peu à établir la puissance de la nouvelle ville de Périgueux.

Bastion qui défendait le Pont de Tournepiche ou Pont-Vieux.

Chapitre VIII. — PÉRIGUEUX ET LES ANGLAIS.

(1263 — 1468.)

Rôle important des évêques dans l'histoire de Périgueux. — Philippe-le-Bel et l'en ceinte fortifiée de Périgueux. — Portes de la ville. — Tours et remparts. — Moulin d Saint-Front. — L'abbaye de Vauclaire. — Démembrement de l'évêché de Périgueux — Évêché de Sarlat. — Archiprêtré de la Quinte. — Hospice de Saint-Front. — Lépro series et hôpitaux de Périgueux. — Édouard III, roi d'Angleterre, et l'évêque de Péri gueux. — Nouvelles revendications du comte de Périgord contre la ville de Périgueux — Les Anglais s'emparent de la Cité. — Entrée de Chandos, lieutenant du roi d'Angle terre, dans la ville de Périgueux. — Luttes des habitants de Périgueux contre le Anglais. — Du Guesclin à Périgueux. — Le saint suaire de Cadouin porté à Toulouse — L'évêque Pierre Tison, ami des Anglais, et les habitants de Périgueux. — Constitu tion municipale de Périgueux. — Juridiction respective et distincte de l'évêque et de magistrats de Périgueux. — Sac et ruine du château de la Rolphie. — Reprise d'arme et félonie du comte de Périgord. — Confiscation du comté de Périgord. — Hélie IV d Bourdeilles. — Église de St-Georges à Périgueux. — Hélie de Bourdeilles, prisonnie des Anglais. — Translation des reliques de saint Front. — Hélie de Bourdeilles, arche vêque de Tours et cardinal. — Élection de Front de St-Astier pour commander les trou pes de Périgueux contre les Anglais.

Vant de reprendre le récit biographique et chronologique des évêques qui se sont succédé sur le siège de Périgueux, qu'on nous permette ici une observation qui, du reste, nous est commune avec un grand nombre d'auteurs du temps. Remarquons avec eux la place importante que nos évêques ont occupée dans l'organisation de notre province, et la part active et presque toujours souveraine qu'ils ont prise à tous les grands événements et aux faits les plus importants de notre histoire. — Un historien protestant a pu dire, et non sans raison, que les évêques avaient contribué à la formation de la France comme les abeilles à celle de leur ruche. — Nous en voyons un témoignage éclatant dans ce qui regarde et intéresse notre Périgord, et plus particulièrement notre ville de Périgueux. Depuis notre glorieux apôtre saint Front, qui, en établissant sa sépulture sur le sommet de la colline qui porte son nom, y a jeté le fondement et le germe de la ville nouvelle et y a placé la citadelle autour et à l'abri de laquelle sont venus se grouper les fils de l'ancienne Vésone, on peut dire que rien ne s'y est fait ou entrepris de grand et de remarquable sans le concours, et généralement sans l'initiative et le puissant crédit de nos évêques. — Ils se sont toujours montrés aussi sages politiques que vaillants et dévoués pour les intérêts de leur peuple et l'accroissement de sa fortune. Rappelons ces quelques noms : Chronope II, qui s'efforça de réparer les ruines faites par les invasions des Barbares et qui bâtit l'église latine de Saint-Front ; — Sébalde, le docte et éloquent historien de saint Front, qui n'avait fait, du reste, que recueillir *les mémoires* d'Aignan et de Chronope, successeurs immédiats de notre apôtre ; — Frotaire, qui commença la construction du grand monastère et de la basilique de Saint-Front, et fit bâtir contre les Normands les cinq forteresses que nous connaissons ; — Raoul Ier de Couhé, le restaurateur d'un grand nombre d'églises et de monastères et qui fit le pèlerinage de Terre-Sainte avec Guillaume, duc d'Aquitaine ; — Arnaud de Vitabre, qui combattit et vainquit les Normands à la tête de vaillants soldats ; — Géraud de Gourdon, qui soutint courageusement les droits de son peuple contre les prétentions du comte de Périgord ;

— Raynaud de Thiviers, le martyr de la première croisade ; — Guillaume III de Nauclars, l'intrépide champion du pape Innocent II contre l'antipape Anaclet; — Jean d'Asside, qui, avec une troupe déterminée, fit le siège de la forteresse de Gavaudun, et en délogea les Pétrobrussiens ou *Rouptiers* ; — Pierre de Saint-Astier, sage et illustre prélat que nous avons vu s'employer avec tant de succès dans l'arbitrage qui aboutit à la réunion de la Cité de Périgueux et du Puy-Saint-Front, et qui, par lui-même ou par ses délégués, sut apaiser les différends qui s'élevèrent entre les deux villes. — Telle fut la capacité, tels furent les mérites et la sagesse de nos évêques, qu'ils tinrent toujours le premier rang dans l'exercice de l'autorité même politique, — que les rois et les ducs ne firent aucune entreprise sans leur conseil et leur puissant concours, — et qu'ils eurent partout et toujours sur les populations un grand crédit et un puissant prestige.

C'est la remarque qu'en fait, avec beaucoup d'autres, le P. Dupuy, et qu'il confirme en disant que, « *durant plus de cinq ou six cents ans, on pratiqua la coustume de marquer dans les actes publics le nom de l'évesque, et de les cacheter du seel épiscopal et du Chapitre cathédral.* » Aussi devons-nous nous attendre à les trouver mêlés aux grands événements qui vont se succéder, soit dans les démêlés de l'Aquitaine avec l'Angleterre, soit surtout dans la période sanglante et funeste des guerres de religion. — C'est pourquoi nous allons poursuivre notre récit sans distinguer, comme nous l'avons fait précédemment, les deux autorités politique et ecclésiastique, mais en attribuant à chacune ce qui doit lui revenir dans le cours de l'histoire.

Le successeur de Pierre de Saint-Astier fut

✠ Hélie Ier de Pelet (1263-1270).

Ce prélat avait été chanoine de Beauvais. — Sous son épiscopat, le roi saint Louis reprit pour la seconde fois le chemin de la Terre-Sainte, et, passant par le Périgord avec ses trois enfants pour aller s'embarquer à Aigues-Mortes, il fonda la bastille de Sourzac et visita Cadouin. — Le

30 septembre 1269, Hélie de Pelet consacra le grand autel du couvent des Frères Mineurs, à Périgueux, et en l'année 1279, il fut transféré au patriarcat de Jérusalem.

Raymond VI d'Auberoche (1280-1293),

de la noble maison d'Auberoche, était avant son élection archidiacre de Boulogne. — Il porte en quelques documents le surnom de *Barde*. — Cet évêque donna des lettres pour authentiquer la relique de Ligueux, ou le bras de saint Siméon, apporté de Constantinople (1287). — En 1291, Marguerite, fille du duc de Bourgogne, fonda la maison des Dominicaines de Saint-Pardoux-Larivière. — Ce monastère était de nomination royale. — Giroud de Maumont, exécuteur testamentaire de Marguerite, acheta le bourg susdit de Saint-Pardoux tout entier, et vint à Paris en faire hommage à Philippe-le-Bel.

Cependant Édouard Ier, roi d'Angleterre et duc de Guyenne, ne trouvait pas dans les seigneurs et les vassaux que saint Louis avait cédés à son père toute la soumission qu'il aurait désirée; plusieurs fois il avait dû en réprimer l'insubordination.— Un traité intervint entre lui et Philippe-le-Bel (août 1286), par lequel furent renouvelés les droits respectifs de juridiction et d'hommage des deux souverains dans la Guyenne.—Depuis longtemps, il faut le dire, ce n'était qu'une alternative de récriminations, de luttes et de traités plus ou moins sérieux, lorsqu'en 1293 les Anglais, désireux d'étendre leur puissance sur la terre de France, appareillèrent une grande flotte et s'apprêtèrent à surprendre la ville de La Rochelle. Les seigneurs de la Guyenne, qui subissaient avec peine le joug de l'étranger, tournèrent leurs regards suppliants vers le roi de France, et le Périgord fut une des premières provinces à se plaindre. Sur ce, le roi Philippe-le-Bel fait sommer le roi d'Angleterre d'avoir à lui envoyer à Périgueux les chefs de l'expédition de La Rochelle, et le fait citer à comparaître en personne à la Cour des pairs. Édouard faisant défaut et contumace, la Guyenne est saisie par le connétable de Nesle, qui est accueilli à Bordeaux aux applaudissements de tout le pays.

Ce fut à cette occasion que, pour récompenser la fidélité du Périgord, le roi Philippe-le-Bel voulut que le Puy-Saint-Front fût entouré de murailles pour servir de capitale de cette province, et ordonna qu'on consacrerait à cette construction les tailles de la ville, qui s'élevaient à douze mille livres par an. — Il approuva aussi, par les patentes de cette même année, la transaction que le comte Archambaud avait faite avec les habitants pour les limites et bornes de leur juridiction.

Dès le commencement du douzième siècle, Louis-le-Gros, poursuivant son idée politique qui favorisait l'établissement des communes, avait préparé la formation de la commune du Puy-Saint-Front ; celle-ci, dès lors, avait commencé de se retrancher derrière des fortifications et de s'entourer de fossés larges et profonds.

Mais les fortifications les plus caractérisées, et dont les ruines subsistent encore, sont celles qui furent élevées sous le règne et par le concours du roi Philippe-le-Bel. Elles se composaient de tours et de demi-tours rondes ou carrées, d'éperons et d'ouvrages extérieurs de toute espèce, dont M. de Taillefer nous a conservé le détail et le développement.

Dans l'enceinte murée de Périgueux il y avait douze portes, dont les noms étaient pris des principales rues et des sept quartiers de la ville.— C'est ainsi qu'en partant de l'Ille, du côté du Midi, on voyait d'abord : 1º la *Porte de Saint-Roch* ou *de l'Aubergerie*, l'ALBERGARIA ; — 2º celle *de Taillefer*, de THALHAFFER ; — 3º celle *de Mouchy, de Bonnet* ou *de la Boucherie*, PORTA BOCHARIA ; — 4º celle *de l'Aiguillerie*, AIGULHARIA ; — 5º celle *de la Limogeanne*, la PORTA LEMOVICANA ou LETMOGANA ; — 6º celle *du Plantier* ou *des Plantiers ;* — 7º la *Porte-Neuve, de la Barbacane* ou *de l'Arsault*, DE ARDUO SALTU ; — 8º celle *du Pont de Tournepiche* ou *Pont des Barres.* — Il y avait en outre, du côté de la rivière, quatre autres portes : celle *du Port de Graule*, celle *du Moulin de Saint-Front*, que l'on trouve désignée dans quelques titres sous le nom de *Porte du Cluzel ;* celle qui était un peu plus bas, et enfin la *Porte du Gravier.*

Dans le développement de ces murailles, M. de Taillefer compte trente tours, dont il désigne les principales. — La *Tour de Milord*, placée en face de la rue de ce nom, après la Porte St-Roch ; elle était la quatrième en partant de l'Ille. — La cinquième était la *Tour des Anges*, élevée en face de la *Place des Anges*, — très anciennement la Place du Marché-aux-Poissons, dans les jardins qui avoisinaient la vieille Préfecture. — La sixième était la *Tour de Niouffiol* ou *Riouffiol*, entre les Portes de Taillefer et de l'Aubergerie. — La huitième, qui est encore debout et fut rebâtie en 1477, était la *Tour de Malaguerre*, ainsi appelée du nom d'un lieutenant d'Auberoche, qui y fut enfermé et retenu assez longtemps prisonnier.

A la Porte de Taillefer il y avait une espèce de château-fort ou de citadelle flanquée de quatre tours entières et de deux demi-tours ; elle était fort en saillie et se trouvait défendue par des ouvrages en terrasse. — La quinzième était la *Tour de Mouchy* ou *de Saint-Silain ;* — la seizième était la *Tour de l'Aiguillerie ;* — la dix-neuvième la *Tour Limogeanne ;* — la vingt-et-unième la *Tour du Plantier ;* la vingt-deuxième la *Tour Barbacane ;* — la vingt-cinquième tour était à l'entrée du Vieux-Pont ; — la vingt-sixième occupait le carré de ce même pont, et la vingt-septième était en avant. — Au-dessous du pont était une espèce de bastion en forme de losange très allongé ; on en voyait encore jadis de notables parties qui s'avançaient dans la rivière et que l'on a fait disparaître lors de la construction du pont actuel (1860). — Une haute tour pentagonale était élevée au centre de ce bastion : c'était la vingt-huitième. — Parmi les tours qui avoisinaient la rivière, il y en avait une qui portait le nom de *Porte Bourelle*, PORTA BOARELLA ou du Bourreau.

Vers le treizième siècle, on construisit un moulin entre le bastion qui était au-dessous du Vieux-Pont et les remparts, ce qui était d'un grand avantage pour une ville fortifiée. — Ce fut alors aussi nécessairement que fut bâtie l'écluse qui était au-dessous du Vieux-Pont, et qu'on a dû faire disparaître pour obvier aux inondations si fréquentes qui désolaient *les Barris* et les parties basses de la ville. En 1294, nous trouvons sur le siège de Périgueux

✠ Audoin de Neuville (1294-1313),

qui fit des règlements pour son Chapitre cathédral l'an 1300. En 1305, le pape Clément V, originaire de l'Aquitaine, passa de Limoges à Périgueux, pour aller ensuite à Bordeaux, dont il avait été archevêque l'année auparavant.

Ce fut sous l'épiscopat d'Audoin qu'Archambaud III, comte de Périgord, fonda l'abbaye de Vauclaire, dont il posa la première pierre. — Il mourut presque aussitôt après. — Son œuvre fut continuée par son frère, le cardinal-évêque d'Albe, qui fonda à Toulouse le collège du Périgord. — La mémoire de ce saint prélat est en vénération dans tout l'Ordre des Pères Chartreux, qui, dans leur Chapitre général, ordonnèrent qu'à perpétuité, dans toutes les Chartreuses de la chrétienté, on dirait tous les ans après son décès un *Trigennaire* de messes pour le repos de son âme.

Lorsqu'Audoin monta sur le siège de Périgueux, nous avions pour comte de Périgord Hélie Talleyrand V, fils d'Archambaud II et de Marie de Toulouse. — De son premier mariage avec Philippe, vicomtesse d'Avilar et de Loumagne, il avait eu une fille, Marguerite de Périgord, qui prit le voile dans le cloître des religieuses de Sainte-Claire à Périgueux. — Il épousa en secondes noces Brunesinde, fille de Roger Bernard, comte de Foix, qui lui donna trois illustres rejetons, *Archambaud III, le cardinal de Talleyrand*, que nous venons de signaler à l'occasion de la Chartreuse de Vauclaire, et *Roger Bernard*, qui, après avoir épousé Éléonore, fille de Bouchard, comte de Vendôme, succéda à son frère Hélie Talleyrand de 1303 à 1323. Il eut pour fils et successeur Archambaud IV.

Le jour du trépas de notre évêque Audoin est ainsi marqué par le calendrier de l'Église de Limoges : « *XV des calendes de janvier, mourut* » *Audoin, évêque de Périgueux.—Pour la célébration de son anniversaire* » *dans l'église de Limoges, Aimerie de Trendalen doit 100 sols.* »

✠ Raymond VII de Durfort (1314-1328),

de l'illustre maison de ce nom, était archidiacre de l'Église de Périgueux, chanoine et archidiacre d'Aurillac, prieur de Lafaye, lorsqu'il fut nommé à l'évêché de Périgueux par Clément V le 28 janvier 1314. — Il fit son entrée solennelle à Périgueux le lundi avant la Purification de la même année. — L'événement le plus considérable de son épiscopat fut le démembrement de l'évêché de Périgueux, que, par sa bulle du 13 janvier 1316, le pape Jean XXII partagea en deux parties, dont l'une forma l'évêché de Sarlat. La ligne de démarcation des deux diocèses fut établie par les deux rivières de la Vézère et de la Dordogne, depuis Larche jusqu'au Fleix. — Jusqu'alors l'évêché de Périgueux comptait sept archidiaconés qui se partageaient l'administration de vingt-et-un archiprêtrés. Par la nouvelle organisation, le diocèse de Périgueux ne renferma que seize archiprêtrés, tandis que celui de Sarlat en avait sept. — Le premier et grand archidiacre de Périgueux avait sous sa juridiction cinq archiprêtrés, savoir celui de la Quinte, de Thiviers, d'Excideuil, de Champagnac et de Valeuil.

L'archiprêtré de *la Quinte*, dont Périgueux était le chef-lieu, ARCHIPRESBYTERATUS DE QUINTA (1226), se composait des 42 paroisses suivantes : Saint-Front, — Saint-Georges, — Sainte-Marie de la Cité, — Saint-Martin, — Saint-Silain, — Agonac, — Andrivaux, — Antone, — Atur, — Bassillac, — Beauronne, — Boulazac, — Breuil, — Chalagnac, — Champsevinel, — La Chapelle-Gonaguet, — Chateau, — Missier, — Cornille, — Coulounieix, — Creyssensac, — La Cropte, — Église-Neuve, — Escoire, — Eyliac, — Grun, — Manzac, — Marsaneix, — Merlande, — Montrem, — Pissot, — Preyssac, — Razac, — Saint-Crépin d'Auberoche, — Saint-Hilaire, — Saint-Laurent-sur-Manoire, — Sainte Marie de Chignac, — Saint-Paul de Serre, — Saint-Pierre de Chignac, — Saint-Pierre-es-Liens. — Sanillac, — Trélissac, — Trigonan (1).

Cependant Édouard Ier, roi d'Angleterre, était mort dès l'an 1306, laissant pour successeur son fils Édouard II, qui demeura frustré de ses droits sur la Guyenne jusqu'à l'an 1308 ; Philippe-le-Bel la lui rendit alors moyennant hommage, en lui accordant la main de sa fille, Élisabeth de

---

1. *Dictionnaire topographique du département de la Dordogne*, par M. DE GOURGUES.

France. — Cette restitution fut le point de départ d'une série continue de contestations et de luttes que nous allons voir se dérouler sous les règnes suivants.

L'historien des évêques d'Apt, le savant de Remerville, affirme que

✠ Guiraud,

successeur de Géraud, évêque d'Apt en 1330, fut quelques mois après transféré au siége de Périgueux. — Après lui vint

✠ Pierre IV (1331),

qui vit la guerre éclater entre les rois de France et d'Angleterre, et qui dut lui-même en supporter les funestes désastres.

Charles-le-Bel, roi de France, étant mort sans enfants, avait appelé à lui succéder Philippe de Valois. Il avait été souvent aux prises avec Édouard III d'Angleterre au sujet du duché de Guyenne. — Ce dernier avait poussé ses prétentions jusqu'à prendre le titre de *roi de France*, et l'on ne peut imaginer toute l'animosité qu'il avait provoquée.

Archambaud IV, comte de Périgord, fils de Roger Bernard et d'Éléonore, avait embrassé le parti des Anglais, et, pour cela, s'était vu confisquer le comté de Périgord par le roi de France, Philippe de Valois (1328). — Mais ce ne fut pas pour longtemps, car plusieurs actes de 1331 et de 1334 nous apprennent que le comté de Périgord fut rendu à Roger Bernard, chanoine de Paris, neveu d'Archambaud.

On sait que ce fut sous les règnes de Philippe-le-Long et de Charles-le-Bel que commença l'usage d'imposer une redevance pour le roi aux *Roturiers*, qui avaient acquis des fiefs dans la *mouvance* médiate ou immédiate. — En 1323, des lettres du sénéchal du Périgord enjoignirent aux *baillis* ou percepteurs du roi dans cette province, de mettre sous sa main et de faire saisir les fiefs des citoyens de Périgueux qui n'auraient pas payé l'impôt, et de les contraindre par là à s'en acquitter. — Ces lettres n'eurent pas plutôt été notifiées aux maire et consuls de la ville, qu'ils en interjetèrent appel dans toutes les formes, et arrêtèrent par là aussitôt toutes les poursuites des officiers du roi. Jamais, en effet, la ville de Périgueux n'eut à payer ce *Droit de franc-fief*, dont elle était exempte par sa *vassalité directe* avec la couronne de France, à laquelle elle ne prêta toujours que ses services militaires.

En 1326, la guerre éclata entre la France et l'Angleterre, à l'occasion d'un château dont le roi d'Angleterre, comme duc de Guyenne, réclamait la mouvance. Charles de Valois vint en Guyenne soutenir les droits de la couronne de France. — Alphonse d'Espagne, seigneur de Limeuil, commandait la noblesse de la province en sa qualité de sénéchal du Périgord. — Maintes fois la ville de Périgueux dut se réclamer de son titre de *Vassale directe du roi* pour s'exonérer des diverses impositions fiscales. — Sa constance provoqua du roi Philippe de Valois un arrêt royal en date du 13 août 1333, qui reconnait et déclare les droits et privilèges de cette ville.

Philippe de Valois, pour soutenir sa lutte contre le roi d'Angleterre Édouard III, avait étendu ses impositions de guerre jusque sur les ecclésiastiques. — L'évêque de Perigueux Pierre IV y répondit en fulminant l'excommunication sur les commissaires du roi. — Celui-ci, pour s'en venger, fit saisir tous les biens de l'évêque et les mit en séquestre, jusqu'à ce que les ecclésiastiques se fussent acquittés de l'impôt de guerre qui leur était réclamé.

Malgré cette exaction motivée sans doute par les malheurs du temps, mais absolument contraire à toutes les immunités et droits de l'Église, nous devons reconnaître que Philippe de Valois se montra généralement favorable au clergé et aux habitants de Périgueux, en maintenant, confirmant et, au besoin, renouvelant tous les droits qu'ils avaient de *haute*, *moyenne* et *basse justice*, dans tous leurs fiefs.

Pierre IV mourut en 1336 et eut pour successeur

✠ Raymond VIII (1336-1340).

Ce fut de son temps que Pierre Brunet, chanoine de Saint-Front, fonda pour treize pauvres un hôpital dans la maison dite *de Saint-Aman*, qui n'était que l'ancienne maison de Ste-Marthe, près le moulin de St-Front. — Cette fondation se fit le vendredi après la fête de saint Barthélemy, en 1339.

Périgueux possédait quatre léproseries ou maladreries. — 1º Celle de *Saint-Hippolyte*, près de l'église de ce nom et de la fontaine des malades, près de la chaussée du Pont-Neuf. — 2º Celle du *Toulon*, près de l'église *Charles* et dépendant de l'abbaye de Chancelade. — 3º Celle de *Sauvajou*, qui confrontait au chemin allant de l'église Saint-Martin au territoire de la Lande et au clos de Laveyssière. — 4º Celle du *Pont de Lapierre*, près de Ste-Claire et de l'église St-Jacques.

Il y avait, en outre, cinq hôpitaux dont les noms et l'emplacement nous ont été conservés par d'anciens actes. — 1º L'hôpital de *Saint-Silain*, établi dans le cloître de l'église de ce nom. — 2º L'hôpital *du cimetière de la Cité*, dit de *Lacueille*, du nom de son restaurateur au seizième siècle. Il était situé au Sud du cimetière de la Cité, non loin des casernes. — 3º L'hôpital *Saint-Jacques*, au Sud-Ouest de l'ancien Pont de Japhet, sur les bords de l'Ille. — Il fut vendu par les chanoines de St-Étienne en 1293 à Ayrenberge, fille d'Archambaud III, comte de Périgord, pour servir à la fondation d'un couvent de religieuses de l'Ordre de Sainte-Claire. — En 1802, ce couvent devint un hôpital confié aux sœurs de Ste-Marthe. — En 1804, on en fit une caserne et, en 1825, on voulait en faire un séminaire. C'est à ces divers établissements qu'a succédé l'abattoir actuel, commencé en 1832 et achevé en 1836. — 4º L'hôpital de *Charroux*, qui était au bas d'Ecornebœuf, sur la rive gauche de l'Ille, en face de Périgueux. Il y en a encore de beaux restes. — Les cheminées surtout en sont remarquables. — A l'Est et à côté était une chapelle consacrée à St Cloud. — Il y avait aussi à l'Est, à deux ou trois cents pas de *la Fontaine des Malades*, une église appelée *Notre-Dame de la Daurade*. — Elle avait été bâtie par Hélie de Charroux, bourgeois du Puy-Saint-Front.—En 1206, Pierre de Charroux (DE CARROFIÓ) en fit don à l'abbaye de Cadouin. — 5º L'hôpital de l'*Arsault*, près de l'église de ce nom, qui était située contre la rivière et à l'Ouest de l'hôpital. — Ces maisons furent détruites en partie à la suite des guerres du XVe et du XVIe siècle, et remplacées par les maisons connues sous le nom de S^{te}.Marthe. — Nous n'avons plus aujourd'hui qu'un hôpital civil et militaire, connu sous le nom de *Grand Hôpital* ou de la *Manufacture*, et dont la construction remonte à 1668.

Raymond VIII mourut vers l'an 1340 et fut remplacé par

✠ Guillaume IV Audebert (1341-1347).

D'abord religieux de l'Ordre des Mineurs, il fut nommé à l'évêché d'Apt en 1332, et fut enfin, par une bulle du pape Benoît XII (octobre 1340), transféré au siège de Périgueux. Sous son épiscopat, le cardinal Talleyrand Périgord fonda la chapelle de St-Antoine dans la basilique de St-Front, et y établit, pour la desservir, douze vicaires à perpétuité, dont il fit approuver les règlements et statuts par le pape Clément VI (1347). — Nous avons déjà parlé de cette chapelle dans la description de la basilique de St-Front.

✠ Adhémar II de Neuville (1347-1349)

était chanoine de Périgueux lorsqu'il en fut nommé évêque par Clément VI. On trouve son nom dans le titre de la fondation des douze chapelains de Saint-Antoine. Il mourut en 1349, d'après les registres du Vatican.

✠ Arnaud de Villemur (1349)

ne fit que passer sur le siège de Périgueux. — Il fut transféré à Pamiers, et créé ensuite cardinal du titre de Saint-Sixte.

✠ Guillaume V de Lagarde (1350)

était chancelier de l'Église de Beauvais. — De Périgueux il fut transféré à Braga, en Portugal. Son successeur,

✠ Pierre V Tison (1350-1385),

était originaire de l'Angoumois. — Il fut d'abord évêque de Viterbe, puis de Vérone, et fut enfin transféré sur le siège de Périgueux. — De son temps, un concile provincial fut tenu dans l'église cathédrale de la Cité en novembre 1365. — Le nom de cet évêque nous rappelle que nous sommes arrivés au moment des luttes les plus acharnées que se livrèrent sur notre territoire les Français et les Anglais. — Et comme ce prélat tenait un peu trop le parti des Anglais, les Périgourdins, par dépit, saccagèrent son palais.

Les hostilités avaient commencé sous Philippe de Valois et mis la France à deux doigts de sa perte. — Dès l'an 1344, Édouard III d'Angleterre était aux prises avec le roi de France. — Les Anglais, ayant à leur tête le comte de Derby, pénètrent par Bordeaux dans la Guyenne et viennent mettre le siège devant Bergerac, dont ils s'emparent. — Même succès à Auberoche, où, entre les seigneurs prisonniers, se trouvait le comte de Périgord. — Sur ces entrefaites, Philippe, roi de France, vient à mourir (1350). Son fils Jean-sans-Terre lui succède et, encore moins heureux que son père, il se fait battre par les Anglais et devient leur prisonnier sous les murs de Poitiers en 1357. — Il ne fut remis en liberté qu'après le traité de Bretigny, qui reconnaissait à l'Angleterre l'entière possession du Poitou, de l'Agenais, du Périgord, du Limousin et du Quercy.

Pendant toutes ces luttes, la ville de Périgueux jouissait de ses prérogatives de *ville franche et royale*. Le roi se reposait entièrement sur le zèle de ses habitants.

« Fidèles au serment qu'on leur voit prêter en 1336 et renouveler en
» 1348 entre les mains du maire et des consuls, les habitants de Péri-
» gueux se chargent seuls de la défense de leur ville, et trois fois repous-
» sent les Anglais qui cherchent à s'en emparer. Des lettres de 1347
» adressées au sénéchal et au receveur de Périgord, par lesquelles le roi

» ordonne le remboursement d'une partie des frais que la ville avait faits
» dans cette guerre, rendent à sa fidélité le témoignage le plus authen-
» tique, et attestent que la conservation de cette place ne fut due qu'au
» courage et aux efforts de ses habitants.

» Les progrès des Anglais ayant été rapides dans la Guyenne, la ville
» de Périgueux, toujours fidèle au roi, toujours inaccessible aux sugges-
» tions de ses ennemis, se trouva environnée de quatorze places dont
» ils étaient les maîtres, et d'où ils partaient pour ravager le pays. — Ce
» fut alors qu'après avoir fait, pendant quinze ans, la guerre avec ses
» propres forces, Périgueux fut obligée de demander au roi cent hommes
» d'armes et cent sergents à pied pour sa défense. Ce secours lui fut
» accordé par des lettres du roi Jean, datées de Tournay, le 25 avril 1355,
» et adressées à Jean de Clermont, seigneur de Chantilly et maréchal de
» France. — Périgueux, en effet, à cette époque, ravagée par une épidé-
» mie qui lui avait enlevé la plus grande partie de ses habitants, fut presque
» toujours une ville bloquée ou un camp ; elle sut et se défendre et se
» conserver. Le roi lui envoya un secours, mais ses propres troupes ne
» furent jamais commandées que par des officiers dont elle eut le choix.
» Chargée de la garde des portes, obligée de faire à ses dépens toutes les
» réparations des murs, elle regarda toujours cet engagement comme une
» des obligations imposées de tout temps à sa qualité de vassale noble et
» immédiate. » (1)

Ce fut pendant cette période de luttes que le comte de Périgord, qui jusque-là, soit qu'il eût employé la force, soit qu'il eût eu recours aux voies judiciaires, avait échoué dans toutes ses entreprises contre la ville de Périgueux, crut l'amener par un traité, non à reconnaître sa seigneurie, mais à lui céder une ombre de pouvoir et quelques droits honorifiques. Il paraît que Philippe de Valois avait, avant l'année 1341, fait avec lui un traité (1339) par lequel le comte lui avait cédé une portion de la terre de Bergerac et, en contre échange, s'était fait promettre la cession de différents droits et revenus appartenant au roi dans

1. *Mémoire de la Constitution politique de la ville de Périgueux.* — Paris, 1775.

l'étendue même du comté de Périgord, et notamment dans la ville du Puy-Saint-Front. Certaines difficultés empêchèrent que la cession ne se fit immédiatement.

En effet, le comte de Périgord avait espéré par là réaliser sa prétention de seigneurie sur la ville du Puy-Saint-Front. Au nombre des droits dont il avait demandé la cession étaient ceux qui appartenaient au roi lui-même dans cette ville ; mais on savait qu'il était nécessaire que les citoyens y consentissent, et il parait que, non seulement ils firent tous leurs efforts pour s'y opposer, mais qu'ils obtinrent même de Philippe-de-Valois, au mois de janvier 1341, des lettres qui, en confirmant tous leurs titres anciens, révoquèrent la cession faite au comte de Périgord. —
« Le comte ne se rebuta point ; il se pourvut en rapport de ces lettres,
» et soutint que ce que le roi lui avait cédé n'intéressait nullement les
» maire et consuls de Périgueux. Sa requête donna lieu à une instance
» qui fut d'abord instruite devant les commissaires du roi, auxquels il fut
» enjoint, par des lettres du 6 août 1342, d'examiner et de vérifier les titres
» de toutes les parties. Le comte fit plus encore ; il demanda, comme fai-
» sant partie des dédommagements qui lui étaient dus pour la terre de
» Bergerac, le droit d'établir un juge d'appel auquel pussent ressortir les
» sentences de ses officiers. Ce droit lui fut accordé par des lettres pa-
» tentes de Jean, duc de Normandie et d'Anjou, fils ainé de Philippe-de-
» Valois et son lieutenant-général (1342).

» En outre, il fut accordé au comte, pour l'indemniser complètement
» de sa terre de Bergerac, un double droit qu'il sollicitait pour faire pré-
» valoir ses prétentions sur le Puy-Saint-Front, savoir : cette moitié de
» justice que le roi possédait en *Pariage* avec le Chapitre du Puy-Saint-
» Front, et le droit nommé *Commun de paix* (1), qui était devenu un
» droit domanial. »

Non content de ces résultats, le comte voulut imposer aux maire et consuls de Périgueux la cession ou l'inféodation de ce double droit. De-

---

1. On appelait *Commun de paix* cette impositon établie autrefois pour l'entretien des troupes destinées à faire garder *la Trêve de Dieu.*—(*Mémoire sur la Constitution politique de Périgueux.*)

vant le refus énergique de ceux-là, il prit les armes, marcha contre eux, et les menaça de mettre tout à feu et à sang. Ce fut sous cette menace que les habitants du Puy-Saint-Front, convoqués par les maire et consuls, furent obligés de délibérer le vendredi après la fête de S. Jean-Baptiste (1353). — Ne perdons pas de vue que la guerre était allumée entre la France et l'Angleterre, et que le comte de Périgord, en état de se faire acheter ses services par l'une ou l'autre puissance, devint pour les malheureux habitants du Puy-Saint-Front un ennemi plus redoutable que le roi d'Angleterre. Ce fut dans ces cruelles conditions que le comte de Périgord leur mit, pour ainsi dire, le couteau sur la gorge, et leur dicta les conditions du traité qu'il voulait leur arracher.

La ville de Périgueux acheta à perpétuité cette moitié de justice qui était tenue en *Pariage* avec le Chapitre, et accepta la cession qui lui était faite du droit de *Commun de paix*. Le prix qu'elle promit fut une rente de vingt livres par an, et un florin d'or qui devait être payé à chaque mutation de magistrat. — Par là, le comte de Périgord espérait bien établir un jour sa seigneurie, et, pour mieux assurer sa prétention, il exigea deux nouvelles concessions, auxquelles les citoyens se virent obligés de souscrire comme à tout le reste ; l'une fut que ses armes seraient mises avec celles de la ville dans les panonceaux qui annoncent la juridiction, et que les proclamations se feraient en même temps au nom du comte et du magistrat ; l'autre, qu'il serait établi par le comte un juge d'appel devant lequel seraient portées les appellations des sentences rendues par le Consulat.

Disons pourtant que ce honteux et funeste traité demeura sans exécution. C'est ce qui ressort de tous les actes respectifs de possession, soit du comte, soit de la ville de Périgueux. — D'un côté, il n'existe aucun document qui établisse que les sentences du Consulat de Périgueux aient été, en aucun temps, réformées par ce tribunal d'appel accordé au comte ; — d'un autre côté, on voit, en 1369, les maire et consuls de Périgueux rendre le *Droit de Commun* au comte de Périgord, et annoncer, par l'acte de restitution, qui est du 12 décembre de cette année, que ce droit ne leur avait été cédé que pour neuf ans, qui venaient d'expirer.

Ces luttes intestines ne peuvent nous faire perdre de vue la guerre que les Français et les Anglais se faisaient sur le sol de la Guyenne. La Cité de Périgueux était bien moins fortifiée que la ville du Puy-Saint-Front ; aussi fut-elle plus accessible à l'invasion ; et, malgré le secours envoyé par le roi en 1355, les Anglais s'en emparèrent en 1356. — Les maire et consuls firent des efforts inouïs pour délivrer leurs concitoyens. — On craignait que le roi n'imputât cet échec à la ville, et que, s'il reprenait la Cité, il ne la regardât comme une conquête et ne privât les Citadins de leurs droits. — Ce fut au milieu de ces appréhensions que le roi Jean (1356) écrivit aux maire et consuls pour les rassurer et les encourager en dissipant leurs craintes. — Après avoir fait l'éloge de leur constance et de leur fidélité, il affirme que la Cité, quoique envahie par les Anglais, n'en demeurait pas moins, en droit, sous la juridiction des maire et consuls, qui la gouvernaient au nom de l'universalité des citoyens et bourgeois des trois ordres ; il les assure que l'invasion ne préjudiciera point à leurs droits, et qu'après que la Cité sera rentrée sous l'obéissance du roi, le Consulat rentrera alors dans l'exercice de tous ses droits.

Cette invasion, qui précéda de fort peu de temps la déplorable bataille de Poitiers, fut un malheur bientôt réparé. La Cité fut prise sur les Anglais dès l'année 1357, et il paraît que le cardinal Talleyrand-Périgord, frère du comte, avait eu beaucoup de part à ce résultat et se vantait même d'avoir arraché la Cité des mains des Anglais. — Le fait est, comme la suite le démontrera, que le comte et le cardinal n'avaient repris la Cité qu'après avoir fait avec le roi d'Angleterre un traité comprenant la cession de cette place.

Le 8 mai 1360, fut conclu à Bretigny, près de Chartres, comme nous le savons déjà, le funeste traité qui, en rendant la liberté au roi Jean, faisait passer en toute souveraineté au roi d'Angleterre le duché de Guyenne avec toutes ses mouvances. Dans ce traité on eut bien soin de nommer et de spécifier tous les lieux qui, indépendants de la Guyenne, passaient au roi d'Angleterre, comme démembrés de la couronne et en vertu d'une cession précise et directe.

Dans cette liste se trouvaient *la Cité, le chastel et toute la comté de Périgord, et la terre et le pays de Périgord ;* ce qui prouve bien leur mouvance directe de la couronne de France ; — ce qui le prouve aussi en faveur de la ville du Puy-Saint-Front, qui, au milieu des perturbations politiques d'alors, en conservant ses droits et prérogatives de ville noble et royale, continua toujours de donner au roi de France de nouveaux témoignages d'attachement et de fidélité. Pour s'en convaincre, rappelons ici comment s'opéra la prise de possession des nouvelles acquisitions faites au nom du roi d'Angleterre, en vertu du traité de Bretigny.

Le roi de France Jean avait nommé son commissaire pour l'exécution de ce traité, *Jean Le Manigre de Boucicault* (12 août 1361). — Celui-ci, aussitôt arrivé à Périgueux, fit, par devant notaire, reconnaître ses lettres de commission royale (1361), dans une assemblée générale du maire, des consuls et de tous les citoyens.

« Le lendemain mercredi, on se rassemble de nouveau ; et là, en pré-
» sence, et du commissaire du roi, et des maire, consuls et des citoyens
» désolés, arriva *magnifique, noble et puissant seigneur Jean Chandos,*
» *vicomte de Saint-Sauveur*, lieutenant du roy d'Angleterre. — Sa mis-
» sion était de recevoir la tradition des villes, d'en prendre possession
» au nom de son maître, et de recevoir le serment de ses nouveaux vas-
» saux.

» Alors le seigneur de Boucicault renouvelle la réquisition et l'injonc-
» tion de la veille, leur montre Chandos, et les avertit qu'il est là pour
» recevoir leur hommage. Celui-ci présente lui-même ses lettres datées
» de Westminster du premier juillet, dans lesquelles nous remarquerons
» qu'Édouard ne prend pas le titre de roi de France, mais seulement de
» roi d'Angleterre, seigneur d'Irlande et d'Aquitaine.

» Cette assemblée se tenait à la porte de Taillefer ; car Chandos ne
» pouvait entrer dans la ville que les maire et consuls ne l'eussent reçu

» librement. Aussi, après la lecture de la commission de l'Anglais, après
» même que celui-ci leur en eût remis une copie, ils se retirèrent à part et
» tinrent conseil hors la présence des deux commissaires, non seulement
» entre eux, mais avec tous les citoyens qui s'y trouvèrent. La délibéra-
» tion finie, ils viennent se présenter devant les officiers des deux sou-
» verains ; alors le maire leur dit, au nom de toute la ville, qu'ils sont
» prêts d'obéir avec respect et *comme des enfants dociles, aux lettres et*
» *aux ordres du dit seigneur, roi de France, pourvu que les dits ordres*
» *viennent effectivement de lui* et qu'ils expriment sa volonté, mais
» seulement dans toutes les choses qui pouvaient regarder le roi, *et à*
» *la réserve de tous les droits, libertés, franchises et juridiction dont ils ont*
» *joui jusqu'ici dans l'intérieur comme en dehors de leur ville.* — En con-
» séquence, ils requièrent Chandos de réserver et de leur confirmer tous
» les droits qu'ils réclament, et celui-ci le promet et s'y engage au nom
» de son maître.

» Cela fait, les maire et consuls, pour obéir aux lettres du roi, admet-
» tent Jean Chandos dans leur fief et leur seigneurie. — On laissa entrer
» Jean Chandos par la porte de Taillefer, et il paraît qu'il alla prendre
» possession des droits cédés à son maître.

» Lorsque Chandos fut entré dans la ville, il alla vraisemblablement
» faire visite aux monastères ; car c'est dans le réfectoire des Frères-
» Prêcheurs que, le même jour, mercredi après Noël (1361), fut dis-
» cuté le différend et dressé le procès-verbal au sujet de la *Cité*, dont les
» maire et consuls réclamaient la restitution contre le cardinal et le
» comte de Périgord, qui, nous le savons déjà, s'étaient fait adjuger par
» les Anglais cette partie de la ville. Chandos ajourna la sentence de ce
» différend au premier lundi de Carême suivant (6 mars). — Il avait cou-
» tume de descendre et demeurer dans la rue de LA FARGAS, en la mai-
» son d'Hélie de Grosset, bourgeois de la ville. — Jean Chandos n'y
» arriva pourtant que le 23 mars. — En attendant, il avait commis
» la Cité sous la main du roi d'Angleterre, et avait ordonné qu'elle serait
» gouvernée par ses officiers. — Après s'être suffisamment éclairé, Jean

» Chandos prononça la sentence suivante : AVONS LEVÉ LA MAIN DU ROI,
» NOTRE SIRE, MISE SUR LADITE CITÉ ET APPARTENANCES, AU PROFIT
» DESDITS CONSULS ET HABITANS DE ICELLE CITÉ ET APPARTENANCES, LEUR
» AVONS REMIS ET DÉLIVRÉ AVEC LES FRUITS, REVENUS, ÉMOLUMENS..... EN
» LES REMETTANT ET RESTITUANT A LEUR SAISINE ET POSSESSION, AINSI ET
» PAR LA MANIÈRE QU'IL ÉTAIT AU TEMS ET PAR AVANT LADITE PRINSE
» FAITE PAR LES GENS DE MONSEIGNEUR LE ROI. »

Ce jugement, daté du 23 mars, fut sur-le-champ exécuté. — On procède à la cérémonie de la mise en possession. — On livre aux maire et consuls les clefs des portes : on les conduit partout en faisant proclamer à son de trompe leur autorité et juridiction. — Ensuite les maire et consuls font publier, également à son de trompe, devant la porte de l'église de Saint-Étienne, que tous les habitants de la Cité viennent le lendemain leur prêter le serment de fidélité « sous
» peine de soixante sous d'amende. — Ce lendemain, 25 mars, tous
» comparaissent devant les maire et consuls, qui, assis devant la
» porte du monastère de Saint-Étienne, et tenant entre leurs mains le
» Missel, reçoivent de tous les citoyens le serment de foi et sont reconnus, mais au nom de la communauté, TANQUAM DOMINOS TEMPORALES.
» Le dimanche suivant, ceux de la Cité se transportèrent à l'assemblée
» générale, qui se tient dans la ville, en la maison du Consulat ; et là, en
» présence de tous les membres de la corporation, qui y ont été également convoqués, ils requièrent que, suivant l'ancien usage, il soit procédé à l'élection et à l'installation des deux consuls de la Cité ; ils les
» présentent en même temps, et l'élection est confirmée (1). »

Tant que la ville de Périgueux resta sous la domination anglaise, les droits de seigneurie et de justice furent uniformément reconnus. Ils furent d'abord confirmés par des lettres patentes du prince de Galles du 21 septembre 1363. — Mais une déclaration du mois d'avril de l'année suivante (1364) lui assura le rang qui lui revenait parmi les vassaux

---

1. *Mémoire sur la situation politique de la ville de Périgueux.* — Paris, 1775.

immédiats ; elle fixa le caractère de la juridiction attachée à cet ancien fief de la couronne.

Le roi Philippe de Valois, par des lettres patentes de 1347, avait décidé que toutes les fois qu'un différend surgirait entre le roi ou son procureur et les habitants de Périgueux, ceux-ci ne pourraient être traduits qu'en la cour du sénéchal ou au parlement. Le prince de Galles confirma cette distinction, et, par lettres patentes, eut soin d'expliquer que les causes des habitants de Périgueux qui jusque-là avaient été portées au parlement de Paris, ne le seraient désormais qu'au parlement que le roi d'Angleterre se proposait d'établir en Guyenne.

Voilà donc comment la ville de Périgueux a toujours conservé jusqu'ici les droits et les caractères de la seigneurie, la haute, moyenne et basse justice, — la possession de tous les domaines, — le droit d'avoir des officiers, — le droit d'exiger le serment de fidélité, etc., etc. Elle garda ses droits et sa dignité pendant toute la durée des hostilités. — Nous en avons la preuve dans les principaux actes publics de cette époque. — Dans l'appel que firent au roi Charles V tous les vassaux du duc de Guyenne contre les vexations de ce dernier, alors Édouard prince de Galles (1368), nous voyons figurer la ville et Cité de Périgueux à côté d'Archambaud, comte de Périgord, et de son frère Talleyrand, qui s'étaient réconciliés avec le roi Charles V.

C'est à cette occasion que furent délivrées à la ville de Périgueux par Louis, duc d'Anjou, frère du roi et son lieutenant-général en Languedoc (octobre 1369), des lettres patentes confirmées par Charles V (août 1370), par lesquelles, afin de prévenir les réclamations du prince de Galles, la ville de Périgueux était déclarée relever du roi de France, considéré comme duc de Guyenne. Le roi promet pour lui et ses successeurs d'envoyer à la première réquisition de la ville des troupes *payées et stipendiées* par lui, pour la délivrer de toute armée qui menacera d'en faire le siège.

Le roi de France, relevant l'appel de ses vassaux de la Guyenne contre le prince de Galles, le fit signifier à ce dernier par le sénéchal de Toulouse, en lui faisant intimer l'ordre de *comparoistre à la table de marbre*. Édouard *respondit qu'il comparoistroit accompagné de soixante mille hommes de guerre*. — Aussitôt la guerre recommence avec plus d'acharnement et de cruauté que jamais. — Le roi Charles V, par lettres patentes du 21 mai 1369, enjoignit à Archambaud V, comte de Périgo *, à Talleyrand, son frère, et à tous les seigneurs adhérents à leur appel, parmi lesquels parallèlement se trouvaient les maire et consuls et citoyens de Périgueux, de faire eux-mêmes la guerre la plus ouverte et la plus vive à Édouard et aux Anglais.

Ces lettres, envoyées aux maire et consuls de Périgueux par Louis, duc d'Anjou, furent publiées à son de trompe dans la ville de Périgueux le dernier jour de février, premier jeudi de Carême. — Pendant toute l'année 1370, les habitants de Périgueux firent des efforts incroyables pour se défendre contre les Anglais, qui déchaînèrent leur fureur et multiplièrent leurs attaques contre notre pays et les villes environnantes. — Limoges, en particulier, fut mise à feu et à sang. — On était alors au plus fort de la guerre. — Les Anglais obtinrent d'abord quelques succès ; mais, après la mort de leur brave général Chandos, ils furent obligés de reculer devant les troupes victorieuses de Duguesclin, qui fut créé connétable de France durant cette guerre. La tradition veut que Duguesclin passa à Périgueux et logea dans la maison de la rue des Farges qui porte le nom des *Dames de la Foi*, probablement celle qu'avait occupée Chandos (1).

La situation de la ville de Périgueux était alors d'autant plus critique, qu'à cette époque de malheur et de licence, elle avait également à repousser, et les ennemis de la patrie, et les attaques du comte de Périgord. — Ce dernier espérait réussir à la faveur des désordres et des malheurs du temps. — Rien, en effet, n'était plus déplorable alors que l'état des provinces. Quiconque voulait dévaster pouvait impunément prendre le parti ou du roi ou des Anglais.

---

1. Cette maison, qui fut plus tard donnée aux *Dames de la Foi*, offre sur sa façade encore bien conservée un ensemble de décorations Romanes. — On y voit deux rangs d'arcatures superposées, au nombre de cinq, à plein cintre, avec une légère pointe d'ogive. — Toutes étaient décorées d'une archivolte sculptée et séparée par deux colonnes.

Le prince de Galles ne mourut qu'en 1377. — Le roi Édouard, son père, le suivit de près, laissant le trône à son petit-fils Richard, qui n'avait que onze ans. — Dès lors les Anglais ne se défendirent plus que faiblement. Le duc d'Anjou, frère de Charles V, commença ses conquêtes en Guyenne par Bergerac, où il mit en fuite les Anglais ; il se rendit maître de plusieurs autres places, comme Cadouin (1), Auberoche, etc. ; mais il ne put se mettre en possession de Bordeaux.

« Il est à croire, dit le P. Dupuy, qu'à cette époque, l'évêque de Péri-
» gueux, qui était Pierre V Tison, soutenait la cause des Anglais, tandis
» que la ville du Puy-Saint-Front tenait le parti du Roy de France. »
Aussi, comme nous l'avons déjà vu, les habitants du Puy-Saint-Front firent le sac du palais épiscopal, qu'ils incendièrent et démolirent, et dont ils prirent les matériaux pour fortifier leur ville. — Cette affaire fut portée par l'évêque de Périgueux devant le pape Clément VII à Avignon.— Après plusieurs discussions, le roi de France termina ce différend en imposant aux habitants de la ville de Périgueux la somme de trois mille francs d'or qu'ils devaient payer à l'évêque.

Les troubles de la minorité de Charles VI commencèrent en 1380 avec son règne, et ranimèrent en Guyenne les prétentions des Anglais. — Pendant ces jours de désordre, Archambaud, déjà maître de la province, se flatta plus que jamais de le devenir d'une ville qu'il n'avait jamais pu détacher ni de la mouvance, ni des intérêts de la couronne ; mais il ne pouvait se faire illusion : il avait fort à faire pour réussir.

En effet, tous les habitants sont sous les armes, commandés, tantôt par le maire et les consuls, tantôt par le chef militaire qu'ils nomment dans leur assemblée. — Ils délibèrent sur la défense commune ; ils font des

---

1. Les Anglais, en effet, convoitant l'abbaye de Cadouin pour le trésor inestimable qu'elle contenait, le saint Suaire de N.-S., s'en étaient emparés ; mais l'abbé de Cadouin, Bertrand de Molinis, déjoua, au moins en partie, leur entreprise. — Il prit secrètement la sainte relique et alla demander pour elle un refuge au Chapitre de St-Sernin de Toulouse, qui, entr'autres conditions, consentit « *que le saint Suaire seroit mis en l'église du Taur pour y estre vénéré, et que le* » *Chapitre achepteroit un logis tout contre pour la résidence de l'abbé et de ses Religieux.* » — Plus tard, Charles VI, atteint de frénésie, se fit apporter à Paris ce même saint Suaire par l'archevêque de Toulouse et l'abbé de Cadouin.

projets de campagne ; ils se mettent en marche, livrent des batailles, font des sièges, prennent des forteresses ; leurs magistrats reçoivent eux-mêmes les prisonniers, et, en faisant rentrer des rebelles sous la domination du roi, ils reçoivent en son nom les devoirs et soumission des vaincus. — Voilà ce qui se passe au dehors.— Au dedans, ils font prêter serment de fidélité à tous les citoyens possesseurs par indivis de ce fief et de cette seigneurie qu'il faut conserver. — L'évêque même, comme membre de la corporation, n'est pas exempt de ce serment (1). Les officiers des troupes, les gentilshommes, les citoyens et bourgeois sont tous indistinctement soumis à cette obligation de défendre la patrie, et jurent d'y être fidèles. — On répare les brèches, on entretient les murs, on répartit entre les individus indistinctement les dépenses sans lesquelles il est impossible d'écarter l'ennemi : les ecclésiastiques, les gentilshommes, nul n'est exempt. Ce n'est point une ville de *Commune*, une association du Tiers-État ; c'est une petite république où la confédération de trois ordres de citoyens forme une corporation *militaire et politique ;* c'est un *corps féodal d'hommes d'armes fieffés* qui, en obéissant à l'autorité du magistrat, remplissent les devoirs de l'inféodation primitive qui les attache inséparablement à la couronne, parce que leur ancienne existence civile ne les soumit jamais qu'à la *Souveraineté* et non à la Seigneurie.

C'était par cette union de tous les membres, c'était par cette fidélité qu'ils juraient tous au magistrat, que la ville de Périgueux conserva tous ses droits dans les temps difficiles que présenta la fin du quatorzième siècle (2).

1. Nous avons encore dans les archives de l'Hôtel-de-Ville nombre de procès-verbaux relatant le serment des sénéchaux et des évêques de Périgueux, par lequel chacun d'eux, à leur première entrée dans la ville, jurait et promettait sur les saints Évangiles, et entre les mains des maire et consuls, d'être bon, fidèle et loyal aux magistrats, à la ville et Cité, — et devenait, de ce jour, membre de la corporation des citoyens de Périgueux. — Ce serment se faisait ordinairement devant l'une des portes de la ville.

2. « *La ville de Périgueux, pour le fait de la police*, dit Belleforêt, *est régie par un maire et six consuls eleus et changez annuellement par les habitants du Puy-Saint-Front, y joignant un consul septiesme qui est pris en la Cité, et le peuple et les citoiens obéissent à ce corps politique tiré d'entre eux-mêmes.*» — *Cosmographie universelle,* t. I, 205.

Nous avons dit qu'elle mêla sa bannière à celle de tous les vassaux immédiats qui prirent alors part à la défense de la province. — En 1369, la ville s'assemble ; on lui représente que la Cité court le plus grand risque d'être prise ; on délibère sur la nécessité de réparer les fortifications ; on oblige le Chapitre à contribuer à cette dépense.— En 1373, elle assiège et prend la ville de Condat, et c'est Pierre Ortie, l'un des consuls de Périgueux, qui reçoit les serments des seigneurs, des capitaines et des simples bourgeois qui, enfermés dans cette place, sont obligés de se rendre. — C'est à leur réquisition, c'est à leurs frais que le maréchal de Sancerre fait, en 1377, le siège de St-Astier, et prend d'assaut cette place dont s'étaient emparés quatre seigneurs, amis et serviteurs du comte de Périgord, à la tête desquels étaient Talleyrand, seigneur de Grignols, son parent. — Aussi ces seigneurs, rebelles au roi, et qui en même temps faisaient la guerre aux citoyens de Périgueux, sont-ils conduits prisonniers dans les prisons mêmes du Consulat. — On marche ensuite pour s'emparer de Grignols, et on réduit cette forteresse ennemie. — Bourdeilles est assiégé et se rend. — Le duc d'Anjou prend dans la même année Bergerac. — Le seigneur de Treilhac met le siège devant Lisle : la ville de Périgueux lui envoie des secours ; car, dans ces temps malheureux, elle est toujours sous les armes pour son roi et pour sa liberté.

Au milieu de ces luttes, une contestation surgit entre l'évêque de Périgueux et les magistrats de la ville au sujet de l'étendue de leur juridiction respective. — L'accord se fit plus tard, et il fut convenu qu'aux limites de chaque juridiction on dresserait de grandes pierres qui, d'un côté, porteraient gravées les armes de la ville, et de l'autre celles de l'évêque, lesquelles, dit le P. Dupuy, étaient « *trois bezans traversés d'une barre.* »

En 1382, grâce à la connivence du comte, le château de la Rolphie fut occupé par un détachement d'Anglais, à la tête desquels se trouvait le seigneur de Mussidan ; c'était une menace pour la ville de Périgueux : les habitants s'empressèrent de l'écarter, ils traitèrent avec les Anglais et rachetèrent cette place moyennant deux mille livres.

En 1389, la ville de Périgueux, épuisée par les attaques incessantes et les vexations dont étaient l'objet ses malheureux habitants, soit de la part des Anglais, soit de la part de leurs partisans, fut obligée de demander au roi Charles VI un secours puissant, capable d'assurer son repos et sa tranquillité. — Elle avait déjà repoussé plusieurs assauts, lorsqu'en 1390 le roi lui envoya Robert de Béthune, vicomte de Meaux, lieutenant du sire de Coucy, qui, de concert avec le sénéchal du Périgord, fit le siège du château de la Rolphie, le prit avec tous les assiégés, fit couper le cou à leurs chefs, fit pendre les soldats, et détruisit de fond en comble cette citadelle dont il n'est resté que le souvenir dans les ruines de l'amphithéâtre avec le nom, dit le P. Dupuy, de CACOROTTA. — Ensuite les officiers de la ville, délivrés de cette oppression, prêtent serment de fidélité au roi de France dans l'église de Saint-Front, entre les mains du dit sieur vicomte de Béthune et d'Aymerie de Larochechouard, sénéchal.

En 1392, les revenus du comte furent encore saisis à la requête des citoyens de Périgueux, alors que la destruction du château de la Rolphie avait diminué la crainte que l'on avait de ses violences. — Il obtint cependant des lettres qui, par grâce spéciale, lui en rendirent la jouissance, et ordonnèrent que les parties procéderaient, soit devant le roi et son grand Conseil, soit devant la cour de parlement ; mais il fut en même temps fait au comte des défenses expresses de procéder par voies de fait contre les doyen, Chapitre, maire et citoyens de Périgueux. — Le roi se regardait toujours comme juge. — Le comte, au lieu de s'en tenir à cette sentence et d'obéir, continua la guerre jusqu'à sa mort. Son fils Archambaud V suivit ses traces, et Périgueux aurait succombé si le roi, comme seigneur et obligé à la défense d'une cité sa vassale, n'eût envoyé pour la soutenir le maréchal de Boucicault. — Celui-ci, avec l'aide des bourgeois, fait le siège de Montignac, prend le comte prisonnier, et le livre aux poursuites du procureur général, qui lui fait son procès.

Par arrêt de 1396, le comte de Périgord fut déclaré coupable de *félonie*, condamné à trente mille livres-i de dommagesntérêts envers la ville de

Périgueux, et son comté fut confisqué. — Le roi en fit don à son frère Louis, duc d'Orléans ; celui-ci, après s'être arrangé avec Léonore, sœur du comte, laquelle sans doute avait quelques droits patrimoniaux à revendiquer, — jouit toute sa vie du comté et le transmit avec le comté d'Angoulême à Jean, son troisième fils. — Ce dernier le vendit, le 4 mars 1437, à Jean de Bretagne, vicomte de Limoges. — Notons ici en terminant que *la justice* de la ville et banlieue qui regardait le comte fut adjugée aux magistrats de la ville de Périgueux, par arrêt de l'an 1397, en compensation des trente mille livres d'amende non payées.— Ce grand événement fut pour Périgueux une garantie de repos et de liberté, dont les habitants conservèrent longtemps le souvenir (1).

✠ Hélie II Servient (1385)

avait succédé sur le siège de Périgueux à Pierre V. — Son épiscopat fut de courte durée. — Il mourut au château de Plazac.

✠ Pierre VI de Pons (1387)

fut élu en 1387, d'après les registres du Vatican ; mais il ne prit possession qu'en 1390. — Il fut l'exécuteur testamentaire de Hélie Talleyrand, seigneur de Grignols et de Chalais.

✠ Guillaume VI Fabri (1401)

fut nommé, pendant le schisme, par le pape de Rome, Boniface, tandis que la France était de l'obédience de Benoît. — Il obtint du souverain-pontife des lettres adressées au gardien des Frères Mineurs de Bordeaux, pour qu'on lui permit de résider dans le lieu accoutumé où il restait auparavant avec le compagnon de son choix, jusqu'à ce qu'il fût mis en possession de l'évêché. — On trouve ensuite le nom de

---

1. M. l'abbé de Lespine, dans un extrait tiré du *gros livre noir* malheureusement perdu, nous a conservé la relation d'une fête singulière qu'on avait sans doute instituée en souvenir de cette antique liberté. — Voir à l'appendice, n° 1.

✠ Gabriel Ier (1405)

dans les vieux documents de l'Église de Périgueux. Puis nous voyons

✠ Raymond IX de Bretenoux (1404-1413).

Il était d'abord chanoine de Saint-Front ; il devint évêque de Sarlat et puis évêque de Périgueux. — C'est Benoit XIII (Pierre de Lune) qui le nomma. Il reçut les hommages des vassaux de l'évêché en 1407, assista au concile de Pise, et fut transféré à Lombez en 1413 par le pape Jean XXIII.

✠ Jean II (1408)

fut élu en 1408, d'après les tables de la Cité.

✠ Bérenger d'Arpajon (1414-1447)

était prévôt de l'église de Beaumont, en Rouergue, quand Jean XXIII le nomma évêque. Il assista au concile de Bâle, où il joua un certain rôle, dans les cinquième et sixième sessions. — A la fin, il se rapprocha d'Eugène IV, et fut député par l'archevêque de Bordeaux au conciliabule de Bourges, mais pour y faire opposition à la *Pragmatique-Sanction*, établie par le roi. — Cet évêque ne résidait pas à Périgueux. — En moins de huit ou neuf ans, le siège de Périgueux vit passer successivement

✠ Hélie III.

✠ Pierre VIII de Durfort,

qui était de la maison de Duras. Il fut pourvu par le pape Clément, qui l'avait pris dans l'Ordre des Frères Prêcheurs. — Le P. Dupuy conjecture que c'était l'épitaphe de cet évêque qui était gravée sur le mur du sanctuaire de l'église cathédrale de la Cité, du côté gauche, et ainsi conçue :

> Præsul erat Petrus, jacet hic in pulvere pulvis. —
> Sit Cœlum requies, sit tibi vita Deus. —
> Obiit die 10 Aprilis.

✠ Raymond X Laubarie

fut transféré de l'évêché de Sarlat à celui de Périgueux.

✠ Raymond XI de Pérusse d'Escars

fut nommé par Jean XXIII en 1413. — Cette période de notre histoire est pleine de confusion pour les dates et les noms des évêques. — On trouve deux évêques à la fois, nommés par les deux obédiences, de Rome et d'Avignon, soutenues par les Français et les Anglais.

✠ Étienne

était de l'Ordre des Frères Prêcheurs et fut nommé par Benoît XIII.

✠ Geoffroy II Bérenger d'Arpajon

fut nommé par le pape Jean XXIII.—Au temps de cet évêque, en 1441, le pape Eugène IV adressa au Chapitre de Saint-Front une bulle dont le P. Dupuy nous a conservé le texte, accordant la translation du corps de St Front, qui n'eut lieu qu'en 1463, sous l'administration et par les soins de

✠ Hélie IV de Bourdeilles (1447-1468).

Il était fils d'Arnaud de Bourdeilles, sénéchal et lieutenant du roi en Périgord, et de Jeanne de Chambrillac. — Dès sa plus tendre enfance, il manifesta des inclinations pour l'Ordre des Frères Mineurs, où il entra dès l'âge de dix ans. — « *Et d'autant que les troubles des guerres estoient*

» *fort eschauffés*, dit le P. Dupuy, *dás tout le pays, Monsieur le Seneschal*
» *assembla soixante ou septante chevaux pour la conduite de son fils, lequel*
» *donna bien de l'estonnement à toute ceste noblesse, lors qu'après les derniers*
» *adieux donnez à sa mère, on luy amena un bon cheval pour le monter :*
» *ce dévot enfant s'opiniastre à ne prendre de cheval pour son voyage,*
» *disant qu'il ne vouloit qu'un asne pour sa conduite, à l'imitation du Père*
» *saint François, auquel il se vouloit déjà conformer.* — *Il est mené en cet*
» *équipage, et mis dans le noviliat au couvent des Religieux de Saint-*
» *François à Périgueux.* — » Il alla étudier la théologie à Toulouse, et de là fut conduit au couvent de Mirepoix, où il commença ses prédications. — A la mort de Geoffroy d'Arpajon (1447), Hélie, qui n'avait que vingt-quatre ans, fut élu à l'unanimité par le Chapitre cathédral de Périgueux pour le remplacer. — Il fallut que le pape Nicolas V l'obligeât d'accepter cet évêché en le faisant sacrer par le cardinal de Sainte-Croix. — Hélie fit son entrée solennelle à Périgueux le 3 août 1447. — Il fut le modèle des prélats : pauvre dans son maintien, austère dans sa vie, assidu à la prédication, tendre et miséricordieux envers les malheureux, mais rigoureux contre les méchants. Son zèle le poussa surtout à combattre le blasphème. A cette fin, il avait imposé aux blasphémateurs *dénoncés* de se tenir durant la messe à la porte de l'église, un cierge à la main, nu-pieds, sans chapeau ni ceinture, quelquefois en chemise : ils devaient se présenter, à la fin de leur pénitence, au pied de l'autel pour recevoir publiquement l'absolution. — Il fit dresser dans sa cathédrale, selon l'expression d'un chroniqueur contemporain, *l'autel le plus beau et le plus magnifique de ce royaume*. — Il rebâtit l'église de St-Astier (1), ainsi que la moitié de l'église de St-Georges à Périgueux (2).

Mais autant notre saint prélat était l'ami de Dieu, autant il était haï des

---
1. On dit aussi qu'il y avait à la Cité une petite église sous le vocable de Saint-Astier, située dans la rue qui portait ce nom et se trouvait à l'Ouest de Notre-Dame de Leydrouse, au bas de la rue Romaine.

2. L'église de Saint-Georges, au faubourg de ce nom, servait encore de paroisse au moment de la Révolution. — Le cimetière, qui était à côté, remontait à la plus haute antiquité. — Il paraît qu'il y avait aussi en ville une chapelle de Saint-Georges confrontant aux rues de Notre-Dame, de Saint-Georges et du Pas-Saint-Georges.

Anglais, dont il contrariait les desseins et les entreprises sataniques en notre pays. — Aussi, un jour qu'accompagné de l'abbé de Brantôme il se dirigeait vers Saint-Antoine pour en réconcilier l'église polluée, il fut saisi par le sire de Grammont, seigneur d'Auberoche, vendu aux Anglais, et traité comme prisonnier. — Il fut mené d'abord au château de Laroche-Chalais et ensuite à Libourne. C'est là que l'archevêque de Bordeaux, Pierre ou Pey-Berland, le fit évader et conduire à Bordeaux, où, avec son clergé, il le reçut en grand honneur.

A son retour à Périgueux, Hélie de Bourdeilles fut reçu par toute la population avec les plus grands transports. C'est alors qu'il acheva l'œuvre de Pierre de Saint-Astier, son prédécesseur, qui, ayant fait l'invention du corps de S*t* Front, se proposait de le mettre dans une riche châsse, lorsque la mort le surprit. — « *Vers la fin de mai* (25 ou 27) *1465, Hélie de Bourdeilles,* « *l'évesque de Sarlat, et son oncle, l'évesque de Rieux, jadis* » *de Sarlat, tous deux de la maison de Rouffignac en Limousin, célébrèrent* » *l'élévation du corps du Bienheureux saint Front, colloquans à part son* » *chef dans un grand tabernacle qu'il avoit fait élever et richement élabou-* » *rer au milieu du chœur, basti de lames de cuivre esmaillées et dorées,* » *renfermé de grilles de fer, ouvrage d'un merveilleux artifice..*»(1) Cette translation se fit avec un éclat inouï et une pompe tout à fait extraordinaire. — Cédant aux réclamations du Chapitre cathédral de la Cité, Hélie de Bourdeilles porta solennellement à l'église Saint-Étienne un bras de saint Front, le jour de Sainte-Quiterie. — Il assista aux États-Généraux réunis par Louis XI dans la ville de Tours en 1467. Il fut choisi pour confesseur du roi, et transféré à l'archevêché de Tours en 1468. — Enfin il fut créé cardinal du titre de Sainte-Luce par Sixte IV.— Cette nouvelle dignité ne lui fit pas oublier son église du Périgord dont il se préoccupa tout le reste de sa vie. — En 1476, il obtint du pape Sixte IV une bulle accordant *les grands pardons*, en forme de *jubilé*, pour dix ans, en faveur des fidèles qui visiteraient les églises de Saint-Étienne et de Saint-Front aux jours de leurs fêtes ou les quatre jours suivants.—

1. *Estat du Périgord*, P. DUPUY.

Cette même bulle nous apprend que l'église Saint-Étienne possédait les reliques de saint Léon, pape de saint Patrocle et de sainte Sabine, martyrs. — Hélie de Bourdeilles mourut dans le château d'Artéries, près de Tours, en 1484. Sa sainteté éclata après sa mort par plusieurs miracles, et on commença le procès de sa béatification. — Ce fut sous son épiscopat, en 1463, que le saint Suaire fut rapporté de Toulouse, d'abord à l'abbaye d'Aubasine (diocèse d'Évreux), où il demeura sept ans, et ensuite à Cadouin, où il continua d'opérer des miracles éclatants, confirmés par le témoignage de l'archevêque de Bordeaux et les bulles des souverains-pontifes.

Depuis la confiscation du comté de Périgord, les habitants de Périgueux ne furent point troublés dans la jouissance de leurs droits et franchises. — Ils continuèrent de défendre leur ville et d'en entretenir à leurs frais les murs et fortifications. Ce fut même pour cette défense, qui lui incombait, qu'en 1409 la ville de Périgueux se vit déchargée de la moitié de la taxe qu'elle devait au roi, en vertu d'une délibération des États-Généraux.

En 1431, quoique Charles VII eût déjà été sacré à Reims, et que les affaires de la France fussent entrées dans une meilleure voie, la guerre se ralluma en Guyenne. — Henri VI d'Angleterre voulut tenter un dernier effort pour ranimer son parti, et ce fut même cette année qu'il vint à Paris et se fit sacrer à Notre-Dame. — Dans ces conjonctures, la ville de Périgueux se vit de nouveau en butte aux attaques des Anglais : — elle prit ses mesures pour les repousser et se chargea, elle seule, de sa propre défense. — Les maire et consuls avaient le commandement général; mais il fallait nommer aussi un commandant particulier de la Cité. Cette importante commission fut confiée à l'honorable *Écuyer Front de Saint-Astier*, qui prêta serment de garder et gouverner la Cité et de la défendre contre les Anglais, promettant de la rendre au premier jour de septembre suivant. Les lettres de commandement, écrites dans la langue de l'époque, lui furent expédiées par les maire et consuls au nom de la communauté(1).

Charles VII mourut en 1461 : il eut la consolation et la gloire de voir

---

1. Voir, à l'appendice n° 2, le texte authentique de cette commission, écrit en idiome local.

avant sa mort le sol Français délivré du joug et des ravages des Anglais. — En 1450, il avait donné le commandement d'une puissante armée au comte de Penthièvre et de Périgord, qui commença ses exploits par la prise de la ville de Bergerac. — En 1452, le comte Dunois enleva aux Anglais les villes et les places importantes de la Guyenne, et pénétra même avec toute son armée dans la ville de Bordeaux le 2 juin de la même année. — Mais cette ville, la place la plus importante et la clef de la domination Anglaise en Guyenne, ne tarda pas à retomber au pouvoir des Anglais, qui voulurent, dans un effort désespéré, tenter de nouveau la fortune des armes. — Elle leur fut contraire. — La bataille de Castillon (1453) vint dignement couronner les efforts et le patriotisme des troupes du roi de France. Un grand nombre de chevaliers Anglais et Gascons mordirent la poussière, et firent noble escorte à leur illustre chef Lord Talbot, qui, malgré ses quatre-vingts ans, était monté à cheval et se fit tuer d'un coup de dague dans la gorge. — Ainsi prit fin l'occupation des Anglais en Guyenne. — Elle avait duré trois cents ans, au milieu des conflits, des empiétements et de toutes les horreurs d'une guerre incessante.

Dès le commencement de son règne, Louis XI, successeur de Charles VII, confirma la ville de Périgueux dans la jouissance de tous ses droits, libertés et franchises. Le maréchal d'Armagnac, chambellan de Louis XI, son lieutenant-général et gouverneur de la Guyenne, fut nommé pour recevoir *les foi et hommage* qui étaient dus au nouveau roi, à raison du fief. — La formule en fut rédigée d'après les hommages rendus précédemment en commençant par celui de 1204. — Il y est dit que, « *pour conserver l'Estat et l'honneur du dit seigneur des Hoirs et de la*
» *Couronne de France, les citoyens de Périgueux exposeront entièrement*
» *leurs personnes et biens, et contre tous hommes qui vivre et mourrir*
» *pourront, et que pour rebouter des Haut et mettre en subjection leurs*
» *ennemis, ou ceux qui encontre eux sont ou seront rebelles et désobéissants,*
» *ils les serviront et secoureront de tout leur pouvoir en* LES SUIVANT
» PARTOUT OÙ MENER LES VOUDRONT. »

En même temps que le maréchal d'Armagnac recevait cet acte de foi, il mandait, au nom du roi, au sénéchal de Périgord d'accorder aux habitants de la ville et Cité toutes les mains levées des saisies qui, *faute de foi*, pouvaient avoir été faites sur eux.

Louis XI était mort en 1485. — En 1486, son successeur Charles VIII fait demander à la ville de Périgueux les foi et hommage qui lui sont dus : les maire et consuls députent deux d'entre eux, Hélié Captalis et Hélié Queizel, pour prêter le serment requis entre les mains du chancelier de France.

On peut dire qu'à cette époque de notre histoire la situation politique de la ville de Périgueux est définitivement établie et reconnue. Sa prépondérance et l'autonomie de sa puissance constituent un fait historique. — Elle a puisé dans son origine et dans sa seigneurie ce caractère de noblesse que portent les magistrats, et qu'elle a conservé et continué à tous ses enfants, si bien qu'on a pu dire de notre Périgord : « Ce pays est si rempli de noblesse qu'à peine il peut la contenir (1). » — Elle s'administre elle-même aussi bien au point de vue politique que municipal. Elle traite directement avec le roi de France et a pour pairs les grands vassaux de la couronne. — Au point de vue religieux, elle a un Chapitre nombreux et puissant dont la seigneurie rivalise avec le Chapitre cathédral de la Cité. — Sans doute, les évêques n'habitent point encore, de leur vivant, dans ses murs ; mais la plupart s'y sont réservé d'y reposer après leur mort à côté de leur Père et apôtre saint Front. — Et cet honneur, qui semble manquer à sa couronne, lui reviendra nécessairement bientôt par la force des circonstances. Tout est préparé pour cela : il ne faut qu'une occasion favorable, qu'apporteront avec eux les événements nouveaux qui se préparent dans le monde religieux, et dont les suites, malheureusement trop funestes, se feront douloureusement sentir en notre pays. — Je veux parler de la prétendue Réforme des protestants.

---

1. De Thou.

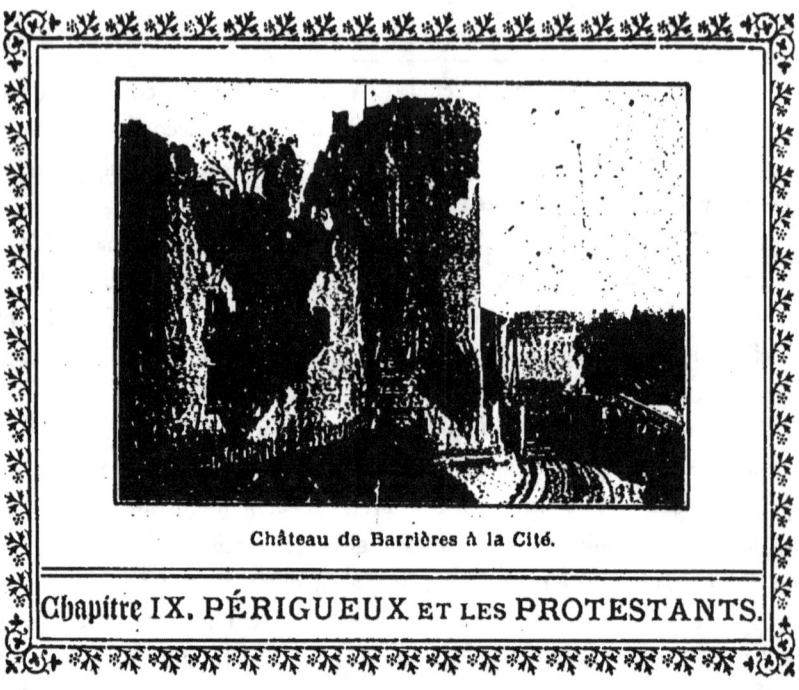
Château de Barrières à la Cité.

Chapitre IX. PÉRIGUEUX ET LES PROTESTANTS.

(1468 -- 1582.)

Couvent des Augustins à Périgueux. — Chapelle épiscopale de Saint-Jean à la Cité. — Chapelle Sainte-Anne au Puy-Saint-Front. — Entrée solennelle des évêques à Périgueux. — Foulques ou Foucaud de Bonneval. — Les quatre barons du Périgord. — Les eaux et fontaines à Périgueux. — Les protestants à Périgueux. — Leurs débuts. — Leur déchaînement. — Le pasteur Simon Brossier. — Bataille de Vergt. — La Cour des Aides à Périgueux. — Le seigneur de Piles à Bergerac. — L'évêque Pierre Fournier à Château-l'Évêque. — Langoiran à Bergerac. — Prise de Périgueux par les protestants. — Sac et pillage de la ville et de la basilique. — Profanation et pillage de la châsse de saint Front. — Incendie du château de Barrières. — Le seigneur de Bourdeilles, sénéchal de Périgueux. — Langoiran, gouverneur de Périgueux. — Traité de 1576. — Le vicomte de Turenne, gouverneur de Périgueux. — Entrée du roi de Navarre à Périgueux. — Couvent des Cordeliers. — Citadelle près la Tour Mataguerre. — Sac et ruine de l'église cathédrale de la Cité. — Entreprise du jour des Innocents. — Entreprise de Guillaume de Leymarie. — Entreprise du sieur Chilhaud Deffieux. — Reprise et délivrance de Périgueux sur les protestants.

HÉLIES de Bourdeilles succéda

✠ Raoul de Fou (1468-1470),

qui ne fit que passer. Il était frère de Jean et d'Yves de de Fou, conseillers et chambellans de Louis XI. Il fut successivement abbé de Saint-Thierry de Rheims, de Saint-Junien de Noaillé, de Saint-Taurin d'Évreux. Le pape Paul II le nomma à l'évêché de Périgueux le 8 juin 1468. — Le pape Sixte IV, sur la demande du roi Louis XI, ordonna une enquête sur la sainteté et les miracles de Pierre Berland, archevêque de Bordeaux (1481). Il désigna à cet effet, comme commissaires-enquêteurs, Raoul évêque de Périgueux et Raymond évêque de Bazas. — Notre prélat fut transféré à Angoulême le 6 juillet 1470 et à Évreux le 12 novembre 1479. — Il mourut le 2 février 1510, et eut pour successeur

✠ Geoffroy III de Pompadour (1470-1485),

qui, appartenant à une ancienne maison du Limousin, était fils de Golfier, seigneur de Pompadour, et d'Isabeau de Comborn. Il fut d'abord chantre et vicaire-général d'Évreux, archidiacre de Viviers, et ensuite chanoine et comte de Lyon. Le 24 juillet 1465, il fut élu évêque d'Angoulême par les suffrages du Chapitre et avec l'applaudissement universel de tous les habitants. Le 6 juillet 1470, il fut transféré à Périgueux, et le 15 mars 1486 au Puy-en-Velay. — Il fut conseiller d'État sous Louis XI et Charles VIII. — Il fut accusé de trahison avec Georges d'Amboise de la maison de Caumont et évêque de Montauban, avec le seigneur de Bussi son frère, et Philippe de Commines, pour avoir favorisé le duc d'Orléans, depuis Louis XII. — Ce prélat resta deux ans en prison et fut ensuite mis en liberté sur la requête du pape Innocent VIII. Il mourut le 8 mai 1514 à Paris selon quelques-uns, et selon d'autres au château de Laurière en Limousin. — On dit qu'il fut le premier qui prit le titre de *Grand Aumônier de France*. — Il reçut ce titre, ainsi que celui de *Président de la Chambre des Comptes* à Paris, à l'Assemblée des États-Généraux du royaume qui se tint à Tours en 1485.

En 1483, il avait béni la fondation du couvent des Augustins à Périgueux, hors les murs. Il fut assisté en cette solennité par F. Pierre d'Abzac, de la maison de La Douze, Religieux Augustin, évêque de Rieux et ensuite de Lectoure, et Prieur jusqu'à l'an 1494, qu'il fut fait archevêque de Narbonne.

Ce premier couvent des Augustins occupait l'emplacement compris entre la route de Paris, le couvent des PP. Capucins, la préfecture actuelle et une partie des allées de Tourny. — Il fut détruit dans le seizième siècle, et, en 1615, on en fonda un second INTRA MUROS, dont le plus grand nombre des bâtiments encore debout ont servi de prisons et sont aujourd'hui occupés, une partie du moins, par les musées de la ville.

✠ Gabriel II du Mas (1486-1497)

était trésorier de la Sainte-Chapelle de Bourges et abbé de Notre-Dame des Pierres en Berry, quand il fut transféré de l'évêché de Mirepoix au siège de Périgueux. — Sous son épiscopat, il y eut une transaction entre l'évêché et la ville relativement à leurs juridictions respectives.

A la même époque, le Chapitre de Saint-Front reçut des mains de Pierre d'Anthon, seigneur de Bernardières et des Combes, la précieuse relique de la *Sainte-Coiffe* ou voile de la Vierge, que celui-ci avait apportée de son voyage de Palestine, et qu'il avait déposée d'abord dans l'église de Champeaux. — Cette relique insigne donna lieu plus tard à la fondation d'une vicairie par Olivier de Bréhant, bourgeois de Périgueux, qui légua par testament tout son bien en l'honneur de la Vierge bénie qui avait sanctifié ce précieux linge. — Gabriel du Mas mourut dans le Berry sa patrie, au commencement de juillet de l'année 1500.

✠ Geoffroy IV de Pompadour (1500),

fils de Geoffroy de Pompadour seigneur de Château-Bourlet et de Marguerite Lasteyrie, était archidiacre de Sarlat, notaire apostolique, conseiller du roi Louis XII et grand aumônier, quand sa nomination à l'évêché de Périgueux fut confirmée par le pape Alexandre VII le 20 juillet 1500. Il fut installé le 12 novembre suivant et siégea jusqu'en 1503. Il mourut comme son oncle Geoffroy III, évêque du Puy, en 1814, et eut pour successeur

✠ Jean III Auriens (1504).

Ce qu'il y eut de plus saillant sous l'administration de cet évêque, à qui on a donné le titre de *Grand*, fut l'élévation des reliques de S. Léon pape, et leur translation dans un nouveau reliquaire d'argent.

« Les églises de Varbourg, en Allemagne, de Saint-Étienne de Péri-
» gueux... comptaient, dit M. de Saint-Chéron (1), parmi leurs plus pré-
» cieuses reliques, quelques portions insignes du corps de saint Léon. »
Cette relique insigne était la tête de saint Léon II, pape.

✠ Guy Iᵉʳ de Castelnau (1511-1523),

fils de Jean baron de Castelnau, de la famille de Bretenoux, et de Marie Marescalli, née de Culant, était licencié ès droits, chanoine de Rodez et notaire apostolique lorsqu'il fut nommé évêque de Cahors. — Il trouva un compétiteur dans Germain de Gaunay, que Louis XII venait de nommer de sa propre autorité en vertu de la Pragmatique-Sanction. Forcé de céder, il accepta le siège de Périgueux, où il fit son entrée le dernier jour de février en 1511. — Ses armes, — *trois tours d'argent en champ d'azur*, — se trouvent sur plusieurs édifices religieux, et particulièrement sur un contrefort de ce qui nous reste de la chapelle Sᵗ-Jean du Palais épiscopal de la Cité (2).

De tous les monuments du Gothique flamboyant que nous possédons à Périgueux, le plus beau, sous tous les rapports, était la chapelle épiscopale de Sᵗ-Jean de la Cité. — Il n'en reste plus aujourd'hui que la partie de l'Est qui formait le sanctuaire. La nef fut démolie en 1817 par les

---

1. *Hist. de saint Léon*, t. II, p. 234.
2. Il y avait aussi, près de l'église S. Pierre-es-Liens, au cimetière des Pendus, une ancienne église sous le vocable de Saint-Jean l'Évangéliste, avec un cloître de ce nom.

administrateurs de l'église de la Cité, qui ne trouvèrent pas d'autre moyen d'en expulser une confrérie de Pénitents blancs, laquelle s'en était emparée à l'époque de la Restauration. — Voici l'inscription qu'on lit sur un contrefort :

L'AN MIL V: C: XXI ET LE XIII D'AVRIL FUT COMMENCÉE LA
PRÉSENTE CHAPELLE PAR GUIDO DE CASTRONOVO.

Au-dessous de cette inscription, en caractères guillochés, on voit les armes de la famille de Guy de Castelnau, dont l'écu est supporté par deux griffons. — Dans l'intérieur de la chapelle, où l'on retrouve les mêmes armes, les supports sont des anges. — Les sculptures règnent avec profusion dans ce petit chef-d'œuvre. — Les nervures de la voûte s'enroulent gracieusement, en forme de flammes, autour de cinq médaillons disposés en forme de croix. Celui du milieu représente le Père Éternel, tandis que les quatre autres portent les attributs des quatre Évangélistes. Aux quatre coins, dans les angles, se trouvent des consoles fouillées avec la dernière patience, et surchargées d'ornements d'où prennent naissance les nervures. — Mais le travail le plus remarquable est celui de l'arcade surbaissée qui séparait la nef du sanctuaire. — Les rinceaux ou guirlandes de son contour sont d'une grâce et d'une légèreté admirables. — Ce bijou de construction, et dont l'étage supérieur a été consacré à un oratoire privé, appartient actuellement au noviciat des religieuses de Ste-Marthe du Périgord.

✠ Jacques de Castelnau (1523-1524)

était parent de son prédécesseur ; il avait été chanoine de Cahors lorsqu'il fut nommé évêque de Périgueux le 5 octobre 1523. — Il mourut le jour de Saint-Laurent (10 août 1524), à Cahors. — Ce fut cette même année que, comme nous l'avons déjà expliqué lors de notre description des diverses parties de la basilique de St-Front, un prêtre nommé Pierre Roux, curé de Montagnac, consacra toutes ses ressources à la fondation et à la construction de la chapelle Ste-Anne, plus tard transformée, sous la Révolution, en *salle décadaire*.

✠ Jean de Plas (1524-1532)

fut le successeur immédiat de Jacques de Castelnau. — Il sortait de l'illustre maison de Plas, en Limousin.—Il était professeur à l'Université de Poitiers lorsqu'il fut désigné pour l'évêché de Périgueux, le 10 novembre 1524, par François Ier. — A son entrée solennelle, il fut, selon le cérémonial traditionnel, reçu par les quatre grands barons du Périgord, Bourdeilles, Mareuil, Biron et Beynac, qui, avec une chaise triomphale, le portèrent sur leurs épaules depuis l'église de *Saint-Pierre-Lancy* jusque sur son siège épiscopal à la cathédrale. Ordinairement on s'arrêtait à la porte Romaine (à côté du Dépôt actuel de la Mendicité), où était dressée une estrade sur laquelle les principales autorités attendaient l'évêque pour recevoir son serment. Immédiatement après cette cérémonie, le cortège se rendait dans le même ordre à la cathédrale, et cela ne se faisait jamais sans que les quatre barons se fussent disputés sur la question de préséance, — comme nous allons le voir bientôt du reste. — Jean de Plas s'occupa du procès de béatification d'Hélie de Bourdeilles. —Il fit bâtir le château qui porte son nom dans la paroisse de Lanouaille. — Sous son administration, en 1530, le Chapitre de St-Front céda aux maire et consuls de la ville de Périgueux la justice *de la Vigerie*, à la condition que ceux-ci lui rendraient hommage-lige le dimanche où tomberait la fête de St Silain. — On sait que le Chapitre avait acheté cette justice en 1484, moyennant la somme de huit cents livres. — Jean de Plas permuta son évêché pour celui de Bazas et le prieuré de Layrac en 1532.

✠ Foulques ou Foucaud de Bonneval (1532-1540)

était protonotaire apostolique, frère de Charles évêque de Sarlat, et fils de Germain, lieutenant du roi en Limousin, seigneur d'Antoine de Bonneval. — Sa mère était Marguerite de Foix.—D'abord prieur de Layrac,

il fut nommé par le roi à l'évêché de Limoges vers l'an 1510. — La possession lui ayant été disputée par Barthon de Montbas, il passa successivement à Soissons le 18 août 1514, — à Bazas le 1er juillet 1520, — et enfin à Périgueux, par l'échange qu'il fit de son siège de Bazas et du prieuré de Layrac avec notre évêque Jean de Plas. — Il fit son entrée solennelle à Périgueux le 1er janvier 1531. — Cette cérémonie donna lieu à un conflit ainsi rapporté par nos archives (1) : « A la réception de
» Foucaud de Bonneval, le roi, pour éviter tout sujet de querelle, avait
» défendu aux barons de venir exercer leurs fonctions en personne; et
» en conséquence, ils avaient nommé des procureurs chargés de les
» remplacer et de faire toutes les protestations de droit. Messire Raymond de Gontaud, chevalier, seigneur de Cabrereys et de la Venèque,
» et messire Jean de Gontaud, chevalier, seigneur de St-Geniès, furent
» chargés des pouvoirs du baron de Biron. — Le seigneur des Escuyers
» de Charnars comparut pour le baron de Bourdeilles ; — MM. Louis
» Arnaud, seigneur de La Borie, pour le baron de Beynac, — et Jean
» Bazin pour le baron de Mareuil.

» Ces chargés de pouvoirs firent, chacun en particulier, toutes les
» protestations qu'ils crurent convenables ; — et, s'étant disputés aussi
» bien que leurs commettants auraient pu le faire, l'évêque désigna
» quatre autres seigneurs pour le porter, ce qui pourtant n'eut pas de
» suite, parce que le maire et les consuls voulurent avoir cet honneur. »
Cependant les véritables barons étaient déjà venus en personne, et le 31 décembre, qui était la veille du jour où devait se faire l'entrée, « *MM. les maire et consuls... advertys par certains personaiges, mesme-*
» *ment par noble Jehan de Sainct-Astier, dit Sainct-Martin, maistre*
» *Loys Raymond, et..., que à l'entrée de révérend père en Dieu maistre*
» *Foulcaud de Bonneval, evesque de Périgueux, laquelle se doibt faire le*
» *jour de demain, les barons de Périgort font grosse assemblée de gens*
» *d'armes, mesmement messieurs de Bourdeilhe et de Byron qui veullent*
» *contendre de aller devant à la dicte entrée du dict evesque, et que l'ung*

1. *Livre jaune*, folio 178 et verso.

» *contre l'aultre font grosse assemblée de gens: Parquoy les dicts seigneurs*
» *maire et consulz, advertis de ce, comme seigneurs de la présant jurisdic-*
» *tion, affin que ne y ayt scandale et que le droict de justice soit gardé,*
» *ont faict inhibition et deffence aus dictz barons et aultra qu'il appar-*
» *tiendra, de ne faire aulcung port d'armes en la présant jurisdiction, ne*
» *congrégation illicite, à la peine de la hart et aultre peine qu'il escherra,*
» *etc.* »—Ces inhibitions et défenses, signifiées aux barons le lendemain, produisirent leur effet : tout rentra dans l'ordre.

Telle était la susceptibilité de ces quatre barons que, même lorsqu'ils étaient convoqués aux États du Périgord, aucun d'eux ne voulait céder le pas aux autres, et, pour éviter tout éclat, le greffier les appelait collectivement en criant : « MESSIEURS LES QUATRE BARONS ! » — Et sur le procès-verbal on traçait un cercle autour duquel on lisait cette inscription : *Beynac, Bourdeilles, Biron, Mareuil.*

Le maire de Périgueux a toujours eu la préséance sur les quatre barons aux assemblées des États du Périgord, et on ne lui a jamais refusé de siéger au milieu de la noblesse. Ses titres étaient les mêmes que ceux des grands vassaux. Dans les registres du XIVe siècle, il est appelé comme eux, *Monseigneur.*

En 1533, Foucaud de Bonneval proposa aux maire et consuls de faire venir à ses dépens l'eau de la source de Jameaux, et d'établir une fontaine sur la place de la Clautre, à l'endroit où il en existait une jadis. Il n'exigeait rien de la commune ; il demandait seulement qu'on lui prêtât *main forte* contre les particuliers qui pourraient entraver son dessein.— On accepta avec empressement cette proposition, et, de peur que le prélat ne s'en désistât, l'autorité lui prêta tout son concours. — De cette manière, les travaux furent poussés avec activité, et en peu de temps l'eau vint, en effet, « *jusque en la Clautre de ladite présent ville, et près le lieu communé-*
» *ment appellé la Fontaine-de-la-Clautre.* » Les tuyaux de cette première conduite étaient en bois ; — on avait fait en plomb ceux qui devaient traverser la rivière, et on les avait arrêtés dans le fond de l'eau avec des espèces de madriers.

Au mois de mai 1534, on s'occupa du bassin de la fontaine ; mais comme l'évêque voulait que l'eau jaillît de la gueule d'un lion, sans doute parce que cet animal était la principale pièce de ses armes, la ville crut qu'il prétendait comprendre la Clautre dans son fief, et elle fit des protestations à cet égard.— On dressa un acte authentique de ces protestations, et l'évêque répondit aux consuls qu'il n'entendait en rien leur préjudicier. Quelque temps après, l'évêque proposa à la ville de remplacer par des tuyaux de plomb les tuyaux de bois établis depuis la rivière jusqu'à la Clautre, moyennant une indemnité de cinq cents livres que lui fournirait la ville. — La ville y souscrivit, paya même quelques autres sommes à l'acquit de l'évêque, et fit clore à ses frais la source d'où partaient les eaux ; en un mot, elle fit beaucoup plus qu'elle n'avait promis, mais il paraît que l'évêque ne put réaliser ses promesses (1). Foucaud de Bonneval abandonna cette seconde partie de son entreprise. Ce ne fut qu'en 1535, sous le maire Jean Bordes, seigneur de la Croze, que le projet fut repris, et reçut son entière exécution aux frais de la communauté. Toute la conduite des eaux fut faite en tuyaux de pierre, dont les restes ont été retrouvés au fond de la rivière.— On profita de cette même conduite d'eaux pour établir une fontaine au palais épiscopal, et une troisième aux Vieilles Casernes, qui alors étaient une dépendance de l'abbaye de Peyrouse, et que les évêques ont habitée. Foucaud de Bonneval fit son testament à Château-l'Évêque, en 1540, et mourut peu de temps après. Il fut enterré devant le grand autel de son église cathédrale. Après lui, le siège épiscopal de Périgueux demeura vacant pendant dix ans et fut administré par

✠ Claude dé Givry (1541),

cardinal du titre de *Sainte-Agnès in Agone*, pair de France et évêque de Langres.— Il ne tarda pas à se démettre pour faire place à

✠ Augustin Trivulce (1541-1548),

qui était aussi cardinal du titre de *St-Adrien* et fut nommé *administrateur*

---

1. *Livre jaune*, folio 196, V° et suivants.

perpétuel de l'Église et évêché de Périgueux. — Il travailla efficacement à la réforme de l'abbaye de Brantôme. — De son temps l'abbaye de Sarlat fut sécularisée et érigée en douze dignités séculières pour l'église cathédrale avec d'autres officiers.

✠ Jean V de Lustrac (1549-1550)

était d'abord abbé de St-Maurice, de l'Ordre de St-Benoît, au diocèse d'Agen (1513), et puis vicaire général de Sarlat, lorsqu'il fut nommé évêque de Périgueux.— Il fut sacré dans le chœur de son église abbatiale par François de Senneterre, évêque de Sarlat, et mourut dix-huit mois après son installation, le 18 juillet 1550.— Par un codicille, il avait réglé qu'au jour de sa sépulture treize pauvres seraient vêtus de noir et treize de blanc, et que l'on dirait trois mille messes pour le repos de son âme. — Il eut pour successeur

✠ Geoffroy V de Pompadour (1551-1552).

Il tirait son origine des seigneurs de Château-Bouchet, maison noble du Limousin, située sur les confins du Périgord. Il prit possession de son siège le 15 décembre 1551 et mourut l'année suivante (1552). Il fut enseveli dans l'église de Saint-Pierre d'Arnac, voisine du château de Pompadour.

Le protestantisme avait déjà fait son apparition dans le pays, et la rage des calvinistes promenait partout audacieusement le carnage et la destruction les plus atroces. Il nous importe donc, autant pour connaître les pertes et dommages causés à notre ville que pour apprécier la folie furieuse de ces nouveaux ennemis, de recueillir ici avec toute l'exactitude possible les témoignages que nous ont laissés les chroniqueurs de l'époque. — Les excès inouïs auxquels se portèrent ces prétendus réformateurs nous font un devoir de taire ici nos appréciations pour n'écouter que le récit et la description que nous ont transmis ceux qui ont été tout à la fois et les témoins et les victimes de tant de ruines et de désolations. — On se convaincra facilement que, sous le nom fallacieux de *Réforme*, le protestantisme n'a été que le bouleversement et la destruction partout où il a passé, aussi bien dans l'ordre moral et religieux que dans tout ce que les arts et les sciences avaient produit sous l'inspiration chrétienne. — Mais bornons-nous à citer.

Les seigneurs de la Feuillade de Meymy, dont nous parlerons dans la suite, furent les premiers promoteurs du protestantisme dans la ville de Périgueux. — Deux chanoines de cette famille, ayant embrassé le calvinisme, obligèrent Bertrand d'Ayes, leur frère aîné, de s'unir à eux. — Ils entraînèrent ensuite le seigneur de Lardimalie et quelques autres de leurs parents et amis, et firent venir un ministre protestant. En favorisant ainsi l'hérésie dans ses débuts, ils provoquèrent tous les désordres qui, dans la suite, affligèrent la ville et dont le P. Dupuy (1) nous trace ainsi le tableau :

« *Nos malheurs*, dit-il, *commencèrent au vingt-quatrième jour de janvier*
» *de ceste année 1551, par le plus estrange sacrilège que jamais les Roup-*
» *tiers eussent commis dans leurs persécutions. C'est que déjà la race*
» *Luthérienne estançoit ceux qu'elle possédoit, spécialement contre les*
» *marques de nostre rédemption. Déjà ils se ruent au debris des croix,*
» *images et représentations de Jésus-Christ. Ainsi, à la faveur de la nuict,*
» *ils rompirent, abatirent et brisèrent toutes les croix qui estoient arborées*
» *depuis Périgueux jusqu'au bourg de Marsac, et sur les autres advenues*
» *de la Ville, deschargeant et leur rage et leur ventre sur le piédestal*
» *qu'ils ne pouvoient arracher. — Sacrilège qui donna au cœur de tous les*
» *bons catholiques ! Spécialement aux officiers de la justice qui se portent*
» *sur les lieux, font procès-verbal de ces excès, et sur les violens soubçons que*
» *que cet excez avoit esté commis en partie par certains ecclésiastiques et*
» *chanoines infectez du Calvinisme, ils font exacte perquisition dans la*
» *Cité pour rencontrer les indices des auteurs de ce crime, sans trouver*
» *aucune preuve, sauf contre un prestre, nommé Chaulet, qui fut retenu*
» *prisonnier. Et pour appaiser le juste courroux de nostre Dieu lézé,*

---

1. *Estat de l'Eglise du Périgord*, tome II, p. 177.

» *l'on dressa une procession générale, demandant à Dieu miséricorde.*
» *Mais ce n'estoient que les premières esgratigneures du fouet de Dieu,*
» *qui coup sur coup nous escorchera plus vivement : car dès le lendemain*
» *vingt-huictiesme de ce mois, l'infortune fut plus grande. Ces harpies*
» *d'Enfer sur la minuict enfoncent la grille de la chapelle appellée Nostre-*
» *Dame de Pitié, en l'église cathédrale* (1) *où le thrésor du Chapitre*
» *estoit gardé, pillent tous les vaisseaux sacrez d'or et d'argent, qui*
» *valloient quarante mille livres, asçavoir les précieux reliquaires du*
» *chef de sainct Léon pape, du chef de sainct Barthélemy apostre, du*
» *bras de sainct Front. De plus, dix-huict grands calices d'or ou d'argent,*
» *avec leurs patènes, burettes, encensoirs, chandeliers, croix et autres*
» *orfebreries.* » Mais ce n'était là, quelque désastreux qu'il fût, que le commencement des châtiments réservés aux désordres de tout genre qui pullulaient en notre société. Le courroux de DIEU lui tenait en réserve de plus cruels déboires.— Geoffroy V de Pompadour avait laissé le siège épiscopal de Périgueux à

✠ Gui II Bouchard d'Aubeterre,

fils de Louis d'Aubeterre et de Marguerite de Mareuil de Villebois. — Il fut nommé par le roi Henri II, et établi canoniquement par une bulle du pape Jules II. — Il prit possession de son évêché le 9 juin 1554, et présida un synode diocésain au mois d'avril 1556. D'après une note qui ne semble que trop confirmée par les insinuations du P. Dupuy, Gui II Bouchard d'Aubeterre, évêque, se laissa tristement séduire par les idées de la Réforme.

✠ Antoine d'Apchon (1561)

ne fit que passer sur le siège de Périgueux ; il s'en démit en faveur de

✠ Pierre VIII Fournier (1561-1575).

Ce prélat, originaire d'une noble famille d'Auvergne, était chanoine de

---
1. Cette chapelle de Notre-Dame de la Pitié, qui était en grande vénération, était placée, en entrant à gauche, à la place qu'occupe l'autel actuel de Notre-Dame des Sept-Douleurs, à la Cité.

la Sainte-Chapelle de Paris. Il fut un très ardent promoteur de la résidence des Pasteurs. Ce fut de son temps, en 1567, que l'assemblée juridique du Sénat de Bordeaux fut établie à Périgueux.— Il eut la douleur de voir sa ville épiscopale et son diocèse ravagés par l'hérésie.

Un jeune homme, nommé Simon Brossier, tout imbus des erreurs calvinistes dont il avait puisé avec la connaissance le mortel venin à Genève, vint d'abord prêcher à Larochebeaucourt, et de là, parcourant le pays, il se rapprocha insensiblement de la ville de Périgueux. Il commença par tenir des conciliabules nocturnes à l'hôtellerie du *Chapeau Vert*, près de la porte du pont de Tournepiche, dans les Barris.— Il se retirait dans le château voisin du sieur de Meymy. — A la suite de ces rassemblements séditieux, il fut une première fois saisi, emprisonné, puis relâché. Et comme le mouvement des rebelles s'accentuait sous l'influence des prédications de ce sectaire, Brossier fut de nouveau saisi par la justice et mourut en prison.— Il fut enterré au *Cimetière des pendus*. Les passants, en signe d'anathème, ne manquaient pas de jeter une pierre sur sa tombe.

Vers la même époque (9 octobre 1562), Monluc, général des armées du roi de France, gagna sur les protestants, commandés par le marquis de Duras, l'importante bataille de Vergt, près Périgueux. Il y fit mordre la poussière à quatre ou cinq mille hérétiques, leur enleva deux canons, dix-neuf drapeaux et cinq cornettes, qu'il remit au duc de Montpensier, arrivé depuis peu à Bergerac. — Cette dernière ville, mal gardée et travaillée par les calvinistes, fut en butte aux surprises et aux brigandages du seigneur de Piles, Armand de Caumont, qui y fit pendre, devant le château, le curé de St-James.

Le traité de paix d'Amboise (9 mars 1563) arrêta Monluc, qui se disposait à aller arracher Mussidan aux huguenots, mais ne modéra point ni la fureur ni les conspirations de ces derniers. — En passant à Périgueux pour aller combattre l'armée des princes révoltés et fauteurs de l'hérésie, Monluc (2 novembre 1566), voyant les menées et les agitations dépravées des protestants, les fit chasser de la ville. — L'année suivante (1567), Charles IX établissait à Périgueux le corps judiciaire de *Messieurs des Grands Jours*, composé de quinze conseillers du Parlement de Bordeaux. — Il supprima le siège présidial de Bergerac, fit démanteler les murailles de cette ville, et y mit en garnison le régiment de Sarlabourg. — Les protestants, résolus de s'affranchir du dernier traité qu'ils appelaient la paix *boiteuse et mal assise*, parce qu'elle avait été préparée par le maréchal de Biron, qui était boiteux, et le seigneur de Malassise, levèrent de nouveau l'étendard de la révolte ; ils avaient mis à leur tête Astier, Mouvans et Pierre Gourde, et ils vinrent se faire battre entre Mensignac et St-Apre, par le duc de Guise et le comte de Brissac, qui leur infligèrent une sanglante défaite (1568).

L'année suivante (1569), une panique s'empara des habitants de Périgueux lorsqu'ils apprirent que l'armée des protestants, vaincue à Jarnac, se rapprochait de leur ville. — Sur leur appel, Monluc leur envoya son fils le Chevalier avec douze enseignes d'infanterie.

C'est à cette occasion (5 juin 1570) que nous voyons le magistrat de Périgueux faire la revue de ses troupes. Il assemble la communauté pour savoir si ce corps de vassaux est en état de remplir les devoirs qui lui sont imposés. — Il trouve parmi les habitants sept cents arquebusiers MORIONNÉS (1) et sous les armes, et six cents PIQUIERS, outre ceux qui étaient à la garde des portes, sans y comprendre les arbalétriers et autre menu peuple (2).

Bientôt le seigneur de Piles, dans un coup de main plein d'audace, s'empara de Bergerac, où il commit d'horribles carnages. Pressé vivement par le ministre Bergamont, il fit tous ses efforts pour surprendre aussi la ville de Périgueux ; il essaya d'un stratagème qui ne lui réussit pas : — ce fut d'introduire dans cette place des soldats travestis en

---

1. Ce genre d'armure annonce le service dont étaient tenus les habitants de Périgueux. — On sait que le *morion* était une partie du *heaulme* ou casque, qui n'était porté que par les gendarmes, et l'on sait que les milices bourgeoises, qui ne devaient au roi que le service de commune, ne portaient point cette armure ; elle était celle des vassaux ou des anciens vassaux qui marchaient à leur suite.

2. *Mémoire sur la Constitution politique de Périgueux* (1775).

paysans et conduisant des charrettes de foin ; mais le complot fut découvert à temps.

L'évêque Pierre Fournier était alors dans sa campagne de *Château-l'Évêque*, dont les protestants s'étaient déjà emparés et où ils avaient rançonné chèrement le prélat. Celui-ci, malgré les sollicitations des administrateurs de la ville de Périgueux, persista à demeurer en ce château.

Après la victoire de Montcontour, remportée par les catholiques, la paix avait été signée, pour la troisième fois, à Saint-Germain-en-Laye. — L'événement qui devait la cimenter, le mariage de Henri de Navarre avec Marguerite de France, fournit l'occasion d'une nouvelle et plus sanglante reprise d'armes. — On sait comment, à la suite de l'attentat commis sur l'amiral de Coligny dans le cloître de St-Germain-l'Auxerrois aux noces de Henri de Navarre, les provocations insolentes des seigneurs protestants, et particulièrement du seigneur de Piles, portèrent malheureusement l'infortuné Charles IX à signer le massacre de la St-Barthélemy (1572).

Quoique notre contrée ait été généralement préservée des horreurs de cette trop sanglante représaille, il n'en est pas moins certain que ce déplorable événement fut le point de départ d'un nouvel acharnement des protestants. — A Bergerac en particulier, les huguenots relèvent les murailles de la ville et en réparent les brèches avec les matériaux des trois couvents des Frères Mineurs à la porte de *Clairac*, — des Carmes près la porte *Bourbarraud*, — et des Jacobins près la porte *Logadoire*. — Ils mettent à leur tête le baron de Langoiran, qui avait été préposé par les princes rebelles au gouvernement du Bordelais, de l'Agenais, du Périgord et du Bazadais, et se disposent à faire la guerre aux catholiques, « *non en hommes* », comme dit un de leurs historiens (1), mais « *en diables acharnés* ». — Ils commencèrent d'abord par s'organiser et se discipliner autant qu'ils en étaient capables. Ils dirigèrent tous leurs calculs et tous leurs efforts contre la ville de Périgueux dont ils convoitaient vivement la

---

1. D'AUBIGNÉ, lib. I, c. 8.

conquête, ce qui faisait dire souvent à Langoiran « *que Bragerac lui estoit une bonne hostesse, si elle avoit pour ayde Saint-Front* (1). »

Entre tous les signes avant-coureurs qui précédèrent ce désastre, nous devons signaler ici, avec une famine cruelle qui désola notre Cité, la mort tragique de notre évêque Pierre Fournier. — Les domestiques auvergnats de ce prélat, poussés par la cupidité, complotèrent sa mort. — Dans la nuit du 14 juillet 1575, à Château-l'Évêque, ils l'étranglèrent dans un escalier et portèrent son cadavre sur son lit, après s'être emparés de son argent. — D'aucuns prétendent que les calvinistes ne furent pas tout à fait étrangers à ce crime, qui demeura du reste impuni. — Les meurtriers, en effet, après avoir subi une certaine détention et sur le point d'être condamnés, furent délivrés par les protestants, qui craignaient de leur part quelque révélation compromettante pour les chefs du parti. — Trois semaines après, Périgueux tombait sous la trahison et les coups des huguenots. — Pour nous faire une idée aussi exacte que possible de cette cruelle catastrophe, nous nous attacherons à suivre le récit détaillé des chroniqueurs du temps, entre lesquels figure notamment le mémoire d'un homme contemporain, le sieur Chilhaud Desfieux, qui fut le principal héros dans l'acte de délivrance de notre ville ; écoutons-les nous racontant par le détail comment la ville de Périgueux fut surprise par les huguenots.

« Le sixième jour d'aoust mille cinq cent soixante-quinze, jour de sa-
» medy..... à six ou sept heures du matin, certains huguenots, déguisés
» en habits de paysans, chargés de cribles et paniers qu'ils faignoient
» porter au marché, étant toutefois armés des armes nécessaires pour
» leur dessein, cachées sous des casaques de toile, assez longues pour
» n'être pas découvertes, entrant donc pesle et mesle parmi d'autres
» paysans, à la porte du pont de Tourne-Piche, jusques au nom-
» bre de vingt, dont il y en eut une partie qui, sans être reconnus, s'a-
» prochèrent de la porte la plus proche de la ville, à laquelle, pour lors, les
» habitants ne faisoient garde. — Dans ce temps un des derniers, nommé

1. DAUBIGNÉ, tome II, lib. 2.

» Lambertie, — et dont les mains blanches et fines le firent remarquer
» par un vieux sergent de bande, — fut reconnu par un habitant qui le
» voulut arrêter. — Sans plus d'enqueste, le vieillard saute au col du
» paysan travestu ; mais il fut aussitôt tué d'un grande dague que Du-
» tranchait, qui estoit lieutenant de Langoiran en Périgord, tira de des-
» soubs son ouvrière. — Bien prit à ceux-là, que la seconde trouppe, con-
» duite par le capitaine Jauré et La Palanque, deffit le premier corps de
» garde sans peine, ayant saisy la table où les armes à feu estoient ran-
» gées, laquelle ils eslancent dans la rivière, et viennent au secours des
» premiers qui avoient mis à l'entr'ouverture de la porte un tronçon de
» pique qui empeschoit le voisinage, accouru au bruict, de fermer tout à
» faict la porte ; ainsi, par les massacres des résistans, s'estans saisis des
» deux portes, le reste des cachés — dans le grand logis *des Lamberts* appellé
» *l'hostellerie du Chapeau Verd*, dont l'hoste, appellé Petit Pierre, Normand
» de nation, favorisa beaucoup l'exécution du complot. — Le reste des
» cachés dans l'hostellerie, conduit par Langoiran, couvert d'une grande
» rondelle, le coutelas au poing, fut habile à s'advancer dans la ville.

» D'autre part, Vivans avec deux compagnies de cavallerie, embusqué
» dans une maisterie, de laquelle il avait renfermé toutes les personnes,
» qui estoit assez près pour ouyr les arquebuzades, joinct aussi deux
» vedettes qui alloient et venoient jusques à la vette du pont ; ceux-là
» à la première fumée accoururent et entrèrent dans la ville à cheval ; ce
» qui bailla aux habitans de l'espouvante, et n'y eut rien d'opiniastre
» qu'à la porte de Taillefer, dans laquelle, après avoir disputé la rue,
» quelques septante catholiques se renferment ; mais estant intimidez
» par les leurs propres, qui estoient au dehors, ils se rendent à discré-
tion (1).

« ..... En même temps, dit Chilhaud, entrèrent aussi cinq cents hommes
» qui avoient couché à La Filolie de Boulazac, apartenant à maître Ber-
» trand Lambert, jadis conseiller au siège présidial de Périgueux, et dans
» la maison et métairie de Montplaisir, proche de la ville, tenue par

1. Le P. DUPUY, *Estat de l'Église du Périgord*.

» un nommé maître Pierre Dumas, enquesteur. — Il y en avait aussi à
» Laldimalie et à La Feuillade et autres lieux circonvoisins.

» Quant au sieur de Langoiran et sa troupe, il s'étoit tenu à couvert
» dans l'hostellerie du *Chapeau Vert* (1), qui étoit assez proche du pont,
» dans laquelle il avoit été introduit la nuit par un nommé Pierre Mou-
» nier, dit Petit Pierre, huguenot qui faisoit semblant d'avoir renié et
» abjuré la religion prétendue réformée. »

Cette hotellerie du Chapeau-Vert était comme le réceptacle de tous ces conspirateurs et hérétiques acharnés, qui s'y rassemblaient pendant la nuit, et y organisaient l'exécution de leur complot, soit entr'eux, soit avec les intelligences qu'ils entretenaient au-dedans de la place.

A son entrée dans la ville, Langoiran, rencontrant un vénérable prêtre sexagénaire tout encore revêtu des ornements sacerdotaux, se précipita sur lui et le massacra cruellement. — C'était Raymond Dupuy, curé de La Monzie et vicaire de Saint-Silain.

« *Le pillage*, dit le Père Dupuy, *dura trois jours, accompagné de cruautés*
» *inouies, et n'eût point trouvé de fin que la manque de prendre, sans l'ar-*
» *rivée du vicomte de Turenne et de La Noue, qui, par l'espoir d'un second*
» *pillage, fit cesser celui-là.*

» *La grande église de Saint-Front fut l'objet principal de la furie hugue-*
» *note, pillant, débiffant, rasant, ruinant tout ce qu'ils ne pouvoient enlever.*
» — *Les cloches sont fondues, les reliques dispersées, les morts déterrés et*
» *poignardés, malgré leur décomposition.* — *De plus, les effigies des saints,*
» *des cardinaux, des évêques, des rois, des comtes, sont renversées et mises*
» *en poudre ; surtout le magnifique tabernacle où reposait le chef du saint*
» *apôtre fut ruiné...*

» *Le plus précieux trésor qui fut perdu dans ce général désordre fut la*
» *châsse du corps et la médaille du chef sacré de l'apôtre du Périgord, saint*
» *Front, que le capitaine Jauré et La Palanque eurent, pour leur part de*
» *butin.* — *Ce La Palanque était du commencement guabarrier à Brage-*

---

1. Cette hôtellerie était sur l'emplacement occupé aujourd'hui par l'École Normale aux Barris, et par un ancien couvent des Récollets.

» rac, et, par les brigandages insignes faits sur les catholiques, s'était rend
» formidable dans les armées protestantes. Pour Jauré, il était du voisinag
» de Bragerac, et, pour conduire au château de Tirgan la châsse, il fut con
» traint d'en charger un cheval avec ce blasphème, « qu'il aimait bien sain
» Front, puisqu'il le mettait à cheval, et lui allait à pied. » *Ils fondirent le*
» *lames d'or et d'argent de la châsse et jetèrent les ossements du saint dan*
» *la Dordogne* (1). »

La ville resta au pouvoir des hérétiques pendant six ans, et il faut ajouter à cela que l'édit de pacification de 1576 leur en accordait la paisible possession. (Art. 59.) — Ils en profitèrent pour renverser et ruiner totalement les couvents des Dominicains, des Franciscains et des Augustins

« *La cathédrale est mise en un monceau de ruines ; le château épiscopal*
» *qui était tout proche et d'une fabrique admirable, voit ses tours renversées.*
» — *Les huguenots se préparaient à en faire autant à l'église Saint-Front,*
» *mais ils craignirent que les ruines de cette énorme masse de pierres n'ac*
» *cablassent le tiers de la ville, ainsi rendue inhabitable.* — *La maison des*
» *chanoines à la Cité fut aussi démolie et renversée avec le palais épiscopal.*
» — *Des chanoines et des curés furent tués, au nombre de soixante-*
» *quinze* (2). »

Les protestants mirent aussi le feu au château de Barrières, appartenant alors au seigneur de Ladouze ; et cela, pour se venger de celui-ci, qui, la nuit avant la prise de Périgueux, avait fait prévenir, par un de ses valets, le maire de Périgueux des allées et venues de Langoiran.

On se demande peut-être ce que faisaient les officiers et troupes du roi pendant cette équipée des protestants. — Monsieur de Bourdeilles, sénéchal et gouverneur pour le roi en Périgord, tenait alors la campagne du côté de Sarlat. A la première nouvelle qu'il reçut de l'entreprise des huguenots sur Périgueux, il dépêcha une compagnie de *reîtres* ou vieux cavaliers, pour se rendre dans la ville et prêter leur appui s'il y avait quelque lieu ou place tenue par les catholiques. — Mais ce détachement,

---

1. *Estat de l'Église du Périgord* par le P. DUPUY.
2. CHENU, *Arch. et Episcop. Chronolo. hist.*

voyant la ville déjà occupée par les ennemis, et ignorant les desseins de Langoiran, qui n'avait eu d'abord dans l'idée que le pillage et l'incendie au cas d'une résistance sérieuse, rebroussa chemin sans la moindre démonstration. — Il faut dire aussi que si le seigneur de Bourdeilles n'employa pas davantage ses troupes à débusquer l'ennemi de la ville, c'est que, plusieurs régiments s'étant laissé gagner au parti des huguenots, auxquels s'était rallié Monsieur, frère du roi, il craignait une défection devant l'ennemi.

Pendant ce temps, Langoiran fixait sa résidence en la ville de Périgueux et se composait un Conseil de renégats comme lui pour les services de l'administration. — Leur audace croissait avec les divisions intestines de la France.—Henri III, roi de France, devant la nouvelle ligue formée contre lui par le parti des Mécontents, à la tête desquels s'était placé Monsieur son frère, ayant à lutter tout à la fois, et contre les protestants eux-mêmes, et contre ce qu'on appelait *les catholiques unis*, leurs alliés, avait signé un nouvel édit de pacification en 1576.

Entr'autres concessions, il avait accordé aux huguenots huit places fortes, au nombre desquelles la ville de Périgueux; ce qui n'avait pas peu contribué à augmenter l'arrogance des hérétiques en notre ville, qu'ils imposaient et pillaient de toute façon sans beaucoup d'efforts et à la faveur de la terreur dont les habitants étaient saisis. — Il faut dire aussi que la division s'était répandue parmi ces derniers, soit parce que la plupart des bourgeois qui les administraient étaient étrangers, soit parce que beaucoup d'entre eux s'étaient laissé gagner par les idées nouvelles de la prétendue Réforme.— Quoi qu'il en soit, et pour cela peut-être, ils acceptèrent généralement, après la publication de l'édit de 1576, de rentrer dans la ville et de reprendre possession de leurs anciennes habitations.

Sur ces entrefaites, et au mois de juillet, le roi de Navarre, qui, pendant les derniers événements, s'était tenu à la cour, se dirigea vers la Guyenne, pour de là aller visiter la Navarre, Foix, le pays de Béarn, d'Armagnac et autres lieux de Gascogne. Il était accompagné de Madame la princesse de Navarre, sa sœur, et de M. le prince de Condé, du sieur vicomte de Turenne, et d'une nombreuse suite de seigneurs et de gentilshommes. Il vint en Périgord, où il vit une grande désolation et une misère lamentable.

Le P. Dupuy raconte qu'à son entrée dans la ville de Périgueux, le roi de Navarre dut passer sous un arc de triomphe très élevé, sans aucun ornement, peint en noir, et au milieu duquel se détachait un écriteau blanc portant ces paroles significatives : URBIS DEFORME CADAVER.

Pendant son séjour à Périgueux, le roi de Navarre visita les vieux monuments ruinés par les huguenots : — et le couvent des Jacobins, qui se trouvait non loin de la porte de Taillefer, — et le couvent des Cordeliers ou Frères Mineurs de Saint-François, retiré dans l'enclos actuel des Dames de la Visitation (1), — et l'église cathédrale de la Cité, dont il ne restait plus que deux coupoles et le clocher, etc., etc. — Ce prince établit dans la ville une garnison de deux cents hommes environ qui furent logés chez les habitants catholiques. — Avant son départ de Périgueux, il ôta le gouvernement de la ville à Langoiran pour le donner au vicomte de Turenne, alors âgé seulement de vingt ans, et qui fut depuis duc de Bouillon. — Il lui donna l'ordre de faire construire une citadelle dont il fit jeter les fondements la même année et à laquelle il fit travailler sans relâche jusqu'à son entier achèvement. — Cette forteresse s'étendait depuis la porte de Mouchy jusqu'au-dessous de la tour de Mataguerre, se reliait aux murs de la ville et allait aboutir à cette arcade encore debout, qui s'appelait alors la *Porte des Farges*, à l'extrémité Ouest de la rue de ce nom.

Cette citadelle achevée, le vicomte de Turenne que la guerre appelait ailleurs se retira ; mais ce ne fut qu'après avoir ruiné de nouveau l'église cathédrale et fait raser le palais épiscopal que Langoiran avait épargné. — Avant de partir, il laissa pour gouverneur de Périgueux le Poitevin *De Choupes*, homme assez doux, qui fut bientôt remplacé par Geoffroy de Vivans, ennemi acharné des catholiques.

1. C'est au-dessus d'une porte de l'église des Cordeliers que fut trouvée en lettres d'une belle époque cette inscription si connue :

Petra sis ingratis, cor amicis, hostibus ensis.
Hæc tria si fueris, Petra-cor-ensis eris.

Pendant les mois de septembre, octobre, novembre et décembre de l'année 1576, le roi assembla les États-Généraux à Blois, où la guerre contre les huguenots fut résolue. — Les hostilités reprirent avec plus d'acharnement que jamais, et nous furent d'autant plus funestes qu'elles furent plus concentrées dans la Guyenne, où étaient rassemblées toutes les troupes des deux partis. — Le roi de Navarre était à la tête des protestants et le duc de Mayenne commandait les troupes du roi qui hivernèrent en Saintonge. — La lutte était à peine ouverte que le duc de Montpensier, prince du sang et de la race de Bourbon, assisté de sept ou huit personnes notables tant du clergé que de la noblesse, fut envoyé en Guyenne pour reprendre les négociations de la paix. — Dès son arrivée en Périgord, les habitants de Périgueux se hâtèrent d'accourir vers lui et le supplièrent instamment d'arracher leur ville au pouvoir tyrannique et sacrilège des protestants. Il leur donna toujours de bonnes espérances.

Après de nombreux colloques et de longues conférences, le traité de paix fut enfin signé par le roi de France et le roi de Navarre, en la ville de Bergerac, et publié au mois de septembre 1577. — Mais rien ne fut changé au triste sort de la ville, et, malgré les supplications et les instances que firent auprès du roi à Poitiers une commission de notables conduits par le sieur de Montancé, pour arracher la ville de Périgueux des mains des huguenots, rien ne fut capable de décider le roi de Navarre à quitter cette place qu'il regardait d'une importance toute particulière pour son gouvernement et ses opérations militaires.

Ce fut après ces négociations que la rage et les vexations des huguenots se firent sentir plus cruellement sur les malheureux habitants de Périgueux. — Et c'est en raison de ce redoublement de tyrannie que ces derniers sollicitèrent et obtinrent la translation de l'exercice de la justice en dehors de Périgueux, et en fixèrent le siège à St-Astier. — Cette décision, prise au mois d'octobre 1577 à Bourdeilles, reçut l'assentiment de la cour, du parlement et de M. le maréchal de Biron, lieutenant et gouverneur royal de la Guyenne, et fut mise à exécution au mois de novembre suivant, malgré l'opposition acharnée des huguenots.

Une grande fermentation, on le comprend, régnait parmi les habitants de Périgueux, qui, impatients de secouer le joug des hérétiques, soupiraient après le moment où la liberté leur serait rendue. — Il y eut plusieurs entreprises ; la première, qui se fit au lendemain de Noël (1577), le jour des Saints Innocents, et qui, pour cela, a été désignée sous le nom d'*Entreprise du jour des Innocents*, débuta bien mais finit mal. — Une dizaine de catholiques de la ville étaient parvenus à se rendre maîtres d'un fort des remparts, et comptaient introduire en ville un détachement de troupes conduit du dehors par le sieur de Couture, bon et vaillant gentilhomme ; mais le complot avorta et n'aboutit qu'au châtiment de quelques-uns des conjurés et à la fuite des autres.

Toutefois cette tentative avortée ne laissa pas que d'exciter la méfiance et les appréhensions des huguenots, qui redoublèrent de vigilance et de précautions pour écarter à l'avenir de pareilles surprises.

La guerre, on le voit, et la guerre civile, était à l'ordre du jour, et rien ne paraissait capable de conjurer ce cruel fléau. Les édits, les conférences, les traités, se succédaient sans apporter aucune amélioration à l'état social et politique de notre contrée. Le traité de Bergerac était déjà oublié, et la nouvelle conférence que la reine-mère fit tenir à Nérac avec le roi de Navarre, au mois de février 1579, ne paraît pas avoir beaucoup avancé les affaires de la couronne et de la religion catholique. Vainement encore les catholiques de Périgueux, par l'intermédiaire des seigneurs de Bourdeilles et d'autres notables à sa suite, sollicitèrent à Pons, de la reine-mère, la libération de leur ville ; ils ne purent rien obtenir, sinon beaucoup de paroles et de promesses, mais rien d'effectif. C'est pourquoi, depuis ce moment, s'abandonnant entièrement à la volonté de Dieu, ils résolurent de ne consulter désormais que leur propre courage, et de profiter de tous les moyens que la Providence mettrait à leur disposition pour secouer vigoureusement le joug qui les opprimait et écraser leurs tyranneaux hérétiques.

Une seconde tentative se prépara sous la conduite de Guillaume de Leymarie, sieur du Rat, qui prétendait avoir des intelligences dans la place, non seulement pour y pénétrer, mais encore pour égorger le gouverneur lui-même. C'était du château du Lieu-Dieu, où il s'était retiré avec plusieurs autres habitants, que Guillaume de Leymarie dressait ses plans et qu'il faisait guerre ouverte contre la garnison de la ville, avec le concours des sieurs de Rognac et de Trigonan.

Le jour fixé pour le coup de main étant arrivé, les sieurs des Bories et d'Hautefort, avec plusieurs autres gentilhommes et soldats, viennent pendant la nuit, dans la plaine du Toulon, rejoindre un groupe d'hommes résolus, qu'avait disciplinés le sieur de Leymarie ; mais, hélas ! leur complot est découvert. Il y avait longtemps que Vivans, gouverneur de Périgueux, par le moyen d'espions salariés, abusait le sieur de Leymarie, lui faisait croire facile l'exécution de son entreprise et lui en indiquait les moyens. Malgré les appréhensions et les soupçons qui lui furent suggérés par quelques-uns de ses amis, la nuit fixée pour le coup de main, Guillaume de Leymarie et son frère, cuirassés et bien armés et suivis d'une vingtaine de jeunes hommes, se présentent à la porte de Taillefer, qui devait leur être ouverte. Les traîtres étaient sur les murailles entre les mains des huguenots, liés et garrottés. Aussitôt ils appellent les catholiques, les pressent d'arriver, les assurant de la mort de Vivans et de toute sa garde. Ils parlaient ainsi le couteau sur la gorge, car ils avaient derrière eux un bourreau prêt à les égorger s'ils ne disaient tout ce qui leur était commandé pour attirer ceux du dehors. Nos catholiques, n'écoutant que leur ardeur, se précipitent dans le boulevard, où ils aperçoivent le cadavre d'un homme qu'on avait étendu là pour mieux les attirer et leur faire croire que c'était le gouverneur. Mais, comme ils se disposaient à franchir la porte où l'on montait dans le fort, ils aperçurent des hommes recouverts de chemises et eurent aussitôt l'éveil de la trahison. En même temps ils furent assaillis furieusement, tant par les gens de l'intérieur des remparts que par ceux qui, couchés à plat ventre en dehors des murs, les avaient laissés pénétrer dans la place. Les deux frères de Leymarie et deux de leurs compagnons trouvèrent la mort dans cette équipée ; on trouva leurs cadavres près de la maison *des*

Anges (1); les autres, à la faveur de l'obscurité de la nuit, purent s'échapper. Le lendemain, on apporta ces cadavres à la maison commune, où ils furent exposés à la vue du peuple et à la grande joie des protestants. Leurs têtes furent coupées par la main du bourreau et plantées sur des lances aux principales portes de la ville.

L'arrogance des huguenots ne connut plus de bornes. Il n'y eut d'excès de tyrannie et de cruauté auquel ils ne se soient portés. Ils massacraient impitoyablement les prisonniers, et tous ceux encore qui du dehors s'approchaient trop près des remparts. Ils faisaient des sorties fréquentes dans la campagne, où, avec leurs déprédations et leurs meurtres, ils semaient la terreur la plus profonde. Si bien que la plupart des catholiques, fuyant la ville de Périgueux et ses alentours, se réfugièrent à Brantôme, à Lisle, à Agonac et surtout à St-Astier, où ils pouvaient vivre en sûreté sous la forte garnison commandée par Jean de Chilhaud, écuyer, sieur Desfieux.

Il y eut un moment de relâche et d'apaisement lors du traité signé au Fleix, le 26 novembre 1580, entre Monsieur, frère du roi, ou le duc d'Anjou, et le roi de Navarre : ce traité fut généralement à l'avantage des religionnaires. La reine de Navarre y obtint, par un article secret, que le duc de Biron, ennemi déclaré du roi de Navarre, perdrait son titre de lieutenant-général du roi en Guyenne, et ce, pour avoir osé, malgré les conventions, *guerroyer* et *batailler* aux environs du château de Nérac, où se tenait la cour de Marguerite de Navarre. Le seigneur de Bourdeilles y vint aussi pour y traiter du rachat et de la délivrance de la ville de Périgueux, moyennant la somme de quatre-vingt mille livres. — Le roi de Navarre et le vicomte de Turenne auraient volontiers accédé à cette ouverture ; mais, à la conférence qui se tint peu de temps après à Montauban, les protestants ne voulurent nullement y consentir et s'y opposèrent même très fortement, alléguant l'importance de la ville de Périgueux comme passage pour se rendre en Gascogne et en Languedoc, et soutenant qu'ils n'avaient jamais pu assembler leurs forces tant que

---

1. La tour *des Anges* se trouvait près de la porte Saint-Roch.

cette ville était demeurée dans l'obéissance du roi. Ils allèrent même jusqu'à déclarer que non seulement ils ne consentiraient jamais à céder cette ville, mais qu'ils la défendraient opiniâtrément contre tous ceux qui tenteraient de la leur arracher.

L'honneur de cette cité et la valeur de ses habitants exigeaient une délivrance plus noble et plus glorieuse : elle ne tardera pas à éclater. En attendant, Vivans, gouverneur de Périgueux, qui s'était rendu odieux à son entourage, fut obligé de quitter ce poste et se vit remplacé par le capitaine Belsunce, commandant de deux compagnies de gens de pied de la dite garnison : c'était un bâtard de la maison de Belsunce de Béarn, homme très modeste et d'assez bonne composition.

Il y avait six ans que les hérétiques opprimaient sous leur joug tyrannique la ville de Périgueux, et le moment fixé par la Providence pour la délivrance de cette ville allait bientôt sonner. — Il avait été préparé autant par les excès d'impiété, d'injustice et de cruauté des protestants que par les sacrifices, la fidélité et les efforts persévérants des catholiques opprimés. Entre tous les nobles cœurs de cette malheureuse cité, se distinguait alors Jean de Chilhaud, sieur Desfieux, qui nourrissait depuis longtemps en son âme le projet de rendre sa ville et ses compatriotes à la liberté, en les arrachant à la tyrannie de leurs oppresseurs. — Il avait préparé son dessein avec maturité, et avait commencé par se gagner dans la place, parmi les huguenots eux-mêmes, certains affidés mécontents de leurs chefs, et qui devaient lui faciliter l'exécution de son entreprise. — Le principal de ces affidés était un nommé Raymond Léonard, fils d'un procureur et notaire de cette ville, lequel avait, avant comme depuis la prise de Périgueux, servi la cause des protestants. — Il se laissa gagner, ainsi que quelques autres, aux promesses de Jean de Chilhaud. — Nous croyons que le lecteur suivra avec plus d'intérêt les détails de ce glorieux épisode en lisant le récit qui nous en a été laissé par un contemporain de cet événement (1).

---

1. *Récit de la prise de Périgueux par les protestants et de la reprise par les catholiques de la dite ville* (1581).

« Le dit sieur de Chilhaud Desfieux avertit de tout ce qui avoit été
» délibéré le sieur de Montardy d'Agonac, lequel aussi en communiqua
» aux sieurs des Chabannes, de la Brangelie, de Trigonnan, de la Motte-
» Saint-Privat, de Suffeste, de la Forest, de la Roderie, qui assemblent
» leurs forces pour assister au dit sieur de Chilhaud Desfieux, et se
» tiendront prêts pour l'exécution d'un si grand bien. Cependant le dit
» sieur de Chilhaud Desfieux avertit aucuns des habitans catoliques
» qui étoient à Saint-Astier de le venir trouver chez luy, à Andrivaux,
» porter leurs arquebuses et pétrenals (1) couverts sur des chevaux, à
» quoy ils obéissent et, faignant de se promener hors la ville de Saint-
» Astier, se rendent à petites troupes au dit lieu d'Andrivaux, le vingt-
» cinquième de juillet et environ minuit à l'hermitage du Toulon, où le
» dit sieur de Chilhaud Desfieux avait donné rendés-vous au sieur de
» Montardit et sa troupe, lequel, désespérant du succès de cette action,
» fit tout ce qu'il put pour dissuader le sieur de Chilhaud Desfieux, en
» luy représentant les exemples passés; mais au lieu de luy en ôter
» l'envie, elle lui augmenta, tant il avoit le désir de donner la liberté à
» ses concitoyens; et sur cela ils se séparèrent après s'être embrassés,
» tant le dit sieur de Montardit apréhendoit pour la vie de son ami et
» de son parent; et luy protesta en s'en allant au lieu ordonné pour
» attendre l'heure de l'exécution, qui étoit dans une maison près du pont
» de la Cité, que s'il n'y envoyoit un certain de la troupe, lequel il nomma,
» il n'y iroit point.

» S'étant donc séparés, le sieur de Chilhaud Desfieux s'en alla mettre
» dans une grange basse, qui étoit à la maison ruinée, en laquelle autre-
» fois il y avoit une hôtellerie à l'image Sainte-Catherine, où ils demeu-
» rèrent sans faire de bruit la nuit entière....

» Or, l'entreprise étoit telle : Cette nuit le dit Raymond étoit de garde
» dans le fort pour lors gardé par les habitans depuis le départ de Vivans,
» qui, par sa grande cruauté, s'étoit rendu odieux aux dits habitans hu-
» guenots, tellement que, pour avoir un lieu assuré à eux seuls, ils

1. Ancienne arme à feu qu'on tirait en l'appuyant sur la poitrine.

» demandèrent permission au roy de Navarre de le garder, ce qu'il leur
» accorda facilement ; de cette façon les dits habitans entroient en garde
» dans le fort par ordre. — Le jour donc du dit Raymond étant venu et
» assigné au sieur de Chilhaud Desfieux par luy, l'un des plus obstinés
» réformés, et sçachant que la troupe étoit déjà logée dans la grange,
» afin que la sentinelle à cause de mêches allumées ne le descouvrit,
» c'étoit un merveilleux accessoire pour le danger où il étoit si son entre-
» prise n'eût pas réussi, à raison de quoy, environ minuit, il dit à un de
» ses compagnons qui étoit en sentinelle de se retirer, y ayant assés
» demeuré, et qu'il le vouloit soulager de cette peine, qu'il s'en reposât
» sur luy, et, de plus, qu'il vouloit veiller cette nuit, à cause de certains
» airs qu'on avoit donnés au capitaine. Il demeura donc sur le boulevart
» deux ou trois heures et entendit la rumeur des nôtres, dont il fut très-
» aise. Le jour étant venu, il songea à se décharger de ceux qui lui
» étoient suspects et d'introduire les autres.— Il dit donc à un perfire, qui
» étoit frère de Monnier le traître, à un autre nommé Guaret le Jeune,
» cordonnier et tanneur, de s'en aller mettre ordre à leur boutique, et,
» lorsqu'ils auroient mis leurs valets en besogne, qu'ils revinssent. Il y
» avoit encore un nommé du Claux, moine renié, marchand, à qui le dit
» Raymond donna charge d'aller faire apprêter le déjeuner pour eux deux,
» et qu'il s'y rendroit aussitôt le retour des autres, ce qui fut fait aussitôt.
» — Il restoit encore un armurier fort séditieux avec un autre auquel il ne
» dit aucune chose. Néanmoins, il étoit en merveilleux ennuy, pour ne
» voir les habitans catoliques, lesquels luy devoient assister pour
» donner entrée au sieur de Chilhaud Desfieux et à sa troupe, lesquels
» pourtant n'avoient pas oublié le dessein, ayant grand désir de voir et
» jouir de la liberté, mais cette place leur étoit si suspecte qu'ils n'osoient
» s'en aprocher que de loin et bien moins en compagnie ; car les hugue-
» nots étoient toujours en guet pour les surprendre. Enfin l'un d'eux,
» qui étoit sellièr, ayant une hâche sous le manteau, s'aprocha, feignant
» d'aller à quelques affaires : toutefois, à l'instant arriva un soldat de la
» garnison, et le sellier, feignant une petite nécessité contre la muraille,

» laissa passer le soldat, et aussitôt Raymond, qui étoit au guet, appela
» le dit sellier, disant qu'il avoit affaire à luy, et le fit entrer dans le fort.
» Les autres aussi qui étoient de l'entreprise entrèrent jusques à cinq
» dans le fort, armés de ciseaux et marteaux, et, voyant qu'ils étoient les
» plus forts, s'adressèrent aux deux huguenots qui avoient resté et les
» menacent de tuer s'ils se mettent en défense ou s'ils font aucun bruit,
» ce qu'ils promirent bien vite, et après s'être assurés de leurs personnes,
» montent sur les murailles et appellent le sieur de Chilhaud Desfieux,
» qui n'étoit en moindre émoy que le dit Raymond, car le jour étoit haut
» et clair, les autres portes ouvertes, sans qu'il eût aucunes nouvelles.
» — Notés que peu de temps avant, le maître de la grange et un autre,
» y voulant entrer pour prendre un âne qui étoit dedans, furent fort
» effrayés de trouver cette troupe qui leur porta l'épée au ventre, les
» menaçant de les tuer s'ils crioient.

» Cependant le dit Raymond fit le signal à la sentinelle que le sieur
» Chilhaud avoit mis à une ouverture de la grange, ne le vit pas plutôt
» qu'elle l'en avertit, lequel ne se le fit pas dire deux fois ; ains aussitôt
» fit lever ses gens et se mit à la tête pour marcher en même temps. Il
» y avoit un huguenot à cheval, qui estoit sorti de la porte de Lesguille-
» rie, qui entendit la voix de Raymond qui apeloit les nostres et vit le
» signal : il rebroussa à toute bride en criant que le fort étoit pris, mais
» il en fut plus assuré lorsqu'il vit le sieur de Chilhaud sur le boulevart,
» lequel étoit armé de corselet (cuirasse légère) et salade avec une
» égrette dessus, le pistolet à une main et l'épée à l'autre, à la tête de
» vingt-cinq jeunes hommes, tous en même disposition et résolus de
» mourir plutôt que de ne venir pas à bout de leur entreprise. Le sieur
» de Chilhaud étoit si ravi de se voir si proche d'un lieu où il avoit tant
» désiré d'exposer sa vie pour la liberté d'iceluy, que, s'amusant à con-
» templer le haut des tours et murailles sans prendre garde à ses pieds,
» chopa contre une pierre qui le fit tomber, dont il en eut quelques-uns
» de sa troupe qui, prenant cela à mauvaise augure, luy vouloient per-
» suader de s'en retourner, mais il leur dit qu'au contraire, quand il

» veroit sa mort préparée, il croiroit sa vie bien employée pour témoi-
» gner seulement son zèle à sa patrie, et par ainsi qu'ils prissent courage,
» et qu'il ne leur demandoit rien que ce que ses actions leur montreroient ;
» et de fait, étant entré dans la première porte, et voyant que le rasteau
» (herse) n'étoit qu'à un pied de terre, il se coucha et passa le premier,
» et par son exemple toute sa troupe faisoit à qui le suivroit avec plus
» d'ardeur, et comme il fut au haut des degrés, voyant deux visages
» qu'il ne connaissoit pas, qui étoient l'armurier et son compagnon, il leur
» alloit plonger l'épée dans le corps, s'ils n'eussent crié qu'ils aydoient à
» Raymond, parole qui leur servit bien mieux que toute leur adresse.
» S'étant rendu maître du fort et ayant établi ses gens dans les lieux qu'il
» croyoit nécessaire, il fut question d'envoyer chercher le sieur de Mon-
» tardit avec sa troupe, et se souvenant de ce qu'il luy avoit dit de l'en-
» voyer chercher par un certain de sa troupe, il l'y fit aller.

» Cependant l'allarme étoit grosse dans la ville à cause des cris
» qu'avoit faits l'huguenot qui étoit rentré, ce qui fit sortir la plus part du
» lit, car il étoit fort matin encore ; de plus, le gouverneur Belsunce
» étoit allé conduire, avec les plus aparens, Madame de Caumont, qui
» avoit couché cette nuit en ville ; il étoit de retour, et étant à la porte du
» pont, la fit fermer et vint le long des murailles du côté de la porte de
» l'Aubergerie, pour essayer de gagner la tour de Mattaguerre ; mais ceux
» qui étoient dedans lui firent voir qu'il n'étoit pas facile et le repous-
» sèrent assés rudement pour le faire reculer. D'autres, s'imaginant
» qu'il n'y avoit que cinq ou six malotrus, comme à la journée des *Inno-*
» *cens*, voulurent sortir par le dehors pour les bloquer, les autres tâchoient
» à tendre des chaînes pour faire barricade, mais l'arrivée du sieur de
» Montardit, qui étoit impatientée par le sieur de Chilhaud, lequel fut fort
» aise, dès lors assuré de son affaire, le voyant à la tête de cent chevaux,
» la plupart jeunes gentilshommes ou gens d'élite, et soixante arque-
» busiers, ôtèrent toute espérance aux huguenots de pouvoir conserver
» la ville, si bien que les sieurs de Montardit et de Chilhaud se firent en
» s'abordant un merveilleux accueil, car d'abord le sieur de Chilhaud lui

» assura la prise du fort, et l'y fit entrer avec sa troupe, et tout aussitôt
» luy donna le choix de donner par la grand'rue ou par les Plantiers et la
» place des Couder. — Le sieur de Montardit aima mieux donner par la
» grand'rue, ne sçachant les autres endroits, tellement qu'ils séparè-
» rent leurs troupes, et en prirent chacun une partie.

» Le sieur de Montardit, impatient de combattre, et voulant avoir part
» à l'affaire, et faire voir, en rencontrant les ennemis, le désir qu'il avoit
» pour la liberté de la ville, se mit en chemin et franchit en peu de temps
» toutes les barricades, et le sieur de Chilhaud prit l'autre côté et ne
» trouva aucun empêchement que quelques-uns qui voulurent opôser au
» passage d'une rue et deffendre quelques chaînes qu'on avoit tendues ;
» mais le sieur de Chilhaud et sa troupe eurent bientôt renversé tout cela,
» tellement qu'ils prirent si fort l'épouvante, qu'ils sortirent tous si vite
» par la porte où ils étoient entrés d'autrefois, qu'ils laissèrent leur gou-
» verneur dedans et firent fermer la porte à clef, et se firent donner les
» clefs par un trou et les jetèrent dans la rivière. Pour le sieur de Bel-
» sunce, il se fit descendre par une corde à la *Tour du Bourreau*, dite au-
» jourd'hui la *Tour Blanche*, tellement qu'en moins de deux heures la
» ville fut remise entre les mains de ses premiers habitans, par la sage
» conduite et valeur du sieur de Chilhaud, assisté du sieur de Montardit
» et des autres gentilshommes cy-dessus nommés, comme plusieurs habi-
» tans qui firent tous engins de courage, et dont la renommée doit être
» immortelle, puisque sans eux la captivité eut duré de longues années,
» et par succession de temps, l'on l'eut vue toute huguenote, comme nous
» voyons beaucoup d'autres de cette province ; de quoy nous devons
» rendre louanges éternelles à notre bon Dieu et à la glorieuse Vierge,
» comme aussi à la bienheureuse sainte Anne, car ce fut au jour que
» l'Église célèbre sa fête. »

Le roi de Navarre, qui était alors à Nérac, trop tard averti de cette surprise, se mit en route pour soutenir ses coreligionnaires ; mais, à la nouvelle de leur défaite, il rebroussa chemin.

Le premier soin des vainqueurs fut de remercier Dieu et de consacrer à jamais le jour de leur victoire par une fête, que les maire et consuls firent célébrer religieusement tous les ans, le jour de Sainte-Anne, jusqu'en 1793, époque où cette solennité cessa d'être obligatoire.

Entre tous ceux qui contribuèrent à la délivrance de notre ville de l'oppression des protestants, nous ne pouvons oublier le P. François de Bord, qui, ayant étudié sous le docte Maldonat, fut d'abord chanoine de St-Front (1575), et fit ensuite, à Verdun, profession dans la Compagnie de Jésus. — Il vint consoler et encourager ses compatriotes pendant tout le temps que dura l'occupation de la ville par les hérétiques. — Peu soucieux des railleries et des sarcasmes de ces derniers, il ne cessa de prêcher avec grand fruit aux catholiques dans la chapelle Sainte-Anne, qui seule était restée disponible pour le culte. — Toutes les autres églises ou chapelles avaient été profanées et converties en écuries, greniers, arsenaux, corps de gardes, tripots et autres destinations sacrilèges. — Les Périgourdins se montrèrent reconnaissants envers ce bon religieux, et l'ont toujours compté au nombre de leurs libérateurs.

Quant au sieur de Chilhaud, dès lors regardé et appelé *le Père de la Patrie Pétrocorienne*, de concert avec les nobles seigneurs qui l'avaient aidé dans cette si glorieuse entreprise, il s'occupa aussitôt de rétablir l'ordre et la sécurité dans la ville de Périgueux. — Il avisa immédiatement l'évêque de ce diocèse pour qu'il eût à pourvoir à l'organisation du culte. — Il fit part de sa nouvelle conquête au seigneur de Bourdeilles, sénéchal, qui était alors atteint d'une cruelle maladie dont il mourut bientôt. — Les élections pour le corps consulaire et le maire se firent selon l'ordre accoutumé, c'est-à-dire, qu'on nomma d'abord trente prud'hommes, sur lesquels quatorze furent de nouveau choisis. — Ces derniers en élurent huit d'entr'eux pour composer le corps consulaire et élire le maire. Il va sans dire que le sieur de Chilhaud fut proclamé maire à l'unanimité et aux grands applaudissements de la cité entière.

Dans la même assemblée où se fit cette élection, on désigna aussi les députés qui devaient se rendre auprès du roi pour lui faire agréer l'acte d'émancipation de la ville de Périgueux, si fortement motivé par les exactions et la tyrannie des huguenots, — et, en remettant la dite ville sous sa juridiction, pour renouveler à Sa Majesté les hommages de soumission et de dévouement de tous les habitants de Périgueux. — Ces derniers, en effet, craignaient d'avoir compromis les édits de pacification du royaume contractés par le roi de France avec le roi de Navarre. — Mais, grâce à l'intervention de nobles et puissants seigneurs, il fut stipulé entre le maréchal de Matignon, au nom du roi de France, et le roi de Navarre, que la ville de Périgueux conserverait sa liberté à la condition que le roi de Navarre recevrait à titre de compensation la ville de Puymeyrol, en Agenais, et la somme de cinquante mille écus payables par pactes. — Cette transaction fut signée à Nérac le 3 février 1582.

Maisons du Quai. — Ancienne Maîtrise.

Chapitre X. — PÉRIGUEUX ET LA RENAISSANCE.

(1575 — 1667.)

François Ier de Bourdeilles. — Réparation de la toiture de l'église de St-Front. — Réparation de la cathédrale St-Étienne de La Cité. — Souvenirs du tombeau de S. Front. — Les Pénitents bleus, noirs et blancs à Périgueux. — Le Père Dupuy. — Fondation du collège de Périgueux. — Les Pères Jésuites. — Le P. Arnaud Royer. — Le P. Pierre Brun. — Le P. Pacot. — Saint Vincent de Paul ordonné prêtre à Château-l'Évêque. — François II de La Béraudière. — Restauration de l'église cathédrale à la Cité. — Les Récollets aux Barris. — Nouveau couvent des Augustins. — Séminaire de Périgueux. — La mission des Récollets à Bergerac. — Philibert de Brandon. — Les Sœurs de Ste-Marthe. — Les prêtres de la Mission à Périgueux. — Michel Montaigne. — La Renaissance dans les arts à Périgueux. — Maisons monumentales de cette époque.

Il ne nous sera pas difficile de justifier le titre que nous avons choisi pour cette période de notre histoire ; nous en trouverons l'application, soit dans le relèvement de notre ville, sortie toute ruinée et toute meurtrie des mains des huguenots, — presque à l'état de cadavre, comme le disait l'inscription URBIS DEFORME CADAVER, — soit dans la réapparition du style grec, qui imprima

son empreinte un peu partout, aussi bien dans les lettres que dans les arts et leurs productions. — Un mot caractéristique nous a été laissé sur la triste situation de notre pays à cette époque. — « *Les guerres reli-* » *gieuses, les guerres civiles ont converti le Périgord, cet antique jardin de* » *nos rois,* — REGIS FRANCLE VIRIDARIUM, — *en landes et en bruyères* (1). »

Aussitôt après la mort tragique de Pierre Fournier, qui, comme nous le savons, fut étranglé par ses domestiques à Château-l'Évêque, on choisit pour lui succéder

✠ François Iᵉʳ de Bourdeilles (1575-1600).

Il était fils de Gabriel de Bourdeilles, seigneur de Bernardières, et de Claire de Pontbriand. Il était moine de l'abbaye de Saint-Denis lorsqu'il fut appelé au siège de Périgueux. — Ne pouvant entrer dans sa ville, alors au pouvoir des protestants, il en prit possession du haut du coteau du Toulon, *à vue de clocher*, PER ASPECTUM PINNACULI. — Ce prélat, qui fut le témoin et la victime des brigandages des huguenots en Périgord, eut aussi la consolation de les voir chassés de sa ville épiscopale. Dès ce moment, avec le concours de son clergé et des catholiques, il prit tous les moyens pour faire disparaître les ruines amoncelées et rétablir l'État ecclésiastique et le culte catholique.

« *N'osant détruire l'église Saint-Front, les protestants la privèrent* » *de sa toiture. Elle était découverte partout, de sorte qu'en peu d'années* » *les voûtes abreuvées des eaux pluviales fussent tombées* (2). » — « La » pluie fit à peu près disparaître les peintures de la galerie faite par Pierre » de Mimet (3), » et la solidité de l'édifice entier commença à être compromise. Enfin, après la défaite des protestants, « *la dicte église fut* » *promptement couverte ; c'est alors qu'on porta le chœur des chanoines,* » *qui étoit sous la coupole* attenante au clocher, dans la coupole de l'Est. » Le maître-autel, qui était placé entre les deux piliers Est du centre de

---

1. Mémoire responsif pour le syndic des Chapitres Saint-Étienne, Saint-Front de Périgueux défendeurs, contre M. de Bertin, ministre, secrétaire d'État, demandeur (1785).
2. Livre Rouge.
3. M. de VERNEILH, *Arch. Byzant.*, p. 80.

» l'église, fut reculé et placé à l'entrée de la chapelle des vicaires de Saint-
» Antoine, » en sorte que les fidèles, qui se trouvaient dès le principe
dans la nef formée par les trois coupoles Nord, Centre et Sud, entre
l'autel et le chœur, purent se placer aussi sous la coupole Ouest dont le
sol élevé fut aplani au niveau du reste de l'église.

La cathédrale Saint-Étienne était presqu'entièrement détruite ; « *les
» deux Chapitres cathédral et collégial s'assemblent en un même chœur,
» qu'on dressa de nouveau dans l'église de Saint-Front réconciliée et mise
» en assez bon estat* (1). » Mais ses ornements intérieurs avaient disparu,
ses trésors et ses merveilles d'orfèvrerie avaient été dissipés. Il n'existait
plus ce superbe tombeau de saint Front, cette châsse merveilleuse, ce
reliquaire d'Hélie de Bourdeilles, qui avait fait l'admiration du moyen
âge, et dont le seul souvenir inspirait la tristesse et la douleur. Mais le
plus grand de tous les malheurs fut la perte du corps de saint Front,
avec tant d'autres reliques insignes qui entretenaient à Périgueux la piété
des fidèles et qui, en étant l'honneur de cette ville, y attiraient un concours
si prodigieux de pèlerins étrangers.

« C'était une perte irréparable ; pourtant on essaya de ramasser toutes
» les saintes reliques de ce saint, et on les mit au milieu du chœur dans
» un lieu relevé ; mais tout simplement, et afin que la mémoire de ce lieu
» saint ne se perdît, on en fit tels vers qui furent gravés sur la pierrre (2).

---

1. P. DUPUY.
2.
    Vidimus hic gemmis quondam radiare sepulchrum
        Frontoni sacrum, nec minus arte potens.
    Nam lapidum strues variarum incisa ferarum
        Monstra dabat, nec non tot simulacra virum. —
    Hoc tamen excisum est, scelus hoc templique ruina
        Direptis opibus pœnè secuta fuit ;
    Urbs etiam vastata virum crudelibus ausis
        Quos agitabat vetita religionis amor. —
    At veluti gens sacra DEO, Babylone relicta,
        Templa per Assyrios diruta restituit,
    Sic nos reliquias templi veneramur ut antè,
        Tristius at solitas fundimus ore preces
    Quas Pater exaudi et populi miserere precantis,
        Placatusque tuam, CHRISTE, protege domum.
                (*Mémoires* de CHILHAUD DESFIEUX.)

» Il y avoit dans la dite église plusieurs sépulchres de cardinaux, évê-
» ques et chevaliers, élevés et taillés en pierre, d'un excellent ouvrage,
» qui furent rompus, de sorte que l'on n'y en voit aucuns marqués ; bref,
» on n'y laissa que les murailles toutes nues et dépouillées. Les orne-
» ments sacerdotaux de drap d'or et d'argent, d'un inestimable prix,
» furent pillés, comme aussi les tapisseries riches et fort antiques.—On ne
» laissa pas non plus la vaisselle d'or et d'argent, comme calices, croix,
» chandeliers, livres couverts et les images de la Passion : tout cela fut
» emporté. Enfin, on ne saurait décrire les désordres qu'on fit en cette
» ville, ny la perte irréparable que causa la surprise. » — Le livre rouge
de nos archives parle des quatre grandes croix si riches qui se trouvaient
dans St-Front et qui furent pillées par les huguenots.

François de Bourdeilles assista au concile tenu à Bordeaux pour l'application des réformes et prescriptions ordonnées par le concile de Trente.

Ce fut dans ce mouvement de renaissance religieuse que trois compagnies de Pénitents s'établirent à Périgueux. — Les *Pénitents Blancs*,
sous le vocable de Saint-Jean-Baptiste, furent fondés dans la chapelle de
Ste-Anne à St-Front (1631). — Les *Pénitents Bleus* les avaient précédés
sous l'invocation de Saint-Jérôme (1585),—ainsi que les *Pénitents Noirs*,
qui reçurent l'affiliation de leurs confrères de Toulouse et s'établirent à
St-Silain sous l'invocation de la Croix (1585).—Le jour de la St-Léonard
(6 novembre), ils donnaient à dîner aux prisonniers.

Le Père Dupuy, un de nos savants chroniqueurs, qui nous a été d'un
grand secours pour la suite de notre travail, vivait à cette époque. — Il
naquit à Périgueux vers 1589. — Son père, Jourdain Dupuy, était procureur au siège présidial de cette ville. — Appelé à l'état religieux dans le
couvent des Récollets de Sarlat, le P. Dupuy devint plus tard le *Gardien*
de cette maison. Il fut un missionnaire distingué. — Il porta lui-même,
en 1629, aux maire et consuls de Périgueux un exemplaire de son ouvrage : L'ESTAT DE L'ÉGLISE DU PÉRIGORD DEPUIS LE CHRISTIANISME.

Cependant la ville de Périgueux, rentrée en possession d'elle-même,
usant de ses antiques droits et prérogatives de *Ville noble et royale*, se

mettait en état de défense et de sûreté pour prévenir toute nouvelle surprise à l'avenir. — C'est ainsi qu'en 1588 les maire et consuls de Périgueux veillent eux-mêmes aux approvisionnements militaires, font marché avec un maître fondeur pour la façon de trois pièces de canon, et travaillent à leurs frais aux réparations des fortifications. — Partout ils donnent leurs ordres : ils assurent la tranquillité de la banlieue, en faisant prisonnier le commandant du château de Grignols, et plusieurs autres qui facilitent l'échange des prisonniers qu'on avait faits sur eux.

En 1590, les maire et consuls, comme chose très importante, commencent à dresser les capitaines, les sergents, caporaux et dixéniers, et leur font prêter serment de fidélité, en leur donnant l'espoir et l'assurance de récompenser leur zèle et fidélité, et de les assister dans leurs besoins.

L'année d'après, en 1591, le sieur de Pompeza, sénéchal du Périgord, est chargé par le roi de la défense de la province, et vient à Périgueux pour y commander; mais comme ce commandement appartient de droit aux maire et consuls, ceux-ci commencent par exiger de lui le serment de fidélité, qui est prêté après une procession générale, à laquelle assiste l'évêque de Périgueux. — Le sieur de Pompeza, sénéchal, s'étant agenouillé aux pieds du maire assis devant le grand portail de l'église de St-Front, et mettant ses mains sur le livre des Évangiles et sur la croix, jure et promet de garder et défendre les immunités, exemptions et privilèges de la ville de Périgueux.

Un des fruits les plus efficaces de l'épiscopat de François de Bourdeilles fut la fondation du collège de Périgueux, que ce prélat confia aux Jésuites. — Bâti en 1530, ce collège ne fut donné à ces religieux qu'en 1592 : le contrat est du 9 octobre de cette année, et fut signé par le sieur de La Porte, juge criminel et maire de Périgueux, — le P. Louis Richome, provincial, et notre compatriote le P. François Bord, qui, après avoir quitté notre ville pour aller diriger le collège de Bordeaux et avoir été toujours en butte aux avanies des huguenots, fut enfin nommé premier recteur du collège de Périgueux. Le P. Bord ne dirigea pas longtemps cet établissement, puisqu'il mourut en 1596. — En 1605, on posa la première pierre d'une nouvelle construction. — A la suppression de la Compagnie de Jésus, le collège fut confié aux Jacobins, ensuite aux Oratoriens. A l'expulsion des Oratoriens, il fut occupé par l'École Centrale, et devint enfin l'Hôtel de la Préfecture. — En 1834, la ville éleva des prétentions sur cette propriété, et le département, pour la conserver, fut obligé de lui payer quarante-deux mille francs. La chapelle était dans la grande cour d'honneur.

A l'époque dont nous parlons, la Compagnie de Jésus comptait parmi ses membres plusieurs de nos compatriotes que nous devons signaler ici.

Le P. Arnaud Boyer, né à Périgueux vers 1582, fit ses études dans le collège de cette ville. — Ses vertus et ses qualités le firent nommer successivement professeur de rhétorique, de philosophie, recteur des collèges de Billons et du Puy-en-Velay. — Il composa des élégies sur divers sujets.

Le P. Pierre Brun était né à Périgueux, où il avait fait ses études. Il professa les humanités dans le collège de Toulouse. — Il mourut à Tournon en 1629. On connaît de lui un ouvrage intitulé *Institution chrétienne*.

Le P. Pacot, né à Périgueux dans le seizième siècle, devint le Pénitencier du souverain-pontife à Rome, où il mourut en 1629. — Il a écrit des *Commentaires sur le Symbole*.

Une des plus grandes gloires qui couronna l'épiscopat de François de Bourdeilles, et dont le reflet illustra tout notre diocèse, c'est que ce prélat conféra la consécration sacerdotale au grand saint Vincent de Paul, le 23 septembre 1600, dans sa chapelle de Saint-Julien à Château-l'Évêque. Cette chapelle, devenue aujourd'hui l'église paroissiale, a conservé ses anciens murs.

Autour d'elle la congrégation des Filles de la Charité a établi une magnifique communauté pour perpétuer le souvenir d'un si glorieux événement (1).

---

1. L'authentique des lettres testimoniales de cette ordination a été découvert par M. l'abbé Louis Petit, d'abord curé de Château-l'Évêque, mort plus tard curé de Saint-Apre. — Nous croyons devoir intéresser nos lecteurs en le reproduisant ici :

« *Franciscus de Bourdeils miseratione divinâ Petrocorensis Episcopus.* — *Notum facimus*

Saint Vincent de Paul ne dit pas cependant sa première messe en Périgord ; il ne la célébra que huit jours plus tard, le 30 septembre, dans la petite et pauvre chapelle de Notre-Dame de Grâce, située sur la rive droite du Tarn, en face de Buzet et non loin de Rabastens, aujourd'hui diocèse d'Albi.

François Bourdeilles, accablé de vieillesse, mourut à Château-l'Évêque et fut enseveli dans l'église de Saint-Front, la veille de la fête de ce grand saint, le 24 octobre 1600.

✠ Jean VI Martin (1600-1612),

originaire du Limousin, lui succéda et prit possession de son siège le 9 février 1601. — Sous son administration, les monastères de Ligueux, du Bugue, de Fontaine et de Saint-Pardoux, ruinés par les protestants, se relevèrent avec une nouvelle vigueur. C'est l'abbesse Suzanne III de Saint-Aulaire qui fit reconstruire les grands bâtiments de Ligueux et rétablir ses immenses jardins. — Ce prélat vit la fondation des Récollets de Thiviers dont la petite chapelle fut peu de temps après consacrée par M. de Lamartonie, évêque d'Amiens. — C'est de ce couvent que sortiront bientôt les Récollets qui viendront s'établir à Périgueux. — Jean Martin tint un synode à Saint-Front le 18 avril 1602. — Il mourut en 1612, et fut enseveli dans le porche de l'église Saint-Front.

✠ François II de La Béraudière (1614-1646),

de la noble famille Poitevine de Rouet, avait été pendant dix-huit ans conseiller au parlement de Paris, ensuite doyen de l'église cathédrale

---

> universis quod nos die infra scripta missam sacrosque generales ordines celebrantes in ecclesia
> sancti Juliani castri nostri Episcopalis, dilectum magistrum Vincentium Paulum diaconum,
> Aquensis diœcesis sufficientem et idoneum débitque à suo Episcopo nobis remissum prout in
> suis dimissoriis continetur, ad sacrum presbyteratus ordinem rite et canonice duximus promo-
> vendum et in Domino promovimus, Spiritus Sancti gratia suffragante. Datum ubi suprà sub
> sigillo nostro et signo secretarii nostri infra scripti, die sabati in jejuniis quatuor temporum,
> post festum sanctæ Crucis, vigesima tertia septembris, anno Domini millesimo sexcentesimo.
>   › De mandato Domini J. Jourdaneau,
>   › Secret. et sigill. •

(Ex libro quarto insinuationum Ecclesiarum diœcesis Aquensis.)

de Poitiers, — abbé de l'antique abbaye de Noaillé, où il introduisait la réforme de saint Maur lorsqu'il devint évêque de Périgueux, en 1614.— Il se consacra avec beaucoup de zèle et avec succès à réparer les ruines que l'hérésie avait multipliées dans l'Église du Périgord. — Il s'attacha particulièrement à la réforme de plusieurs couvents. — Il rebâtit en partie sa cathédrale de Saint-Étienne (1615), « *qu'il voulait*, disait-il, *faire la plus belle de France* (1). » Mais bientôt l'argent lui manqua, et il ne fit bâtir que la coupole du Levant, que nous avons déjà décrite.— Philibert de Brandon, son successeur, voyant qu'il était impossible de subvenir aux frais que nécessiterait la restauration complète, abandonna cette idée.

Durant la vacance qui avait précédé l'élection de François de La Béraudière, les magistrats de Périgueux avaient appelé en cette ville les Pères Récollets pour y fonder un établissement. — La première pierre de ce couvent fut posée le 3 mai 1615 par M. Tricard, vicaire général de Monseigneur de La Béraudière. — Voici ce que nous savons de cette fondation. — Le P. Faustin-Mérediеu, d'une ancienne famille de Périgueux, avait pris l'habit au couvent de Sainte-Valérie de la ville de Limoges l'an 1603, et, en se faisant religieux, il avait fait aux Récollets un don que son oncle, M. de Mérediеu, archidiacre de la cathédrale de Périgueux, employa à commencer une petite habitation située entre le couvent des Pères Jacobins et le château de La Rolphie.— Ce lieu n'étant pas assez commode, Pierre Duchêne, archidiacre de Périgueux et conseiller du roi en ce siège, voulut être le fondateur et le bienfaiteur pendant toute sa vie des Récollets à Périgueux. — Pour cela, il leur donna un emplacement, et leur bâtit une église avec un petit couvent dans le faubourg des Barris, près du pont de Tournepiche. Cet emplacement n'était autre que celui de cette hôtellerie du *Chapeau Vert* où les huguenots avaient commencé leurs conciliabules avec le ministre Brossier, et où ils avaient machiné tous leurs complots pour s'emparer de la ville de Périgueux. — Les Récollets commencèrent à habiter ce nouveau

---

1. DE VERNEILH, *Archit. Byzant.*

couvent, l'an 1616, avec la permission de Monseigneur François de La Béraudière, évêque de Périgueux. — Ce couvent fut refait et augmenté ; il y avait deux cloîtres ; c'était un des plus beaux et des plus grands de la province. Plusieurs bienfaiteurs de la ville et de la campagne y avaient contribué. — Le P. François Thoury y avait beaucoup travaillé. — Les PP. Jérôme Ranouil et Bruno Ranouil, deux frères, s'étaient particulièrement attachés à en faire une maison commode et spacieuse. — L'église, dédiée à Notre-Dame des Vertus, était très ornée et enrichie des corps de saint Maxime et de sainte Fauste, que le P. Jérôme Ranouil avait obtenus de la libéralité du cardinal Aldéran-Cybo.

La proximité de la rivière était très nuisible à cette maison et la rendait humide. — Les inondations portaient l'eau dans le couvent et dans l'église. — Il y avait des hivers pendant lesquels on était obligé de jeter un pont sur le chemin creux qui était devant le couvent et qui communiquait à la ville. — En 1728, le P. Accurse l'Anglais tomba en passant sur ce pont, et le torrent l'entraîna dans la rivière, où il périt. Une partie des infirmeries s'écroula, et il arriva souvent que la communauté fut obligée de quitter la cuisine et le réfectoire, et de monter dans les infirmeries pour y préparer et prendre ses repas. — Depuis 1834, on a installé dans ces bâtiments l'École Normale des instituteurs.

La même année 1615, et le 18 du même mois, M. Tricard, vicaire général, fonda à Périgueux un nouveau couvent des Pères Augustins réformés.

Ce fut à la même époque que Mgr de La Béraudière releva et réorganisa l'abbaye de Chancelade, dont plus tard le B. Alain de Solminiac opérera la réforme complète.

En 1617, le 15 août, notre prélat posa la première pierre du couvent des Pères Mineurs d'Aubeterre, sous le titre de l'Assomption, et donna aux religieux la paroisse de Saint-Quentin. — Le 10 novembre 1618, il donna la cure de St-Martin de l'Her au couvent des Minimes de Plaignac, fondé par le comte de Gurson, pour être un scolasticat de théologie.

Suivant les prescriptions du concile de Trente, il fonda à Périgueux un séminaire, auquel il consacra mille livres de rentes. Il nous l'apprend lui-même dans son *Otium Episcopale* (1) :

> « Je laisse à nos neveux, en partant de ce monde,
> » Mon livre, un séminaire fondé de nos deniers,
> » Pour y faire nourrir de pauvres escholliers,
> » Mon église refaite, à nulle autre seconde ;
> » Fasse le Ciel bening que la postérité
> » Reçoive à ce sujet très grande utillité. »

Le *Livre Vert* des archives de la ville contient un arrêt de la Cour de Bordeaux, en date du 4 avril 1623, qui adjuge les fruits de la cure de Coulaures pour la fondation et l'établissement du séminaire de Périgueux.

Le mariage de Louis XIII avec l'Infante d'Espagne à Bordeaux, en 1615, fut l'occasion d'une nouvelle reprise d'armes par les huguenots. — Le soulèvement fut dirigé par le duc de Rohan; de là le nom de *guerre de Rohan* donné à cette levée de boucliers. — Ce fut un brigandage atroce que les religionnaires exercèrent en nos contrées, particulièrement depuis les rives de la Dordogne jusques et inclusivement à la Chartreuse de Vauclaire. Ils semèrent partout le pillage, le meurtre et l'incendie, et s'acharnèrent à tout souiller et détruire dans les châteaux, les églises et autres monuments.

Ce fut pour travailler à la conversion de ces forcenés hérétiques que notre évêque établit à Bergerac (1620) une mission qu'il confia aux Pères Récollets. Ceux-ci se fixèrent d'abord dans quelques bâtiments rapprochés du château du roi, auxquels l'année suivante (1621) Louis XIII adjoignit gracieusement, par acte officiel, la propriété de son château. Le 20 mai 1623, Mgr François de La Béraudière consacra leur chapelle, transformée aujourd'hui en temple protestant.

En 1624, ce prélat assista au concile provincial de Bordeaux, convoqué et présidé par le cardinal De Sourdis, archevêque de cette ville.

✠ Jean II d'Estrades (1646)

fut désigné pour lui succéder en 1646 ; mais il fut transféré à un autre

---
1. Livre très rare imprimé à Périgueux, chez Dalvy, en 1635.

évêché avant même d'avoir reçu la consécration épiscopale. Le véritable successeur de François de La Béraudière fut

✠ Philibert de Brandon (1648-1652),

qui, d'abord marié avec la nièce du chancelier Séguier, puis clerc, fut nommé évêque de Périgueux et sacré à Pontisar en 1648. Ce pieux prélat était ami de saint Vincent de Paul (1). — Dans son administration, il *fut la bonne odeur de Jésus-Christ*. En 1649, il tint un synode diocésain dans sa cathédrale. En 1650, il institua canoniquement la congrégation des Sœurs de Ste-Marthe. L'année suivante (1651), la congrégation des prêtres missionnaires de Périgueux fut érigée en communauté par lettres-patentes du roi Louis XIV.—M. Jean de La Cropte de Chantérac, archiprêtre de Chantérac, en fut le fondateur. Il était l'ami de saint Vincent de Paul et eut pour collaborateur M. de Mèredieu, mort en odeur de sainteté le 21 octobre 1654. — Le dernier supérieur de la Mission au Grand-Séminaire de Périgueux, en 1793, était M. Linarès de Ste-Alvère. Le prieuré de Saint-Martin de Bergerac et la cure de Saint-Jacques furent unis et annexés à la Mission de Périgueux.— Philibert de Brandon mourut à Paris en 1652, et fut enterré dans l'église de Saint-Eustache. Son portrait gravé est à la bibliothèque de la ville de Périgueux. Il eut pour successeur

✠ Cyrus de Villers de Lafaye (1653-1667),

originaire de la Bourgogne, lequel fut sacré à Paris le 31 août 1653, la même année de son élection, et prit possession de son siège en juin 1654. — Il avait été auparavant grand-maître de la chapelle du roi. — Il mourut à Paris le 4 octobre 1667.

Nous venons de voir comment, grâce aux efforts combinés de ses évêques, de ses magistrats et de ses habitants, la ville de Périgueux, en se dégageant des étreintes mortelles et tyranniques des protestants, avait retrouvé une nouvelle vie ; comment elle avait réorganisé rapidement

---
1. LESPINE.

son administration municipale, ses finances, ses troupes, ses moyens de défense ; comment elle avait relevé ses églises, ses couvents et ses monuments de toutes sortes : c'était la véritable Renaissance qui s'opérait pour notre cité.

Mais, à côté de ce grand mouvement politique et religieux, il se produisait en même temps dans les lettres, les arts et surtout l'architecture, un mouvement ou une certaine réaction qu'on a décorée du nom de *Renaissance* et qui, en nous ramenant à l'inspiration et aux formes païennes de l'art Grec, n'en a pas moins laissé parmi nous des sujets et des monuments qui appellent notre attention.

Un des hommes qui ont joué un grand rôle dans la Renaissance philosophique et littéraire au seizième siècle, et que notre Périgord revendique comme sien, est *Michel Montaigne*. — Il naquit le 28 février 1533 au château de ce nom, que devait habiter et restaurer, un peu plus de trois siècles après lui, un de nos plus illustres compatriotes, M. Magne. — Michel Montaigne étonna ses parents et professeurs par les progrès merveilleux qu'il fit dans ses études à Bordeaux. Il devint conseiller au parlement de cette ville, où il fit connaissance et contracta une profonde amitié avec La Boëtie. Il ne tarda pas à quitter la magistrature pour s'adonner exclusivement aux études philosophiques. — Il fut élu maire de Bordeaux. — En 1588, il compléta l'impression de ses *Essais* et y joignit les œuvres de La Boëtie, son ami. — Il mourut le 13 septembre 1592. — Son corps fut transporté à Bordeaux et enseveli dans l'église des Feuillans. — La ville de Périgueux lui a élevé une statue sur une place qui porte son nom. — Nous avons de Montaigne les *Essais*, — une traduction de *la Théologie naturelle* de Raymond Sebonde, — un *Voyage en Italie, par la Suisse et l'Allemagne*.

Outre Michel Montaigne, nous aurons dans la suite à signaler une pléiade d'hommes érudits et littérateurs qui, en continuant ce mouvement de Renaissance intellectuelle, ne contribueront pas peu par leur distinction à la gloire de notre ville, qui leur a donné le jour. — Tournons nos regards maintenant vers les monuments d'architecture qui datent de l'époque de la Renaissance. Nous connaissons déjà la chapelle Saint-Jean du palais épiscopal de la Cité: nous avons aussi mentionné le grand autel de bois et la chaire à prêcher de la cathédrale, provenant de l'ancien collège des Jésuites. — Nous devons parler de quelques maisons remarquables, qu'on peut encore voir à Périgueux et dont les archéologues de notre pays nous ont fait la description. Entre toutes, citons :

1° *La maison qui fait le coin de la rue de l'Aiguillerie à celle de Saint-Louis.* — Cette maison appartenait jadis au cardinal de Périgord, et probablement elle fut longtemps la résidence de la famille Comtale. — Dans le dix-septième siècle, elle devint la propriété de MM. d'Alexandre, et c'est là que le marquis de Chanlost tenta de pénétrer avant d'aller se faire tuer dans la rue du Plantier, comme nous le verrons bientôt au sujet des troubles de la Fronde.

Les anciennes fenêtres à meneaux de cette habitation étaient remarquables. — La porte d'entrée a été construite dans l'angle que forment les deux rues, et est surmontée d'une terrasse. Au-dessus du linteau de cette porte étaient des armes que la Révolution a martelées. — L'écu était surmonté de cette inscription formée en caractères gothiques : Memento mori. — Sur le linteau de la porte, on lisait en mêmes caractères: Quisquis amat D...A droite, on voyait cette autre inscription en caractères presque cursifs : Svma quidem laus est displicuisse malis ; et à gauche: Domus constructio anno D^{ni} 1518, favente Altissimo.

2° *La maison Estignard, rue Limogeanne, n° 17.* — La façade en est très remarquable et la porte d'entrée en est ravissante par la délicatesse de son ornementation. — La salamandre sculptée dans son fronton marque bien l'époque de sa construction. — D'aucuns prétendent que cette habitation aurait appartenu à un gouverneur du Périgord. — Avant la Révolution de 1793, elle était possédée par la famille Rochefort.

3° *La maison Chabrier de Lajoubertie, rue de la Sagesse, n° 12.* — Cette construction n'accuse point au dehors toutes les richesses d'architecture et de décoration qu'elle contient à l'intérieur. — L'escalier est un chef-d'œuvre de la Renaissance, et rien mieux que la gravure ne serait capable d'en faire admirer la valeur artistique. — Chaque palier est soutenu par des colonnes torses, cannelées ou disposées en forme de balustre : c'est une véritable profusion d'ornements qui s'étalent sur ces colonnes. — Sur les unes sont des arabesques, des feuillages agencés en forme d'écailles ; sur les autres des boucliers ovales, des visières de casques; et leurs chapiteaux apparaissent couverts de mascarons, de monstres ciselés et d'autres figures fantastiques. Les caissons du plafond sont décorés de losanges, de rosaces, de rinceaux, d'armes de toute espèce et de bustes de cavaliers. On y distingue une Vénus ailée et le génie de l'Amour, qui a déposé son arc. — On y voit aussi un écu dont les armes ont été effacées, et un chiffre dont les lettres sont artistement enlacées et sculptées. Les principales lettres de ce chiffre sont une H et une S.

— 4° *La maison de Langlade, rue du Plantier, n° 4.* Cette habitation est surtout remarquable par les plafonds du rez-de-chaussée et par une grande cheminée qui est au premier étage. — La partie où se trouvent les plafonds est une espèce de galerie percée de trois arcades très surbaissées ; — quatre colonnes, ornées de chapiteaux profilés d'une manière singulière, supportent le cintre de ces arcades. — Les plafonds se divisent en trois parties, dont chacune s'appuie sur des arcs composés d'un grand nombre de moulures concentriques. — Des culs-de-lampes font pendant aux colonnes et soutiennent la retombée des arcs parallèles aux premiers, ainsi que de ceux qui leur sont perpendiculaires. — La hauteur de tous ces arcs, de leur intrados à leurs moulures les plus élevées, est de plus de trois pieds, et c'est immédiatement au-dessus que se trouvent les plafonds, lesquels se composent, comme il est d'usage, de caissons carrés, ornés de sculptures d'un très bon goût et parfaitement soignées. — Parmi les divers sujets de ces caissons, on distingue le buste d'un vieux personnage à tête ailée, — un pélican, — des têtes casquées, — des casques, des armures, — des rosaces, — saint Michel terrassant le démon, — un écusson chargé d'un petit sujet, — et un autre avec une porte de forteresse presque semblable à celle des armoiries de la ville de Périgueux, avec cette différence pourtant qu'elle est surmontée d'un arbre au pied duquel est un animal qui paraît être un lion. — Plus loin, dans cette espèce de galerie, on trouve un escalier à vis, et au-delà de cet escalier sont d'autres plafonds supportés par des arcades comme les premiers, mais plus simplement ornés. — Quant à la cheminée du premier étage, elle attire l'attention par les ornements et les médaillons qui la décorent. Le tableau à fresque qui en occupe la partie supérieure, représentant le baptême de JÉSUS-CHRIST par saint Jean, ne manque ni de dessin ni de coloris. — Sur la partie supérieure du chambranle de la cheminée, on lit, dans une bande de losanges, cette inscription en lettres ornées et guillochées :

A H I D
P X V C O

Pax huic domui.

Dans la même rue du Plantier, nous devons aussi mentionner les maisons de *Malet de Lafarge (n° 9)* et *d'Escatha*.

La maison connue sous le nom de *Château de Salegourde*, dans la rue Saint-Roch, paraît remonter au quinzième siècle.

— 5° Terminons ces citations par cette série de constructions de la Renaissance qui s'étagent si opulemment le long du quai, parallèlement à la rue Port de Graule. — La première habitation, qui fait l'angle, porte un cachet vraiment seigneurial par ses grandes fenêtres, la série variée de ses mâchicoulis et ses splendides lucarnes qui s'élèvent avec tant de grâce sur la haute toiture.

Tout à côté, nous apparaît une autre maison non moins richement décorée, connue sous le nom de *maison Lambert*, et qui, pendant longtemps au commencement de ce siècle, a servi de maîtrise à la cathédrale. On y voit de belles fenêtres et une élégante galerie à trois étages. — Cette galerie est ouverte des deux côtés ; elle donne tout à la fois et sur la rivière et sur une petite cour. Son étage du rez-de-chaussée se compose de jolis pilastres élevés sur des socles et sculptés dans toute leur hauteur ; ses arcades, au nombre de quatre, sont tellement surbaissées qu'elles ressemblent à des architraves. Ses plafonds sont ornés de rosaces, de têtes casquées et d'autres têtes qui paraissent des portraits.

Le second étage est orné de colonnes des deux côtés ; ces colonnes sont portées sur des socles ronds et sont décorées de feuillage jusqu'au tiers de leur hauteur ; leurs chapiteaux sont Corinthiens, mais d'un genre singulier. On voit, au plafond de ce second étage, des rosaces, des petits génies sonnant de la trompe, des portraits, et le buste d'un pape entouré de chérubins. — Le tout est de bon goût ; il est regrettable que les sculptures ne soient pas mieux conservées.

Le troisième étage est en bois et n'offre rien de remarquable. Quant aux trois fenêtres qui éclairent le dernier étage des appartements de la maison, elles s'élèvent au-dessus des murs. Une de ces fenêtres est du côté de l'eau, les deux autres sont sur la cour ; le haut de leur chambranle est assez élevé. — Sur un de ces chambranles, et à peu de distance de la baie, on distingue les armes de France soutenues par des lions ; — sur un autre, ce sont des armes qui ont un *lambel en chef* ; et, dans les trois, on trouve, au-dessus de l'écu, des ornements de tout genre, des monstres, dont le plus saillant est le dragon du jardin des Hespérides vomissant des flammes.

Maison Estignard. — Rue Limogeanne.

Chapitre XI. — PÉRIGUEUX ET LA FRONDE.

(1643 — 1654.)

Franchises de la ville de Périgueux. — L'impôt de joyeux avènement. — Les troubles de la Fronde. — Le prince de Condé à Bordeaux. — Le marquis de Chanlost s'empare de la ville de Périgueux au nom du prince de Condé. — Comment le sieur Bodin reprend la ville de Périgueux sur Chanlost. — Procès-verbal et récit authentique de cette affaire — Arrivée du duc de Candale, gouverneur de Guyenne, et traité de la ville de Périgueux avec le roi de France. — Pèlerinage d'actions de grâces à Notre-Dame des Vertus. — Vœu de la ville.

A ville de Périgueux semblait être entrée dans une période de paix et de repos, et, en s'administrant elle-même, jouissait pleinement de ses droits et franchises que tous les rois de France, jusqu'à Louis XV, lui avaient toujours confirmés après en avoir reçu l'hommage féodal.

C'est ainsi qu'entre tous autres privilèges la ville de Périgueux avait obtenu des rois de ne point payer la redevance *de joyeux avènement*, espèce d'impôt pécuniaire qui pesait sur tous ceux qui avaient bénéficié de quelque concession, et qu'ils devaient payer à l'avènement du nouveau roi. — C'est ainsi encore que nos rois avaient accordé aux habitants de Périgueux la permission de porter leurs marchandises dans tout le royaume sans payer aucun droit.

Mais cette paix dont jouissait notre ville ne fut pas de longue durée. — Elle ne tarda pas à être troublée par les événements politiques qui suivirent la mort de Louis XIII. — Lorsque, pendant la minorité de Louis XIV, la puissante coalition des seigneurs, désignée sous le nom de *la Fronde*, voulut ébranler la puissance royale dans la personne de la reine-mère et du cardinal Mazarin, notre pays, et notre cité en particulier, se ressentirent vivement des perturbations politiques de cette malheureuse guerre civile.

La princesse de Condé avait conduit à Bordeaux le jeune prince son fils; et les seigneurs révoltés contre la Régence, afin de fortifier leur parti, s'efforçaient d'aliéner les meilleurs vassaux de la couronne et de se les attacher.

C'est ainsi qu'à la faveur de ces troubles et divisions le marquis de Chanlost, à la tête des trois régiments d'infanterie de Condé, de Montmorency et des Irlandais, soutenus d'une compagnie de dragons et d'un régiment de cavalerie, parvint à surprendre la ville de Périgueux. — Il s'en empara au nom du prince de Condé, qui l'en avait nommé gouverneur, et la tint ainsi sous sa dépendance durant l'espace de deux ans.

Mais la race des héros n'était pas encore épuisée dans cette cité qui, n'aspirant qu'après sa liberté et son indépendance, avait secoué le joug d'autres tyrans plus terribles que ceux qui voulaient l'opprimer en cette circonstance. — Elle avait chassé ignominieusement les Anglais et les protestants; elle saura bien encore briser les entraves avec lesquelles on veut l'enchaîner et l'asservir. — Quelques promesses qu'on lui fasse, elle ne veut d'autre suzerain et seigneur que son roi, et rien au monde ne pourrait la faire consentir à plier sous le joug étranger.

Il se fit, à plusieurs reprises, des tentatives d'émancipation qui furent avortées et violemment réprimées par Chanlost. — Mais voici qu'enfin les habitants de Périgueux, animés et dirigés par un des leurs, entreprennent de se délivrer du joug qui les oppresse et y parviennent avec un succès éclatant. — Nous préférons au récit que nous pourrions en faire, mettre tout au long ici, sous les yeux du lecteur, le procès-verbal de ce beau fait d'armes que nous trouvons reproduit avec ses détails dans les archives de notre ville. — Outre que ce langage, encore tout empreint de la simplicité et de la sincérité de nos ancêtres, témoins et acteurs des événements qu'ils racontent, pourra grandement intéresser ceux qui le parcourront, on ne pourra taxer de chauvinisme cette admiration et cet amour que nous professons pour notre vieille ville et son passé historique. — Lisez plus tôt le récit suivant :

EXTRAIT des registres de l'Hôtel-de-Ville de Périgueux. (Livre Verd).

(An 1654.)

U nom de la Très-Saincte Trinité Père, Fils et Sainct-Esprit, de la glorieuse Vierge Marie, Madame saincte Anne et M. sainct Front, nos bons Patrons.

Le vingt neufvième novembre mil six cens cinquante quatre, dans la maison de Ville et Consulat de Périgueux, ont esté nommés et eslus du consentement général de tout le peuple assemblé au son de cloche et présenté le serment ordinaire, Messieurs les maire et consuls de la présente Ville et Cité de Périgueux que s'ensuivent.

Messire Joseph de Bodin, chevalier seigneur de la Roudettie, conseiller du Roy en ses Conseils d'Estat et privé, et son procureur au siège présidial, Sénéchaussée et Maréchaussée de Périgort. . . . . maire
Monsieur Maître Pierre de Verneuilh, escuyer, sieur de la. . . . . advocat en parlement . . . . 1ᵉ consul
Monsieur Maître Jean Lonvik, sieur de la Bertinie, aussi advocat au parlement, 2ᵉ consul
Monsieur Maître François Banaston, aussi advocat en parlement. . . . 3ᵉ consul
Maître Léonard Mourcinq, docteur en médecine. . . . . 4ᵉ consul
Jean Farniéras, bourgeois de la présent Ville. . . . . 5ᵉ consul

Maistre Geofroid Lavaud, médecin chirurgien . . . . 6° consul
Nicolas Dumazeau, sieur de la Coularede, ... consul. de la Cité
Monsieur Maistre François Maisson, advocat en parlement. . . . . scindiq.

Il ne se fault pas estonner si ceste élection a esté extraordinaire, puisque elle a esté faicte en reconnaissance de l'heureux événement qui a remis sous l'obéissance de Sa Majesté le seizième septembre de l'année mil six cent cinquante trois.

Et comme cet événement n'est pas l'ouvrage des hommes, mais bien celui de DIEU par l'intercession de la bienheureuse Vierge Marie, le dit sieur Bodin, en reconnaissance d'un si signalé bienfaict, a faict bastir une chapelle à Notre-Dame des Vertus à l'honneur de cette grande Reine du Ciel et de la terre, où toute la Ville fust en procession solennelle pour lui rendre ses hommages et ses remercimens.

Ainsi il est bien juste que la postérité soit informée d'une si heureuse réduction, afin qu'elle en conserve une éternelle reconnaissance pour cette auguste libératrice. Ceste Ville de Périgueux avait esté contrainte de rester plus de deux ans dans le parti de Monsieur le prince de Condé, par la violence d'une garnison composée de trois régimens d'infanterie de Condé de Montmorency et des Yrlandois et d'une Compagnie de dragons commandée par un nommé Jacques sans raison et d'un régiment de cavallerie *commandé* par le sieur de la Roque Gaxion Hilaire de Pied-de-Fer, marquis de Chanlost, premier escuyer de M. le Prince estoit gouverneur de cette Ville ; elle estoit fortifiée de douze demi lunes ou bastions défendues par quantité de pièces de canons. Les habitans qui étoient bien intentionnés pour le service du Roy avoient tenté plusieurs fois de se remettre dans son obéissance tous leurs projets avoient esté inutiles et le marquis de Chanlost les ayant descouverts avait chassé la plupart des principaux habitans après les avoir traité avec la dernière cruauté et exigé d'eux plus de cent mille livres en argent en vivres ou en meubles trouvés dans leurs maisons qu'il avoit entièrement pillés la ville de Bourdeaux et toute la Guienne estoit rentrée dans l'obéissance de Sa Majesté ; Monseigneur le duc de Candalle gouverneur de cette province avoit ordre du Roy de faire le siège de cette ville avec une armée de douze mille hommes et le canon du Chateau Trompette étoit déjà arrivé à Saincte Foi, le marquis de Chanlost étoit résolu de défendre ceste place jusques aux dernières extrémités, il se flatoit de ce que la campagne estant entièrement ruinée, les troupes du Roy n'y pourroient pas subsister et que Rose étoit assiégée par les Espagnols, la Cour prefereroit la conservation de cette importante place à celle de la prise d'une ville située au cœur du royaume. Il faisoit voir des lettres du baron de Vatteville, qui commandoit l'armée navale d'Espagne qui l'assuroit qu'il reviendroit bientôt avec une armée capable d'occuper ailheurs les armes du Roy, Monseigneur le duc de Candalle étoit pressé d'envoyer des troupes au siège de Sainte-Menehoust pour empescher que Monsieur le prince ne secourût cette place !

Les troupes du Roy commandées par le marquis de Sauvebœuf avoient pris le Château L'Évesque et le marquis de Tourhailhas étoit campé dans les plaines de Saint-Laurens, du Manoère, ces deux corps fesoient environ trois mille hommes, le sieur Bodin ayant reçu des ordres du Roy de rester dans cette Ville pour ménager les occasions de la remettre dans l'obéissance de Sa Majesté, avoit correspondance avec la Cour et avec les généraux des troupes du Roy et par le ministère de M. de la Brousse seigneur de la Poujade son beau-frère qui commandoit un régiment de cavalerie dans les troupes portées auprès de Périgueux et avec Monseigneur de Candalle par le moyen du Père Hytier Jésuite qui avoit un frère Religieux Cordelier fort considéré de Monsieur le duc de Candalle, parce qu'il avoit beaucoup souffert dans la ville de Bourdeaux pour le service du Roy ; le sieur Bodin avoit souvent conféré avec le Père Hytier Jésuite sur les moyens de remettre Périgueux à l'obéissance de Sa Majesté, mais tant de desseins malheureusement descouverts, tant de cruautés exercées contre ceux qui avoient tenté cette entreprise, avoit rebuté les habitans les mieux intentionnés.

Le sieur Bodin s'estant de nouveau assuré du sieur Chaleppe qui commandoit deux cens payssans du Pareage dans ladite ville sous les ordres du marquis du Chanlost eust diverses conférences dans le jardin des Jésuites avec le sieur Alexandre sieur de Fonpitou, conseiller au présidial, vicaire général et official du diocèse dudit Périgueux, et avec le sieur Bertin sieur de Loursarie avocat au parlement de Bourdeaux ; le sieur Bodin les ayant assuré dans la dernière conférence qu'il leur respondoit de cent cinquante brave hommes et que les troupes du Roy auroient ordre d'accourir à leurs secours ; les sieurs de Fonpitou et de Bertin promirent de grossir ce parti d'un bon nombre de leurs amys.

Le sieur Bodin ayant heureusement ménagé les esprits des principaux habitans, et ayant reconnu qu'ils étoient disposés de tout hazarder pour le service du Roy, il en donna avis par un exprès à Monseigneur le duc de Candalle qui lui envoya ses ordres pour réduire cette ville à l'obéissance de S. M. ensemble l'amnistie pour tous les habitans avec la conservation de tous les privilèges, conformément à ce qu'il avoit demandé à Son Altesse de Candalle. Le sieur Bodin ayant fait voir ces ordres audit sieur de Fonpitou et de Bertin et aux autres personnes, les plus considérables de son parti, on fit une assemblée dans la maison du sieur Bodin la nuit du quinzième au seizième septembre, le sieur Girard étant consul, et ayant le mot, facilita le moyen de passer partout et d'éviter la surprise des patrouilles et des rondes des soldats. Il fut résolu que le lendemain seizième septembre, précisément à l'heure de midy, qui étoit le tems que la plupart des officiers et soldats estoient dehors la ville aux travaux des fortifications, et que le marquis de Chanlost estoit le moins accompagné, on tâcheroit de se saisir de sa personne ; on résolut aussi de faire en même temps deux attaques, l'une au Fort qui est au bout du pont de l'Isle, l'autre à la porte qui est appelée de Tailhefert, pour empescher les soldats et officiers employés aux fortifications, de rentrer dans la Ville ; et pour donner entrée aux troupes du Roi campées dans les plaines de Saint Laurens du Manoire et au Chateau l'Evesque, en cas qu'on ne fust pas assez fort avec les habitans et les milices du Paréage, pour forcer la garnison qui estoit composée de huit cent soldats et de quatre-vingt officiers. Il fut aussi arresté que les sieurs Ducluzel, de la Jonie et des Essards, nepveux dudit sieur Bodin, introduiroient dans leur maison qui domine sur la place de la Claustre une escouade d'habitans, pour tirer sur les soldats qui étoient renfermés dans la palissade et qui gardoient les canons.

Les ordres ayant été ainsi donnés pour l'exécution de cette entreprise, chacun se retira avant le jour pour se rendre sans bruit et à l'heure marquée dans le quartier qui lui avoit esté destiné ; le sieur Bodin retient auprès de lui les sieurs de la Bertynie, Dessalis, Ducatrie, Chaboussie, Geneste, Chaleppe, général du Paréage, avec un de ses enfans.

Le marquis de Chanlost estant allé, à l'heure de neuf heures, déjeuner avec quelques officiers dans la maison du sieur Dupuy, marchand de la Claustre, fut averti, environ l'heure de dix heures, de toutes les particularités de cette entreprise. Le vin et la colère ayant échauffé ce marquis extrêmement violent et emporté, il sort tout furieux de cette maison ; et ayant commandé au sieur de la Baume de faire mettre les trois régimens en bataille, il prend trente mousquetaires va à la boutique du sieur Feyssi, marchand, se saisit de sa personne et le fait mener prisonnier dans l'évesché. Il traverse ensuite la place du Codert, et se rend à la maison du sieur de Fonpitou, et ayant trouvé la porte fermée après avoir fait bailler deux ou trois coups de marteau, il se retire et marche droit à la maison du sieur Bodin, et trouvant aussi la porte de la basse-court fermée, il fait heurter diverses fois fort rudement, comme il vist qu'on n'ouvroit point quelqu'un ayant crié qu'il pouvoit passer par la porte du jardin, il y accourt avec sa troupe. Un moment auparavant, le sieur Bodin ayant reçu un billet du sieur de Fonpitou, qui lui marquoit que tout étoit découvert, et que Feyssy étoit prisonnier, il envoya aussitôt avertir les habitans les plus proches de sa maison, de se rendre chès lui par la porte de son jardin, mais comme le sieur Bodin et ses amis virent qu'ils ne sauroient estres secourus assés à tems, ils se résolurent dans ceste extrémité de vandre chèrement leur vie, et pour cet effet ils firent ouvrir la porte de la basse-court ; un soldat qui étoit en sentinelle ayant averti le marquis de Chanlost que le portail estoit ouvert, il retourna sur ses pas avec ses gens, il entre le premier l'épée à la main dans un long courroir qui ne peut contenir que trois hommes, de front, le sieur Bodin, et ses amis estant allé au devant de lui, il fut tiré plusieurs coups de part et d'autre et le marquis de Chanlost fut blessé à mort, et alla tomber dans la rue devant la porte dudit sieur Bodin, quelques soldats furent blessés, et tués dans ce courroir. Les autres prirent la fuite voyant leur gouverneur par terre. Le sieur Robert de la Ceparie, un des bourgeois qui avoient accouru pour se jetter dans la maison du sieur Bodin, fut tué dans ceste rencontre ; le sieur Bodin avec sa petite troupe avança dans la rue en criant,

Vive le Roy, le tyran est mort, les habitans et les gens du Paréage accoururent de toutes parts, et ils marchèrent à la porte du pont, deux capitaines qui y commandoient vinrent avec leur Compagnie au devant des habitans au milieu du pont, les deux capitaines furent tués du premier coup que les habitans tirèrent, leurs soldats prirent la fuite, les habitans les poursuivirent et les désarmèrent tous, et estant ainsi maitre du fort du pont, on fit abbattre le petit pont levis ; on envoya en diligence avertir les troupes du Roy de s'avancer, ensuite le sieur Bodin, à la teste des habitans, marcha vers la place du Cordere, y trouva le sieur de Fonpitou, fils ainé du sieur de Fonpitou, vicaire général, et le sieur Bertin qui avec leurs amys s'étoient saisis de la maison de Ville et avoient prévenu les soldats qui s'y vouloient poster ; ils marchèrent tous vers la porte de Tailhefert et s'étant saisis des maisons voisines, ils attaquèrent le fort de Tailhefert qui se rendit après que les officiers eurent esté assurés de la mort du marquis de Chanlost et que les troupes du Roy alloient entrer par la porte du pont, dont les habitans estoient les maistres ensuite de la prinse de ce fort ; on marcha vers la place de Claustre où les trois régimens estoient en bataille, cette place estoit entourée d'une haute palissade et munie de huit pièces de canons, elle estoit défendue par le clocher de Saint-Front où les ennemis avoient mis plusieurs mousquetaires et avoient fait monter des fagots gousdronnés pour jetter sur les maisons de la Ville et y mettre le feu, ils avoient mis une Compagnie d'infanterie dans la maison du sieur Desjehan qui est au coing de la dite place, les habitans attaquèrent par les cinq endroits qui aboutissent à ladite place, les sieurs Ducluzel firent entrer une Compagnie de bourgeois dans leur maison, les soldats chargèrent les habitans pour les empescher d'y entrer ; le sieur Chaleppe faisant ferme repoussa les ennemis et fut tué dans cette occasion au coing de la maison du sieur Dupuy ; les habitans qui estoient dans la maison des sieurs Ducluzels, qui est supérieure à ladite place, firent un si grand feu sur les soldats, qui estoient dans la palissade, que le sieur de Saint-George, lieutenant de l'artillerie et un canonier furent blessés, l'un dans la cuisse et l'autre dans le bras, comme ils alloient mettre le feu au canon, qu'ils avoient pincté contre ladite maison, les officiers et les soldats se trouvant chargés de tous côtés et croyant que les troupes du Roy estoient entrées dans la ville, abandonnèrent leur canon et s'enfuirent dans l'évesché ; les habitans étant les maitres de tout le canon, le sieur Bodin en fist poincter un contre la maison du sieur Desjehan, ce qui obligea le sieur de Monfort, capitaine, de se rendre, avec toute la Compaignie qui fust aussitôt désarmée ; il fist mener aussitôt deux pièces de canon devant la porte de l'évesché, le sieur de la Beaume, lieutenant-colonel du régiment de Condé, qui commandoit toutes les troupes de l'évesché, demanda aussitôt à capituler et ayant envoyé deux officiers en hostage, on lui envoya aussi deux bourgeois et la capitulation fust arrêtée et signée par le sieur Bodin et de la Beaume, lieutenant-colonel du régiment de Condé, de la manière qui s'ensuit.

Articles accordés entre la garnison estant présentement en la ville de Périgueux, composés des régimens d'infanterie de Condé, de Montmorency, des Irlandois et des officiers de cavalerie et leurs cavaliers y estant présentement et Monsieur Maitre Joseph de Bodin, écuyer seigneur de la Rodesie, conseiller du Roy, et son Procureur en la présente province et les maire et consuls et habitans d'icelle.

I.

Tous officiers de Condé, de Montmorency et Irlandois, savoir les capitaines tant de cavalerie que d'infanterie, demeureront sur leur parole dans la ville avec leur épée et toute sûreté pour leur vie, personnes, armes, équipages sans exemption, dont Messieurs les habitans, maire et consuls leur ont répondu pour ceux qui se trouveront en nature.

II.

Que les lieutenants, enseignes, et sergens seront gardés dans la ville dans des maisons assurées avec la mesme seureté pour leur vie, armes et bagages.

III.

Que les soldats sortiront de la ville sans armes, et seront gardés dans la Cité avec seureté de leur vie autant qu'il dépendra des habitans.

IV.

Qu'il sera fait diligence par les officiers et bourgeois pour le recouvrement des meubles de Monsieur de Brandon, évesque de Périgueux, et pour la chapelle qui appartient au Chapitre.

V.

Que les armes des soldats seront mises dans la maison de ville et conservées afin d'estre représentées par les habitans lorsqu'ils en seront requis par les officiers de Monseigneur le Prince.

VI.

Que les munitions de guerre seront mises par inventaire entre les mains des maire et consuls et habitans, pour estre rendues lorsque Monseigneur le prince les requerra.

VII.

Qu'il ne sera touché en aucune façon aux chevaux, équipages, ni armes quelconques appartenant à Son Altesse et aux officiers de Condé et autres estant dans la présente ville, et qu'on ne les pourra arrester pour quelque chose et prétexte que ce soit en payant les choses qu'ils ont pris de bonne foy commes vivres, ou marchandises qu'ils ont prises pour leur entretenement.

VIII.

Qu'on fera diligence envers Monseigneur le duc de Candale, pour obtenir les passe-ports nécessaires pour la sûreté des officiers et domestiques qui se voudront retirer, auprès de Son Altesse, et qu'on laissera aux sergens leurs espées.

IX.

Qu'on ne pourra rien demander aux domestiques de Monsieur le marquis de Chanlost que pour debtes en leur particulier, lesquels apparaîtront par items ou sur le purgement des requérans.

X.

Que les bleds qui sont dans le magazin seront remis dans la maison de ville, après avoir esté mesurés en présence des habitans que les officiers fairont diligences pour faire rendre ce qui a esté pris aux bourgeois.

XI.

Que tous lesdits officiers remettront la Citté, et feront sortir généralement tous les soldats hors de la présente ville et que le sieur de la Baume et autres officiers qui sont dans l'évesché en sortiront pour aller où il leur plaira et qu'on ne pourra despouiller, ni maltraiter aucun officier, sergent, cavalier et soldat que Messieurs les maire et consuls et habitans fourniront du pain de munition pour les soldats et valets qui seront enfermés dans la Citté, suivant les vieux extraits des Régimens.

Messieurs les maire et consuls et habitans promettent de donner retraite assurée dans leur ville aux capitaines, lieutenants, enseignes et cornettes, tant de cavallerie que d'infanterie pour le temps de quinze jours, et ne souffriront pas qu'il leur soit faict aucun tort, ni soyent arrestés pour quelle cause que ce soit et particulièrement le sieur de la Roche-Bernet, et que tous les articles ci-dessus seront exécutés de part et d'autre de bonne foy. Fait à Périgueux le seizième jour de septembre, etc.

La capitulation estant signée, les soldats et officiers sortent de l'évesché estant tous désarmés et se trouvèrent en si grand nombre, quand ils furent tous assemblés, qu'ils étoient trois fois plus forts que les habitans ; on les fit conduire dans la Citté et garder à vue jusques à l'arrivée de Monseigneur le duc de Candalle.

La capitulation fut exécutée de bonne foy de part et d'autre, les officiers firent rendre de bonne foy les meubles qui se trouvèrent en nature, et entr'autres ceux qui appartenoient à Monseigneur l'évesque de Périgueux, on rendit à divers particuliers des papiers et des titres qui leur avoient esté pris ; on rendit à Mademoiselle de Chatard une obligation en original de la somme de trois mille livres qu'elle avait passée en fabveur du sieur marquis de Chanlost, pour la rançon du sieur Moras son fils.

Un officier remit entre les mains du sieur Bodin une promesse en original de la somme de deux mille cinq cents livres, faite en faveur de Monsieur le marquis de Chanlost, qui le retint longtemps prisonnier, et lui fist payer trois mille cinq cents livres avant de le mettre hors de prison, le chassa de la ville, ensuite fit piller sa maison ensemble celle du sieur Montozon, sieur du Puy-Contaud, conseiller en l'eslection de Périgord, qu'il chassa aussi de la dite ville avec le sieur Duclusel, président en la dite élection et ses frères, parce qu'ils avoient tous tenté de remettre cette ville à l'obéissance du roy.

Le sieur Bodin fit mettre en liberté tous les pauvres habitans que le dit sieur Chanlost avait mis en prison ; les troupes du roy estant accourues pour soubstenir les habitans contre la garnison, le sieur Bodin ne souffrit pas qu'ils entrassent dans la ville, leur disant que tout estoit faict et qu'il failloit attendre l'arrivée de Monseigneur le duc de Candalle, il leur fit donner toute sorte de rafraîchissemens, dont ils furent très satisfaicts.

A l'arrivée du duc de Candalle, colonel-général de France, gouverneur de Guienne, et général des armées de Sa Majesté, un traité fut passé entre ce général et les citoyens de Périgueux, par lequel ces derniers sont maintenus dans tous leurs droits.

Ce fut en reconnaissance de cette glorieuse délivrance que les magistrats de la ville de Périgueux firent le vœu d'accomplir officiellement un pèlerinage à Notre-Dame des Vertus, qu'ils réalisèrent le dimanche 12 avril 1654. — Messire François de Chatillon, maire de Périgueux, se rendit à l'église de Saint-Silain, dès cinq heures du matin, et la procession partit avec la croix de la paroisse et sous la bannière de Notre-Dame du Scapulaire, — En l'absence de l'évêque décédé, M. Alexandre de Fonpitou, vicaire-général, présidait la cérémonie ; vingt ecclésiastiques marchaient à ses côtés. — Le maire et les consuls étaient à la tête d'une multitude d'habitans de tout sexe et de toute condition, rangés en bon ordre, et récitant des prières le long de la route. Dès qu'on fut arrivé à la chapelle, « M. de Fonpitou célébra la messe, et les magistrats *firent
» leurs dévotions pour remercier Dieu,* dit la chronique, *de ce qu'il lui
» avait plu de sauver la ville de Périgueux des plus grands malheurs, par
» sa divine bonté et par l'intercession de la glorieuse vierge Marie* (1). »
— Le sanctuaire se trouvant trop étroit pour contenir la foule, il fallut faire la prédication en plein air. Le P. Seniès, Jésuite, porta la parole

1. *Livre Verd*, fol. 224, etc.

et rappela à la multitude assemblée devant lui combien la ville devait être reconnaissante de son heureuse délivrance, et l'obligation qu'elle avait d'en rendre grâces à Dieu.

Après la cérémonie, le maire de Périgueux offrit au nom de ses concitoyens la somme de deux cent cinquante livres pour être employée à la réparation et à l'agrandissement de la chapelle. — M. le vicaire-général ayant achevé les prières pour le peuple et pour Sa Majesté, la procession reprit le chemin de la ville, et fit, à son retour, trois stations : la première à l'église des *Récollets*, au faubourg du Pont ; la seconde à la collégiale de Saint-Front, et la dernière à l'église de Saint-Silain, où la bénédiction du Très-Saint Sacrement termina cette belle solennité. — Tous les ans, le 16 septembre, on acquittait le *Vœu* de la ville par une procession et par l'offrande d'un cierge de *cire blanche*.

En admirant tout à la fois et cette simplicité et cette magnanimité de nos ancêtres, qui leur faisaient d'abord rapporter à l'intervention divine leurs succès et leurs victoires, nous ne pouvons nous empêcher de signaler ici combien ils étaient jaloux des libertés et prérogatives de leur ville. — Lors de leur entreprise, ils comptaient sans doute sur l'appui et l'intervention des troupes royales commandées par le duc de Candale, lieutenant-général du roi : mais ils purent triompher sans ce concours ; et comme tout était fait quand les troupes du roi arrivèrent, « le sieur Bodin,
» fait observer le procès-verbal, ne souffrit pas qu'ils entrassent dans
» la ville, leur disant que tout estoit faict, qu'il falloit attendre l'arrivée
» de Monseigneur le duc de Candalle ; il leur fist donner toute sorte de
» rafraîchissemens, dont ils furent très-satisfaicts. »

Chapitre XII. — CATHÉDRALE DE St-FRONT.

(1667 — 1801.)

Guillaume Le Boux — Union des deux Chapitres de Saint-Etienne et de Saint-Front de Périgueux. — Stipulations de ce traité. — L'église de la Cité devient l'archi-prêtré de la Quinte. — Illustrations du Chapitre de Périgueux. — Talpin François de Laborie. — Jean Pichard. — Les prêtres de la Mission chargés du grand séminaire. — Couvent de la Visitation aux Arènes. — Les dames de la Foi. — La culture du maïs en Périgord. — Fénelon. — Lagrange-Chancel. — Daniel de Francheville. — Le petit séminaire. — François du Pavillon. — Jean Macheco de Prémeaux. — Le chanoine de Lespine. — Wulgrin de Taillefer. — La culture de la pomme de terre et des vers à soie en Périgord. — Coup d'œil général et rétrospectif sur la situation politique du Périgord. — Aveu et dénombrement de la seigneurie de Périgueux.

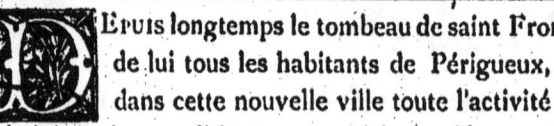epuis longtemps le tombeau de saint Front, en groupant autour de lui tous les habitants de Périgueux, avait aussi centralisé dans cette nouvelle ville toute l'activité et les opérations des administrations politique et municipale. Une seule lui manquait pour compléter sa constitution et mettre fin à bien des tiraillements, qui jusqu'ici avaient divisé le Puy-Saint-Front et la Cité. C'était l'administration ecclé-

siastique ou le siège épiscopal, — dont la translation devait s'effectuer à bref délai, à la suite de tous les événements politiques qui avaient bouleversé généralement la constitution des provinces et des cités.

Cyrus de Villers venait de mourir à Paris lorsque Louis XIV transférait, pour lui succéder sur le siège de saint Front,

✠ Guillaume VII Le Boux (1667-1693).

Ce fut un grand et saint évêque, en qui le talent et la vertu produisirent des fruits merveilleux (1). Il naquit à Saint-Maurice de Souzai, en Anjou, le 30 juin 1621, de parents pauvres et pêcheurs de profession. Il commença laborieusement ses études au collège de Saumur, et, par ses progrès rapides, mérita d'entrer à l'Oratoire dès l'âge de dix-sept ans. — Il avait à peine terminé son cours de philosophie qu'il fit de brillants débuts dans la chaire, et se fit remarquer très avantageusement par son éloquence. — Il fut appelé bien souvent à prêcher devant le grand roi Louis XIV, et ce fut toujours avec un succès qui ne se démentit jamais. Les témoignages de ses contemporains sont unanimes à reconnaître sa grande réputation d'orateur, d'autant plus appréciable qu'elle s'épanouissait « au milieu du siècle le plus littéraire de notre histoire, à côté de » Bossuet, et qu'elle devait briller jusque parmi les contemporains char» més des Bourdaloue, des Mascaron et des Fléchier. »

Le P. Le Boux était depuis un an prédicateur du roi lorsqu'il fut appelé à l'évêché de Dax (30 septembre 1658). Il ne fut sacré que le 4 avril 1660 par l'archevêque d'Auch, son métropolitain, et prit possession de son siège quinze jours après. — Toutefois il continua ses prédications à la Cour, ce qui lui valut d'être promu (8 mai 1665) à l'évêché de Mâcon, pour succéder à Mgr Jean de Lingendes, précédemment évêque de Sarlat ; mais il n'en prit pas possession, car bientôt après, en considération de son rare mérite, Louis XIV le transférait sur le siège de St

---

1. *Gallia christiana*, tom. II, fol. 1487.
Nous suivons ici l'*Etude historique* que nous a donnée sur ce prélat M. l'abbé Riboulet, chanoine honoraire et ancien curé de Chancelade, dans laquelle on trouve autant d'érudition que de forme littéraire.

Front à Périgueux. Ses amis, au rapport de Ménage, auraient demandé pour lui cet évêché en disant au roi: « *Que Le Boux était né gueux, qu'il avait vécu gueux, et qu'il voulait* PÉRIR GUEUX (1).» Il fit son entrée solennelle à Périgueux le 24 mai 1667. Le maire et les consuls, vêtus de leurs habits de satin rouge et noir, le reçurent à la porte de Taillefer, où on lui fit prêter les serments ordinaires sur le missel. De là le prélat se dirigea vers l'église Saint-Front, sous le porche de laquelle les moines de la collégiale lui firent leur compliment. Son épiscopat, qui dura vingt ans, fut fécond en œuvres et en mérites. Son premier soin fut de travailler à faire disparaître les ruines et les traces funestes de l'hérésie, aussi bien dans les monuments religieux que dans les âmes. Il y consacra toute son activité et son dévouement.

Le premier acte administratif de Mgr Le Boux fut la convocation d'un synode diocésain, qui se tint le 8 novembre 1667 dans l'église cathédrale Saint-Étienne de la Cité, et où l'on traita les questions les plus importantes de la discipline ecclésiastique. Ensuite il s'occupa très activement de la translation de sa cathédrale à l'église St-Front. Cette question très ardue et très délicate demandait tout à la fois une grande prudence et beaucoup de constance, qui ne firent point défaut au nouveau prélat.

Les calvinistes, pendant qu'ils occupaient la ville de Périgueux, avaient, nous le savons, démoli le palais épiscopal, les cloîtres et la maison des chanoines. — Après la reprise de la ville, les chanoines, dans l'impossibilité de se loger et de célébrer l'office, adressèrent au souverain-pontife, Grégoire XIII, une requête agréée et signée dans la salle capitulaire de Saint-Front par l'évêque, où ils demandaient l'autorisation de se réunir aux chanoines du Puy-Saint-Front (28 décembre 1582). Mais Rome ne répondit pas, et ce projet en resta là jusqu'à ce qu'il fut repris par Philibert de Brandon. — Ce prélat obtint le 18 juillet 1651 un arrêt du Conseil par lequel il était ordonné à l'archevêque de Bordeaux, en sa qualité de primat, et au premier maître des requêtes, de se rendre sur les lieux pour constater l'utilité de cette réunion. Les troubles de la Fronde

---

1. Voir les *Ménagiana*, tome III, p. 2

empêchèrent l'arrêt d'avoir son effet. — Deux arrêts du parlement de 1657 et 1664 établirent un théologal dans la collégiale de Saint-Front. Le syndic du clergé du diocèse, l'abbé Vincent, archidiacre, se pourvut en cassation de ces décrets, mais un nouvel arrêt du 7 janvier 1689 le débouta (1). — Cyrus de Villers fit également de vains efforts ; il ne réussit pas. — Au mois d'avril 1667, on ouvrit une nouvelle enquête. Enfin, deux ans plus tard, après avoir consulté la Cour Romaine, et sur l'avis favorable du métropolitain et de quatre évêques de la province, l'intendant de Guyenne, M. de Bélot, ayant déclaré au roi la nécessité d'une transaction, Mgr Le Boux mettait les deux Chapitres d'accord.

« *Pour ce aujourd'hui, 11 janvier 1669*, est-il dit dans le procès-verbal, » *l'évêque et les deux Chapitres* dressant leurs conditions, la dite église » Saint-Étienne, Chapitre et service d'icelle, sera transféré avec tous » ses membres, revenus et émoluments en dépendant, dans ladite église » Saint-Front, et le Chapitre collégial d'icelle uni et incorporé dans icelle » église cathédrale pour composer et ne faire à l'avenir qu'un même » corps et l'église cathédrale sous le nom du glorieux saint Étienne, » premier martyr, et de *saint Front, premier évêque et apôtre de la » province, laquelle église jouira des mêmes droits, privilèges et immu- » nités qu'elle a jouy de tout temps et anciennetés* (2).»

Il fut stipulé, de plus, que le titre d'*abbé* donné à l'évêque dans la collégiale, n'ayant désormais aucune raison d'être, serait supprimé, et que les chanoines réunis formeraient un Chapitre de trente-quatre chanoines prébendés ;

Que toutes ces prébendes et huit autres seraient à la collation du Chapitre, sans aucune participation de l'évêque, si ce n'est dans la prestation du serment ;

Que néanmoins chaque évêque, à son joyeux avènement, aurait le privilège de conférer deux canonicats vacants par décès, en alternant toujours avec le Chapitre ;

---

1. *Mémoires du clergé de France*, tome VIII, colonne 2243. (Paris, 1731.)
2 Transaction pour l'union des deux Chapitres de Saint-Étienne et de Saint-Front de Périgueux. — Bibl. nat. Périgord, XXXII.

Qu'il y aurait sept dignités, dont six appartenant à l'ancienne église et une à la collégiale de Saint-Front ;

Que ces sept dignités seraient celles de grand archidiacre, de chantre, d'archidiacre de Bergerac, d'archidiacre de la Double, d'archidiacre de Sarlat, d'écolâtre et de sous-chantre ;

Que ces sept dignités seraient à la collation de l'évêque, hormis la sous-chantrerie, réservée au Chapitre ;

Que les chanoines revêtus de ces dignités auraient les premières stalles au chœur, tandis que les autres seraient placés selon leur rang de réception et les Ordres auxquels ils seraient promus ;

Que la paroisse de Saint-Front demeurerait unie à l'église cathédrale, et que, dans celle de la Cité, le Chapitre se réservait la faculté d'y aller quand bon lui semblerait, d'y faire deux processions et d'y chanter la messe aux fêtes de saint Léon et de l'invention de saint Étienne.

On statua enfin que les chanoines de la nouvelle cathédrale jouiraient de tous les droits dont jouissaient les deux Chapitres avant leur réunion, dans la convocation des États et des assemblées du clergé ; qu'ils auraient deux voix par quatre députés et qu'ils assisteraient dans les synodes en aussi grand nombre que faire se pourrait (1). Ces diverses clauses furent adoptées devant notaire royal, par les membres présents des Chapitres. Deux seulement firent opposition: le grand archidiacre de la Cité, M. François de Jay de Beaufort, et le chantre Nicolas de la Brousse. — On passa outre, et, à partir de ce moment, les évêques habitèrent le monastère du Puy-Saint-Front.

Dès lors l'église de la Cité devint seulement paroissiale: elle porta le titre d'*archiprêtré de la Quinte*. — Le mot Quinte indiquait, dès l'origine, la juridiction et les droits de l'archiprêtré sur les revenus des églises qui en dépendaient. — Sur les seize archiprêtrés du diocèse de Périgueux, celui de Saint-Étienne était le premier et renfermait quarante-quatre paroisses que nous avons déjà nommées plus haut (2). — Le premier

---
1. René BERNARET, *Souvenirs historiques de l'Église collégiale de Saint-Front*, page 21.
2. Voir plus haut, chapitre VIII.

archidiacre avait la collation des cures de Saint-Laurent de Manoire et de Verteillac ; le grand chantre avait celle de Saint-Front du Bruc, de Saint-Crépin de Brantôme et de Saint-Front d'Alemps. — Douze bénéficiers ou chapelains aidaient les chanoines dans la célébration des offices.

La déchéance de l'église Saint-Étienne de la Cité ne doit pas nous faire oublier son antique gloire. — Cette église avait brillé d'un vif éclat. — Le pape Sixte IV, dans sa bulle Ex injuncto, l'appelle *insigne* parmi les autres cathédrales de France : INTER ALIAS REGNI FRANCLE CATHEDRALES ECCLESIAS INSIGNIS REPUTETUR. — En 1365, au mois de novembre, il s'y tint un concile provincial convoqué par ordre d'Urbain V et présidé par Hélie, archevêque de Bordeaux, dans lequel on fit un décret sur les études ecclésiastiques, et où l'on s'occupa principalement des abus commis par les princes et les seigneurs dans la perception des revenus ecclésiastiques.

Le Chapitre cathédral de Saint-Étienne a eu aussi ses illustrations. — Au seizième siècle, le théologal *Talpin* était à la tête du collège de la ville. — Belleforêt l'appelle « *docte et vertueux principal d'une maison où les écoliers de tous les pays affluent* » (1). Talpin fit un ouvrage contre les calvinistes.

Au même temps, *François Arnauld de Laborie* écrivait des notes sur les *Antiquités du Périgord*. Il devint grand archidiacre de St-André de Bordeaux et chancelier de l'Université de cette ville. Ses vastes connaissances en droit canon le firent élire plusieurs fois député du clergé de Sarlat, de Périgueux et de Poitiers aux États-Généraux. — Il mourut à Périgueux en 1607. Plus tard, un autre chanoine, *Jean-Baptiste Richard*, archidiacre et théologal, écrivit contre les protestants (1620), qu'il appelait des *transformateurs diaboliques* et non des *réformateurs apostoliques*.

Après avoir transféré sa cathédrale à Saint-Front, Mgr Le Boux poursuivit la réforme de son diocèse. Une de ses principales préoccupations fut son séminaire, dont il confia la direction aux *missionnaires*

1. *Cosmographie universelle*.

diocésains (24 septembre 1672,) qui s'y maintinrent jusqu'à la Révolution et y produisirent d'heureux fruits. On sait que Mgr Belsunce, évêque de Marseille, fut un de leurs élèves. Ils firent paraître plusieurs ouvrages à l'usage du clergé, entr'autres la *Théologie dogmatique et morale de Périgueux* (6 volumes), qui a souvent été citée par S. Liguori.

Mgr Le Boux fonda pour les prêtres les conférences ecclésiastiques, les retraites spirituelles, et pour les fidèles l'œuvre si fructueuse des *Missions*. Il fit donner à Périgueux en 1687, pendant plus d'un mois, une magnifique et très consolante mission par dix-huit Capucins, sous la conduite de leur supérieur le P. Honoré. Le 22 février 1669, il inaugura solennellement le grand hôpital, qui, sous le nom de *la Manufacture*, fut fondé à Périgueux par Messire Christophe Raymond de Saint-Paul de Salegourde, charitable ecclésiastique retiré dans l'abbaye de Chancelade. — Deux ans plus tard, l'éloquent prélat prononçait, dans l'église des religieux Minimes de Plaignac, l'oraison funèbre de très haute et très puissante dame Françoise de Nompar de Caumont, comtesse de Gurson, et à laquelle assistait, avec l'élite des maisons de Foix et de Lauzun, Mademoiselle Henriette de Candale, dame de Montpont, tante de Mgr Belsunce. — Trois ans après, Mgr Le Boux, assisté de Charlotte de Gramont, abbesse de Sainte-Ausonne, et de Suzanne de Sainte-Aulaire, abbesse de Ligueux, bénissait Françoise de Foix, sœur de Henriette, comme abbesse de Sainte-Marie de Saintes.

Le 1er juillet 1682, notre évêque bénissait la chapelle du couvent de la Visitation, bâtie au milieu des ruines de l'amphithéâtre, et la dédiait à saint François de Sales. — Commencée au mois d'avril 1668, grâce aux pieuses libéralités de M. Desvaulx, prêtre sacriste de Saint-Nicolas-des-Champs, cette chapelle ne fut terminée que quatre ans après. — Le principal autel de cette chapelle a été déposé au musée. — Forcées de quitter ce couvent à la Révolution de 1793, les Visitandines, après les mauvais jours, vinrent s'établir au Touin qu'elles occupèrent jusqu'à l'époque de leur translation dans leur couvent actuel (1837).

Notre intrépide prélat établit encore à Périgueux, dans une maison située dans la rue des Farges, et qui a conservé leur nom, *les Dames de la Foi*. — Cette institution n'avait pas seulement pour but la conversion des protestants et l'éducation des jeunes filles riches, mais elle devait encore ouvrir des écoles pour les enfants du peuple, recueillir les orphelins, les instruire, les former à la piété, leur apprendre un état, les garder ou les placer convenablement dans le monde, « *et cela gratuitement et sans aucun salaire* (1). »

Pendant les années de disette, Mgr Le Boux ouvrit son palais aux indigents, les abrita et les nourrit. — Voulant enfin prévenir, autant qu'il le pouvait, les suites désastreuses de la famine qui, jusque vers la fin du dix-huitième siècle, ravagea pour ainsi dire périodiquement notre province, il y importa du pays de Bigorre le maïs, ce blé du pauvre, et fut le premier à le cultiver en Périgord. De là le nom de *Bigorroï*, donné encore aujourd'hui au maïs dans certaines parties de la Dordogne (2).

Enfin, après vingt ans d'un épiscopat aussi fécond en mérites et en œuvres, pour ce digne prélat, qu'il fut précieux et glorieux pour le diocèse, Mgr Guillaume Le Boux mourut le 6 août 1693 et fut enseveli dans le chœur de Saint-Front.

Entre tous les grands hommes ses contemporains, du dix-septième siècle, nous ne pouvons taire le nom de notre illustre Fénelon, à la mémoire duquel Périgueux a élevé une statue sur les promenades du cours de Tourny. François Salignac de Lamothe-Fénelon naquit au château de Fénelon, commune de Sainte-Mondane, le 6 août 1651. — Il passa ses premières années auprès de son oncle, évêque de Sarlat. Il fut un des meilleurs écrivains du grand siècle de Louis XIV et un des plus vertueux prélats de France. Il mourut archevêque de Cambrai le 7 janvier 1715, et fut enseveli dans son église cathédrale, où l'on voit encore son tombeau.

A cette même époque vivait *Joseph Lagrange-Chancel*. Né à Périgueux

---

1. Lettres patentes de Louis XIV. — *Règle et constitution des Dames de la Foi.*

2. Dans la *mercuriale* des grains que possède la bibliothèque de Périgueux, le maïs n'y est coté, pour la première fois, qu'en 1684 ; il valait alors 21 sous le boisseau.

le 1er janvier 1676, il manifesta de bonne heure ses prédispositions pour la poésie. Devenu page de la princesse de Conti, il fit la connaissance de Racine, dont il reçut les conseils et les encouragements. Il composa plusieurs tragédies qui eurent quelques succès et firent sa réputation de poète. — Son esprit satirique lui attira bien des désagréments. — Ses *Philippiques* le firent exiler, et il ne rentra en France qu'à la mort du duc d'Orléans. Il fut moins lyrique que tragique. — Il mourut le 27 décembre 1758 à Antoniat, maison de campagne près de Périgueux, où il s'était retiré pendant sa vieillesse. — On sait que l'Hôtel-de-Ville actuel de Périgueux était une maison particulière appartenant à la famille Lagrange-Chancel, de qui la ville en fit l'acquisition en 1831.

✠ Daniel de Francheville (1693-1702),

qui succéda à Mgr Guillaume Le Boux, était originaire de Nantes. Il fut d'abord avocat royal à la cour suprême de Rennes. — Nommé évêque de Périgueux, il prit possession de son siège le 30 mai 1694. — Ce prélat se fit remarquer par sa piété, et surtout par sa libéralité envers les pauvres, si bien qu'il était appelé le *Père des pauvres*. Il donna à la ville de Périgueux une partie de la place publique qui porte son nom. Il mourut le 26 mai 1702, et voulut être enterré sans pompe dans la chapelle des religieuses de la Visitation aux Arènes avec cette simple épitaphe : « *Ici repose, en attendant la résurrection, Daniel, évêque de Périgueux.* » Il eut pour successeur

✠ Pierre IX Clément (1703-1719),

qui était né à Besançon. Il était vicaire-général de Rouen lorsqu'il fut nommé à l'évêché de Périgueux, le jour de la Pentecôte 1702. — Sacré le 29 octobre de la même année, il ne prit possession de son siège que le 23 février de l'année suivante. — Il établit le petit séminaire ou *Petite Mission*, qu'il confia aux missionnaires diocésains en 1714 (1). Cette

---

1. Calendrier du Périgord de 1789.

maison rapprochée de l'évêché a donné son nom à la rue qu'on appelle encore *rue de la Petite-Mission*. Situé sur l'emplacement de l'ancienne école des Frères de la Doctrine chrétienne, ce séminaire était comme une dépendance de l'évêché auquel il était relié par deux ponts, — l'un conduisant à la chapelle, établie dans l'ancienne salle du musée de la ville, — l'autre au palais épiscopal par une ouverture pratiquée au-dessus d'une vieille boutique de chapelier. — Ces ponts furent abattus en 1793. — Ce prélat, après une maladie de plusieurs mois, mourut le 8 janvier 1719 et eut pour successeur

✠ Michel Pierre d'Argouges (1721-1731).

Il fut sacré le 3 août 1721 dans l'église des Minimes à Paris. — Il obtint du Saint-Siège, pour son clergé, la permission de faire l'office de saint Vincent de Paul, qui n'était encore que béatifié. — Ce prélat mourut à l'âge de cinquante-six ans et fut remplacé par

✠ Jean VIII Chrétien - Macheco de Prémeaux (1732-1771).

Il était du diocèse de Dijon et fut sacré le 25 mai 1732. — Ce fut sous son administration qu'on dressa sur la cathédrale de Saint-Front la charpente en forme de croix grecque, et recouverte d'ardoises, pour mettre à l'abri les coupoles assez délabrées.

Il présida les grandes fêtes de la canonisation de sainte Jeanne de Chantal dans la chapelle de la Visitation de Périgueux. — Il occupa le siège de Périgueux pendant une quarantaine d'années, et à une époque où malheureusement la loi de la résidence était peu observée par certains prélats de Cour, notre évêque se fit surtout remarquer par son zèle et par son assiduité dans son diocèse. Pendant tout son épiscopat, il ne fit que trois absences, chacune de courte durée, « *et elles furent toutes déterminées par les intérêts de la Religion* (1). » — Il mourut en 1771. —

1. Mandement des vicaires capitulaires.

On retrouva ses restes, en 1854, dans la cathédrale de St-Front, sous un pilier de la coupole du Sud.

✠ Gabriel III Louis de Rougé (1771-1773),

qui lui succéda, ne fit que passer. Il laissa des statuts diocésains qu'il fit réimprimer. — Enfin le dernier de nos évêques au dix-huitième siècle, et qui vit éclater la Révolution, fut

✠ Emmanuel-Louis-Grossole de Flammarens (1773-1801).

Né dans le diocèse d'Angers, il fut sacré évêque de Quimper le 18 janvier 1772, et tranféré à Périgueux l'année suivante. Il vit éclater la Révolution de 1789, et, pour n'avoir pas voulu signer la Constitution civile du clergé, il fut obligé de quitter son siège et de s'expatrier. Il se retira à Londres, où il mena une existence bien proche de l'indigence. Nous aurons occasion de parler de lui lors de la tenue des États du Périgord. — Avant de nous engager plus avant dans le récit des événements qui se préparent, nous devons mentionner ici plusieurs personnages illustres qui, à la fin du dix-huitième siècle, apparurent pour la gloire et l'avantage de notre cité.

François Du Cheyron du Pavillon naquit à Périgueux le 29 septembre 1730. Son aptitude pour l'étude des sciences mathématiques détermina son père à le faire entrer dans la marine, où il fut admis au concours. — Ses débuts furent des traits héroïques. — Pendant la paix, il fut chargé de surveiller l'instruction des jeunes marins. — Major-général dans l'armée commandée par d'Orvilliers, il s'occupa de travaux sur la tactique navale, et le livre qu'il publia suffirait à lui seul pour établir sa réputation. Les améliorations qu'il introduisit dans les signaux de nuit et de jour lui ont acquis des droits incontestables à la célébrité. C'était une révolution tout entière qu'il opérait dans cette branche essentielle de l'art naval. Du Pavillon commanda plusieurs vaisseaux avec gloire pendant la guerre de 1778. Il mourut glorieusement le

12 avril 1782, commandant le vaisseau *Le Triomphant*, sous les ordres du marquis de Vaudreuil.

A cette même époque vivaient deux de nos principaux chroniqueurs, dont les travaux sérieux et importants sont demeurés comme un trésor inestimable pour l'histoire de notre pays. — Je veux parler de l'abbé Lespine et de Wulgrin de Taillefer.

Pierre Lespine, né le 17 septembre 1757, dans la commune de Vallereuil, fut successivement vicaire de Montpeyroux, d'Issac et de Montagnac-Lacrempse, et devint chanoine de la cathédrale en 1786. — Au moment de la Révolution de 1793, il quitta la France et se fixa en Allemagne. — Il ne rentra dans sa patrie qu'en 1801. Il fut employé aux archives du département de la Dordogne jusqu'en 1805, époque où il partit pour Paris. Il devint garde-manuscrit de la bibliothèque impériale sous la direction de M. Dacier, et plus tard directeur de l'École des Chartes. Pierre Lespine est l'auteur de presque toutes les généalogies Périgourdines imprimées depuis environ un demi-siècle. — Il mourut à Paris le 11 mars 1841, après avoir légué ses nombreux manuscrits à la bibliothèque royale.

Un de ses dignes émules fut le comte *Wulgrin de Taillefer*, né à Villamblard en 1758. — Il s'adonna d'abord à la carrière des armes, et révéla bientôt une forte inclination pour l'étude des antiquités. — Il avait formé une précieuse collection de médailles et de tableaux lorsque la Révolution éclata. Forcé de s'expatrier, il perdit tout le fruit de ses recherches ; à son retour, il se remit à son œuvre. — Il publia en 1804 un ouvrage intitulé : *L'architecture soumise au principe de la nature et des arts ;* — et, en 1824, il fit paraître ses *Antiquités de Vésone*, ouvrage plein d'érudition et de science archéologique. — Il mourut en 1833. — Il était maréchal de camp et chevalier de Saint-Louis.

C'est à Marguerite de Bertin, demoiselle de Bellisle, sœur du Contrôleur général des Finances, que l'on doit l'introduction de la pomme de terre en Périgord, même avant que Parmentier en eut vulgarisé la culture. — Elle en recommandait la plantation le 5 avril 1771, dans une lettre qu'elle écrivait à M. Gravier, régisseur des domaines qu'elle possédait aux environs de Périgueux.

Bien auparavant, Bertin écrivait lui-même (15 avril 1753) au juge de sa seigneurie, M. de Meyjounissas à Bourdeilles, pour proposer aux habitants de l'endroit l'introduction de la culture et de l'éducation *des vers à soie*, se chargeant lui-même des premiers frais.

Enfin signalons ici M. de Tourny, intendant de la Guyenne, qui fut l'instigateur de la magnifique plantation faite en 1743 sur une partie de l'ancien enclos des Augustins, et qu'on appelle aujourd'hui *Allées de Tourny*.

Sur le point d'aborder ce grand événement qu'on appelle la Révolution, et qui est devenu le point de démarcation d'un monde nouveau en faisant table rase de ce qu'on désignait sous le nom d'*Ancien Régime*, nous devons jeter un coup d'œil général et rétrospectif sur l'état politique de notre province et la constitution seigneuriale de notre ville. Cela nous aidera, du reste, à mieux comprendre la portée des événements qui vont se dérouler à nos yeux.

Nous savons déjà que, lorsque le comté de Périgord fut confisqué sur Hélie Talleyrand, il fut adjugé par le roi à titre d'apanage à son frère Louis de Valois (1399). Celui-ci le transmit à son fils Jean de Valois (1407), qui, remis en otage aux Anglais (1413), se vit obligé de vendre ce comté, au prix de seize mille écus, à Jean de Bretagne, seigneur de l'Aigle et vicomte de Limoges. — Cette vente, un moment contestée par le roi de France, devint plus tard irrévocable. — Guillaume de l'Aigle, son fils, en hérita en 1443, et comme il mourut sans enfants, il laissa le comté de Périgord à sa sœur Françoise de Bretagne, qui, en 1460, épousa Alain, sire d'Albret, d'où naquit Jean d'Albret. — Ce dernier fut marié à Catherine de Foix, reine de Navarre, et eut pour fils Henri d'Albret, qui fut ainsi par son père comte de Périgord et par sa mère roi de Navarre (1507). Sa fille Jeanne de Navarre, mariée à Antoine de Bourbon (1553), donna naissance à Henri de Navarre, plus tard Henri IV, roi de France. — C'est ainsi que le comté de Périgord finit par être incorporé à la couronne de France.

Toutefois en incorporant ainsi à la couronne le comté de Périgord, le roi Henri IV, par lettres patentes en date du 28 juin 1594, reconnait expressément que tous ses prédécesseurs ont reçu les habitants de Périgueux « *à homaige tout ainsi que les autres nobles de France, et les ont dé-* » *clarés unis et incorporez à perpétuité à ladite couronne sans qu'ils en* » *puissent être séparez pour apanaige, ne autre occasion que ce soit. Comme* » *aussi leur ont donné pouvoir d'acquérir, garder, et retenir fiefs, et ar-* » *rière-fiefs de notre couronne, et autres seigneurs, franc-alleux* (1), *sans* » *en payer aucune finance, les ont exemptés de ne payer aucune taille, im-* » *position, ni autres subsides, pour quelque occasion que ce soit ; leur ont* » *pareillement permis de tenir le sceau à seelle contratz, sentences, condam-* » *nations, commissions, etc... par les présentes, le roi continue et confirme tous* » *et chascuns les susdits privilèges, franchises, libertés, droits, usances,* » *exemptions de tailles...... pour en jouir, et par eulx et leurs successeurs,* » *dores en avant, et à toujours, en la forme et manière qu'ils en ont, ci-* » *devant, bien et duement jouy et usé, joyssent et usent encore de présent.* »

Même reconnaissance et ratification fut faite le 22 juin 1654 par le roi Louis XIII, à l'occasion du traité qui eut lieu entre le duc de Candale et les citoyens de Périgueux, après la reprise de leur ville sur Chanlost dans les guerres de la Fronde.

Enfin, dans un temps où l'autorité royale jouit en France du respect et de l'obéissance uniforme de toutes les provinces, et au moment de la plus grande puissance de Louis XIV, les droits et privilèges de la ville de Périgueux sont respectés par les officiers du roi, à la tête de leurs troupes. Au mois de décembre 1685, Monsieur d'Hautefort, gouverneur de Guyenne, arrive en notre ville, se présente aux maire et consuls, leur représente qu'il est à la tête de cent arquebusiers qu'il est chargé de conduire à leur destination, mais qu'il les a laissés hors de la banlieue, « *jus-* » *qu'à ce qu'il leur plût lui permettre de les faire passer par leur ville,* » *pour leur éviter un long circuit,...* — « ce qu'on lui permit aisément,

---

1. Fonds de terre exempt de droits seigneuriaux.

» porte le registre, *parce que ledit sieur s'était montré affectionné au bien*
» *de cette communauté* (1). »

Rien d'étonnant ensuite si nous voyons le roi Louis XV, par lettres patentes du mois de mai 1718, reconnaître, renouveler et confirmer, presque dans la même teneur, toutes les prérogatives, privilèges, libertés, franchises et dignités des habitants de Périgueux, tels qu'auparavant les avaient reconnus, confirmés et continués les rois ses prédécesseurs.

Un arrêt du Conseil d'État de 1774 contient les mêmes revendications des habitants de Périgueux, conservées et confirmées en 1775 par le roi Louis XVI.

Mais ce qui nous fera mieux comprendre l'importance et l'étendue des droits et privilèges de la ville de Périgueux, c'est l'aveu et dénombrement fourni par les citoyens de cette ville, par devant le commissaire royal, d'après l'hommage rendu en 1667. — Nous nous faisons un devoir de reproduire ici, dans toute son étendue et sa conception authentiuque, ce document, qui, en nous donnant une idée précise de la seigneurie et des privilèges de Périgueux depuis Louis VIII (1204) et Philippe-Auguste (1223), sera pour ceux qui viendront après nous le titre inventaire et nobiliaire de notre cité.— Nous y verrons ce que nous avions et ce que nous avons perdu. On pourra aisément faire la différence.

Années 1679 et 1681.

C'EST l'aveu et dénombrement que mettent et baillent, par devant vous, Monseigneur de Javel, chevalier, conseiller du roi, président trésorier de France, en la Généralité de Bourdeaux, commissaire député pour la réception des hommages, adveus et dénombremens deus à Sa Majesté.

Les maire et consuls, seigneurs, comtes de la ville, Cité et banlieue de Périgueux, en qualités de bons sujets et vassaux de Sa Majesté, pour les choses qu'ils tiennent en fief de sadite Majesté ou pour les arrière-fiefs qui dépendent de la dite communauté, pour raison de quoi ils ont ci-devant rendu l'hommage, qu'ils sont tenus entre les mains d'Antoine de Nort, conseiller du roy, avocat-général, au bureau des finances de Guienne, commissaire à ce député, suivant l'acte de prestation d'hommage du douzième novembre mil six cent soixante-sept.

Et pour particulariser en détail ce qui en dépend, lesdits sieurs maire et consuls vous

---
1. Registre de l'Hôtel-de-Ville, XCII.

remontrent que de tout tems et ancienneté, ils sont vassaux, hommagers et pheudataires du roy notre sire, tant pour eux que pour les aultres bourgeois, habitans de la dite ville, cité, fauxbourgs, banlieue et jurisdiction d'icelle, et qu'en conséquence de ce, les dits habitans prestent le serment de fidélité auxdits seigneurs, maire, consuls et sindic, à toute nouvelle création d'iceux.

Pour le surplus, lesdits seigneurs, maire, consuls et sindic rendent hommage au roy, pour le droit de justice, haute, moyenne et basse, mere mixte, impaire, civile, criminelle et politique de la dite ville, cité, fauxbourgs et banlieue, jurisdiction de Périgueux, *consistant en Paroisses*, Saint-Front, Saint-Sillain, Saint Estienne de la Cité, Coulounieyx, Saint-Pierre ez-Liens, Boulazac, Saint-George, Trellissac, Champ-Sevinel, Saint-Martin et Enclaves appellées de Coursac, la Jarte et Asturs, *le tout estant domanial et patrimonial à la dite ville et communauté*, joignant et tenant ensemble, confrontant du coté d'Orient à la paroisse de J....., et pour les repaires, tenus en arrière-fiefs des dits maire et consuls sont :

PREMIÈREMENT LES MAISONS *appelées de Bourdeille, de Limeuil et de Barrière*, situées dans l'enceinte de la Cité ; ladite maison de Bourdeille confrontant du coté d'Orient, etc.

PLUS LE REPAIRE NOBLE DE LA ROLPHIE, située dans ladite paroisse St-Etienne de la Cité, tenu et possédé par Claude d'Allogny, chevallier seigneur du Puy-St-Astier ; consistant en maisons, fuye (1), offices, escuries, terres, prés, bois, etc.

PLUS LE REPAIRE NOBLE DE BEAUFORT, étant tenu et possédé par le dit sieur de Beaufort, composé des métairies, et situé dans la paroisse de Coulounieyx, banlieue et jurisdiction de la présente ville de Périgueux, consistant en maison, tours, créneaux, guerrites, mache-coulis, basse-cour, offices, jardins, garenne, bois, terres labourables, etc.

PLUS LE REPAIRE DE MONTGAILLARD, situé dans ladite paroisse de Coulounieyx, consistant en maisons, tours, girouettes, offices, cours et autres bâtiments, etc.

PLUS LE REPAIRE NOBLE DE LA RAMPEINSOLLE, situé dans ladite paroisse de Coulounieyx avec ses appendances et dépendances, consistant en maison, girouettes, offices, basse-cour, granges, jardins, préclotures, terres, bois, etc.

PLUS LE REPAIRE NOBLE DE LA GAUDERIE, estant scis et situé dans lesdites paroisses de Saint-Pierre-ez-Liens et Sanillac, consistant ledit Repaire en maison forte, fossés, tours, girouettes, créneaux, mache-coulis, guérittes, cours, offices, granges, maison basse, fuye, garenne, clapiers, terres, prés, bois, etc., et est ledit Repaire tenu et possédé par Hélie de Meredieu, écuyer, seigneur dudit lieu de la Gauderie, président présidial au siège de la présente ville, etc.

PLUS LE REPAIRE DE POUZELANDE, tenu et possédé par M. de Froidefond, conseiller du roy, magistrat au présent siège, ledit repaire étant scis et situé dans la paroisse de Saint-Pierre-ez-Liens, confronte, etc.

---

1. Petit colombier.

PLUS LE MONASTÈRE DESDITES RELIGIEUSES DE LA VISITATION, consiste en maison, batimens, chapelle et enclos, confronte, etc.

PLUS LE REPAIRE DE PRONSAUD, tenu et possédé par Jean de Chillaud écuyer, sieur de Fondlosse, étant ledit repaire scis et situé dans ladite paroisse de Saint-Pierre ez-Liens, consistant en maison, basse cour, offices, jardin, terres labourables, vignes, bois, Champfrois, appendances et dépendances, confronte, etc.

PLUS L'ENCLOS DES PRESTRES DE LA MISSION, situé dans la paroisse de la Cité, consiste en maison, bâtimens, offices, basse-cours, chapelle et jardins, confronte du côté de l'Orient, etc.

PLUS LE REPAIRE DADIAN, scis et situé dans ladite paroisse de Saint-Pierrre-ez-Liens, à présent possédé par les Dames religieuses de Saint-Benoit, lez la présente ville, confronte, etc.

PLUS LE REPAIRE DE CHEVRIER, appartenant à M. Minard, conseiller du roy, magistrat au siège présidial de la présente ville, estant ledit repaire scis et situé dans ladite paroisse de Coulounieyx, consistant en maison, granges, écuries, fuye, terres, prés, bois et vignes, le tout joignant ensemble, confrontant, etc.

PLUS LE REPAIRE NOBLE DU LIEU-DIEU, estant scis et situé dans ladite paroisse de Boulazac, tenu et possédé par ledit seigneur des Lieu-Dieu, consistant ledit Repaire en maison, basse-cour, fossés, granges, étables, fours, jardins, préclôtures, prés, bois, terres, trois moulins, métairies, et le tout joignant et tenant ensemble, etc.

PLUS LE REPAIRE DE BOULAZAC, situé dans ladite paroisse de Boulazac, étant à présent possédé par les héritiers du sieur de la Chaloupie, confrontant, etc.

PLUS LE REPAIRE DE LAFILOLIE LAMOURAT, situé dans ladite paroisse de Boulazac, tenu et possédé par Gabriel Saunier, écuyer, sieur dudit lieu Lamourat, consistant en maison, pavillon, mache-coulis, girouettes, granges, bassecour, offices, et confrontant, etc.

PLUS LE REPAIRE NOBLE DE CAUSSADE, situé dans ladite paroisse de Trellissac, étant à présent possédé par la dame de Caussade, et consistant en maison forte, basse cour, fossés, pont-levis, créneaux, tours, girouettes, fuye, garennes, jardins, offices, granges, écuries et autres bâtiments, terres, vignes, bois, prés et champfrois, et confrontant, etc.

PLUS LE REPAIRE DE LAUTRIE, consistant en maison forte, créneaux, tours, fossés, girouettes, basse-cour, offices, granges, écuries, jardins, fuye, garennes, terres, prés, vignes, bois, et étant tenu et possédé par M. de Laudy, sieur dudit lieu de Lautrie, et se confronte, etc.

PLUS LE REPAIRE NOBLE DE LA MOTTE, situé en ladite paroisse de Trellissac, étant possédé par la demoiselle Veyril, et consistant en maison et masures et anciens bâtimens, prés, terres, vignes, bois, confrontant, etc.

PLUS LE REPAIRE DE BORIE-PORTE, situé en ladite paroisse de Treillissac, étant possédé par Jean Déjean, écuyer, sieur dudit lieu de Borie-Porte, consistant en maison, basse-cour, granges, jardin, terres labourables, bois et vignes, et confrontant, etc.

PLUS LE REPAIRE DE TREILLISSAC, possédé par M. Chaudru, situé dans le bourg et paroisse de Treillissac, consistant en maison, bassecour, guérittes, avec créneaux, girouettes, offices, granges, écuries, jardins, terres, prés, vignes et bois, confrontant, etc.

Et le surplus de ce qui est contenu dans les susdites confrontations et dans toute la ville, fauxbourgs et banlieue, soit maisons, bâtimens, terres, prés, vignes, bois, landes, fleuves, moulins, étangs, fermes, gardoires, fours, pressoirs, mailleries, pêches et autres domaines quelconques dequelle nature qu'ils puissent être, *est possédé en franc-alleux, de tout temps et ancienneté par les propriétaires, ou tenu à censive desdits seigneurs, maire et consuls et autres, et sont lesdits habitans de ladite ville en droit de posséder et tenir leurs biens en franc-alleu, tant dans ladite banlieue que hors d'icelle, ensemble toute sorte de fief et arrière-fief en quelque lieu qu'ils puissent être situés* suivant les privilèges desdits habitans confirmés, par notre roy Louis XIV heureusement régnant, et par ses prédécesseurs roys d'heureuse mémoire.

DE PLUS il appartient à ladite ville et communauté de Périgueux, *le droit de créer notaires et sergens soulz le seel* de ladite ville.

PLUS LE REPAIRE DE BOREIBRU, appartenant à M. de Mèredieu, conseiller du roy au siège présidial de la présente ville, situé dans la paroisse de Champsevinel, consistant en maison, écurie, granges, étables, fours, terres labourables, garenne, bois, prés et vignes, etc.

PLUS LE REPAIRE DE BORIE BOUDIT ALIAS BORIE PETIT, situé en ladite paroisse de Champsevinel, possédé par M. Crémoux, consistant en maison, basse-cour, jardin, fuye, garenne, prés, vignes, terres et bois, confrontant, etc.

PLUS LE REPAIRE DE LA ROUSSIE, situé dans ladite paroisse de Champsevinel, possédé par le sieur de la Rivière de Prémillac, consistant en maison, granges, offices, écuries, basse-cour, terres, vignes, bois, et confronte, etc.

PLUS LE REPAIRE NOBLE DE LA JARTE, situé dans l'enclave de Coursac, possédé par M. de la Chapelle-Deffieux, consistant en maison forte, basse cour, fossés, créneaux, fuye, garennes et clappiers, métairies et village, composant le dit Repaire, sçavoir, les villages de la Jarte, et confronte, etc.

PLUS LE REPAIRE DE BARAT, situé dans l'enclave Dasturs, tenu et possédé par M. Joseph Roche, conseiller du roy, magistrat au présent siège, consistant en maison, tours, basse-cour, communément appellée Duvigier Dasturs, et confrontant le tout du coté de l'Orient à l'église Dasturs.

Déclarent aussi lesdits seigneurs, maire, consuls, syndic, qu'ils tiennent et possèdent les rentes à ladite ville et communauté appartenant, sur les ténemens qui s'en suivent. Premièrement sur la tenance appellée de la *Gabelle*, etc.

PLUS LE DROIT appellé LEYDE (1) sur toute sorte de marchandises et sel qui se débite en la présente ville, et pour raison de ce il est dû :

---

1. Sorte d'octroi seigneurial sur les marchandises.

Ceux qui portent vendre, pendant l'année ou durant les trois foires de Saint-Front, Saint-Mémoire et la mi-carême lances, dards, autrement dits génitaires, piques non ferrées, une pièce une fois l'an et quatre deniers à chaque foire, pourvu que le vendeur en aye jusqu'au nombre de six et au-dessus de six, payera quatre deniers pour pièce, et si elles sont ferrées payeront pour le droit de leyde quatre deniers par jour, etc., etc., etc.

Et généralement tous marchands portant autre espèce de marchandises que celle-ci dessus spécifiées payeront quatre deniers chaque fois.

Pour le Droit de Boucherie et poids de la chair qui se débite en la présente ville, etc. et pour raison de ce est dû pour chaque bœuf la somme de six livres, etc., etc.

Plus le Droit de Minage et pondérage appelé Bladerias, et pour raison d'icelui est dû pour chaque boisseau de bled appartenant à d'autres qu'aux véritables bourgeois et habitans, un poëlon, les quatre poëlons faisant le boisseau, et pour le pondérage un sol par quintal pour les étrangers et pour les habitans, se servant du poids de la Maison de Ville, six deniers pour quintal.

Plus le Droit appellé de boulanger, etc.

Plus le Droit de la coupe du saumon, qui se débite dans ladite ville, etc.

Plus le Droit de Lots, Ventes, accoutumé de percevoir pour ce qui est de l'enclos de ladite ville par commun, en la paroisse de Saint-Front, avec le Chapitre de ladite église de Saint-Front, et le surplus par entier, le tout étant pour le présent tenu par engagement, par le Chapitre de Saint-Front.

Plus le Droit appelé Vinade, pour raison duquel est dû huit pintes de vin pour chaque barrique qui n'appartient pas à l'habitant de la ville ou banlieue.

Plus le Droit appellé paille-foin, etc.

Plus le Droit appellé les marchands étrangers, etc.

C'est ce que les péagers de la présente ville doivent prendre sur les marchandises qui viennent et passent par ladite ville, Cité et jurisdiction d'icelle.

Premièrement de ceux qui mènent draps fins ou gros, etc.

Plus déclarent *lesdits sieurs dénombrans auxdits noms, qu'ils ont pouvoir d'acquérir, garder et retenir* Fiefs et Arrière-Fiefs de la Couronne et autres Seigneurs, Franc-Alleux, *sans en payer aucune finance ;* de plus *ils sont exempts de payer* aucunes tailles, impositions ni autres subsides *pour quelqu'occasions que ce soit, et qu'il leur est permis de tenir* le sceau a sceller contrats, sentences, *condamnations, commissions et autres actes de justice accoutumés de sceller,* etc.

Outre le pouvoir d'acquérir, garder, retenir lesdits Fiefs, Arrière-Fiefs et Franc-Alleux, *auroient été exempts et affranchis du service qu'ils doivent du fait, comparution et contribution* au ban et arrière-ban, *et qui ne peuvent être contraints d'aller plaider ailleurs* que par devant Sénéschal de Périgueux en première instance, *pour quelqu'occasions que ce soit,* sinon en cas de crime, d'hérésie et de lèze-Majesté, etc., etc.

PLUS DÉCLARENT *lesdits sieurs dénombrans qu'ils* ONT POUVOIR ET FACULTÉ D'IMPOSER ET LEVER *sur les habitans de la ville et banlieue de Périgueux les frais et autres charges nécessaires pour subvenir aux affaires de la communauté, lorsque la nécessité et le cas y échoit, ainsi qu'ils ont pratiqué* DE TOUT TEMPS ET ANCIENNETÉ, ET ILS SONT EN ACTUELLE POSSESSION.

PLUS DÉCLARENT *lesdits sieurs dénombrans qu'ils sont exempts de toutes sorte d'impositions, subventions, péages, servitudes et autres redevances imposées et à imposer dans tout le royaume de France et duché d'Aquitaine, suivant le privilège à eux accordé par le roi Charles V, par les lettres patentes données au château de Vincennes l'an 1370, au mois d'août, et quoiqu'ils ne jouissent à présent dudit privilège,* ILS DÉCLARENT LA DÉNOMBRER POUR LA CONSERVATION DE LEURS DROITS.

PLUS LE DROIT DE GEOLE ET GARDE *de tous les prisonniers menés en la présente ville.*

TOUS LES SUSDITS DROITS SONT DOMINIAUX *à ladite Ville et Communauté et lesdits maire, consuls et sindic en ont joui,* ET LEURS PRÉDÉCESSEURS EN ONT JOUI DE TOUT TEMPS ET ANCIENNETÉ, *comme ils font encore à présent,* à la réserve de ceux qui sont tenus par engagement, etc. . . . .
le tout sans préjudice auxdits seigneurs, maire, consuls et sindic de pouvoir augmenter le susdit dénombrement au cas qu'ils reconnoissent dans la suite avoir omis aucuns droits et biens appartenant à ladite communauté, et lequel susdit dénombrement ils affirment, moyennant serment, contenir vérité ; et de la rémission dudit aveu et dénombrement, ils requièrent acte pour leur servir que de raison ; et icelui ont signé à Périgueux le 28 du mois d'août 1679, ainsi signés le Long, maire, — Montozon, consul, — Lavaux, consul, — Raynaud, consul, — et Gros, sindic.

EN L'HOTEL DE VILLE ET MAISON COMMUNE de Périgueux, par devant moi, notaire royal soubz signé, et présens les témoins bas nommés, après midi, a été présent, Monsieur Maitre Odet le Long, conseiller du roi, magistrat présidial en la sénéchaussée et siège présidial, et maire de ladite présente ville, habitant d'icelle, au quartier des Plantiers, paroisse Saint-Front, a dit affirmé, comme ci-devant, conjointement avec Messieurs les consuls et sindic de ladite ville, moyennant serment, le dénombrement ci-dessus et des autres parts écrit, avoir été extrait des mémoires et actes dudit Hôtel de Ville, et ledit extrait avoir été fait fidèlement, laquelle affirmation a été faite aux protestations portées par ledit acte d'affirmation du 28 du mois d'août dernier ; dont et du tout, icelui seigneur maire m'a requis acte, que lui ai concédé, soubz le scel royal, par moi dit notaire, juré d'icelle, ez présences de Jean-Robert Escolier, Fronton Lavergne, clerc habitant de ladite ville, témoins qui ont signé avec ledit seigneur maire et moi, audit Périgueux, le second septembre mil six cent septante-neuf, ainsi signés à l'original.

LELONG, maire ; ROBERT, présent ; LAVERGNE présent, et moi, etc.

Maison du Consulat à Périgueux.

Chapitre XIII. — PÉRIGUEUX ET LA RÉVOLUTION.

(1789 — 1802.)

Grand bailliage de Périgueux. — Son avortement. — Convocation des États-généraux. — Mémoire sur la constitution politique de la Ville et Cité de Périgueux. — Requête des habitants de Périgueux pour la conservation de leurs droits. — Règlement royal pour l'élection des députés aux États-généraux. — Misère publique. — Caractère général des doléances. — Réunions préliminaires et locales des sénéchaussées de Bergerac, de Sarlat et de Périgueux. — Assemblée générale des trois Ordres du Périgord dans la cathédrale Saint-Front de Périgueux. — Nomenclature des membres présents et représentés. — Réunions de chaque Ordre pour la rédaction de son cahier et l'élection de ses députés. — Cahier et députés de la noblesse. — Divisions dans l'assemblée du clergé. — Mgr de Flammarens se retire et proteste. — Caractère général des vœux et doléances du clergé. — Députés du clergé. — Cahier et députés du Tiers-Etat. — Cahier et députés de la Ville de Périgueux. — Assemblée générale et clôture des États du Périgord. — Evêques constitutionnels de Périgueux. — Tribunal révolutionnaire extraordinaire à Périgueux. — Ses victimes. — Année de la Terreur. — Nouvelles divisions administratives du Périgord.

IL n'entre point dans notre dessein d'apprécier et de caractériser ici ce grand événement de notre histoire, qui, produit par un mouvement de revendication sociale, fut assez puissant pour tout changer dans notre nation sous le rapport politique et administratif.

La Révolution ne fut qu'une conséquence ; le principe qui l'inspira ne manquait ni de justice ni de générosité, mais son application première fut malheureusement excessive et désastreuse.— Elle ne fut point un événement isolé et imprévu : depuis longtemps elle était préparée ; elle ne fut que la résultante des excès commis dans les classes dirigeantes de la nation, et comme l'éclat d'un sourd et lointain mécontentement. Elle avait germé dans *l'ordre philosophique* par les émancipations intellectuelles qui s'affichaient effrontément ; dans *l'ordre politique* par l'absolutisme et l'arbitraire qui se glissaient dans l'exercice du pouvoir monarchique ; dans *l'ordre moral* par la licence et les débordements qui avaient envahi tous les degrés du corps social ; dans *l'ordre ecclésiastique* même par le relâchement qui s'y était introduit et qui en avait fait disparaitre cet esprit primitif de discipline et de dévouement d'où avaient surgi les œuvres religieuses. La société était dans un malaise général ; le mécontentement régnait partout : la noblesse était jalouse, la bourgeoisie était frondeuse, et le peuple impatient de secouer le joug.— Rien d'ailleurs n'est capable de nous donner une plus juste idée de l'état de cette société que la préparation et la tenue des États-généraux de 1789, que tout le monde appelait comme une panacée au mal dont se plaignait chaque ordre de la nation.— Mais, hélas ! la tenue des États particuliers des provinces comme celle des États-généraux de la nation, en découvrant les désordres et les plaintes, ne fit qu'accuser l'impuissance du remède devant la gravité du mal.

Le roi, dont le trône chancelait, se discréditait de plus en plus par ses concessions excessives. — La noblesse turbulente et jalouse revendiquait de nouveaux privilèges. — La bourgeoisie voulait supplanter la noblesse, — et le tiers-état ou le peuple, tout imbu des doctrines libérales de ses maîtres, dont il portait difficilement le joug, réclamait impérieusement ce qu'il appelait *les Droits de l'homme*, sans tenir compte des droits plus sacrés de Dieu et de ses représentants. — C'est dans cet état de choses que la Révolution éclata. — Nous ne pouvons et ne devons la suivre que dans notre pays : c'est ce que nous allons faire en rappelant les principaux événements.

Au moment où l'appel à la nation ne pouvait plus être différé, le gouvernement royal, espérant faire taire les réclamations des divers parlements, institua subitement en France, par ordonnance du roi du 8 mai 1788, quarante-sept grands bailliages, dont quatre dans le ressort du parlement de Bordeaux, savoir à Bordeaux, Condom, Dax et Périgueux. Ces bailliages étaient appelés à juger en dernier ressort, non seulement toutes les contestations civiles jusqu'à vingt mille livres, mais encore toutes les affaires criminelles, sauf celles concernant les ecclésiastiques, gentilshommes et autres privilégiés. — Jusque-là, en Périgord, les sièges supérieurs de juridiction avaient été les présidiaux de Périgueux et de Sarlat jugeant, en dernier ressort, jusqu'à 250 livres de principal et dix livres de rente ; et, en premier ressort, jusqu'à 500 livres de principal et vingt livres de rente.

Quelque avantageuse que parût cette nouvelle création pour le présidial de Périgueux, qu'elle semblait transformer en parlement, toutefois, sur les réclamations du parlement de Bordeaux, les membres du présidial de Périgueux se refusèrent d'abord à exécuter et enregistrer l'édit royal de mai 1788, sous prétexte de défaut de formalités légales. — Ce ne fut que plus tard, sur les instances de l'ordre des avocats, que le présidial de Périgueux opéra cet enregistrement. Il tint sa dernière audience le mardi 19 août 1788, et ressuscita glorieusement transformé, trois jours après, le 22 août, sous le titre et la forme de *grand Bailliage de Périgueux*. Mais sa durée fut éphémère. Il ne tint qu'une audience de dernier ressort, sous la présidence de M. Fournier de la Charmie, lieutenant-général, le 2 septembre. — A quelques semaines de là, arrivait à Périgueux un courrier royal portant la déclaration royale du 23 septembre 1788, qui rapportait l'édit de mai et suspendait les juridictions nouvelles. — Cette suspension, qui coïncidait avec l'annonce officielle des États-Généraux pour le 1ᵉʳ mai 1789, provoqua dans la ville de Périgueux un long et bruyant éclat de rire, qui se traduisit par la fameuse *chanson du Bailliage*, où, en patois Périgourdin, l'on passait en revue les plus fortes têtes de l'endroit (1).

Quand, le 8 août 1788, arriva de Paris l'arrêt définitif de la convocation des États-généraux, la ville de Périgueux en accueillit la nouvelle avec transport, espérant bien, en cette occasion, recouvrer toutes les anciennes prérogatives municipales auxquelles elle croyait devoir prétendre. — Elle avait déjà, pour cela, fait composer un mémoire par Dumesnil de Merville, avocat de Paris, à qui les édiles Périgourdins transmirent une grande partie de leurs archives. L'abbé Lespine et l'abbé Prunis (2) collaborèrent puissamment à ce mémoire, qui fut, du reste, soutenu par la haute influence de Henri Bertin, ministre d'État, comte de Bourdeilles et seigneur de Brantôme, et par Charles-Daniel Talleyrand Périgord, baron de Mareuil et père de l'évêque d'Autun.

Ce fut dans ces dispositions que, le 18 décembre 1788, tous les Ordres de la corporation de Périgueux tinrent une imposante assemblée sous la présidence des maire et consuls, où l'on vota la résolution suivante :

« Les citoyens de Périgueux, considérant les preuves de l'antique
» existence des États particuliers du Périgord, résultant de procès-ver-
» baux des assemblées des États et autres monuments ;
» Considérant tout le bien que peut procurer à la province une admi-
» nistration particulière remplie et exercée par des administrateurs choi-
» sis parmi les bons citoyens des trois Ordres de cette province, soit pour
» l'encouragement de l'agriculture et des troupeaux, soit pour l'établis-
» sement de manufactures, soit pour la confection des chemins, la navi-
» gation de la rivière de l'Isle, etc. ;

---
1. Voir à l'appendice cette chanson, que nous avons reproduite avec la traduction,— n° 3.
2. L'abbé Joseph-Marie Prunis, né à Campagnac, en Sarladais, le 16 mai 1742, chanoine régulier de Chancelade et prieur de Saint-Cyprien, auteur d'un ouvrage : *Observations sur les Etats de Périgord*.

» Arrêtent unanimement que Sa Majesté sera très humblement sup-
» pliée de vouloir accorder à la province de Périgord le rétablissement
» de ses anciens États, et permettre aux trois Ordres de cette province
» de s'assembler pour travailler de concert à un plan de formation et de
» composition des assemblées de ces États, pour être mis ensuite sous
» les yeux de Sa Majesté et ordonné, d'après sa justice et sa sagesse,
» ce qu'elle jugera de plus avantageux pour le bien de la province... »

Cette requête délibérée, à laquelle se rallièrent Sarlat et Bergerac, et qui semblait être l'expression de la bourgeoisie Périgourdine, fut adressée au roi au nom du Corps de ville de Périgueux, et au nom du Chapitre cathédral de cette ville. Le roi en fit accuser réception en promettant *de faire connaître ses intentions.*

La grande préoccupation des bourgeois de Périgueux, on le voit, était de sauvegarder et recouvrer autant que possible tous leurs droits et privilèges particuliers. — Alors que le mouvement général s'accentuait pour l'abolition des privilèges et distinctions de la féodalité seigneuriale, Périgueux ne songeait qu'à se maintenir dans ses prérogatives de ville franche et royale. — C'était une opinion si bien arrêtée chez les bourgeois de cette ville, que, une année plus tard, alors que la féodalité avait été abolie dans la nuit du 4 août 1789, le premier jour de septembre qui suivit cette date, nous verrons les maire et consuls de Périgueux prendre encore le titre de *hauts justiciers, comtes, barons, gouverneurs, lieutenants du roi, juges civils, criminels et de police des ville, cité, faubourgs, banlieue, et juridiction de Périgueux*, à l'occasion d'un hommage annuel qu'ils recevaient dans le couvent des Religieuses de la Visitation.

Quoi qu'il en soit, tout d'abord fixés au 1er mai 1789 par l'arrêt du Conseil d'État du 8 août 1788, après plusieurs alternatives, les États-généraux furent définitivement convoqués pour le 4 mai 1789.

Le règlement royal du 24 janvier avait établi la procédure électorale. — Entre autres articles, il divisait d'abord le royaume en autant de circonscriptions qu'il y avait de bailliages ou sénéchaussées principales. — C'est ainsi que Périgueux, siège d'une sénéchaussée principale, constituait une circonscription particulière dans laquelle s'englobaient les sénéchaussées secondaires de Sarlat et de Bergerac.

En principe, pour être électeur et éligible, il suffisait d'être Français, âgé de vingt-cinq ans accomplis, et d'être compris, pour une somme quelconque, au rôle des contributions. — « Sa Majesté, disait le règlement,
» désire que, des extrémités de son royaume et des habitations les moins
» connues, chacun fût assuré de faire parvenir jusqu'à elle ses vœux et
» ses réclamations. »

Dans son application pratique le règlement précisait tout ce qui regardait chacun des trois Ordres.

1º *Pour le clergé*. — Les évêques, les abbés, les curés, tous les ecclésiastiques possédant bénéfice ou commanderie, votent directement pour les députés aux États. — Ils peuvent voter par procuration.

Les Chapitres nomment un électeur par dix chanoines présents ou fraction de dix chanoines. — Les ecclésiastiques attachés au Chapitre nomment un électeur par vingt ou fraction de vingt.

Les corps et communautés rentés, réguliers et séculiers, quel que soit leur sexe, sont représentés chacun par un seul électeur ou fondé de pouvoirs pris dans le clergé. Les autres ecclésiastiques, dispersés dans les villes, se réunissent chez le curé, et, en dehors du curé, qui est électeur direct à raison de son bénéfice, nomment un électeur par vingt ou fraction de vingt.

Tous les autres membres du clergé, qui ne résident pas dans les villes, sont électeurs directs, sans pouvoir, à moins d'être possesseurs de fiefs, se faire représenter par procureur.

2º *Pour la noblesse*. — Les nobles possédant fief jouissent du suffrage direct ; ils peuvent l'exercer par des fondés de pouvoir. — Les nobles non possédant fief, ayant la noblesse acquise et transmissible, sont aussi électeurs directs ; mais ils ne peuvent se faire représenter. Les femmes, les filles, les veuves, les mineurs possédant fief, peuvent voter par procuration.

3º *Pour le Tiers-État.* — A l'exception des villes de Périgueux et de Bergerac, l'élection est à trois degrés.

En règle générale, tous les habitants appartenant au Tiers-État des villes, ainsi que ceux des bourgs, paroisses et communautés de campagne, ayant un rôle individuel d'impositions, s'assemblent devant le juge du lieu ou devant tout autre officier public, pour rédiger des cahiers et nommer des délégués. — Dans les paroisses de campagne, les délégués sont au nombre de deux à raison de deux cents feux et au-dessous, et s'augmentent d'un par cent feux ou fraction de cent feux.

A Périgueux et à Bergerac, l'assemblée primitive de la ville est déjà une œuvre de sélection. — Les corporations d'arts et métiers ont nommé un commissaire par centaine ou fraction de centaine d'individus ; — les corporations d'arts libéraux ont choisi deux commissaires par centaine ou fraction de centaine ; — les habitants qui ne font partie d'aucune corporation ont nommé aussi deux commissaires par centaine ou fraction de centaine. — C'est ainsi que tous les commissaires, choisis et provenant de ces diverses élections, forment à l'Hôtel-de-Ville, sous la présidence des officiers municipaux, l'assemblée du Tiers-État de la ville, chargée de rédiger un cahier de plaintes et doléances de la ville. Cette même assemblée devra nommer les délégués locaux, au nombre de dix pour Périgueux et de huit pour Bergerac.

Les délégués des villes et des campagnes se réunissent en assemblée préliminaire au chef-lieu de la sénéchaussée secondaire, quinze jours avant l'assemblée générale des trois États du Périgord. — Ils réduisent tous les cahiers particuliers en un seul, de telle sorte qu'en Périgord il y ait trois cahiers préliminaires, ceux des sénéchaussées de Périgueux, de Bergerac et de Sarlat. — Dans chacune de ces assemblées préparatoires, les délégués désignent le quart d'entre eux pour former définitivement le corps des électeurs de leur Ordre, convoqués au chef-lieu de la sénéchaussée principale.

Après cette troisième réduction, c'est-à-dire, après la nomination des électeurs définitifs, les États provinciaux du Tiers furent constitués, —

et comme ceux du clergé et de la noblesse l'étaient également, il ne restait plus qu'à nommer les députés. — Ce sera l'objet de la grande assemblée qui va se réunir à Périgueux pour les trois États du Périgord, sous la présidence du grand sénéchal. — Avant d'en connaître la constitution et les diverses opérations, il est bon de jeter un coup d'œil rapide sur les circonstances qui ont immédiatement précédé ces solennelles assises.

Une misère générale en fut le triste préambule. Elle avait été occasionnée, et par les rigueurs exceptionnelles de l'hiver de l'année 1788-1789, et par des ouragans et des tempêtes qui avaient sévi d'une manière désastreuse l'été précédent dans les parties les plus fortunées du Périgord, et particulièrement dans les environs de Bergerac. — Et si maintenant nous voulons pressentir les dispositions des électeurs, nous n'avons qu'à prendre la dominante des divers cahiers qui avaient été analysés, et il ne nous sera pas difficile de saisir un mécontentement universel.

Les doléances se firent généralement sur la pauvreté du sol et sur les charges exorbitantes des agriculteurs, qui, dans la plupart des communes, voyaient passer leurs plus beaux revenus entre les mains des *privilégiés*, et se voyaient eux-mêmes accablés sous le poids de la taille, de la dîme et autres impôts. — On se plaignait non seulement des impositions excessives, mais encore de la manière brutale et tyrannique avec laquelle on les percevait. — On protestait contre l'impôt du sang dont n'étaient pas exempts les roturiers. — Outre l'enrôlement volontaire, il y avait encore l'enrôlement forcé. — Chaque paroisse du Périgord, sauf de rares exceptions, était tenue de fournir un soldat désigné par le sort entre les garçons et les jeunes hommes mariés.

On se plaignait encore sur les rentes excessives exigées, à tort ou à raison, en vertu des droits féodaux des seigneurs, lesquels droits bien souvent étaient exploités par des *engagistes*. — On signala la prétendue justice seigneuriale, qui ne s'exerçait le plus souvent qu'au milieu de circonstances iniques ou peu avouables.

Les doléances s'élevèrent d'une manière universelle sur la *dîme* payée aux bénéficiers ou dignitaires ecclésiastiques, qui, presque toujours vivant à la cour ou dans les villes, y dépensaient follement le prix des sacrifices de leurs contribuables, et laissaient la portion congrue aux pauvres curés chargés du soin des bénéficiers, aussi bien que de l'entretien et réparation des églises, sacristies, presbytères, et autres œuvres du ministère paroissial, n'ayant pour toute ressource qu'un maigre casuel plus capable de les déconsidérer devant leurs ouailles et de mécontenter leurs paroissiens.

Des protestations véhémentes s'élevèrent de toutes parts contre les couvents, alors bien déchus de leur discipline et dignité primitives, et dont le relâchement et la fortune causaient plus le scandale que l'édification des populations. — Il faut dire aussi que le nombre des Religieux avait considérablement diminué dans la plupart de ces établissements. Les Récollets de Périgueux n'étaient plus que quatre dans leur couvent en 1789, — et la splendide abbaye des Bénédictins de Saint-Maur à Brantôme n'abritait plus à cette époque que sept Religieux profès.

L'assemblée préliminaire de la sénéchaussée de Bergerac dura deux jours. Dans sa dernière séance, elle désigna le quart de ses membres, soit *cinquante-deux* commissaires, chargés de porter son cahier à l'assemblée de la province.

La sénéchaussée de Sarlat procéda le 10 mars aux mêmes opérations dans la chapelle des Pénitents Bleus. — La réunion y fut tumultueuse. — Le quart Sarladais s'éleva à *cent vingt-six* délégués.

L'assemblée préparatoire de la sénéchaussée de Périgueux s'ouvrit le 11 mars dans la petite église de Saint-Silain, et se continua dans celle des Jacobins. Elle avait trois cent vingt-cinq cahiers à réduire. — Elle confia cette opération à cinquante-six commissaires, qui y travaillèrent jusqu'au 14 mars : son quart fut de *deux cent deux* commissaires.

Le Tiers-État du Périgord se trouvait ainsi représenté par trois cent quatre-vingts électeurs définitifs.

C'est dans l'église cathédrale de Saint-Front que s'ouvrit à Périgueux, le 16 mars 1789, l'assemblée générale des trois Ordres du Périgord. — Dès le matin, les représentants des trois Ordres attendaient à la porte de l'église le grand sénéchal, M. de Verteillac, qui arriva à huit heures précises, accompagné de M. Fournier de la Charmie, lieutenant général, et de l'avocat du roi, M. de Martin. — Les députés entrèrent à sa suite, « *sans distinction d'Ordre ni de rang.* » — Une messe du Saint-Esprit fut dite dans la chapelle paroissiale. — On chanta le VENI CREATOR. — Puis, l'assemblée passa dans la grande nef, disposée pour cette solennité. — Le grand sénéchal prit place sur un siège élevé. Il avait l'épée au côté et portait un chapeau garni de plumes blanches et retroussé à la Henri IV. — Chaque Ordre se plaça à son rang : le clergé à droite, la noblesse à gauche, le Tiers-État en face du grand sénéchal. L'assemblée comprenait à peu près huit cent soixante assistants.

« Lecture faite par le greffier des règlements relatifs aux opérations
» électorales, M. le président, dit un témoin (1), ouvrit la séance par un dis-
» cours analogue à la circonstance et tendant à la conciliation. Il annonça
» la disposition où étaient les deux premiers Ordres de renoncer à leurs
» privilèges pécuniaires et de concourir à la réforme des abus de toute
» espèce. — M. de Flammarens, évêque de Périgueux, et le prince de
» Chalais (de la maison de Talleyrand Périgord) prirent ensuite la parole
» pour confirmer ce que M. le président avait annoncé au nom de leurs
» Ordres. » Les orateurs du Tiers-État auraient bien voulu, eux aussi, prendre la parole, mais on les ajourna au lendemain. — Le reste de la journée fut employé à l'appel des représentants de chaque Ordre.

On vit d'abord paraître le clergé. — L'évêque de Périgueux comparut en personne ; ensuite M. Vincent de Chaunac, chargé de pouvoirs de Mgr Ponte d'Albaret, évêque de Sarlat ; l'abbé Prunis, prieur de Saint-Cyprien, représentait l'archevêque de Bordeaux, qui possédait un fief en Périgord. Puis vinrent les trois délégués du Chapitre de Périgueux, les deux délégués du Chapitre de Sarlat, et les représentants des Chapitres de Chancelade, Saint-Astier, Montpazier, La Rochebeaucourt,

1. DE VERNEILH-PUYRAZEAU, *Mes souvenirs de 75 ans.*
Périgueux.

Saint-Jean-de-Côle. — Six abbés seulement répondirent à l'appel en personne ou par procureur : les abbés de Chancelade, de Châtres, de Saint-Astier, de Tourtoirac, de Cadouin, de Saint-Amand de Coly. — Celui de Brantôme ne figure pas au procès-verbal. Chaque congrégation rentée avait un mandataire en dehors de son chef, qui était personnellement appelé quand il possédait bénéfice. — Voici la liste de ces communautés dans l'ordre d'appel :

Pour les Hommes, en sus des Chapitres :

Le Monastère de Notre-Dame de Sarlat,
Le Monastère de Brouchaud,
La Collégiale d'Aubeterre,
Les Prébendés de l'église cathédrale de Sarlat,
Les Dominicains de Bergerac,
Lss Carmes de Bergerac,
Les Chapelains d'Hautefort,
La Communauté des Frères Mineurs de Bergerac,
La Communauté des Augustins de Domme,
La Communauté de Cadouin,
Les Bénédictins de Brantôme,
La Communauté de Saint-Benoît de Périgueux,
La Mission de Périgueux ;

Pour les Femmes :

Les Religieuses de Fontaine,
Les Religieuses de Sainte-Claire de Périgueux,
Les Ursulines de Périgueux,
L'Abbaye du Bugue,
L'Abbaye de Ligueux,
Les Dames de Saint-Pardoux-Larivière,
La Communauté de Sainte-Claire de Sarlat,
Les Filles de la Foi à Périgueux,
La Visitation de Périgueux,

Les Dames de la Foi de Sarlat,

L'abbaye de Fongaufier.

Outre les mandataires des chapelains d'Hautefort, il se présenta cinq chapelains isolés. — Parmi les prieurs, vingt-et-un comparurent, treize figurèrent par procuration. — Il y eut neuf archiprêtres présents et neuf représentés. — Enfin cent quatre-vingt-un curés répondirent personnellement à l'appel ; trois cent quarante-trois curés avaient donné leur procuration à leurs confrères. — On constata, en somme, la présence de deux cent quarante ecclésiastiques. — En ajoutant à ce nombre ceux qui avaient voix délibérative par procuration, on arrive à constituer l'Ordre du clergé à l'assemblée électorale, d'environ *six cent vingt membres*.

L'Ordre de la noblesse du Périgord se composait de *cinq cent vingt membres*, dont deux cent quarante comparurent en personne et deux cent quatre-vingts par procuration.

Le maire de Périgueux, alors Migot de Blanzac du Roumanier, qui avait déjà été agréé à raison de son fief particulier, se vit exclu de l'Ordre de la noblesse en tant que représentant de la ville de Périgueux, et ce, par Cosson de la Sudrie, doyen de la noblesse : on ne voulut pas écouter ses réclamations, basées sur ce qui s'était passé aux derniers États du Périgord, en 1651.

Les délégués du Tiers-État furent au nombre de *trois cent quatre-vingts*. Leurs orateurs, Fournier de La Charmie et Lagrèze, lieutenant-assesseur, firent entendre chacun leur discours.

Lorsqu'il fut question de prêter le serment prescrit par le règlement, et qui devait être le même pour les trois Ordres, la noblesse et le clergé ne voulurent point en entendre parler, mais y apportèrent des restrictions par lesquelles ils ne voulaient point admettre les avantages accordés au Tiers par le règlement royal. — Ensuite les trois Ordres se séparèrent pour entrer dans leurs Chambres respectives, où on vota, à l'unanimité, que chaque Ordre procéderait séparément à la rédaction de son cahier et à l'élection de ses députés.

L'Ordre de la noblesse tint ses séances dans l'église du couvent des

Augustins, sous la présidence du grand sénéchal, M. de Verteillac, qui, sans tenir compte des protestations des nobles, s'installa lui-même d'office au fauteuil de la présidence. — Les opérations commencèrent aussitôt: la principale fut la rédaction du cahier des doléances, dont la discussion fut confiée à une Commission de trente-six membres pris, en égale proportion, dans la noblesse des trois sénéchaussées. — La lecture en fut faite le 23 mars dans l'église du collège. Le caractère dominant de ce factum, comme on peut s'en convaincre à la lecture (1), était un sentiment de fierté à l'égard du pouvoir royal, dont la noblesse semblait revendiquer une large part ; — une jalousie accentuée de ses droits et privilèges, dont elle redoutait la diminution ; — et enfin une certaine commisération en faveur du Tiers-État, pour lequel elle formulait des vœux.

Ce cahier lu et approuvé, la noblesse élut pour ses députés aux États-généraux le comte de La Roque de Mons, lieutenant général des armées du roi, et le marquis Foucaud de Lardimalie, capitaine au régiment des chasseurs de Hainaut. — Elle leur adjoignit, « sous le bon plaisir de Sa » Majesté, » un député supplémentaire, qui fut M. de Verteillac, son président. — La noblesse compléta par un acte important cette opération électorale. — Elle désigna huit commissaires chargés de diriger, pour ses députés, *un mandat impératif*, par lequel elle établissait ses restrictions et ses exigences, qui furent, du reste, énergiquement exprimées et soutenues par ses deux députés. — Foucaud de Lardimalie surtout, jeune et impétueux, fut, dans la droite de l'Assemblée Nationale, un des adversaires les plus militants de la Révolution. — Il y fut deux fois durement redressé par Mirabeau lui-même. (Séances du 21 octobre et du 13 novembre 1791).

L'assemblée du clergé fut loin de présenter le même caractère d'harmonie. — La division s'y introduisit dès le commencement d'une manière assez brusque. Le 19 mars, comme la généralité des membres du clergé se disposaient à remettre à une Commission qu'ils venaient d'élire leurs cahiers particuliers pour être fondus dans une rédaction commune,

---

1. Voir à l'appendice n° 4 la teneur des articles de ce cahier de la noblesse.

l'évêque de Périgueux, Mgr Grossole de Flammarens, s'autorisant de sa préséance hiérarchique, s'y opposa formellement, réclamant que la lecture et la discussion de ces cahiers fussent faites publiquement en sa présence. — Comptait-il ainsi influencer l'assemblée et faire prévaloir ses idées personnelles ? Ce fut malheureusement l'impression générale du clergé, qui refusa de se rendre aux exigences du prélat, et déclara par un de ses membres notables, l'abbé Prunis, que l'assemblée entendait jouir des prérogatives conférées par le règlement électoral du roi, et qu'elle maintenait le droit de sa Commission pour la composition et la rédaction du cahier des doléances.

L'évêque, se voyant dès lors impuissant à diriger cette assemblée et à dominer les germes d'une opposition qui ne pouvait que grandir au sein de la Commission, voulut lever la séance. — L'assemblée ne parut point s'émouvoir de cette injonction, et continua à siéger. Vainement elle envoya auprès de l'évêque, qui avait quitté la séance, une délégation pour le faire revenir sur sa détermination ; vainement, sur l'avis du grand sénéchal, elle offrit à l'évêque de Sarlat, ou, par procuration, à son suppléant, Vincent de Chaunac, la présidence de ses travaux. — Après tous ces incidents, elle finit par se donner comme président *Penchenat*, abbé de Chancelade (1).

Celui-ci obtint qu'avant toutes choses une nouvelle sommation, par acte notarié, serait portée à l'évêque de Périgueux pour le ramener au sein de l'assemblée. Cette nouvelle démarche officielle n'eut d'autre résultat que de faire constater, également par main de notaire, la résolution inflexible de M. de Flammarens de ne prendre désormais aucune part aux opérations d'une assemblée qu'il regardait comme *animée d'indépendance et d'insubordination*, et dont les actes ne pouvaient qu'être entachés *de nullité et d'illégalité*. — Cinquante dignitaires ou bénéficiers ecclésiastiques avaient suivi l'évêque dans sa retraite (2). — Deux cents

---

1. Penchenat avait soixante-quatorze ans, et était originaire du Lot. — Son biographe Vidaillet parle « *de la magie des dons physiques de cet enfant du Quercy*, qui alliait à l'austérité d'un anachorète les manières nobles et aisées d'un grand seigneur. »

2. Parmi les partisans de l'évêque se trouvaient l'abbé François Chabans de Richemont, grand

environ formaient l'assemblée du collège. — On nomma aussitôt la Commission pour la rédaction du cahier ; et, comme elle l'avait promis, cette Commission produisit son travail le 22 mars et le fit approuver dans toutes ses parties.

Quoique nous n'ayons pu nous procurer la teneur des divers articles de ce document, nous pouvons cependant en indiquer ici le sens général, par le compte-rendu qu'en firent à leurs commettants, en 1791, les deux députés du clergé. — Quelque regrettable qu'ait été la scission qui se produisit alors au sein du clergé du Périgord, on pourra néanmoins se convaincre que cette division n'eut rien de schismatique ni de révolutionnaire, et qu'elle ne se produisit que sur la question politique.

C'est ainsi qu'à ce point de vue le clergé du Périgord entendait *maintenir dans ses droits l'autorité royale, en réformant ses abus, sans toucher à ses antiques bases*. Et, pour cela, on proposait un certain nombre de sages règlements relatifs à l'ordre public, mais qui n'aboutirent pas.

Au point de vue économique, le clergé envisageait ses biens temporels comme inviolables et indiscutables, sauf, toutefois, à apporter certaines modifications dans la perception de la dîme. — Il demandait la fondation de maisons d'éducation pour les jeunes ecclésiastiques, de maisons de retraite pour ses vieillards et ses infirmes. Il émit le vœu de la réduction des couvents dont la décadence n'était que trop sensible. — Parmi les propositions les plus avancées qui furent formulées, on remarqua celle *de la répartition plus équitable des revenus ecclésiastiques*, aussi bien que le vœu du *rétablissement des synodes diocésains*. — Ces vœux décelaient

---

archidiacre, abbé commendataire de Bonlieu en Limousin ; — l'abbé Henri-François-Athanase de Taillefer ; — M. de Chaunac, prévôt de l'Église de Sarlat ; — tous les abbés, sauf celui de Chancelade ; — tous les chanoines, sauf Prunis et Montardin, Chanceladais ; — Dom Sigean, prieur de l'abbaye de Brantôme, accompagné de ses Bénédictins dom Richard et dom Rousseau, qui se trouvaient là en vertu de procurations ; — Linarès, prieur de Saint-Aubin, supérieur du grand-séminaire, — Vergnat, prieur de Saint-Michel, — Gastaudias, prêtre possédant fief ; — le curé de Saint-Front de Périgueux et son vicaire ; — le curé de la Madeleine de Bergerac ; — le procureur-syndic de la Visitation ; — le supérieur du petit-séminaire ; — le principal du collège ; — le délégué de la Mission de Périgueux ; — quelques autres notabilités ecclésiastiques et une dizaine de curés que la déférence hiérarchique avait attachés à la suite de l'évêque.

une certaine fermentation, que Prunis essaya de caractériser en disant que *le clergé n'était pas indépendant, mais qu'il voulait être libre* (1).

Le 23 mai, jour fixé pour l'élection des députés du clergé de Périgord aux États-généraux, — 398 votants, dont 159 présents et 239 par procuration, sur 620 électeurs inscrits, furent appelés à nommer leurs représentants. — Le bureau de l'assemblée, dont Prunis avait été nommé secrétaire, venait de se constituer, lorsque le notaire Lavergne se présenta aussitôt et notifia à l'assemblée une double protestation écrite au nom de l'évêque et de ses cinquante adhérents, et déclarant *la nullité et l'illégalité de tout ce que l'on pourrait arrêter dans cette soi-disant assemblée comme contenant le vœu du clergé*. — L'assemblée, après avoir pris acte de cette protestation, fit à l'évêque de Périgueux et à ses adhérents, par le ministère du même notaire, une réponse toute empreinte d'une respectueuse fermeté, et procéda immédiatement à l'élection de ses deux députés. — Le premier, élu par deux cent trente suffrages, fut *M. Laporte, curé de Saint-Martial d'Hautefort*, et originaire du Cantal. — Le second fut *M. Delfau*, ancien Jésuite de Sarlat, présentement archiprêtre de Daglan, et qui fut plus tard massacré dans l'église des Carmes, en septembre 1792. — Leur acte le plus notoire à l'Assemblée Nationale fut de signer la déclaration du 13 avril 1790 tendant à faire déclarer religion d'État la religion Catholique, Apostolique et Romaine. Quant à M. de Flammarens, évêque de Périgueux, il renouvela ses protestations par le ministère de Me Lavergne entre les mains du sénéchal, et jeta l'interdit sur l'abbé de Chancelade et toute sa maison.

Comme les deux précédentes, l'assemblée du Tiers-État, réunie dans l'église Saint-Silain, nomma, pour la rédaction de son cahier, une Commission de douze membres, dont six pour la sénéchaussée de Périgueux, quatre pour celle de Sarlat et deux pour celle de Bergerac. Les séances qui se tinrent successivement à la cathédrale de St-Front et en l'église des Jacobins ou de Sainte-Ursule, furent tumultueuses. —

---

1. Avertissement. — Procès-verbal des délibérations du clergé des trois sénéchaussées du Périgord, par ordre de l'assemblée, 1789.

Toutefois on élut *quatre députés* du Tiers pour les États-généraux, car le règlement électoral du roi reconnaissait au Tiers-État le droit de nommer autant de députés que les deux autres Ordres réunis (1).

Le premier élu fut M. *Fournier de la Charmie*, lieutenant-criminel du Périgord ; — le second fut un jurisconsulte éminent, *Jean-Baptiste Loys* ; — le troisième, *Guillaume Gontier de Biran*, lieutenant général et maire de Bergerac ; — le quatrième fut un avocat, *Paulhiac de La Sauvetat*, près Villamblard.

Nous savons combien les citoyens de Périgueux étaient jaloux de leurs prérogatives nobiliaires et municipales. Ils ne manquèrent point de protester, par devant notaire, contre toute atteinte portée par le cahier général des trois sénéchaussées, soit aux prérogatives royales en matière législative, soit aux privilèges des villes ou communautés. — Après avoir fait rédiger par une Commission de six membres son cahier particulier, l'assemblée de la ville de Périgueux nomma pour ses deux députés aux États-généraux deux de ses consuls, l'avocat *Jean-Baptiste Pontard*, conseiller du roi, et l'avocat *Guillaume Gerbeaud de Lafaye*.

La période électorale terminée le 25 mars, les sieurs Dupin, Prunis et Mage, secrétaires des Chambres de la noblesse, du clergé et du Tiers-État, remirent entre les mains du sénéchal les cahiers de doléances de leur Ordre, ainsi que les procès-verbaux de rédaction de ces cahiers et de l'élection des députés. — Le même jour, dans l'après-midi, eut lieu une dernière assemblée générale des trois Ordres dans l'église cathédrale de Saint-Front. Après plusieurs discours plus ou moins pathétiques, les députés de chaque Ordre prêtèrent le serment de s'acquitter fidèlement de leur mandat. — Puis le grand sénéchal leur remit le cahier de leur Ordre respectif, ainsi que les pouvoirs dont les revêtaient leurs commettants. — La période électorale était terminée. — La Révolution allait éclater. — La semence en avait été jetée ; elle ne tarda pas à porter ses fruits.

L'Assemblée Nationale, qui se réunit en 1789 et qui était composée

---

1. Voir à l'appendice le cahier du Tiers-État du Périgord, n° 5.

de députés tous décidés à faire prévaloir les droits de la justice, de l'autorité royale et de la religion, fut la première à fouler aux pieds tous ces principes sacrés par l'abolition des droits dont elle ne voulait réformer que les abus, et par sa guerre ouverte à la royauté et à la religion. Nous ne la suivrons pas dans ses prétentions et évolutions, dont les résultats furent si funestes à notre malheureuse nation. — D'autres diront mieux que nous ne pouvons le faire ici comment cette Assemblée, à travers ses diverses transformations en *Constituante* et en *Convention*, provoqua et entretint, sur toute l'étendue de notre malheureux pays, tant d'excès, de pillages, de meurtres et d'infamies. Quelque intérêt que puisse nous offrir et quelque graves réflexions que puisse provoquer en nous le récit de telles calamités, nous croyons devoir passer rapidement sur ce sujet, d'abord parce qu'il est loin de flatter notre patriotisme, et puis parce que nous avons tout intérêt à couvrir un passé plus digne de la bête fauve que d'un peuple civilisé.

Notre ville de Périgueux, quoiqu'une des moins terrorisées, ne fut pas à l'abri des horreurs révolutionnaires. — Les prêtres et les religieux furent chassés ; les églises et les couvents furent fermés. — Notre cathédrale de Saint-Front, après avoir été souillée par le culte constitutionnel, fut transformée en magasin, et la paroisse attenante à St-Front en *salle décadaire*.

Après le départ de Mgr de Flammarens pour l'exil, Périgueux eut deux évêques constitutionnels. PONTARD, né à Mussidan et curé de Sarlat, se fit sacrer à Bordeaux, le 3 avril 1791. — Il autorisa le mariage des prêtres et se maria lui-même. — Il avait neuf vicaires généraux et trois vicaires directeurs (1). — Il eut pour successeur BOUCHER, né à Périgueux et curé constitutionnel de Saint-Silain ; celui-ci se fit sacrer à Bordeaux le 22 mars 1801 et mourut le 11 septembre de la même année.

Comme instruments de ses fureurs, la Révolution avait établi partout ses fonctionnaires et ses tribunaux. — En vertu du décret du 24 sep-

---

1. *Calendrier de la Dordogne de 1792.*

tembre 1792, la Convention envoya à Périgueux, comme commissaires, les députés *Romme* et *Lakanal*, qui, — il faut le dire à leur avantage,— par leur intelligence et leur modération relative, surent maintenir, même dans les moments les plus critiques, une certaine mesure d'ordre et de sécurité.

Périgueux avait déjà son tribunal criminel établi en vertu des décrets du 20 janvier et du 25 février 1791. — Cette ville devint aussi le siège d'un *Tribunal révolutionnaire extraordinaire*, à l'instar de celui que le décret du 10-12 mars avait institué à Paris pour « *connaître de toute* » *entreprise contrerévolutionnaire, de tous attentats contre la liberté, l'éga-* » *lité, l'unité, l'indivisibilité de la République, la sûreté intérieure et* » *extérieure de l'État, et de tous les complots tendant à rétablir la Royauté,* » *ou à établir toute autre autorité attentatoire à la liberté, à l'égalité et à* » *la souveraineté du peuple, soit que les accusés soient fonctionnaires civils* » *ou militaires, ou simples citoyens* (1). »

Sur les quatre-vingts affaires qui furent portées à cette barre (17 mars 1792 - 2 septembre 1793), il y eut vingt-quatre condamnations à mort, dont dix-sept prêtres dits *réfractaires*, et presque tous les autres poursuivis et condamnés pour avoir exprimé trop manifestement leur réprobation de la République. — Ces malheureux condamnés à mort furent exécutés sur la place de la Clautre, où la guillotine était en permanence. — Nous devons joindre à cette lugubre énumération trente autres nobles victimes qui, originaires de notre pays, furent traînées ignominieusement devant les tribunaux révolutionnaires de Paris, Bordeaux et autres, et envoyées impitoyablement à la mort pour avoir manqué de civisme ou de respect à la Révolution! — Nous y distinguons cinq prêtres, dont le principal crime était d'être réfractaires, et parmi eux, *Jean-Baptiste Dudoignon, dit Verneuil*, condamné et exécuté à Bordeaux, et qui, dans son interrogatoire, déclara hardiment que, « *par la grâce* » *du bon Dieu, il n'avait pas prêté le serment, et que quand même il y*

---

1. Art. I, tit. 1. — *Décret relatif à la formation du Tribunal révolutionnaire extraordinaire.*

» aurait eu autant d'hommes sur la terre que de grains de sable dans
» la mer, on ne serait pas parvenu à lui faire faire un pareil ser-
» ment (1). »

Au point de vue administratif et territorial, la Révolution bouleversa toutes les institutions de notre pays.— Par la loi du 4 mars 1790, la *Constituante* partagea le territoire de la France en départements, qui prirent leurs noms de circonstances qui leur étaient particulières. — Le département de la Dordogne tira son nom de la plus grande rivière qui l'arrose, et fut formé de l'ancienne province du Périgord, d'une partie de l'ancien Agenais, et de deux petites fractions de l'Angoumois et du Limousin. — Il est vrai qu'on détacha de son ancien territoire quelques communes, comme la ville d'Aubeterre, qui appartient aujourd'hui à la Charente. Les départements furent subdivisés en districts, et la Dordogne en avait neuf, savoir : Périgueux, Belvez, Bergerac, Excideuil, Montignac, Montpont, Nontron, Ribérac et Sarlat.

Pendant les dix années qui suivirent la création des départements, chacun d'eux fut administré par un *Directoire* dont les membres étaient élus par les citoyens. Mais, dès 1800, Bonaparte, premier consul par la loi du 17 février, supprima les directoires et plaça à la tête de chaque département un fonctionnaire unique, complètement à sa dévotion, car il le nommait lui-même et pouvait le révoquer à son gré. — Ce fonctionnaire, qui reçut le titre de *Préfet*, fut chargé d'être, dans son département, le représentant du pouvoir central, de faire exécuter les lois et les instructions ministérielles, de pourvoir au maintien de l'ordre public, et de veiller à la gestion de toutes les affaires intéressant les villes, les communes, les hospices, etc., de sa circonscription. En outre, il lui fut adjoint, sous le titre de *Conseil de préfecture*, un Conseil composé de trois à cinq membres, selon l'importance du département, qui fut chargé de prononcer dans les questions de contentieux administratif, mais des décisions duquel on pouvait appeler au *Conseil d'État*. — Enfin, un

---

1. *Le Tribunal criminel et révolutionnaire de la Dordogne sous la Terreur. — Documents authentiques, classés et mis en ordre par les commis-greffiers du Tribunal civil de Périgueux.*

Conseil général fut institué dans chaque département, avec mission de répartir les contributions directes entre les arrondissements, de voter le budget départemental, et de délibérer sur toutes les affaires qui intéressent la chose publique, sans toutefois pouvoir émettre de vœux politiques proprement dits. — Les conseillers généraux, nommés à l'origine par le ministère lui-même, sont aujourd'hui élus par leur canton respectif.

La même loi du 17 février 1800 supprima les districts, et divisa les départements en *arrondissements*, avec des *sous-préfets* pour les administrer ; ceux-ci ont le concours d'un *Conseil d'arrondissement*, dont les membres sont élus par leur canton respectif. Le département de la Dordogne compta les cinq arrondissements de Périgueux, Bergerac, Sarlat, Nontron et Ribérac. — L'arrondissement de Périgueux comprend neuf cantons et cent treize communes.

L'administration municipale, qui jusque-là, à Périgueux, avait tenu le premier rang, occupa dès lors une place toute secondaire ; — il y eut bien toujours un maire, d'abord nommé par le gouvernement et plus tard élu par le Conseil municipal, mais son administration fut toujours subordonnée à l'inspiration gouvernementale. C'est ainsi que le nouveau régime créé en France fit disparaître l'autonomie et l'initiative des communes, et établit un système de centralisation plus propre à servir la politique du gouvernement qu'à favoriser les intérêts des localités et des individus.

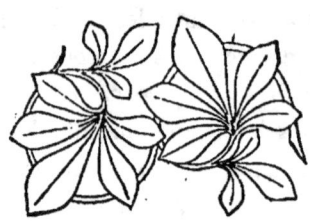

Chapitre XIV. — PÉRIGUEUX AU XIXme SIÈCLE.

(1801 — 1890.)

Préfets de la Dordogne. — Hôtel de la préfecture. — Administration des finances. — Administration de la Justice. — Palais de Justice. — Garnison militaire de Périgueux. — Le général Daumesnil. — Le maréchal Bugeaud. — Les casernes. — La manutention militaire. — L'Instruction publique à Périgueux. — Pierre Magne. — Les Frères des Écoles Chrétiennes à Périgueux. — Les travaux publics. — Ponts et chaussées. — La rivière de l'Ille. — Son cours. — Sa canalisation. — Le port de Périgueux. — Les eaux de Périgueux. — Les routes. — Les chemins de fer. — Le commerce et la population de Périgueux. — Restauration de l'évêché et du Chapitre de Périgueux. — Mgr de Lostanges. — Le grand-séminaire de Périgueux. — Le petit-séminaire de Bergerac. — Mgr Goussez. — Mgr Georges. — Mrg Baudry. — Mgr Dabert. — Le musée de Périgueux.

Ous sommes au dix-neuvième siècle, c'est-à-dire, au lendemain de la Révolution, dont nous allons recueillir tout à la fois les ruines et les institutions. — C'est une ère nouvelle qui s'ouvre devant nous, et qui, il faut bien le reconnaître, n'a rien de commun avec l'ancien régime, au moins sous le rapport de la politique et du rouage

administratif. — Nous avons déjà vu comment, en chaque département, et dans notre Périgord par conséquent, le gouvernement national s'était personnifié dans l'autorité du préfet et dans son administration. — Voilà pourquoi, — c'est une remarque que nous pouvons faire tout d'abord, et dont nous pouvons nous convaincre en parcourant la liste des préfets placée à la fin de cet ouvrage (1), voilà pourquoi les préfets subirent nécessairement toutes les fluctuations et vicissitudes des gouvernements qu'ils représentaient, et se sont succédé à la tête du département comme les ministres à la tête du gouvernement.

Le premier préfet de la Dordogne fut *M. Rivet*, qui administra ce département l'espace de dix ans environ. — Il fut nommé préfet de l'Ain en 1810 et devint préfet du Cher en 1815.

La première résidence des préfets, ou l'Hôtel de la préfecture, était comme nous le savons déjà, l'ancien collège des Jésuites, qui, plus tard confié aux Oratoriens, devint ensuite le siège de l'école Centrale et puis l'Hôtel de la préfecture. — Le département paya à la ville de Périgueux pour cet édifice la somme de quarante-deux mille francs. — Les préfets l'ont occupé jusqu'en 1862 ; on y installa ensuite l'école Normale des filles. C'est dans cet hôtel que, en 1846, furent reçus par M. de Marcillac, préfet de la Dordogne, les princes d'Orléans, lors de leur visite à Périgueux. — La nouvelle et monumentale préfecture construite au fond des allées de Tourny, a coûté 956.893 fr. 24 c. de construction ; le mobilier représente une somme de 154.908 fr. 39 c.

Sous le rapport des finances, les anciennes *Généralités* ou *Intendances*, au nombre de seize sous François Ier (1543) et de trente-trois au moment de la Révolution, se transformèrent dans chaque département en un *Trésorier-payeur général*, résidant au chef-lieu du département, ayant sous sa dépendance autant de *Receveurs* particuliers qu'il y avait de chefs-lieux d'arrondissements dans le département, d'où dépendent ensuite les *Percepteurs*.

Il y a, en outre, dans chaque département, un directeur et des inspec-

1. Voir, à l'appendice, la liste des préfets de la Dordogne. n° 7.

teurs pour les contributions directes ; un directeur et des contrôleurs pour les contributions indirectes, l'administration de l'enregistrement, du timbre, des domaines — cette immense et merveilleuse administration qui englobe et pressure toutes et chacune des ressources de la France, fait rendre au moindre pouce de terrain et aux plus faibles contribuables tous les impôts dont ils sont capables pour alimenter le trésor public et subvenir aux exigences gouvernementales. — Que nous sommes loin de l'ancien régime, pourtant si bafoué avec ses dîmes et ses tailles, — En 1698, l'élection de Périgueux payait pour les tailles 409.009 livres.

L'administration de la justice eut à subir des transformations non moins considérables : en changeant ses qualifications et ses formes, elle dut être répartie d'après un code nouveau. — Avant la Révolution, toute autorité avait la *Haute justice* pour apanage. — C'est ainsi que le comte de Périgord la réclamait comme un droit, et que la ville de Périgueux la revendiquait pour ses maire et consuls sous l'autorité immédiate du roi. — Il y avait, en outre, à Périgueux, à Bergerac et à Sarlat, un *Présidial*, c'est-à-dire, une Cour de justice qui, sous le titre de *Sénéchaussée*, avait reçu du roi le pouvoir de juger en appel toutes les causes déjà jugées par les *Baillis* des justices locales, — lesquelles pour la sénéchaussée de Périgueux, étaient au nombre de cent cinquante.

Au-dessus de tous ces tribunaux, la France était partagée entre treize parlements, dont celui de Bordeaux comprenait Périgueux dans son ressort. — Il y avait, en outre, les quatre Conseils supérieurs de l'Artois, de l'Alsace, du Roussillon et de la Corse.

Cet ordre judiciaire fit place à une nouvelle organisation. Chaque canton fut doté d'un *Juge de paix*; chaque chef-lieu d'arrondissement devint le siège d'un *Tribunal de première instance* pour connaître des délits, — d'un *Tribunal de commerce*, ou Conseil de prud'hommes, pour concilier les différends entre patrons et ouvriers ; — et, dans chaque chef-lieu de département, il y eut une *Cour d'assises*. C'est un tribunal temporaire, qui se tient au commencement de chaque trimestre pour juger les criminels reconnus tels par le jury, ou collection de douze notables élus à chaque session, afin de se prononcer sur la culpabilité des prévenus.— Au-dessus des Tribunaux de première instance et des tribunaux de commerce, il y a vingt-six *Cours d'appel*, qui reçoivent et jugent les appels faits des sentences des deux premiers tribunaux. — Enfin, au-dessus de tous ces tribunaux, il existe un tribunal suprême, la *Cour de cassation*, siégeant à Paris, et auprès duquel on peut se pourvoir contre les arrêts, jugements ou décisions de tous les tribunaux ci-dessus mentionnés. — C'est ainsi donc qu'aujourd'hui, à Périgueux, l'administration de la justice comprend une justice de paix, un tribunal de commerce, un tribunal de première instance ou *correctionnel*, et une Cour d'assises.—Cette ville est du ressort de la Cour d'appel de Bordeaux.

Le palais de justice de Périgueux fut construit de 1829 à 1840.— Le devis total s'en est élevé à la somme de quatre cent mille francs. C'est l'œuvre de M. Catoire, ancien élève de l'école royale d'architecture de Paris.

Au point de vue militaire, les rois de France, au fur et à mesure du développement de la monarchie, avaient organisé le royaume en *gouvernements militaires*, dont le nombre, en 1789, s'élevait à quarante,— trente-deux *grands* et huit *petits*. Dans les grands gouvernements militaires se trouvaient la Guyenne et la Gascogne, embrassant, entr'autres provinces, le *Haut-Périgord* avec Périgueux et le *Bas-Périgord* avec Sarlat.

Pendant que l'anarchie la plus funeste désolait la France entière, la guerre étrangère éclatait sur nos frontières et y attirait la partie la plus virile du pays. — Nous n'avons pas à suivre ici nos armées tant de la République que du Consulat et du Premier Empire sur les champs de bataille. Leurs nombreuses victoires et leurs éclatants exploits firent une heureuse diversion à nos discordes civiles, et ne contribuèrent pas peu à en hâter le terme et à cicatriser les plaies de notre malheureuse patrie. Napoléon, avec son bras de fer et l'auréole de sa gloire militaire, apparut alors comme le seul héros capable d'enchaîner l'hydre de la Révolution, et de rendre à notre France meurtrie, avec une nouvelle vie, l'exercice de sa puissance et de sa liberté.

Entre tous les vaillants soldats qui, si nombreux, s'enrôlèrent à cette époque pour défendre le drapeau de la France, et s'attachèrent fidèlement aux pas de l'empereur, nous devons nommer avec une noble fierté le général Daumesnil.

Irieix Daumesnil naquit à Périgueux le 14 juillet 1776 de parents marchands drapiers, dont la maison, marquée d'une plaque commémorative, est située sur la place des Gras ou de St-Front. Engagé, dès l'âge de quinze ans, comme simple soldat dans le 22e régiment de Chasseurs, il fit les campagnes d'Italie et d'Égypte. Il se distingua particulièrement à Arcole. A Aboukir, il s'empara de l'étendard du Capitan-pacha, et reçut un sabre d'honneur à Saint-Jean d'Acre, où il avait sauvé la vie à Bonaparte. Il se signala dans la guerre d'Espagne, au retour de laquelle il s'arrêta à Périgueux dans sa maison paternelle, où il abrita le trésor de l'empereur, dont il avait la garde.— Il assista aux batailles d'Yéna, d'Eylau, de Friedland et d'Ekmuld. Colonel des Chasseurs de la vieille garde, à l'âge de trente-deux ans, un boulet de canon lui emporta la jambe à Wagram le 6 juillet 1809.— Il avait déjà reçu vingt-deux blessures.— Il fut dès lors arrêté dans sa carrière militaire.— Promu quatre ans plus tard au grade de général de brigade et commandant de la légion d'honneur, il reçut de l'empereur la garde du château de Vincennes, qu'il défendit avec une intrépidité héroïque contre les sommations des alliés en 1814. Il ne le remit que sur l'ordre de Louis XVIII, quand ce prince eut été reconnu roi de France. Au retour de l'île d'Elbe, Napoléon lui ayant rendu le gouvernement de Vincennes, Daumesnil se vit encore sommé par les généraux ennemis ; mais il leur répondit : « *Je vous rendrai Vincennes* » *lorsque vous m'aurez rendu ma jambe.* » Blücher lui écrivit alors pour lui offrir un million s'il lui remettait Vincennes : « *Je ne vous rendrai pas* » *la place que je commande*, répondit Daumesnil, *mais je ne vous rendrai* » *pas non plus votre lettre. A défaut d'autre richesse, elle servira de dot à* » *mes enfants.* » — Mis à la retraite en 1815, Daumesnil fut, en 1830, nommé pour la troisième fois gouverneur de Vincennes, et reçut peu après le titre de lieutenant-général. Les anciens ministres de Charles X ayant été renfermés dans cette place, la populace de Paris s'y porta en foule pour demander qu'on les lui livrât. Non seulement Daumesnil refusa, mais encore par sa fermeté il imposa tellement aux émeutiers qu'ils se retirèrent en criant : « *Vive la jambe de bois !* » L'année suivante (17 août 1832), le brave soldat mourait d'une attaque de choléra. — La ville de Périgueux lui a érigé une statue sur une de ses places.

Un des contemporains de Daumesnil, et que notre ville revendique comme un de ses enfants adoptifs, est le maréchal Bugeaud, dont la statue magistrale se dresse sur la place de ce nom.

Thomas-Robert Bugeaud de la Piconnerie naquit à Limoges, le 15 octobre 1784, d'une famille noble, dit-on, du Périgord, bien qu'il ait écrit lui-même que son grand-père était un simple forgeron. — Quoi qu'il en soit, il s'enrôla en 1804 dans les grenadiers de la garde impériale, et fit ses premières armes dans la campagne de 1805 contre l'Autriche et la Russie. — Il gagna les galons de caporal à la bataille d'Austerlitz, et arriva presque aussitôt au grade de sous-lieutenant. Il conquit celui de lieutenant l'année suivante dans la campagne de Prusse et de Pologne, où il fut assez gravement blessé à Pultusk (26 décembre 1806). — Envoyé en Espagne en qualité de chef de bataillon, il se distingua aux sièges de Lérida, de Tortose et de Tarragone, ainsi que dans plusieurs rencontres, notamment à Yécla (Murcie), où, à la tête de deux cents hommes, il culbuta et fit prisonniers sept cents Espagnols, et à Ordal, dans la Catalogne, où il surprit et détruisit un régiment anglais; — aussi rentra-t-il en France avec le grade de colonel. — La Restauration ayant repoussé ses services, il se rallia à l'empereur lors des Cent-Jours, et se signala encore dans l'affaire de l'Hôpital-sous-Conflans en Savoie, où, avec dix-sept cents hommes et quarante chevaux seulement, il culbuta une division autrichienne de six mille hommes, soutenue par cinq cents chevaux et six pièces de canon. — Licencié au second retour des Bourbons, il se retira dans une terre qu'il possédait près d'Excideuil, en Périgord, où il se consacra exclusivement à l'agriculture. — Il avait pris cette devise: *Ense et aratro.* — Après la Révolution de 1830, il rentra au service, fut élu par ses concitoyens à la Chambre des députés (1831), et fut aussitôt promu au grade de maréchal de camp.—L'année suivante, il reçut de Louis-Philippe la délicate mission de surveiller la duchesse de Berry pendant sa détention à la citadelle de Blaye. Une allusion faite, dans une séance de la Chambre, par le député Dulong à ce rôle de geôlier qu'avait accepté le général, amena un duel dont l'issue fut fatale pour le premier (27 janvier 1834). Quelques semaines après, Bugeaud concourut activement à la répression de l'insurrection d'avril, et, deux ans plus tard, il fut envoyé en Algérie. — Là, il déploya de rares qualités comme homme de guerre. — Infatigable dans la poursuite des Arabes, plein de résolution dans le combat, ami de ses soldats, au bien-être desquels il veillait avec sollicitude, il se montra, en outre, administrateur habile et intègre. — Le combat de la Sickah (6 juillet 1836), où il défit complètement Abd-el-Kader, lui valut le grade de lieutenant-général ; mais l'année suivante le vainqueur signa avec le vaincu le déplorable traité de la Tafna (30 mai 1837), qui reconnaissait ce dernier comme souverain indépendant et fixait même la limite de ses États. — Toutefois cette faute vraisemblablement doit être imputée plutôt au gouvernement français qu'à son négociateur. — La guerre s'étant rallumée entre Abd-el-Kader et la France et menaçant de s'éterniser, le gouvernement renvoya le général Bugeaud en Afrique avec le titre de gouverneur-général de l'Algérie (22 février 1841). Admirablement secondé par Lamoricière, Cavaignac, Changarnier, il s'attacha tout particulièrement à fatiguer les tribus par des razzias incessantes, à les poursuivre constamment au moyen de colonnes mobiles, et, d'autre part, à détruire les forces régulières de l'émir par de grandes expéditions. Ses succès furent inouïs, et le bâton de maréchal fut la juste récompense de ses services (31 juillet 1843). En outre, après sa mémorable victoire sur les Marocains (14 août 1844), il reçut le titre de *duc d'Isly*. — La soumission de la Kabylie l'occupa les deux années suivantes. — Enfin, cette soumission opérée, il fut rappelé en France (mai 1847), le roi voulant lui donner son fils le duc d'Aumale pour successeur. En février 1848,

Louis-Philippe lui conféra, le 23 au soir, le commandement de l'armée de Paris et de la garde nationale ; mais, redoutant l'impopularité du maréchal parmi les classes ouvrières de la capitale, il le lui retira le lendemain, et la monarchie de Juillet s'écroula sans la moindre résistance. Après la proclamation de la République, le maréchal s'empressa d'adhérer au nouveau gouvernement.—Il ne fut pas élu à l'Assemblée constituante, mais il fut envoyé à la législative par les électeurs de la Charente-Inférieure. Enfin, après l'élection du prince Louis-Napoléon à la présidence de la République, il fut immédiatement chargé du commandement de l'armée réunie au pied des Alpes. Mais il ne le conserva pas longtemps, car il fut une des premières victimes que fit le choléra à Paris, où il mourut le 10 juin 1849. — Il fut inhumé aux Invalides, et, par une souscription nationale, deux statues lui furent érigées, l'une, en 1852, à Alger, théâtre de ses exploits militaires, et l'autre, en 1853, à Périgueux, sa patrie d'adoption et le chef-lieu du département où se sont accomplis ses travaux agricoles.

On doit à Bugeaud un certain nombre d'écrits relatifs soit à la guerre, soit à l'agriculture, soit à l'Algérie. — Mentionnons les suivants : *Essai sur quelques manœuvres d'infanterie* (Lyon, 1815, in-12) ; — *Aperçus sur quelques détails de la guerre* (Paris, 1832) ; — *De l'établissement de légions de colons militaires dans les possessions françaises du nord de l'Afrique* (1838, in-8º) ;— *L'Algérie : Des moyens de conserver et d'utiliser cette conquête* (1842) ; — *Relation de la bataille d'Isly* (1845).

Toutes les campagnes de la République et de l'Empire, si glorieuses, il est vrai, mais si onéreuses pour notre patrie, se firent d'abord à la faveur des enrôlements volontaires, et ensuite par la voie du recrutement, qui, en principe, déclarait tout citoyen Français redevable de ses services à la nation, et, par conséquent, soldat selon les conditions légales. — Il n'y eut plus de privilèges ni de distinctions pour le service militaire ; désormais toutes les forces militaires ne formèrent qu'une armée, l'armée Française, toute entière sous l'administration du ministre de la guerre et répartie dans toutes les principales villes du territoire français. — Notre ville de Périgueux, après avoir été, depuis 1836, alternativement chef-lieu de division et de subdivision, est devenue aujourd'hui le siège de la 24ᵉ division d'infanterie, dépendant du douzième corps d'armée de Limoges. C'est ce qui a nécessité l'agrandissement des anciennes casernes, qui, comme nous le savons déjà, avaient été aménagées dans les bâtiments de l'ancien grand-séminaire de la Mission à la Cité. — A la suppression du culte catholique en 1793, ce dernier établissement ne fut point vendu ; on y logea des pauvres. — Mais, en 1801, il fut approprié pour une caserne, et, depuis cette époque, il n'a point changé de destination. — A côté se trouve l'ancien cimetière de Périgueux, cédé par la ville à l'administration de la guerre, en 1837, dans le but d'en faire un Champ de Mars. — C'est dans un coin de ce vaste terrain que fut placée la poudrière en 1831.

La *Manutention militaire*, où se fabrique le pain des soldats et où l'on garde les approvisionnements de grains pour la garnison, est contiguë à la grande caserne. — Les fondements de cet édifice reposent sur l'enceinte murale de Vésone, et les tours et corps de logis dont se compose ce monument remontent au seizième siècle, et doivent leur construction à Mgr François de Bourdeilles, qui s'y retira après la destruction du palais épiscopal par les protestants en 1575. — Cette résidence fut abandonnée par les évêques après la réunion définitive des deux Chapitres de Saint-Front et de Saint-Étienne, en 1669, et fut érigée en abbaye, sous le nom de *Lapeyrouse*. — A la Révolution de 1793, elle fut affectée au service militaire.

Sous le rapport de l'instruction, Périgueux, comme la plupart des autres villes, n'a vu que la transformation, ou plutôt, disons le mot *du jour*, n'a vu que *la laïcisation* de ses établissements d'instruction primaire et secondaire. — Cette ville est du ressort de l'Académie de Bordeaux. — Elle possède, outre ses écoles primaires réparties dans ses principaux quartiers, — 1º une *école normale d'instituteurs*, installée au faubourg des Barris, sur l'emplacement de l'ancien couvent des Récollets, dont le département fit l'acquisition et la transformation en 1834 ; — 2º une *école normale de filles*, occupant les bâtiments de l'ancienne préfecture, où elle fut transférée de Terrasson et enlevée à la direction des Sœurs du Sauveur ; — et 3° *un lycée*, situé sur l'emplacement d'un ancien couvent de religieuses de St-Benoît. — Cet établissement s'est acquis une certaine réputation, soit par la distinction de ses professeurs, soit par le degré de ses études, soit aussi par les élèves remarquables qui y ont été formés. Entre tous, nous devons mentionner ici notre illustre compatriote *Pierre Magne*, un des plus grands hommes politiques qui aient paru depuis longtemps et qui, en illustrant la France, a contribué puissamment au développement de Périgueux, sa ville natale.

Pierre Magne naquit au faubourg des Barris, à Périgueux, de pauvres artisans, en 1806. Après de brillantes études, il débuta comme expéditionnaire à la préfecture de la Dordogne. — Il alla étudier le droit à Toulouse et se fit recevoir licencié. — De retour à Périgueux, il exerça la profession d'avocat, et fut nommé, en 1835, conseiller de préfecture. — Il entra dans la vie parlementaire en 1843 comme député, et ne tarda pas à se faire remarquer par son esprit positif ; il fut nommé en 1846 directeur des affaires de l'Algérie, puis, l'année suivante, sous-secrétaire d'État à la guerre. Il fut appelé en janvier 1851 au ministère des travaux publics, qu'il abandonna le 26 octobre pour le reprendre en juillet 1852, augmenté de celui du commerce et de l'agriculture. — En décembre de la même année, il fut élu sénateur. — Le 3 février 1855, il prit le portefeuille des finances et fut, au mois d'août, nommé grand-croix de la légion d'honneur. — Après avoir quitté son portefeuille le 28 novembre 1860, il le reprit le 13 novembre 1867, et donna sa démission le 27 décembre 1869, à l'avènement du ministère Ollivier ; mais à la suite des premiers échecs de la guerre avec la Prusse, il reprit le portefeuille des finances le 10 août 1870 et le garda jusqu'au 4 septembre de la même année. — Au moment des élections complémentaires du 2 juillet 1871, les électeurs de la Dordogne l'envoyèrent comme leur représentant à l'assemblée nationale, où il siégea au centre droit. Le 25 mai 1873, Magne succéda à M. Léon Say au ministère des finances, où il resta jusqu'en 1876 époque où il fut élu sénateur. Magne mourut en 1879, au château de Montaigne, qu'il avait restauré. Il conserva jusqu'à la fin de sa vie, avec la lucidité et la plénitude de ses facultés intellectuelles, la simplicité et la droiture de son caractère. — La ville de Périgueux, qui lui doit la plus grande partie des travaux publics entrepris pour son assainissement et son embellissement, aussi bien que les principaux monuments modernes qu'elle étale à l'admiration des étrangers, s'honorera en perpétuant la mémoire de cet illustre et bienfaisant compatriote !

De tous les établissements d'instruction, celui qui, sans contredit, a produit les plus heureux résultats en la ville de Périgueux, est l'École chrétienne tenue par les religieux du Bienheureux de La Salle. Ils s'établirent d'abord, au nombre de trois, en 1822, dans l'ancien petit-séminaire. — Les premiers frais d'installation furent supportés par le département ; ceux d'entretien et les émoluments des Frères restèrent à la charge de la ville. Mais, par suite de l'affluence et de l'encombrement des élèves qui fréquentèrent cette école, et dont le nombre s'éleva jusqu'à huit cents environ, on se vit obligé de construire une nouvelle école plus spacieuse et plus salubre, où maîtres et élèves pourraient s'installer plus facilement. Grâce aux dons généreux d'une bienfaitrice insigne (1) et au dévouement inépuisable de Mgr George, évêque de Périgueux, — grâce à l'activité ingénieuse du frère Judore, alors directeur de l'école, et plus tard premier assistant du Très Honoré Frère Philippe, supérieur général de l'institut à Paris, — cette école fut construite sur de belles proportions, dans un terrain situé en face du couvent actuel de la Visitation ; elle fut bénite et inaugurée en 1851 par Son Éminence le cardinal Gousset, à son retour de Rome. Cet établissement jouissait de la plus grande considération dans notre population de Périgueux, et les enfants de toutes les conditions y affluaient pour y recevoir une solide instruction primaire doublée d'une bonne éducation. — Rien de plus populaire, rien de plus démocratique ! Mais un jour nos édiles, s'inspirant d'une politique hétérogène, oubliant les bienfaits de l'école chrétienne, tant pour eux que pour leurs

---
1. Mlle Gazaigne.

administrés, — peu soucieux des dépenses énormes qu'occasionneraient et le renvoi des Frères et le fonctionnement de nouvelles écoles, décidèrent, selon le langage du jour, *la laïcisation* de l'école chrétienne. Quel a été le résultat de cette opération ? C'est que, pour une école chrétienne, que notre ville se faisait honneur d'entretenir jadis et qu'on croyait faire disparaître, trois nouvelles écoles ont surgi, l'école gratuite, le pensionnat Saint-Jean et la maîtrise de Saint-Front, toutes les trois dirigées par les Frères de la Doctrine chrétienne ; — qui peuvent à peine répondre aux demandes incessantes des familles !

Nous connaissons déjà la plupart de nos monuments publics, au nombre desquels nous devons ajouter ce qu'on appelle le *Théâtre*, ou la salle de spectacle, dont la construction mesquine remonte à 1836. — Outre l'exiguité et la médiocrité qui caractérisent extérieurement cet édifice, nous ne pouvons que déplorer les dépenses considérables que la ville a consacrées à plusieurs restaurations de ce bâtiment, qui justifie si peu tant de sacrifices.

Mais notre attention doit se porter plus particulièrement sur les travaux publics exécutés par l'administration des Ponts et Chaussées. — Disons d'abord que notre département fait partie de la quinzième inspection des Ponts et Chaussées ; — du vingt-neuvième arrondissement forestier, dont le chef-lieu est à Bordeaux, — et du troisième arrondissement minéralogique, dont le siège est à Périgueux même.

Périgueux est arrosé par l'*Ille*, la seconde rivière du département. Cette rivière prend sa source dans l'arrondissement de Saint-Yrieix (HAUTE-VIENNE), qu'elle sépare pendant quelques kilomètres du département de la Dordogne, depuis le Chalard jusqu'auprès de Chalusset ; traversant ensuite l'arrondissement de Nontron dans une direction Nord-Est-Sud-Ouest, elle forme le vallon entre Thiviers et Excideuil, passe à Périgueux, Saint-Astier, Mussidan et Montpont. Depuis ces derniers points jusqu'à sa sortie du département, l'Ille a une direction Est-Ouest, et son cours est parallèle à celui de la Dordogne ; mais après Coutras, où elle a reçu la Drône, elle tourne vers le Sud-Ouest et se réunit à la Dordogne devant Libourne. — La direction du cours de cette rivière dans le centre du département est déterminée par une chaîne de collines de troisième ordre, sur la rive droite, qui offre quelques sommets dominants, le Puy-Saint-Astier, Sept-Fonds, Goudoux ; la chaîne se divise en remontant vers le confluent de l'Ille et de l'Auvezère, et forme le haut plateau qui d'Escoire s'étend vers Cubzac et Excideuil.

La vallée présente un élargissement de un myriamètre environ depuis la jonction de l'Ille avec la Dordogne, entre Libourne et Coutras ; au-dessus elle a une largeur moyenne de quatre kilomètres, qui se réduit à deux depuis Mussidan jusqu'au-delà de Périgueux.

Le lit de l'Ille est généralement profond, étroit, et le courant peu rapide. Ses principaux points d'altitude sont sous le pont de Périgueux, 80 mètres, — au pas de l'Anglais, 72 mètres, — sous le pont de Mussidan, 46 mètres, — à Montpont, 31 mètres.

La vallée, assez semblable à celle de l'Auvezère par ses gracieuses mais un peu monotones plantations d'arbres, ne présente ni les aspects pittoresques de la Drône entre Bourdeilles et Brantôme, ou de la Vézère entre Condat et les Eyzies, ni les magnifiques tableaux si multipliés dans la vallée de la Dordogne ; le mouvement que l'on rencontre sur tous les points de la grande rivière du département, et qui s'y est perpétué depuis les temps les plus reculés, ne s'est produit que depuis peu d'années sur l'*Ille* ; des tentatives ont été souvent faites pour rendre cette rivière navigable, mais ce n'est qu'à la suite des travaux entrepris en 1827 que les bateaux ont pu remonter jusqu'à Périgueux. — On a construit 31 écluses ; la première dans le département, qui est la neuvième depuis Laubardemont, est à Coly-Gaillard. Elles se succèdent dans l'ordre suivant : Menesplet, — Marcillac, — Menestérol, — Chandeau, — Viguerie, — Duellas, — Benévent, — Chandeau-du-Maine, — Saint-Martin, — l'Astier, — Longes, — Labiterne, — La Caillade, — Coly, — Lamelette, — Font-Peyre, — Mauriac, — Neuvic, — Moulin-Brûlé, — Beauséjour, — La Massoulie, — Saint-Astier, — le Puy-Saint-Astier,

Taillepetit, — Anesse, — Moulineau, — La Roche, — Chambon, — l'Évêque, — Salegourde, — Toulon, — Périgueux (1).

Un bassin, devant servir de port, d'une superficie de 27.470 mètres carrés, fut ouvert près du pont de la Cité, et inauguré le 19 novembre 1837 par Mgr Gousset évêque de Périgueux, M. Romieu préfet et M. de Marcillac maire. — Plus tard, en 1860, lors de la reconstruction du Pont-Vieux, on mit en communication ce port avec la nouvelle escale bâtie près du Pont-Neuf, en canalisant l'Ille jusqu'à la nouvelle écluse de Sainte-Claire ; — ce qui permet aux bateaux de venir débarquer jusqu'à ce point.

Les affluents de l'Ille sont 1° sur la rive droite : la *Rochille*, qui vient de Saint-Paul-la-Roche ; le *Favar*, dont le confluent est devant Cognac ; la *Grande-Duche*, qui descend de la Double, et la *Drône*, qui s'y jette hors du département ; — 2° sur la rive gauche : le *Ravillon* ; la *Loue*, qui passe à Angoisse et a son confluent près d'Excideuil ; l'*Auvezère*, dont le confluent est entre Antonne et Trigonan.

L'approvisionnement d'eau de la ville de Périgueux manquait d'organisation et de régularité. — Jusqu'à l'année 1835, Périgueux n'avait point de fontaines, et l'on y transportait l'eau au moyen de tonnes traînées sur des charrettes. — Mais, sous l'administration municipale de M. de Marcillac, qui semble avoir eu le génie des plus belles conceptions pour l'utilité et l'embellissement de la ville de Périgueux, on fit venir, au moyen d'aqueducs, sur des formes et arcades, l'eau du Toulon, que l'on emmagasina d'abord dans un réservoir et un bassin situés au *Pouradier*, sur la route de Paris. — De là, on dirigea et distribua ces eaux sur tout l'ensemble de la ville, au moyen de bornes-fontaines et de bouches d'eau d'arrosage, — dont l'inauguration se fit le 15 août 1836. — Depuis ce jour, la ville, par reconnaissance, a donné à la place de la Clautre le nom place Marcillac.

Cette question si pratique des eaux, que les Romains avaient résolue

---

1. *Dictionnaire Topographique du département de la Dordogne*, par M. le vicomte DE GOURGUES.

si efficacement dans tous leurs établissements, et surtout dans notre antique Vésone, en empruntant aux sources et fontaines les plus rapprochées tout le volume d'eau dont elles étaient capables, a été agitée dernièrement par nos édiles, qui, trouvant la source du Toulon insuffisante pour les besoins des habitants, songeaient à chercher au loin un approvisionnement plus considérable. — Une connaissance sérieuse des sources locales, l'application des moyens pratiques employés autrefois par les Romains, jointe aux inventions modernes sur les questions hydrauliques, auraient pu éviter bien des contestations, et amener une solution plus prompte de ce problème, qui enfin semble avoir abouti à l'exploitation plus développée de la source du Toulon.

Cette source du *Toulon*, que l'on appelle aussi source du *Cluzeau*, sort du pied d'un coteau calcaire. — C'est comme une petite rivière souterraine qui s'échappe de tous côtés à travers les fissures du rocher ; elle se grossit bientôt de plusieurs autres sources cachées et forme avec elles « *une nappe*, dit M. Jouannet, *d'une profondeur que l'on dit n'avoir pu être mesurée ;* » elle a son déversoir au Sud-Ouest. — Le courant est assez fort pour mettre aussitôt en mouvement deux usines, et l'on comprend que, pour devenir une rivière considérable, il ne lui a manqué que d'avoir un plus long cours. — Presque au moment du départ, il rencontre la rivière de l'Ille et se confond avec elle. — Certains vestiges font présumer qu'autrefois, sur les bords de l'abîme, les Romains avaient exploité une tuilerie.

La ville de Périgueux est desservie par un certain nombre de belles routes, qui mettent cette ville en relation avec les principales villes de France et du département. — Deux routes nationales partent de Périgueux et se dirigent l'une vers La Rochelle et l'autre vers Mont-de-Marsan; deux autres ne font que traverser notre ville : ce sont celles de Paris à Barèges et de Lyon à Bordeaux.—Quatre routes départementales seulement partent de Périgueux et se dirigent sur Cahors, Ribérac, Mende et Excideuil.

Mais en dehors de ces belles et grandes voies de communication, notre département se trouve sillonné depuis 1856 par le réseau des chemins de fer. — La Compagnie de Paris-Orléans a fait croiser à Périgueux deux de ses plus grandes lignes : celle de Paris à Agen par Limoges, et celle de Bordeaux à Lyon par Coutras et Brives. — A ces lignes se rattachent des lignes d'entreprise secondaire, comme celle de Périgueux à Saintes par Ribérac, etc., etc. L'importance de ce réseau de voies ferrées n'est plus à préjuger ; elle éclate aux yeux les moins clairvoyants par l'affluence des voyageurs et le transit considérable de marchandises de toutes sortes, qui font de la gare de Périgueux une des plus importantes de France.—Cette importance ne fait que croître chaque jour et favorise considérablement le commerce et l'industrie de notre ville.— Aux immenses gares des voyageurs et des marchandises, il faut joindre les non moins gigantesques bâtiments des *Ateliers de réparation et de construction des machines* et de tout le matériel du chemin de fer, dans lesquels se meuvent habituellement plus de deux mille ouvriers ou employés.

A côté de la gare des marchandises, s'élève le grand et magnifique *Entrepôt de tabac*, qui est une nouvelle source de richesse ajoutée à tant d'autres pour notre ville. — Le commerce à Périgueux s'exerce spécialement sur les fers, les cochons, les truffes, les cuirs, le feuillard, la carassonne, les châtaignes, le blé, le vin, la laine, etc., etc.

A ce grand et multiple réseau de routes, canaux et voies ferrées, qui favorisent si puissamment le mouvement commercial et industriel de notre ville, et que lui envient plusieurs autres centres plus importants et moins privilégiés, est venu s'ajouter, depuis deux ans, un nouveau réseau de lignes ferrées, sous le nom de *Tramways*, ou de *Chemins de fer du Périgord*. — Plusieurs lignes déjà sont installées et, d'une coquette gare établie dans la partie inférieure de la place Francheville, se dirigent plusieurs fois par jour sur Excideuil et sur Brantôme et desservent les localités voisines et intermédiaires. — Faut-il s'étonner ensuite, si, avec tant de ressources et d'activité, la population de Périgueux a doublé dans l'espace de trente ans (1), et si la ville elle-même tend à se déve-

---

1. Aujourd'hui la ville de Périgueux possède 29.611 habitants d'après le recensement de 1886.

lopper et à reconquérir ses anciennes limites, qui s'étendaient autrefois depuis le faubourg St-Georges des Barris jusqu'au delà de la source du Toulon ?— C'est pourtant un fait sensible et qui est la preuve de l'importance toujours croissante de notre ville (1).

Nous terminons cette revue sommaire de l'organisation moderne de notre ville de Périgueux par un coup d'œil sur l'administration et les œuvres ecclésiastiques que nous avons vues sombrer malheureusement sous les coups de la Révolution de 93.

Le Concordat de 1801 avait supprimé le siège de Périgueux et rattaché notre diocèse à celui d'Angoulême, dont le titulaire, Mgr LACOMBE, vint plusieurs fois en Périgord. — Cet état de choses dura malheureusement l'espace de seize ans, pendant lesquels notre basilique de St-Front, dépouillée de son titre de cathédrale et de son Chapitre, ne fut qu'une église paroissiale. — Enfin, l'évêché de Périgueux fut rétabli par ordonnance royale en 1821 ; mais des discussions politiques entre les pouvoirs retardèrent l'exécution de cette restauration, qui n'eut lieu qu'en 1821, le 21 novembre.

✠ **Alexandre-Charles-Louis-Rose de Lostanges** (1817-1835) fut le premier évêque de Périgueux après la Révolution. Il avait été page de Louis XVI. — Tout était à refaire dans le diocèse. — Son

---

1. A l'appui de ce que nous disons, qu'on nous permette de reproduire la lettre ci-jointe du maire de Périgueux au préfet de la Dordogne, au sujet de la population de notre ville.

« Périgueux, le 2 fructidor, an X.

» Citoyen Préfet,

» En réponse à votre demande relativement à la population de la ville de Périgueux, tout ce
» que j'en sais, c'est qu'avant la Révolution la population de notre ville, y compris les neuf com-
» munes de sa banlieue, qui ne faisaient avec elle qu'une même municipalité, fut portée à 12.500
» âmes ; qu'il fut fait un autre recensement en 1791, qui ne portait le nombre des habitants de la
» ville et banlieue qu'à 11.000 et 2 ou 300 ; qu'après que la ville fut séparée de sa banlieue pour
» former le canton extra, l'administration municipale fit faire en l'an VII un nouveau recensement
» de la ville, d'après sa nouvelle démarcation, par des commissaires qui, sans doute par des
» raisons connues alors ou par erreur, portent la population à plus de 10.000 âmes. — Cette
» erreur fut rectifiée en l'an VIII, d'après votre demande, et les commissaires nommés à cet
» effet firent le recensement au résultat duquel la population de la ville a été portée à 5.733, et
» c'est là la dernière qui existe sur le registre de notre maison commune.

» J. B. P. VIDAL.

» *Maire de Périgueux.* »

premier soin fut de reconstituer canoniquement le Chapitre de la cathédrale, dont les neuf premiers chanoines furent créés et installés le 2 février 1822. Ce furent MM. Barthélemy Bardy-Fourtou, *doyen ;* — Jean-Charbonneau Dumaine, *pénitencier ;* — Pierre Peyrot, curé de St-Front ; — Louis Vechambre, *théologal ;* — Jean Duchazeau ; — Élie de Bonhore ; — Jean de Pradel ; — Antoine Bonneau, — et Matthieu Chamizac.

Mgr de Lostanges s'occupa aussi de rétablir les séminaires. En 1826, il se fit céder par la ville de Périgueux l'ancien couvent de Ste-Claire, où est aujourd'hui l'abattoir, pour y établir le grand-séminaire. — Les plans et devis furent dressés par M. Roche, alors architecte du département, et approuvés en 1827. Le devis s'élevait à la somme de deux cent mille francs. — Les travaux n'étaient pas commencés lorsque le Conseil général, voulant se débarrasser du jardin public, — (vaste emplacement qui s'étendait depuis l'abattoir jusqu'à la route nationale de Lyon,) — dont l'entretien lui était onéreux, consentit à donner la partie méridionale de ce jardin pour y bâtir le séminaire. — Une ordonnance royale, en date du 6 mars 1828, approuva cette cession.— La ville, qui jouissait de ce jardin comme promenade depuis près de trente ans et qui en convoitait la propriété, qu'elle a obtenue du reste depuis par un acte notarié du 20 mai 1837, réclama contre cette cession, en offrant elle-même un terrain situé sur la route d'Angoulême à côté du pont St-Nicolas. — Son offre fut acceptée, et une ordonnance royale du 25 août 1828 l'autorisa à traiter avec M. le docteur Galy, propriétaire de ce nouveau terrain.

De nouveaux plans et devis furent faits par M. Catoire, successeur de M. Roche. — Approuvés le 21 septembre 1828, ils furent mis à exécution le 28 mars 1829. Ce nouveau devis s'élevait à la somme de 220.000 francs. — Les fondations étaient déjà hors de terre, et cinquante mille francs avaient été dépensés lorsque les événements de 1830 arrêtèrent les travaux. Les frères Lasserre, entrepreneurs, résilièrent l'adjudication, et les constructions furent abandonnées jusqu'en 1833.— A cette époque, le gouvernement alloua une somme de vingt mille francs, pour ne plus s'occuper sérieusement de cet établissement qu'en 1840.— Alors de nouveaux plans et devis, dressés sur une plus vaste échelle et approuvés le 21 mai 1840, servirent à l'édifice actuel, qui fut immédiatement commencé.— Le devis s'élevait à 334.000 fr. L'ensemble de ce monument se compose d'un magnifique corps de logis, décoré d'un double portique, dorique et ionique, aux extrémités duquel se rattachent deux autres bâtiments à trois étages. — Au milieu de ces deux ailes se trouve la chapelle, placée sur l'axe même du vestibule d'entrée. — Une vaste cour d'honneur précède le monument, derrière et autour duquel on a aménagé de très beaux jardins. — Ce splendide édifice, que l'on considère comme un des plus beaux du genre en France, fut inauguré et bénit en 1849 par S. Éminence le cardinal Gousset à son retour de Rome. — Plus tard, sous l'administration de Mgr George, le gouvernement agrandit les dépendances du séminaire par la gratification des deux pièces de terre latérales, qui furent transformées en verger et potager. — Nous savons comment, une nuit du mois d'octobre 1886, tout ce beau monument devint, en quelques heures à peine, la proie des flammes : la chapelle seule fut préservée. — Mais à ce grand désastre pour l'évêque et le clergé de Périgueux, la Providence opposa un grand acte de sa Toute-Puissance.— En vertu d'une loi homologuée le 31 mars 1888, le bureau des séminaires du diocèse de Périgueux put faire l'acquisition de l'emplacement et des ruines du séminaire incendié, à forfait, au prix de 95.000 ; et le 17 octobre 1889, Mgr Dabert, évêque de Périgueux et de Sarlat, après un fructueux appel au clergé catholique de France, reprenait possession de son grand-séminaire, plus beau et plus confortable. — L'entreprise, menée avec autant d'habileté que de constance, avait coûté plus de quatre cent mille francs, mais avait fait éclater le zèle et le dévouement du prélat, qui s'est ainsi acquis un titre solide à l'admiration et à la reconnaissance de son diocèse.

Mgr de Lostanges se préoccupa surtout de la réorganisation de ses diverses œuvres diocésaines et de la restauration des églises.— Tous les ans il faisait la visite de son diocèse après les fêtes de Pâques.— Il favorisa beaucoup les missions et trouva un puissant secours dans M. Lasserre, qui avait appartenu à l'ancienne congrégation de la Mission de Périgueux.— Il avait commencé la restauration du petit séminaire à Bergerac, dans les anciens bâtiments de la Mission, ou presbytère actuel de l'église St-Jacques, lorsque le 11 août 1835, après quatorze années de travaux apostoliques, il mourut à Bergerac, dans la chapelle même du petit séminaire, où il venait de célébrer la sainte messe. — Sa mort fut un deuil général pour tout le diocèse.— Il fut d'abord enseveli à Saint-Front, dans la chapelle Saint-Antoine, d'où il fut transféré sous la coupole Nord, lors de la démolition de la grande abside Saint-Antoine. — Il eut pour successeur

✠ Thomas-Marie-Joseph Gousset (1835-1840).

Né en 1792 à Montigny-lez-Cherlieux (Haute-Marne), de pauvres cultivateurs, et livré jusqu'à l'âge de dix-sept ans aux travaux de la campagne, il ne commença ses études classiques qu'en 1809 et entra au grand-séminaire de Besançon en 1812. — Ordonné prêtre en 1817, il rentra l'année suivante au même séminaire comme professeur de théologie morale. Nommé grand-vicaire du diocèse de Besançon par le cardinal de Rohan en 1830, il devint évêque de Périgueux en 1835. — Sa sollicitude se porta spécialement sur l'organisation et l'installation du petit-séminaire de Bergerac, dont il entreprit la nouvelle construction au moyen de nombreuses souscriptions. — En 1840, il fut promu à l'archevêché de Reims, et enfin élevé au cardinalat en 1850. — Ses principaux ouvrages sont : *Le Code civil commenté dans ses rapports avec la Théologie morale.— Justification de la Théologie morale du B. Liguori.— Lettres sur la doctrine du B. Liguori.* — Deux volumes de *Théologie morale ;* — Deux volumes de *Théologie dogmatique ; — La croyance générale et constante de l'Église touchant l'Immaculée-Conception de la Bienheureuse Vierge Marie ; — Exposition des principes du Droit canonique.* — Il a, en outre, publié le recueil des *Actes de la province ecclésiastique de Reims* en 4 volumes, — et donné de nouvelles éditions annotées des *Conférences ecclésiastiques d'Angers* en 20 volumes, et du *Dictionnaire de théologie de Bergier* en 8 volumes. — Il mourut à Reims en 1866. — Lorsqu'il quitta l'évêché de Périgueux, on nomma pour lui succéder

✠ Jean-Baptiste-Amédée George (1840-1860),

qui, désigné précédemment pour occuper ce même siège à la mort de Mgr de Lostanges, avait d'abord refusé cette dignité. — Neveu, par sa mère, du cardinal de Cheverus archevêque de Bordeaux, il sut, auprès de cet illustre et saint prélat, se former à toutes les vertus qui font les grands pontifes. — Son ardente et généreuse nature secondait merveilleusement en lui, du reste, les opérations de la grâce. — Il était curé-archiprêtre de l'église primatiale de St-André de Bordeaux, lorsqu'il fut nommé évêque de Périgueux, à l'âge de trente-quatre ans seulement (décembre 1840). — Il fut sacré le 21 février 1841, et fit son entrée à Périgueux quatre jours après. — Ce grand évêque fournit, pendant vingt ans, une carrière toute remplie d'œuvres et de mérites. — Il s'attacha tout particulièrement à relever dans le diocèse tout ce que la Révolution y avait renversé, et y fit refleurir et fructifier toutes les grandes œuvres de l'Église. — Il fut le second évêque de France à rétablir, en son diocèse, la liturgie romaine, et grands furent ses efforts pour reconstituer cette unité. — Il transféra de Sarlat à Périgueux le séminaire diocésain, où il prit un soin particulier de développer les études et la discipline ecclésiastiques. — Il en fit de même au petit-séminaire de Bergerac, qu'il visitait souvent. — Il revisa les statuts diocésains, réorganisa les retraites, les conférences et les examens ecclésiastiques, et, pour cela, tint plusieurs synodes (1852, — 1855, — 1860). — Il prit une part très active à la reprise et à la tenue des conciles provinciaux ; il eut le bonheur d'en voir célébrer un sous les vieilles coupoles de St-Front, au mois d'août 1856. — Cette assemblée, présidée par le cardinal Donnet, archevêque de Bordeaux, et où se trouvaient tous les évêques et abbés de la province ecclésiastique, continua l'œuvre des conciles précédents en réfutant les erreurs de la philosophie naturaliste, représentée par M.M. Cousin, Simon, etc., etc., et condamna le livre de M. Reynaud, TERRE ET CIEL. — Il fit aussi un décret contre le luxe et la toilette exagérée des femmes.

Ne pouvant ressusciter autrement que par le souvenir l'ancien évêché de Sarlat, enclavé par le Concordat dans le nouvel évêché de Périgueux, Mgr George sollicita du Saint-Siège l'autorisation de porter désormais, lui et ses successeurs, le titre d'*évêque de Périgueux et de Sarlat*. — Il inaugura cette série de visites pastorales si bien continuées par ses successeurs, et dans lesquelles, parcourant chaque année les principales parties de tout son diocèse, il révélait à ses ouailles tous les trésors de son cœur de pasteur et toute l'ardeur de sa parole apostolique. — Il appela les Capucins, qui s'établirent dans sa ville épiscopale ; — les Jésuites, qui fondèrent le collège de Sarlat ; — les Chartreux, qui restaurèrent leur ancien monastère de Vauclaire ; — les Carmélites, qui édifièrent leur magnifique cloître de Bergerac. — Il réunit sous une même règle toutes les maisons hospitalières des Sœurs de Ste-Marthe, et en forma cette congrégation diocésaine dont il bâtit le beau noviciat à la Cité de Périgueux. — En 1841, il rétablit le corps des missionnaires diocésains sous la direction de M. René Bernaret, chanoine archidiacre ; et nous savons comment il contribua puissamment de ses deniers à la construction de l'École chrétienne des Frères. — Il rétablit à Périgueux l'ancienne paroisse de Saint-Georges des Barris, et fournit généreusement de ses ressources pour en bâtir la nouvelle église, qu'il inaugura lui-même. — Il jeta les fondements de la nouvelle paroisse de St-Martin, et en fit entrevoir la prochaine érection lorsque, le dimanche 24 juin 1860, il bénit solennellement la croix monumentale (dite autrefois des Pénitents Blancs) érigée devant le grand-séminaire. — Oubliant l'exiguité et la médiocrité de son palais épiscopal, il tourna tous ses soins et toutes ses préoccupations vers la restauration de sa cathédrale de St-Front, qu'il entreprit, et fut assez heureux pour la voir commencée. — Il dota le clocher d'un carillon complet, — fit don au Chapitre d'un ostensoir aux dimensions colossales, — coopéra à l'acquisition des trois magnifiques lustres en bronze doré qui ornent la cathédrale,— et favorisa de tout son pouvoir la pompe et l'éclat des cérémonies. — Aucune œuvre ne lui fut étrangère. Il donnait beaucoup et sans vouloir paraître. Toujours infatigable dans l'accomplissement de son ministère, il commença par tourner contre lui toute l'ardeur et l'austérité de son caractère, et activait les élans de sa nature pour donner un plus libre cours à sa foi et à sa charité. — Sa prudence dans les affaires était connue et appréciée autant par les hommes du gouvernement que par ses collègues dans l'épiscopat. A plusieurs reprises, on lui proposa des sièges plus élevés : il refusa toujours en disant : « *Je* » *tiens à mourir au milieu des premiers enfants que Dieu m'a donnés.* » Il mourut à cinquante-quatre ans, à l'âge où d'autres commencent. — Son épiscopat, si puissant et si fécond en œuvres, a laissé dans le diocèse une trace dont le souvenir durera longtemps. — On peut dire que, comme un héros, il tomba les armes à la main. — Sa mort arriva, contre toute prévision, le 20 décembre 1860, après une maladie de quatre jours. — Elle fut un deuil général. Le pape Pie IX, en apprenant la nouvelle, s'écria : « *C'était un grand et pieux pontife !* » (1) — Ce fut dans le sens le plus complet, « *un homme de Dieu,* » VIR DEI ES TU (2), « *en qui se trouvait* » *toute la force du sage, et toute la rigueur et la résolution du savant,* » VIR SAPIENS FORTIS EST, ET VIR DOCTUS, ROBUSTUS ET VALIDUS(3).— Notre illustre pontife fut enseveli à St-Front sous la coupole du Midi. — Il repose sous la belle et riche arcature Romane qui fut érigée par les offrandes spontanées du diocèse entier. — Ce monument, qui porte gravée l'épitaphe composée par le prélat lui-même, restera là comme le témoignage et des mérites de l'évêque et de la reconnaissance de ses ouailles.

---

1. Paroles de Pie IX au R. P. Ambroise, Gardien des Capucins de Périgueux.

2. Texte du Panégyrique prononcé le jour des funérailles de Mgr George par S. Éminence le cardinal Donnet, archevêque de Bordeaux.

3. Prov. XXIV, 5. — Texte de l'oraison funèbre prononcée au service de trentaine, à Périgueux, par S. Éminence le cardinal Pie, évêque de Poitiers.

✠ Charles-Théodore Baudry (1861-1863)

fut appelé à recueillir cette grande succession. — Il était directeur au grand-séminaire de Saint-Sulpice depuis longtemps, lorsqu'après plusieurs sollicitations il se résigna à se charger du fardeau de l'épiscopat. — Il arriva à Périgueux malade et épuisé, et put à peine parcourir, à deux reprises, les principales paroisses de son diocèse. — Il avait pourtant fait concevoir de belles espérances. — « Son cœur était orné de toutes les » vertus que donne une foi vive et ardente, et son intelligence enrichie » de ces trésors de science qui avaient marqué son rang parmi les pré- » lats les plus éminents de notre époque (1).» Son trop court passage sur le siège de Périgueux fut marqué cependant par des œuvres. — Sa première sollicitude se porta sur l'œuvre des séminaires, qu'il aurait voulu développer. Il fonda l'*École cléricale*, ou petit-séminaire, dont il jeta les premiers fondements près de l'église Saint-Georges à Périgueux. — Il poursuivit l'œuvre de la restauration de la cathédrale, qu'il dota de magnifiques ornements, et contribua puissamment à l'érection de la paroisse de Saint-Martin. — Les travaux de l'épiscopat, en interrompant ses études, ne lui en avaient point enlevé le goût ni la pratique. — Il a laissé une collection de notes, au moyen desquelles ses élèves, après sa mort, ont pu éditer le livre intéressant et profond, *Le Sacré-Cœur de Jésus*. — Cette vie, déjà épuisée avant l'épiscopat, s'éteignit le 28 mars 1863. — Le corps de Mgr Baudry repose à Saint-Front, sous la coupole du Nord, près de l'autel de la Sainte Vierge.

✠ Mgr Nicolas-Joseph Dabert (1863),

assistant au trône pontifical, né à Henrichemont (Cher), le 17 septembre 1811, fut nommé à l'évêché de Périgueux le 16 mai 1863, préconisé le 28 septembre suivant et sacré le 22 novembre à Viviers, où il était précédemment vicaire-général. Grâce à la divine Providence, notre vénéré pontife, après avoir déjà fourni une carrière épiscopale aussi pleine de

---
1. Mandement de MM. les vicaires capitulaires.

mérites qu'elle a été féconde en œuvres, et dans laquelle il a pu heureusement achever grand nombre d'œuvres commencées par ses prédécesseurs, nous promet encore bien des jours d'une administration précieuse et mémorable.

Il nous serait facile et bien consolant de repasser ici cette série continue d'œuvres de tout genre qui placent notre vénérable prélat au rang des plus illustres évêques du Périgord. — Ses éminentes qualités de théologien, de littérateur et d'administrateur ; — son dévouement infatigable pour les visites pastorales, — son zèle pour la restauration spirituelle et monumentale de ses églises ; — sa préoccupation active et effective pour l'instruction chrétienne, la fondation des écoles de tout genre ; — la place distinguée qu'il s'est faite au concile du Vatican ; — sa sollicitude paternelle pour son clergé, au moyen des retraites ecclésiastiques, des missions, etc., etc., — tout cela nous offrirait un vaste champ à notre admiration et à notre reconnaissance. — Mais on comprendra facilement la réserve qui nous est imposée. — Heureux plus tard ceux qui seront appelés à fixer l'éclat d'une existence aussi pleine d'œuvres et de mérites !

Arrivés au terme de notre étude, bien incomplète sans doute, nous nous estimerions heureux d'avoir pu faire partager à nos lecteurs notre admiration et notre amour pour tout ce qui se rattache au passé glorieux de notre ville ! Pour suppléer à l'insuffisance de notre modeste travail, nous invitons ceux qui pourraient nous taxer d'exagération, à visiter les lieux et les ruines de notre antique cité, à feuilleter les chroniques, mais surtout à étudier notre musée archéologique, l'un des plus riches et des plus remarquables de France pour ses belles collections des époques Celtique, Gallo-Romaine, Gothique et de la Renaissance.

C'est pour nous un devoir de rendre ici un juste hommage de reconnaissance aux hommes de mérite et aux *véritables conservateurs* qui ont contribué à la fondation et à l'organisation de cet établissement.

L'origine de notre musée remonte à M. de Taillefer, qui, après s'être imposé de grands sacrifices pour l'édition de son grand ouvrage,

Les antiquités de Vésone, voulut préserver de toute profanation les restes de la Tour de Vésone. — Son testament, en date du 15 octobre 1831, en fait foi en ces termes :

« J'ai acheté un vaste jardin qui m'a coûté 18.000 francs. La Tour de
» Vésone, qui s'y trouve incluse, appartient à la ville. — Les amateurs
» ne pouvaient voir les restes de ce somptueux temple antique qu'en y
» abordant par un passage étroit, infect et resserré entre des murailles
» élevées ; la ville m'a autorisé à abattre ces murs et à isoler la tour en
» ce que les curieux pourront y pénétrer par le jardin.   .   .   .
»   .   .   .   .
» Toutes les antiquités qui se trouveront chez moi à mon décès, soit
» médailles, pièces gravées, antiquités Gauloises, Grecques, Romaines ou
» du moyen âge, je les donne et lègue à mon ami M. de Mourcin, en le
» priant instamment que, s'il ne peut pas établir ces antiquités et les plus
» importantes des siennes au musée qu'on finira par bâtir vis-à-vis la Tour
» de Vésone, il les fasse parvenir lui-même avec précaution et sûreté au
» musée de Paris en son nom et au mien, au moins celles qui sont gra-
» vées dans les planches de mon ouvrage sur nos *antiquités de Vésone.* »

M. de Taillefer mourut en 1833, et ce ne fut qu'en 1836, sous l'administration de M. A. Romieu, préfet, que le Conseil général de la Dordogne décida l'établissement d'un musée départemental. — On y affecta d'abord un local attenant à l'évêché, faisant partie de la bibliothèque publique, ayant servi jadis de chapelle au petit-séminaire, et plus tard à la confrérie des Pénitents blancs. M. Romieu y consacra son zèle administratif ; — M. Brard, minéralogiste distingué, y déposa de nombreux échantillons de minéraux ; — M. Jouannet, plus tard conservateur du musée de Bordeaux, donna une belle collection des fossiles du bassin de Bordeaux ; — M. Morteyrol, ancien chef de la première section de la préfecture de Beauvais, offrit celle des gisements du département de l'Oise ; — le maréchal Bugeaud envoya d'Afrique des objets remarquables ; — M. le baron de Damas fit don d'une belle armure de chevalier ; — M. Audierne y consacra une partie considérable de sa collection ; — plus tard, à la mort de M. de Mourcin, la collection de M. de Taillefer, doublée de celle de son ami, vint enrichir notre musée, qui, depuis lors, s'est développé rapidement et offre aux visiteurs la vue de quantité d'objets précieux et antiques, merveilleusement classés.

M. le docteur Galy, qui fut nommé conservateur du musée, et qui, avec un amour passionné, y consacrait tous les loisirs que lui laissait le soin de ses malades, nous a laissé un catalogue utile et intéressant, mais que son auteur lui-même regardait comme insuffisant, surtout depuis les nouvelles et précieuses acquisitions de notre musée. Nous attendons avec impatience, de son digne et intelligent successeur (1), le nouveau catalogue, qui nous rendra si faciles et si attrayantes la connaissance et l'explication de ces riches collections.

1 M. Michel Hardy.

APPENDICE.

N° 1. — Fête annuelle de la liberté de Périgueux.

MONSIEUR l'abbé de Lespine, dans un extrait tiré du *Gros livre noir*, malheureusement perdu, nous a conservé la relation d'une fête singulière qu'on avait sans doute instituée en souvenir de cette antique liberté.

« Est à noter que par les statuts de la ville, Messieurs les maire et consuls, lors de leur prise de possession, jurent de faire constituer, à chaque an, à la vigile de St-Jean-Baptiste, les officiers d'empereur, roy, duc, marquis et abbé, lesquels sont établis selon les quartiers de la ville, à ces fins réglées, savoir : l'empereur vers les Plantiers, le roy au Pont, le duc à la Limogeanne et l'Aiguillerie, le marquis en Rue Neuve, l'abbé à St-Silain, comprenant partie de Taillefer et de l'Aiguillerie. Auxquels officiers, à chacun, fors que dudit abbé, on donne sept sous six deniers de gages et pension une fois payés, et audit abbé les bouchers doivent donner chacun deux livres de chair de bœuf. D'abord qu'ils sont mis en possession, chacun doit les honorer par révérence, chapeau ou bonnet en main, depuis ladite vigile jusqu'au dimanche après St-Jean, même lorsqu'ils sont assis. A faute de ce, les contrevenants sont par eux et chacun d'eux mulctés. Leur est dû par les femmes mariées de la ville et banlieue, comme le partage se fait, savoir : par celle qui est mariée dans l'an précédent ladite vigile, une pelotte en quadrature, lozangée de drap ou de cuir de diverses couleurs, garnie de fleurs, et la collation à celle à qui appartient ledit devoir, soit au roy ou autres. Bien en peuvent-ils composer en argent. La femme qui est mariée deux fois, est tenue de payer un pot de terre, avec 13 bâtons de divers bois et arbres portants fruit ; lequel pot lesdits officiers, chacun en son détroit, font planter sur une perche le dimanche après ladite fête, et assez loin y est tiré par ceux qui se présenteroient les yeux fermés, avec lesdits bâtons, et à celui qui le romp est donné pour son souper 2 sous 6 deniers. Les autres qui ne l'ont rompu doivent ce qu'ils ont mis au jeu. En outre, est dû par la femme mariée trois fois, une comporte *sive* mananche de cendres barutées, *sive* tamisées 13 fois, de 13 cuillers, de 13 bois et arbres divers portants fruit. Et la femme de 4ᵐᵉ mari doit une maison sur la rivière de l'Isle, de 13 chevrons, dans laquelle entreront 13 hommes habillés de blanc aux dépens de ladite femme. Celle qui aura épousé 5 maris doit une cuve pleine de fiente de geline blanche. Desquels devoirs les hommes sont exempts.

» L'ordre qu'on tient à mettre en possession lesdits officiers, outre la dévotion qui y entrevient, est que les maire et consuls font prêter serment à iceux officiers, tel qu'il appartient ; et la vigile de ladite fête, les maire et consuls, en chaperons, s'assemblent en la maison du Consulat, avec les principaux habitants et autres, lesquels, ayant des rameaux et herbes de Saint-Jean en main, vont quérir l'un après l'autre lesdits officiers, les conduisent avec les haut-bois et tambourins en la place de la Clautre, et iceux font seoir en rang l'un après l'autre à l'entour d'un arbre mai, et est dû à ces fins, de rente par les habitants de Puy... ayant lesdits officiers la face tournée vers les assistants ; et lors, autour, lesdits maire et consuls font la procession en chantant la chanson faite sur la Nativité de saint Jean-Baptiste en langage Périgourdin (1) ; et tout autour de la place ceux qui ont dévotion prient DIEU, font procession, et y mènent les petits enfants et filles. Ce fait, lesdits officiers et habitants vont à la maison du consulat, où la collation est apprestée aux dépens de la ville. Est aussi dû par les tenanciers de la maison de Ribeyrol des Plantiers, de rente aux dits officiers, un baril de vin et deux grands pains blancs, qui leur sont présentés sur une table ayant nappe en la rue. Avec ce, lesdits officiers de Saint-Jean, empereur, roy, duc, marquis et abbé, chantent la susdite chanson autour d'un feu dressé au devant ladite maison aux dépens desdits tenanciers, sur le soir, etc., etc.

---

1. Cette chanson, imprimée chez Pierre Dalvy, vers l'an 1600, finissait par ces vers :

« Et pregen tous la feste
» Que nous gard de tempeste,
» Et nous garde lous blady,
» Las vignhas et lous pratz,
» Et pax del cel en terre,
» Que jamais n'ayan guerre.

N° 2. — CHARTRE portant commission de commandant de la Cité de Périgueux, en faveur d'honorable écuyer Front de S¹-Astier, par laquelle les maire, consuls et citoyens, en vertu de leur droit de puissance publique à eux propre et patrimonial, chargent ledit Front de S¹-Astier de la défense de la Cité menacée par les Anglais.

Extrait des registres de l'Hôtel-de-Ville de Périgueux,

(AN 1431.)

COUMO nous Mayé et cossours de la villo et citat de Périgueux, fuyessen informa, que lous Angleis ayessen entreprey de preney la dito citat, et que nous, per las grandas couchas, que nous aviens de gardas la dito villo, ne podent vaquar ni entendre à la gardo de ladito citat, aujourd'hey per lou vouléy et couser de la communauta d'aquesto villo, aven eligi *Honorable Écuyer Forto de Sent Astier, per esse nostre Lietenen Capitani*, per nous eyspecialement et expres soment donem à la gardo et gouvernar icello citat, louquau après lou seroment, qu'eu y preytat, nous a jura et proumey, sur lou sen Eyvangeli notre Seignour, de bien et loyalomen à son loyal poudey, nou gardar, menteney ladito citat *en nostro vrayo seigneurio et obeyssenso*, et y far residensa continuello ni d'aqui far guerro, ni mettre aucun eytrangier, *sey nostre congier et licenso* et si lou cas ero per nostre congier, à felisto guerro, *aquo serio en nostre nom et de la communauta d'aquesto villo* et eysso d'eyssy, au premier jour septembre prouchain venant, louquau jour per nous a promey de lo nous rendre au plutot se nous l'enrequerent, sauf et reserva en tout et pertout *la fe et loyauta*, que lou dit Forto et dit Rey notre Souverein Seignour o nou et à la dito villo et citat de Périgueux et, a eysso, sey obligea, qu'a reçaubu maître Arnaud Murnel, notary royal et public, lou troisieme jour d'au mey de may, millo quatre cents trento un, presens Arnaud de Bernabé et olivier de las Ribieyras.

COMME nous, maire et consuls de la ville et cité de Périgueux, ayant été informés que les Anglais voulaient prendre la cité, et que nous, par le grand empressement que nous avions de garder ladite ville, ne pouvions vaquer ni entendre à la garde de la dite cité, aujourd'hui, du vouloir et consentement de ladite communauté de cette ville, avons choisi *Honorable Écuyer Front de Saint-Astier pour estre notre lieutenant et capitaine*, auquel nous donnons expressément la garde et gouvernement de la dite cité, lequel, après serment par lui prêté, nous a juré et promis, sur les saints Évangiles de Notre-Seigneur, de bien et loyalement et de tout son pouvoir nous garder, maintenir la dite cité *en notre vraie seigneurie et obéissance*, d'y faire sa résidence continuelle, et de n'y faire la guerre, ni d'y mettre aucun étranger sans notre congé, et si le cas était que par notre congé il fit la guerre, cela serait *en notre nom et de la communauté de cette ville*, et cela d'ici au premier jour de septembre prochain venant, lequel jour il nous a promis de nous la rendre ou plutôt si nous l'en requérons, sauf et réservé en tout et partout *la foi et loyauté* que le dit Front doit au *Roi notre Souverain Seigneur*, à *nous et à la dite ville et cité de Périgueux*, et c'est à quoi il s'est obligé par acte reçu par maître Arnaud Murnel, notaire royal et public, le troisième jour du mois de mai, mille quatre cent trente un, en présence d'Arnaud de Bernabé et Olivier des Ribières.

N° 3. — Chanson sur le Bailliage de 1788.

(Sur l'air du vaudeville du *Mariage de Figaro*.)

(*Le barbier de Séville.*)	*Traduction.*
Lou Bolladzé. (1)	**Le Bailliage.**
NOTRE paoubré grond Boliadzé, Volein dounc l'eycotouris ? Paouto dé dzaou, quaou doumadzé ! Né fosio nouma d'eizis.	NOTRE pauvre grand Bailliage, On veut donc lui tordre le cou ? Patte de coq ! quel dommage ! Sorti à peine de sa coquille !

1. Bibliothèque de Périgueux. Fonds Lapeyre. (Carton intitulé : *Papiers sur le Périgord.*)

Non seulement *Debord*, mais *Lacrouzille* (1)	*Debord* ni may *Locrouziilo*
L'avaient si bien tira llé	L'ovions bé tout dzigounia,
Qu'il avait fini par se lancer.	Qu'eou séro deivergounia (*bis*).
Ils nous faisaient valoir qu'à Limoges	Ys nou disiont qu'o Limodzeys,
On nous ménageait une leçon (2).	Préteindiont nous deygourdis !
Peste soit des innocents !	Pesto sio pas daus eingodzeys !
Ce ne sont que des étourneaux.	Sount mas daus eytalourdis !
En voilà une excuse !	Nous bolias si plato excuso,
Peut-on être si animal,	Faou etrè bien alimaou,
Que dis-je ? si champalimau ?	O may bien chompolimaou !
Au rang de notre noblesse	Aou reing dé notro noublesso,
Ils croyaient, parbleu ! grimper.	Ys crésiont plo de grimpas.
Diable soit de ces Jean fesse,	Maugré sio dé quy Dzconfesso !
Créés seulement pour ramper !	Sount noumas fayts par rompas.
En dégringolant du pinacle,	In rudellont d'aou pinaclé,
Lagrèze s'est trouvé mal.	Lagrézo s'ey trouba maou,
Tony est tombé de cheval (3).	Tony ey toumba dè chovaou.
Depuis, notre juge-mage (4)	Dimpey, notré *dzugé-madzé*
En a perdu l'appétit :	No pardu soun opétit ;
Honteux de n'être pas sage,	Hountoux de n'étré pas sadzé,
Malet en fait la moue (5) ;	*Molet* n'in fay lou pouty ;
Martin de toute cette débâcle (6)	*Martin* dé tout queou deybaclé.
En est tant et plus désolé ;	Ney tant et may dézoula,
Bayle en est tout éploré (7).	*Baylo* ney tout eyploura.
Vous verriez *Lavés*, l'insolent (8),	Veyrias *Lavés*, lou pouillayré,
Entre ses trois râteliers,	Intré sous treis ratéliers,
Pestant, jurant comme un frère	Pesto, juro coumm'un frayré
Qui a perdu ses déniers ;	Qué no pardu sous déniers ;
Corbleu ! dit-il de l'orage,	Corbleu ! dit-eou dé l'orazé,
Debord nous a tous vendus	*Débord* nous o tous veindus.
Et nous voilà tondus.	Et naoutreys siront toundus.
Le plus éduqué de l'étable,	Lou pus pouli de l'eytablé,
Le mieux léché, le plus beau,	Lou miey letça, lou pus beou,
En un mot, le plus capable,	In un mot lou may capablé,
Oh ! c'est notre ami *Bonneau* (9)	O quey notr'omi Bounaou,
Les arrêtés du Bailliage,	Lous orètas daou boliadzé,
Il les met presque en français :	Lous boto presqué in froncé,
Oh ! l habile homme que c'est !	Ah ! l'hobilé homé qu'oquey !
Bon Dieu ! comme il s'égosille,	Boun Diui ! coumo s'ey guozillo ;
Notre petit *Chillaud*, le grêlé ;	Notré becqua *Chillaoudou ;*
Il va de *Gautier* à *Garguille*	Vay dè *Gautier* et *Garguille*
Dire d'un air à faire pitié :	Diré d'un ar pitiaudou :
« Il faut rentrer dans ma coquille (10),	« Faou rentrà din ma coquillo

1. Debord et Lacrouzille étaient des plus ardents solliciteurs du Bailliage.
2. Ces Messieurs donnaient pour prétexte que Limoges rivalisait avec Périgueux pour l'établissement du Bailliage.
3. Tony désigne M. Dufraisse, qui avait déjà pris dans un contrat la qualité de Messire Antoine, écuyer, seigneur, conseiller du roi au grand Bailliage.
4. La Charmie, juge-mage, dont chacun connaissait la voracité.
5. M. Malet faisait naturellement la grimace, ayant les lèvres fort grosses.
6. De Martin, premier avocat du roi.
7. Bayle de Lagrange, avocat du roi.
8. Qui faisait le procureur, avocat et juge.
9. Bonneau, dans la rédaction prématurée d'un arrêté du Bailliage, fit beaucoup de fautes contre la langue française.
10. Variante : *Tournon garda mous dindous* : — Retournons garder mes dindons.

CHANSON SUR LE BAILLIAGE DE 1788.

» N'oveins dé lo palo au tiou.	» Nous avons la pelle au cul.
» l'aoubré ! qué déveindray you ? »	» l'auvre ! que vais-je devenir ? »
Digné thef dé lo Djurado,	Digne chef de la jurade,
Lou vénérablé *Migot*,	Le vénérable *Migot* (1),
In so facio bosonado,	Avec la face basanée
Et soun ar dé Visigoth,	Et son air de Visigoth,
Dit : « Si ogué crégu mo fenno,	Dit : « Si j'avais cru ma femme,
» Mé sirio pas quy fourra ;	» Je ne me serais pas fourré là,
» Ma you mé seys plo gourra. »	» Mais, vrai ! je me suis embourbé ! »
Per miey réléva lour mino,	Pour mieux relever leur mine,
O ! guys villeins rénégats,	Oh ! ces vilains rénégats,
Dédins lo roudzo eytomino,	Au sein de la rouge étamine,
Vouillions bien sè povonas…	Voulaient se pavaner à leur aise…
Mas lou Rey, notré bonn meytré,	Mais le Roy, notre bon maître,
Révénont dessus sous pas,	Revenant sur ses pas,
Lous o plo tous tobottas.	Les a joliment tous remis à leur place (2).
In rodzustant so crovato,	En rajustant sa cravate,
Coressont soun bobignou,	Caressant son menton,
Gros-Jean dit : « N'ay sur lo rato, »	*Gros-Jean* dit : « Ça me porte à la rate (3).
» Quo me seint plo de l'ygnou. »	» Ça m'a l'air de sentir l'oignon (4). »
Routsou dit : « Lou bât mé matsu	*Rochon* dit : « Le bât me mâche
» Tout lou loung d'aou croupignou ;	» Tout le long du croupion ;
» Diontré sio d'aou poustillou ! »	» Diantre soit du postillon (5) » !
Lou doyein dé queou baraclé,	Le doyen de ce basacle, (6).
O qu'ey notr'omi *Morras*,	Oh ! c'est l'ami *Morras* (7),
Marmou qué fay un oraclé.	Marmot qui fait un oracle.
Ah ! si l'aouvias pérora !	Ah ! si vous l'entendiez pérorer !
N'ont tout dézir dé lou veyré,	Ils ont tant désir de le voir,
Notreys messurs dé Bourdeou,	Nos messieurs de Bordeaux,
Qué lou domondoront léou.	Qu'ils le demanderont bientôt.
In reniflont lo civado,	En reniflant son avoine,
L'arcodiein dé *Saint-Michéou*,	L'arcadien de *Saint-Michel* (8),
L'oreillo presqué lévado,	L'oreille à demi-dressée,
Piafavo din lu borreou.	Piaffait dans la crèche.
You fay fas lo réculado,	On lui a fait faire la reculade,
Et réboutat soun pondou ;	On lui a remis son panneau,
N'in tribolo din so peou.	Il en tremble dans sa peau.
Tsillac, *Pouzouteou* lou neutré,	*Chillac*, *Pouzateau* le neutre
Dauria, ni may *Pountissou*,	*Dauriac*, et aussi le petit *Pontard*,
Tsacun d'ys ney mas un pleutré,	Chacun d'eux n'est qu'un pleutre,
N'ont fay d'ins lours colessous.	Ils en ont fait dans leurs caleçons.
Si vézias lour piétro mino	Si vous voyiez leur piètre mine
Et lur ar tout eyfora !	Et leur air tout affaré !
Lou bravé berlan-vira !	Le joli sans-dessus-dessous !

1. Migot-Blanzac, élu maire de Périgueux.
2. Le grand Bailliage à peine établi, le roi révoqua l'établissement, dont la nouvelle fut portée par un courrier à franc-étrier.
3. M. Moulinard a l'habitude de se caresser le menton.
4. Façon de parler adoptée par ce dernier.
5. Allusion à l'arrivée du courrier porteur de la suppression du Bailliage.
6. *Baracle*, moulin de Toulouse fort renommé.
7. Morras était à la veille d'être mandé à la barre du parlement de Bordeaux pour avoir accordé des inhibitions contre l'exécution d'un de ses arrêts.
8. Lapeyronnie, dont le prénom est Saint-Michel.

Premier Monsieur de sa race,	Prumier moussur dé so raço !
Bellet quitte ses souliers (1),	*Billet* paouzo sous souliers,
Prend son sac et sa besace,	Preint soun sa et so bésaço
Pour retourner sur son tas de paille.	Per tourna sur soun polier.
« Ventre-bleu soit pas de l'âne !	« Ventrébleu, sio pas dé l'azé,
» Dit *Bonneau* déconcerté,	» Dit *Bouneou* deycouncerta,
» Et aussi de ceux qui l'ont bâté ! »	» O may dé quy l'ont bâta ! »
Pour mieux faire leur brigandage,	Per miey fas lour brigondadzé,
Ces infâmes avocats (2),	Quy infameis avoucats,
Vils artisans du bailliage,	Vils artisons d'aou baliadzé,
S'étaient, paraît-il, tous convoqués,	Séront plo tous counvoucas.
De rapine, de pillage	Dé rapino, dé pilladzé
Avides, peu délicats,	Ovideis, paou délicats,
Ils n'ont pas volé ce ridicule.	Mériteint d'étré mouquas.
Parlez-moi des procureurs (3),	Parlas mé d'aou percurayrès,
Qui se sont bien comportés.	Qué sé sount bien coumpourtas ;
Ce ne sont pas des intrigants,	Quo n'ey pas d'aou dzigouniayrès.
Oh ! c'est d'abord décidé :	O quey d'obord décida.
Les appâts du grand Bailliage	Lous opas d'aou grond boliadzé
Ne les ont pas chavirés.	Né lous ont point tsoviras.
Vrai ! ce sont de braves drôles.	O queis dé braveis gouyats !

N° 4. — États de la Province de Périgord.

Cahier de la Noblesse.

SI l'honneur, qui guida toujours la noblesse Française, exposa mille fois la vie et la liberté de nos ancêtres dans ces combats qui décidèrent souvent du sort du trône et du monarque, le patriotisme, non moins actif dans ses impulsions, nous commande aujourd'hui de guérir les plaies qu'ont envenimées cent soixante ans de silence, l'oppression du gouvernement et l'oubli de nos droits. Le souvenir de ce que nous fûmes, la perspective de ce que nous pouvons encore devenir et la reconnaissance due aux louables intentions d'un monarque dont les vertus personnelles soutiennent seules dans ce moment la chose publique, raniment notre courage pour correspondre au désir qu'il témoigne de se rapprocher de son peuple.

Nous commencerons par déclarer formellement que, sans l'amour dont nous sommes pénétrés pour la personne de Louis XVI, sans la considération respectueuse que nous portons à l'auguste sang des Bourbons, l'édifice monstrueux de la dette amoncelée par la cupidité et la profusion des ministres, s'écroulerait en entier, sans qu'il fût de notre devoir d'en prévenir la chute.

Que cet aveu soit une leçon mémorable, et que les rois apprennent enfin que le cœur de leurs sujets leur offrira toujours plus de ressources que les intrigues ou les agitations de leurs ministres.

L'administration actuelle n'est qu'une perpétuité de contraventions à nos droits. — Une définition claire et précise des États généraux, de leurs pouvoirs relatifs à la législation et à l'impôt, en fera la démonstration.

Les États *libres* et *généraux* du royaume ne sont tels que lorsque la convocation en a été faite dans les formes anciennes, lorsque les députés qui les composent, sont nommés par un choix libre sous tous les rapports, même pour leur nombre, et lorsque les États provinciaux ont délibéré avec toute la liberté due à des peuples *francs*, appelés par la Constitution à sanctionner ou à rejeter toutes les modifications ou innovations que le monarque veut proposer pour l'amélioration de la chose publique.

---

1. M. Bellet-Dalbavie a été reçu conseiller contre vent et marée, aux soins et diligence de son beau-frère Bonneau.

2. L'Ordre des avocats s'était assemblé et avait député auprès de MM. du sénéchal pour les inviter à enregistrer.

3. Autrement dit les avoués. — Nommons-les : Reymondie, Cellerier, Sudrie, Choury, Gagnerie, Guy-Allemandou, Babayon, Véchembre.

Toute puissance législative réside dans la nation réunie à son monarque, d'où il résulte qu'aucune loi ne peut recevoir de sanction que dans les États généraux.

L'impôt n'est légal que lorsque les États *libres* et *généraux* du royaume ont consenti son établissement, déterminé sa quotité et limité sa durée. Alors les États ont le droit de nommer des commissions pour la répartition équitable et proportionnelle de cet impôt sur les provinces, pour l'exactitude de la recette générale et pour la fidélité de l'emploi qui aura été déterminé d'avance. Les États provinciaux ont dans leur ressort les mêmes droits relativement à la répartition, la perception de l'impôt et l'emploi de la portion de cet impôt qui aura été consacrée à l'administration particulière de leur province.

L'évidence de ces principes et leur conformité avec le vœu de Sa Majesté, autorise l'Ordre de la noblesse à interdire à ses députés toute délibération avant l'arrêté de la charte des privilèges constitutifs de la nation, dont les principaux articles sont :

1° La monarchie héréditaire Le corps politique divisé en trois Ordres : Clergé, Noblesse et Tiers-État.
— 2° Le droit de décider de la Régence dévolu exclusivement aux États généraux, qui, à cet effet, doivent s'assembler extraordinairement.
— 3° Le vœu par Ordre avec égalité d'influence aux Assemblées de la nation, soit réunies, soit en États particuliers. Les États particuliers convoqués et organisés de la manière déterminée par la nation.
— 4° Le *Veto* conservé à chaque Ordre pour maintenir la balance des pouvoirs.
— 5° La liberté individuelle, suppression des Lettres de cachet, des Évocations, des Commissions, des *Committimus*, des Lettres de surséance, etc., etc., etc. ; le droit d'être jugé par les tribunaux dont on ressort.
— 6° Propriété en tout genre respectée, tous les privilèges, droits honorifiques et utiles, compris dans les propriétés, ainsi que les capitulations, des provinces et des villes, qui ne portent point atteinte au bien général.
— 7° Droit d'octroyer l'impôt exclusivement conservé aux États généraux, ainsi que leur répartition proportionnelle entre les provinces. — Confier aux États particuliers ou provinciaux le droit de répartir, percevoir et verser l'impôt dans le Trésor de la nation.
— 8° Retour périodique des États généraux tous les quatre ans ; la première tenue d'États, après la prochaine, fixée cependant à deux ans ; l'intervalle entre les termes d'États généraux, mesure de la durée de l'impôt. Toute prorogation de l'impôt interdite. Les États généraux fixeront une imposition pour avoir lieu, le cas de guerre arrivant, avant leur retour périodique.
— 9° Les ministres sujets à la comptabilité envers la nation.
— 10° Le pouvoir exécutif au roi seul. Quant au pouvoir législatif, (la Charte exceptée,) ainsi que tout ce qui pourrait y porter atteinte directement ou indirectement,) s'en rapporter à la sagesse des États généraux.
— 11° Les parlements dépositaires des lois portées par la nation, chargés de leur *Promulgation* et *Exécution*, autorisés de poursuivre comme concussionnaire toute personne quelconque employée à lever un impôt non consenti ou expiré.
— 12° Les mêmes Cours chargées de la *Vérification*, *Promulgation* et *Exécution* des lois prononcées par le pouvoir législatif qu'aurait accordées les États généraux.

La noblesse désire fortement l'obtention de cette charte. Dans le cas où, sur quelques-uns, ses députés ne pourraient obtenir la majorité des suffrages, il leur est formellement enjoint de faire leurs protestations, d'en demander acte, et cependant, pour ne pas interrompre le cours des opérations des États, de ne point se retirer.

. . . .

Les États ne peuvent être *libres* et *généraux* qu'autant que les membres de tous les Ordres, qui ont concouru dans leurs provinces à la rédaction des Cahiers et à la nomination des députés, ont joui de toute la liberté qui par le droit et par le fait a toujours été une prérogative commune à chacun des trois Ordres.

Les anciennes lettres de convocation n'ont déterminé le nombre des députés de chaque sénéchaussée que par une simple considération de police, relative au local où les États généraux devaient se rassembler. Mais, dans le fait, jamais les provinces ni les Ordres ne se sont astreints à l'exécution rigoureuse d'une pareille disposition, et, avant de la donner comme une loi, il aurait fallu que les États généraux l'eussent consentie.

. . . .

L'Ordre de la noblesse déclare formellement, et de la façon la plus authentique, que sa volonté est de contribuer avec les deux autres Ordres, concurremment et en même proportion, aux charges pécuniaires, se réservant expressément et avec la même authenticité tous ses autres droits, honneurs, prérogatives, préséances et distinctions, quels qu'ils puissent être.

(VŒUX DE LA NOBLESSE).

Que les cultivateurs, cette partie la plus nombreuse et la plus intéressante du Tiers-État, forment au moins la majorité des représentants de cet Ordre aux États généraux et particuliers.

Que les États provinciaux soient chargés de tout ce qui a rapport à la confection des chemins, ponts, chaussées, navigation des rivières, canaux et autres ouvrages publics, et que Sa Majesté soit suppliée d'ordonner que les troupes soient employées à ces travaux, afin de conserver pour ceux des campagnes le plus de bras possible.

Que la personne des députés, soit aux États généraux, soit aux États particuliers, et les membres de leurs commissions intermédiaires soient déclarés inviolables.

Que toute liberté soit accordée à la presse, sous la condition de la signature de l'auteur et de l'imprimeur et du dépôt du manuscrit.

Que, dans chaque sénéchaussée, il soit fondé une maison d'éducation suffisamment dotée, soit des biens des maisons religieuses, soit autrement, pour que l'instruction y soit complète, et que le prix de la pension des élèves soit proportionné aux facultés du gros des habitants.

Qu'à chaque siège de sénéchaussée soit attaché un bureau chargé de faire obtenir justice aux malheureux qui seraient dans l'impossibilité de se la procurer.

Que tout privilége local qui gêne le commerce et l'exportation des denrées coloniales, soit supprimé comme attentatoire au respect dû aux propriétés.

Que les villes rentrent dans le droit naturel de nommer leurs officiers municipaux.

Qu'il soit établi dans les villes des bureaux de charité et des ateliers dans les campagnes, sous l'inspection des commissions intermédiaires, à la faveur desquels la mendicité soit entièrement proscrite et les pauvres nourris et employés dans leurs paroisses.

Que tout homme qui, n'ayant aucune propriété, n'a de ressource que dans ses bras, soit exempt de tout impôt.

N° 5. — Cahier des plaintes et doléances du Tiers-État de la province de Périgord, composé des sénéchaussées de Périgueux, Sarlat et Bergerac.

Le Tiers-État désire :

ARTICLE 1.

Que les États généraux soient convoqués dans trois ans et qu'ensuite ils le soient périodiquement tous les cinq ans.

ARTICLE 2.

Qu'on y vote par tête et non par Ordre, et que le Tiers y ait au moins autant de voix que les deux autres Ordres réunis.

ARTICLE 3.

Qu'aucune loi ne puisse être établie sans le concours du roi et de la nation assemblée aux États généraux.

ARTICLE 4.

Que nul ne puisse être arrêté par un simple ordre du roi et sans décret, si ce n'est pour être remis, dans les vingt-quatre heures, entre les mains de ses juges naturels, et à la charge de condamner le dénonciateur en tels dommages et intérêts qu'il appartiendra en cas de vexation.

ARTICLE 5.

Que tous les impôts directs, même les décimes ecclésiastiques (1), soient réunis sous une même

---

1. Décimes du clergé, impôt dissimulé sous le nom de don gratuit, que les bénéficiers ecclésiastiques payaient au roi sur leurs revenus.

dénomination et répartis par les États généraux sur les provinces, et par les États particuliers sur les paroisses ; qu'ils soient perçus en vertu du même rôle, sur lequel tous les habitants et propriétaires seront portés sans distinction d'Ordre, de rang ni de privilège ; que les États soient autorisés à les faire percevoir par leurs trésoriers ou préposés, les verser directement au trésor royal par eux, en remboursant les receveurs actuels pourvus en titre d'office.

Article 6.

Qu'aucun emprunt public ne pourra être fait, ni aucun impôt être perçu, sans le consentement préalable des États généraux, ni consenti par eux d'une manière indéfinie, mais tout au plus pour cinq ans et proportionnellement aux besoins de l'État, dûment vérifiés par eux.

Article 7.

Suppression du droit de *Franc-fief* (1), et que le roi soit supplié d'accorder à la nation une charte contenant la reconnaissance des articles ci-dessus exposés et autres équivalents, et que ses successeurs, à leur couronnement, jurent d'une manière spéciale l'observation de cette charte.

Article 8.

Rendre, sur la demande des États généraux, une ordonnance qui déclare les domaines de la couronne aliénables, après y avoir fait rentrer tous ceux qui en ont été aliénés, sous quelque titre que ce puisse être ; vendre ensuite tous ces domaines à perpétuité, et en appliquer le prix au paiement des dettes de l'État, sans préjudice des droits qu'a la ville de Bergerac de demeurer réunie au domaine de la couronne.

Article 9.

Que les ministres soient comptables de leur administration envers la nation et punis, en cas d'abus, suivant l'exigence des cas.

Article 10.

Le rétablissement des États particuliers de la province, sans union avec aucune autre, en y réunissant cependant les paroisses qui en ont été démembrées, sous la forme qui sera adoptée par les États généraux, et que les dits États particuliers soient alternativement tenus dans les villes de Périgueux, Sarlat et Bergerac.

Article 11.

Que les États généraux prennent en considération la stérilité du sol de la province, la plus grande partie, très montueuse, ne produisant rien ou presque rien, manquant de bras et privée de commerce par le défaut de grands chemins, de ponts et de rivières navigables.

Article 12.

Que l'on s'occupe de réformer les abus dans l'administration de la justice civile et criminelle, en rapprochant la justice définitive des justiciables, diminuant les frais, augmentant le pouvoir des présidiaux et autorisant les juges ordinaires à juger en dernier ressort, par forme de police, jusqu'à la concurrence d'une certaine somme ; en supprimant des offices d'huissier-priseur.

Article 13.

Que les contrats d'*Antichrèse* (2) et engagements soient prescriptibles par trente dans, et que l'intérêt de l'argent, au taux de l'ordonnance, soit légitime pour prêt à temps.

Article 14.

Suppression des droits de *Committimus* (3) et lettres de *Répit* (4).

Article 15.

Que la restitution pour cause de lésion réelle soit prescriptible par quatre ans et l'action en supplément de légitime par dix, sauf les interruptions de droit.

1. Droit de *Franc-fief*, impôt extraordinaire levé de temps en temps par le roi sur les roturiers possesseurs de terres nobles.
2. *Antichrèse*, abandon des revenus d'une propriété pour les intérêts d'un emprunt.
3. *Committimus*, privilège accordé à certaines personnes de plaider devant certains juges et d'y faire évoquer les causes où elles avaient intérêt.
4. Lettres de *Répit* accordées par le roi à un débiteur pour suspendre les poursuites d'un créancier.

Article 16.

Que le pouvoir de décréter ne soit plus confié qu'à un officier assisté de deux de ses collègues, dans les tribunaux supérieurs, et, dans les justices des seigneurs, par les juges assistés de deux gradués, à moins que le coupable ne soit pris en flagrant délit ou à la clameur publique.

Article 17.

Suppression des tribunaux d'exception, et réunion de la juridiction *prévôtale* (1) à celle des présidiaux.

Article 18.

Conservation des juridictions consulaires, et établissement d'une bourse en province.

Article 19.

Plan uniforme pour l'éducation de la jeunesse et un prix à celui qui proposera le meilleur.

Article 20.

Abonnement à la province des droits du contrôle, centième denier, insinuation, *ensaisinement* (2), et autres droits qui seront fixés préalablement par un tarif clair et précis ; que le juge royal décide sommairement et sans frais de toute contestation qui pourrait survenir à raison de ces taxes, ainsi que sur toutes autres impositions.

Article 21.

Que le *Franc-aleu* (3) soit présumé sans titre, ni exprès, ni énonciatif.

Article 22.

Suppression de tous droits d'échange tant royaux que seigneuriaux.

Article 23.

Rachat des corvées personnelles par un impôt également réparti sur les trois Ordres de l'État et véritablement employé à la construction et rétablissement des chemins et autres ouvrages publics.

Article 24.

Que l'édit du Périgord concernant le Retrait féodal (4) soit exécuté dans toute la province : que cependant il ne soit pas cessible, qu'il soit taxativement borné à la personne du seigneur, qui sera tenu de jurer qu'il ne l'exerce que pour lui, et que la notification exigée par la loi soit faite par acte, et que le seigneur ne puisse en aucun cas percevoir un droit particulier pour l'investiture.

Article 25.

Suppression du droit d'*Indemnité* (5) sur les bois tant épars qu'en forêts.

---

1. Entre les diverses juridictions de droit commun fonctionnait dans une sorte de vie propre la juridiction prévôtale. Les élections de Périgueux et de Sarlat avaient chacune une *prévôté de maréchaussée* qui dépendait du grand corps de la gendarmerie, sous le commandement des maréchaux de France. Il ne faut pas confondre cette juridiction avec les anciennes prévôtés royales, qui n'existaient plus, au moins en Guienne. — A Bordeaux, chef lieu de la généralité, résidait un prévôt général qui commandait une compagnie de maréchaussée. Il avait sous ses ordres, pour le représenter, quatre lieutenants, dont l'un à Périgueux et l'autre à Sarlat. Ces lieutenants n'avaient pas seulement pour mission de procurer la sûreté, comme gendarmes, et de prêter main-forte pour l'exécution des payements, ils avaient surtout des attributions juridiques et exerçaient une magistrature. Ils connaissaient, en certains cas, des crimes commis par les personnes domiciliées. Dans ces cas, qui se nommaient les cas prévôtaux, leurs jugements étaient toujours rendus en dernier ressort. (*Études historiques sur la Révolution en Périgord*, par Georges Bussières (IIe partie).

2. Le contrôle, l'insinuation, le centième denier, l'ensaisinement, étaient les principales branches de l'impôt sur les actes et les mutations de propriété. Ils correspondent aux droits actuels d'enregistrement.

3. *Franc-aleu*, héritage libre et exempt de tous droits et devoirs seigneuriaux.

4. *Retrait féodal* ou droit de prélation, droit qu'avait le seigneur de retenir le bien vendu par son tencncier. L'*Édit du Périgord* est une ordonnance d'Henri II du 25 octobre 1555, enregistrée au Parlement de Bordeaux le 25 mars 1560 et au sénéchal de Périgueux le 11 décembre 1684.
Suivant cet édit, les acquéreurs étaient tenus, dans les trois mois après l'acquisition, de la faire connaître aux seigneurs fonciers et de se faire investir des choses acquises. Dans les deux mois qui suivaient cette notification, les seigneurs étaient tenus de déclarer s'ils voulaient user du droit de prélation, faute de quoi faire ils étaient déchus de ce droit.

5. *Indemnité*, droit dû au Seigneur pour tout arbre coupé par le propriétaire dans la seigneurie.

Article 26.

Que les alluvions, atterrissements, îles et îlots formés par les ruisseaux et rivières, appartiennent aux riverains, sauf à eux à faire décider aux dépens des fonds de qui les îles et îlots ont été formés.

Article 27.

Suppression gratuite des droits de banalité, boucherie dans les campagnes, péage, guet et garde, et autres contraires à la liberté des personnes et du commerce, à moins que les seigneurs n'en justifient par le rapport des titres primordiaux, auquel cas les redevables puissent s'en rédimer à prix d'argent, et à dire d'experts.

Article 28.

Qu'il soit permis à tout propriétaire d'avoir des armes chez lui pour la défense de son bien et de sa personne ; qu'il soit autorisé à détruire le gibier sur ses propres fonds.

Article 29.

Que toute rente foncière, directe et obituaire, soit déclarée prescriptible par trente ans contre le seigneur laïque, et par quarante ans contre le seigneur ecclésiastique, et que néanmoins, pendant les cinq premières années après la promulgation de cette loi, les seigneurs soient autorisées à demander les rentes qui auront été servies depuis moins de cent ans, et que, dans tous les cas, les arrérages en soient prescrits par cinq ans.

Article 30.

Que le droit d'*acapte* et *arrière-acapte* (1) ne puisse être perçu que sur le même cens, et seulement à mutation de seigneur, suivant l'ancien usage de la province ; qu'en cas de démembrement de fief, chaque tenancier ait la liberté de racheter sa rente, et que, quand le fief entier sera mis en vente, les tenanciers ne puissent en acheter partie sans racheter le tout.

Article 31.

Suppression du tirage de la milice, et remplacement par des enrôlements volontaires aux frais de la province.

Article 32.

Que chaque ville soit autorisée à nommer ses officiers municipaux et à régir ses revenus.

Article 33.

Suppression des privilèges des villes.

Article 34.

Que les droits quelconques établis sur les vins et eaux-de-vie soient abolis, tant pour l'intérieur que pour la sortie du royaume, afin qu'ils circulent librement ; que tout privilège à ce contraire soit anéanti, et qu'en cas d'impossibilité de la dite suppression, les droits soient réduits pour la province du Périgord au taux du pays Bordelais.

Article 35.

Qu'on n'établisse plus de commissaires-gardiens pour les saisies de fruits, mais que celui qui aura un titre paré présente requête au juge des lieux et fasse procéder au bail judiciaire des fruits de son débiteur.

Article 36.

Qu'il soit permis au créancier ayant voie parée de demander une adjudication des biens de son débiteur à dire d'experts, au moins dommageable, à concurrence de ce qui lui sera dû, et après trois enchères, sans préjudice des hypothèques des créanciers antérieurs ; que cette espèce de décret puisse être rabattu pendant cinq ans, avant l'expiration desquels elle ne produise aucun droit royal ou seigneurial.

1. *Acapte*, droit dû au seigneur à l'occasion du décès du tenancier ; *arrière-acapte*, droit dû au seigneur à l'occasion du décès du seigneur.

ARTICLE 37.

Que toutes les abbayes et prieurés en *commende* soient supprimés, ainsi que les monastères qui seront composés de moins de dix religieux, et que leurs biens abandonnés soient employés partie au soulagement des pauvres et partie aux besoins de l'Etat.

ARTICLE 38.

Augmentation des portions congrues au-dessus de sept cents livres ; suppression du casuel dans les paroisses de campagne, sauf aux archevêques et évêques à pourvoir par des unions au sort des curés pauvres.

ARTICLE 39.

Que toutes dispenses soient à l'avenir accordées gratuitement par les évêques.

ARTICLE 40.

Que tous les notaires à l'avenir soient gradués, ou justifient de cinq ans de cléricature chez un notaire de ville sénéchale.

ARTICLE 41.

Admission du Tiers aux places militaires, de l'Église et de la haute magistrature, et que toutes lois et arrêtés à ce contraires soient de nul effet et comme non avenus.

ARTICLE 42.

La prorogation des délais fixés par l'édit des hypothèques et l'affiche à la porte de l'église paroissiale où les biens sont situés.

ARTICLE 43.

La liberté de la presse, sauf à punir les faiseurs de libelles et ceux qui écriraient contre la religion et les mœurs.

ARTICLE 44.

Réduction des pensions et gratifications, et que l'état en soit rendu public chaque année.

ARTICLE 45.

Les biens mis en régie comme ayant appartenu à des religionnaires fugitifs, rendus aux héritiers naturels, conformément à l'espoir que le roi en a donné dans sa réponse au parlement du 27 janvier 1788, au sujet de l'édit des non catholiques, et que l'édit sorte son plein et entier effet, sans restriction, ni modification.

ARTICLE 46.

L'uniformité des poids et mesures dans toutes les provinces.

ARTICLE 47.

La suppression des douanes dans l'intérieur du royaume, et leur reculement aux frontières.

ARTICLE 48.

La prescriptibilité par cinq ans des honoraires et salaires des médecins et chirurgiens.

ARTICLE 49.

Et le Tiers-État de la province supplie respectueusement Sa Majesté de vouloir bien agréer les assurances de fidélité et soumission, et les expressions de sa vive reconnaissance pour les témoignages de bonté qu'elle daigne étendre jusque sur la classe la plus nombreuse, et jusqu'à la plus abandonnée de ses sujets.

ARTICLE 50.

Et par les députés des Sénéchaussées de Bergerac et du Sarladais a été demandée, pour chacune d'elles, une députation directe et particulière aux États généraux.

ARTICLE 51.

Et par les députés de la Sénéchaussée de Bergerac seulement, il a été réclamé le rétablissement du présidial en la dite ville de Bergerac.

ARTICLE 52.

De plus, les dits députés réclament la nullité et cassation du contrat d'échange de la ville et châtellenie de Bergerac, passé le 14 juin 1772 entre le roi Louis XV et la maison de La Force.

ARTICLE 53.

L'établissement d'une manufacture pour les enfants trouvés.

ARTICLE 54.

L'établissement d'une poste aux chevaux pour Périgueux, Libourne et Agen, et d'un courrier de Périgueux à Agen passant par Bergerac, et la continuation de la grande route de Lyon à Bordeaux passant par Bergerac.

ARTICLE 55.

La réédification du pont de Bergerac sur la Dordogne.

ARTICLE 56.

L'établissement de Syndics ou commissaires sur la rivière de la Dordogne, pour veiller à la sûreté de la navigation et empêcher les exactions et les abus qui s'y commettent.

ARTICLE 57.

L'établissement d'un chemin public de Bergerac à Tonneins passant par Eymet, et que la rivière du Drot soit rendue navigable.

ARTICLE 58.

Que la Corporation de Mouleydier soit réintégrée dans la possession de son port.

ARTICLE 59.

Et par les députés de la Sénéchaussée de Sarlat a été réclamé le passage de la grande route de Paris à Toulouse par Limoges, Montignac, Sarlat et Domme. Et, dans l'intérêt particulier de leur ville, ils se plaignent qu'elle n'ait pas été comprise dans l'état annexé au règlement des lettres de convocation.

ARTICLE 60.

Et les députés de la Sénéchaussée de Périgueux ont déclaré protester contre les demandes particulières des Sénéchaussées de Sarlat et de Bergerac, en ce qu'elles pourraient contenir de préjudiciable à la Sénéchaussée de Périgueux.

N° 6. — Liste des Comtes de Périgord.

FÉLICISSIME, (5c7), sous Clovis.
FÉLIX AURÉOL, père de St Cybard.
RAGNOALDUS, sous Chilpéric, (581).
ITIER, sous Pépin-le-Bref, (765).
WILLEBAUD, sous Charlemagne, (778).
TURPION, comte d'Angoulême et de Périgord, (839).
IMON ou EMENON, (863), id.
WULGRIN, (666), id.
ALDUIN (886), id.
GUILLAUME Ier TAILLEFER, (886), id.
BERNARD GRADIN, (920), id.
ARNAUD BOURATION, (962), id.
BOSON 1er, comte de la Marche et de Périgord, (968).
ALDEBERT Ier id., (995).

BOSON II, id., (1006).
HÉLIE II, comte de Périgord, (1031).
ALDEBERT II CADOIRAC, (1059).
HÉLIE III, (1074).
ALDEBERT III, (1104).
RUDEL, (1124).
GUILLAUME TALLEYRAND II, (1132).
BOSON III de GRIGNOLS, (1154).
HÉLIE IV RUDEL, (1168).
HÉLIE V TALLEYRAND, (1204).
ARCHAMBAUD Ier, (1212).

HÉLIE VI, TALLEYRAND, (1219).
ARCHAMBAUD II, (1238).
HÉLIE VII, TALLEYRAND, (1248).
ARCHAMBAUD III, (1295).
HÉLIE VIII, TALLEYRAND, (1311).
ARCHAMBAUD IV, (1336).
ROGER BERNARD, (1369).
ARCHAMBAUD V, (1398).
ARCHAMBAUD VI, (1399), dernier comte de Périgord.

Le Périgord est confisqué par Charles VI.

N° 7. — Liste des Préfets de la Dordogne.

LÉONARD-PHILIPPE RIVET, (1801).
JEAN-FRÉDÉRIC-THÉODORE MAURICE, (1810).
CHARLES DIDELOT, (1815 — 1er mai).
LOUIS-JOSEPH-COMTE DUHAMEL, (1815 — 14 juillet).
LOUIS de MONTUREUX, (1815 — 4 8bre)
LOUIS-PEPIN de BÉLISLE (1817).
CONSTANT-MARIE HUCHET de CINTRÉ, (1819).
CHARLES-LOUIS-JACQUES-MAXIME de CHASTENET, comte de Puységur, (1828).
ARNAUD LINGUAT de SAINT-BLANQUAT, (1828).
MARQUET de NORVINS de MONTBRETON, (1830).
JEAN-SCIPION-ANNE MOURGUE, (1831).
FRANÇOIS-AUGUSTE ROMIEU, (1833).
LÉGER COMBRET de MARCILLAC, (1843).
THOMAS DUSOLIER,
JEAN CHAVOIX,
CHARLES-GABRIEL MONTAGUT,
LAMARQUE,
 { Commissaires extraordinaires du gouvernement provisoire de 1848.
ERNEST CAYLUS, (1848 — ? juin).
LOUIS MARIE PHILIBERT EDGAR RENOUARD de SAINTE-CROIX, (1848 — 31 octobre).

JEAN-BAPTISTE-ALBERT de CALVIMONT, (1851).
JAUBERT, (5 décembre 1853).
LADREIT de LACHARRIÈRE, (8 avril 1856).
GIRARD de VILLESAISON, (16 octobre 1865).
De St-PULGENT, (5 octobre 1867).
BOFFINTON, (26 novembre 1869).
GUILBERT, (5 septembre 1870).
PETINIAUD de CHAMPAGNAC, (10 avril 1871).
LAURENT, (25 janvier 1872).
DE TOUSTAIN du MANOIR, (15 février 1873).
LOROIS, (16 octobre 1873).
VIVAUX, (28 août 1874).
DELPON de VISSEC, (13 avril 1876).
RAFFÉLIS de BROVE, (19 mai 1877).
OUSTRY, (18 décembre 1877).
ROUSSEL, (23 mars 1879).
CATUSSE, (3 septembre 1879).
Le MALLIER, (13 juin 1882).
BARGETON, (4 avril 1883).
LAUGIER-MATTHIEU, (6 mars 1886).
FOURNIER, (20 juin 1888).

N° 8. — Liste chronologique des Maires de Périgueux et de la Cité, à dater du XII° siècle.

MAIRES DE PÉRIGUEUX.

Hélies de VALBEC,(1200).
Étienne de JUVÉNALS,(1201).
Hélies CAPÈTE,(1204).
Hélies de VALBEC,(1206).
Jean MEYMY,(1210).
Guillaume de CLARENS (1213).
Geoffroy CHATUEL,(1214).
Robert LAPORTE,(1215).
Itier de SALIS,(1216).
Antoine de VERGINY,(1219).
Pierre CHATUEL,(1231).
Hélies ESPEL, (1235).

Guillaume de CLARENS,(1238).
Geoffroy DELPUECH,(1240).
Hélies ESPEL,(1242).
Étienne de SALAS,(1243).
Robert LAPORTE,(1247).
Hélies de PLAIGNE, (1248).
Jean MEYMY,(1249).
Hélies SEGUIN,(1250).
Bernard de JUVÉNALS, (1251).
Guillaume LA ROCHE,(1252).
Hélies de SALAS, (1253).
Raymond de MARGOT, (1254).

En 1255, il y eut deux maires. La Cité ne voulut pas reconnaitre celui que Périgueux avait élu, et en nomma un autre que Périgueux ne reconnut point.

Bernard GIRARD,(1263).
Pierre BLANQUET,(1264).

Jean MEYMY,(1278).

En 1279, deux maires dont les noms sont inconnus.

Lambert-Laporte,(1283-1284).
Guillaume CHATUEL,(1285).

Lambert-Laporte,(1286).
Fortanier-Béron,(1287).

MAIRES DE PÉRIGUEUX.

Hugues de MARGOT,(1289).
Fortanier-Blanquet, (1291).
Hélies CHATUEL,(1292).
Hugues de MARGOT,(1293).
Fortanier-Béron,(1294).

Hugues de MARGOT,(1295).
Hélies de BARNABÉ,(1296).
Hélies CHATUEL,(1297).
Fortanier-Blanquet,(1298).
Guilhem de BARNABÉ, (1299).

En 1299, une querelle entre la ville et la Cité, fomentée par les Anglais, fit surgir deux maires, l'un pour Périgueux et l'autre pour la Cité.

MAIRES DE PÉRIGUEUX.

Hélies de BOTAS,(1300).
Hélies CHATUEL,(1301).
Guillaume CHATUEL, 1302-1303-1304).
Hélies de BARNABÉ,(1305).
Arnaud de MARGOT, (1306).
Hélies VIGIER, (1307).
Arnaud de CABLAN, (1308-1312).
Lambert-Laporte, (1309-1130-1311-1312).

MAIRES DE LA CITÉ.

Fortanier-Blanquet,(1300).
Guilhem de BARNABÉ, subrogé à FORTANIER, qui mourut dans l'année 1300.
Arnaud de GELAT,(1301).
Pierre des NORMANDS, (1302).
Hélies de BARNABÉ (1303).
Pierre des NORMANDS,(1304).
Fortanier-Béron, (1305-1306).
Pierre des NORMANDS, (1307-1308).

Pierre LAPORTE, (1313).
Hélies JANCELIN, (1314-1315).
Augier de CAMPNIAC, (1316).
Bernard de VERDUN, (1317).
Émeric de VERDUN, (1318).
Hélies BLANQUET, (1319-1320).
Hélies BARNABÉ, (1321).
Bernard de VERDUN, (1322).
Guillaume de VERDUN, (1323).
Étienne BLANQUET, (1324-1325).
Ithier de CHASTENET, (1326).
(LÉGIER BARRIÈRE, subrogé à *Ithier de Chastenet*, mort en 1326).
Hélies JALAT, (1327-1328-1329).
Guillaume BRUN, (1330).
Guillaume de LABROUSSE, (1331)
Hélies de BARNABÉ, (1332).
Emeric de COMTE, (1333).
Hélies GÉLAT, (1334).
(En 1334, il y eut trois maires, un à Périgueux et deux à la Cité).
Jean de MEYMY, (1335-1336).
Pierre LAPORTE, (1337-1338).
(En 1338, il y eut encore trois maires, par suite de violentes querelles entre la ville et la Cité.)
Hélies DUPUY, (1339).
Hélies SEGUY, (1340-1341-1342-1343).
Guillaume DUPUY, (1344).
Jean de MEYMY, (1345-1346-1347).
(En 1346, encore trois maires).
Hélies SEGUY, le vieux, (1348).
Arnaud ROUSSET, (1349).
Arnaud de JAUDE, (1350).
Jean de MEYMY, (1351).
Raymond LAPORTE, (1352-1353).
FORTANIER de LANDRIE, (1354).
FOURTON de LANDRIE, (1355-1356).
FORTANIER de LANDRIE, (1357).
Jean de MEYMY, (1358).
Arnaud de JAUDE, (1359-1360-1361).
Pierre CHASTENET (1362).
Hélies FAURE, (1363).
Lambert de BONIFACE, (1364).
Arnaud de JAUDE, (1365).
Hélies de BARRAUT, (1366-1367-1368

Pierre MARTIN, (1309-1310).
(Le roi avait nommé *Arnaud de Cablan*, maire de la Cité pour l'année 1310 ; mais la Cité, par les Anglais, refusa de le reconnaître et élut *Pierre Martin*.
Pierre VIGIER, (1311).
Pierre LAPORTE, (1312).
Arnaud de CABLAN, (1313).
Hélies MALFRED, (1314).
Augier de CAMPNIAC, (1315).
Bernard de VERDUN, (1316).
Antoine de VERGINIS, (1317).
Hélies MARTIN, (1318).
Antoine de VERGINIS, (1319).
LÉGIER-BARRIÈRE, (1320-1321),
Guillaume de VERDUN, (1322).
Hélies PARIS, (1323).
Hélies de BARRET, (1324).
Ithier de CHASTENET, (1325).
Guillaume de BULLEFARINE, (1326).
LÉGIER-BARRIÈRE, (1327).
Pierre LAPORTE, (1328).
Guillaume BRUN, (1329).
Guillaume de LABROUSSE, (1330)
Hélies de BARNABÉ, (1331).
Pierre LAPORTE, (1332).
Bernard VIGIER, (1333).
Ithier CHATUEL, (1334).
Émeric de COMTE, (1335).
Hélies de MALFRED, (1336-1337).
Jean de MEYMY, (1338).
Bernard DUPUY, (1339).
Hélies du PLEYSSAC, (1340).
Étienne du PLEYSSAC, (1341).
Raymond MARTIN, (1342).
Guillaume DUPUY, (1343).
Raymond de MARTIN, (1344-1345).
Hélies SÉGUY, le jeune, (1346-1347).
Arnaud ROUSSEL, (1348).
Hélies FABRY, (1349).
Raymond MARTIN, (1350).
Pierre CHASTENET, (1351).
Fronton CHATUEL, (1352).
Lambert de BONIFACE, dit de PÉRIGUEUX, (1353 — 1354).

qui fut réélu trois ans de suite, parce qu'il s'opposait à l'élection des maires de la Cité, et il y réussit.

ÉTIENNE du PLEYSSAC, (1355).
PIERRE MARTIN, (1356).
LAMBERT de BONIFACE, (1357).
ARNAUD de JAUDE, (1358).
ÉTIENNE du PLEYSSAC, (1359).
Il n'y eut pas de maire à la Cité de 1360 à 1365.
Des troubles amenèrent la nomination d'un nouveau maire à la Cité.
ÉTIENNE du PLEYSSAC, (1366).
JEAN de BRUSANY, (1367).
LAMBERT de BONIFACE, (1368).

A cette époque, les habitants de Périgueux et de la Cité se réunirent pour se plaindre au roi de France des lourdes charges dont les avait imposés le prince de Galles, duc d'Aquitaine.

Maires de la ville de Périgueux

ARNAUD de JAUDE, (1369).
LAMBERT de BONIFACE, (1370).
FORTANIER de LANDRIC, (1371).
JEAN ROUSSEL, (1372).
LAMBERT de BONIFACE, (1373).
(Il fut déposé. Hélies de Barnabé, 1er Consul, fit les fonctions de maire.)
PIERRE FLAMEN, (1374).
FORTANIER de LANDRIC, (1375).
HÉLIES de PASCAUT, (1376).
HÉLIES de BARNABÉ, (1377).
ARNAUD ROUSSEL, (1378).
PIERRE FLAMEN, (1379).
JEAN BRUN, (1380).
HÉLIES de BARNABÉ, (1381).
GUILLAUME de BOTAS, (1382).
PIERRE FLAMEN, (1383).
(En 1384, point de maire. — Bernard de Chaumont, 1er Consul, en fit les fonctions).
HÉLIES de BARNABÉ, (1385).
GUILLAUME de BOTAS, (1386).
ARNAUD de BARNABÉ, (1387).
BERNARD de CHAUMONT, (1388).
BERTRAND PETIT, (1389).
GUILLAUME de BOTAS, (1390).
ARNAUD de BARNABÉ, (1391).
BERNARD de CHAUMONT, (1392).

BERNARD PETIT, (1393).
GUILLAUME de MERLE, (1394).
ARNAUD de BARNABÉ, (1395).
BERNARD CHAUMONT, (1396).
BERNARD de PETIT, (1397).
GUILLAUME de MERLE, (1398), destitué et remplacé par Bernard Petit, dans la même année.
ARNAUD de BARNABÉ, (1399).
BERNARD FAVIER, (1400).
BERNARD PETIT, (1401).
JEAN SÉGUI, (1402).
ARNAUD de BARNABÉ, (1403).
BERNARD FAVIER, (1404).
HÉLIES de BLANQUET, (1405).
JEAN SÉGUI, l'aîné, (1406).
ARNAUD de BARNABÉ, (1407).
HÉLIES CHABROL, (1408).
HÉLIES de BLANQUET, (1409).
ARNAUD de CHASTENET, (1410).
ARNAUD de BARNABÉ, (1411).
HÉLIES CHABROL, (1412).
HÉLIES DUPUY, (1413).
ARNAUD de CHASTENET (1414).
ARNAUD de BARNABÉ, (1415).
HÉLIES CHABROL, (1416).
HÉLIES DUPUY, (1417).
ARNAUD de CHASTENET, (1418).

Arnaud da BARNABÉ, (1419).
Hélies CHABROL, (1420).
Hélies DUPUY, (1421 jusqu'en 1426).
Hélies de BLANQUET, (1427).
Archambaud de St-ASTIER, (1428).
Jean de MEYMY, (1429).
Hélies DUPUY, (1430).
Mathurin des NOHES, (1431).
Hélies de BLANQUET, (1432).
Jean DE MEYMY, (1433).
Hélies DUPUY, (1434).
Forton de St-ASTIER, (1435-1436-1437).
Hélies DUPUY, (1438).
Mathurin des NOHES, (1439).
Éméric de MERLE, (1440).
Hélies de BLANQUET, (1441).
Hélies DUPUY, (1442).
Forton de St-ASTIER, (1443-1444-1445).
Hélies DUPUY, (1446-1447).
Hélies de BLANQUET, (1448).
Bernard PETIT, (1449).
Forton de St-ASTIER, (1450).
Hélies DUPUY, (1451).
Éméric de VILLE, (1452).
Éméric de MERLE, (1453).
Forton de St-ASTIER, (1454-1455).
Jean de LAURIÈRE, seigneur de Lammary, (1456).
Guillaume BELCIER, (1457-1458).
Pierre-Arnaud de GOLSE, (1459-1460).
Forton de St-ASTIER, (1461-1462-1463).
Jean DUPUY, (1464).
Guinot d'ABZAC, (1465).
Jean de LAURIÈRE de LAMMARY, (1466-1467).
Jean du VERDIER, (1468).
Bertrand AYTS, (1469).
Jean DUPUY, (1470).
Jean de LEYMARIE, (1471).
Jacques CHAMBON, (1472).
Jean de LANDRIC, (1473).
Jean de LANDRIC, le vieux, (1474).
Jean DUPUY, (1475).
Hélies DUPUY DE LAYARTE, (1476).
Jacques CHAMBON, (1477).

Guillaume BELCIER, (1478).
Jean de LANDRIC, (1479).
Jean de St-ASTIER, (1480).
Pierre FAYARD, (1481).
Raymond AYTS, (1482-1483).
Jean de St-ASTIER, le jeune, (1484).
Jean CHASSAREL, (1485-1486).
Raymond AYTS, (1487).
Pierre THIBAUD, (1488).
Raymond-Arnaud de GOLSE, (1489).
Jean de St-ASTIER, (1490).
Jean CHASSAREL, (1491).
Fronton ARNAUD, (1492).
Raymond-Arnaud de GOLSE, (1493).
Raymond AYTS, (1494).
Jean de St-ASTIER, (1495-1496).
Jean TRICARD, (1497).
Jean CHASSAREL, (1498).
Guillaume CHALUP, (1499).
François THIBAUD, (1500).
François de VERNHE, (1501).
Jean ARNAUD, (1502).
Fronton-Arnaud de GOLSE, (1503-1504).
Jacques LAMBERT, (1505-1506).
Jean DUPUY, (1507-1508).
Pierre de SOLMINIAC, (1509-1510).
Bernard DUPUY, (1511-1512).
Jean DUPUY, (1513-1514).
Hélie de LANDRIC, (1515).
Germain FOUCAULT, (1516-1517).
Géraud CHALUP, (1518-1519).
Jacques LAMBERT, (1520-1521).
Jean DUPUY, (1522).
Hélies de MERLE, (1523-1524).
Pierre de SOLMINIAC, (1525).
Hervé FAYARD, (1526).
Raymond DUPUY, dit Bingout, (1527-528).
Louis ARNAUD, (1529).
Jean BÉRAUD, (1530).
Martial BRUN, (1531).
Jean PRÉVOT, (1532).
Forton de SAINT-ASTIER du LIEU-DIEU, (1533).
Jean BORDES, (1534).
Jean BORDES, le vieux, (1535).

Pierre de SAINT-ANGEL, (1536-1537).
Bernard de SAULIÈRE, (1538-1539).
Hélie DUPUY, (1540).
Pierre ADÉMAR, (1541-1542).
Pierre JAY, (1543-1544).
Jean BORDES, (1545).
Pierre FAURE, (1546).
Jean de VALBRUNE, (1547).
Bertrand LAMBERT, (1548).
Pierre DUCLUZEL, (1549).
Étienne BERTIN, (1550-1551-1552).
François de TRICARD, (1553-1554).
Jean de VALBRUNE, (1555).
Pierre DUMAS, (1556).
Bertrand de FAYARD, (1557).
Denis AYTS, (1558).
Jean ROUBERT, (1559-1560).
François DUPUY et Antoine de CHILHAUD, (1561).
Pierre de MARQUEYSSAC, (1562).
Bernard JAY de BEAUFORT, (1563-1564).
Jean AUDOUY, (1565-1566).
Pierre de LABORIE, (1567-1568).
Antoine de CHILHAUD, (1569).
Bernard JAY de BEAUFORT, (1570).
Pierre-Arnaud de LABORIE, (1571-1572).
Pierre de LANDRIE, (1573).
Dominique de BORDES, (1574).
Géraud FAURE, de LA ROCHE PONTISSAC, (1575).
  Il fut remplacé jusqu'à la fin de cette même année par de CUGNAC de CAUSSADE, nommé par l'influence de *Langoiran*, après la prise de Périgueux par les protestants.
Annet CHALUP, (1576-1577).
François ORFAURE, (1578-1579).
Jean CHALUP, (1580 et au commencement de 1581).
Jean de CHILHAUD, élu pour le reste de l'année, (1581,-1582,-1583).
Antoine de CHILHAUD, (1584).
Hélies, de BORDES, (1585-1586).
Pierre de MARQUEYSSAC, (1587-1588).
Jean de CHILHAUD, (1589-1590).
Denis de LAPORTE, (1591-1592).

Raymond GIRARD de LANGLADE, (1593-1594).
Hélie de JEHAN, (1595).
Jacques du GRAVIER, (1596).
Bernard JAY de SAINT-GERMAIN, (1597-1598).
Jean de MORILLON, (1599-1600).
  Ici se trouve une lacune de dix-sept maires dont les registres et papiers furent prêtés et égarés dans une instance que la ville fit auprès du roi avant 1793 pour faire reconnaître ses privilèges.
Bertrand de CHILHAUD, (1618).
Jacques de CHILHAUD, (1619).
Martial DALESME, (1620-1621).
Jean VEYRIT, (1622-1623).
Louis ALBERT, sieur de LABROUSSE, (1624-1625).
Antoine BASCHARETIE, (1626).
Jean DUCHESNE, (1627-1628).
Pierre JAY de BEAUFORT, (1629-1630).
Henri de CHAMPAYGNAC, (1631-1632).
Jean JAY de SAINT-GERMAIN, (1633-1634).
Hélie ALEXANDRE, sieur de FOMPITOU, (1635).
Jacques ANDRÉ, (1636).
François TOURTEL, (1637).
Bertrand de CHILHAUD, (1638).
Pierre ALEXANDRE, (1639).
Pierre de THENON, (1640).
Jean-Baptiste CHANCEL, (1641).
Martial de JEHAN, (1642).
Jacques du GRAVIER, (1643).
Pierre du RECLUS, (1644).
Léonard de MONTOZON, (1645-1646).
Jean-Girard de LANGLADE, (1647).
Nicolas DALESME, (1648).
François de CHAMPAYGNAC, (1649).
Pierre BOUDON, (1650-1651-1652).
François de SIMON, sieur de CHATILLON, (1653).
Joseph de BODIN, (1654-1655-1656).
Jean de CHAZON, (1657).
François ALEXANDRE, (1658).
Jean de CHILHAUD, (1659-1660).
Jean de CHILHAUD, de FONLOSSE, (1661).

Pierre MORAS de la RICHARDIE, (1662).
Nicolas DALESME, (1663).
François de MONTOZON, (1664).
Jean de SALLETON, (1665).
Théophile DUCHEYRON, (1666).
Pierre de FROIDEFOND, du CHASTENET, (1667-1668).
Jean de CHILHAUD FONLOSSE, (1669).
Nicolas de MONTAGUT, (1670).
Bernard de JAY, de FERRIÈRES, (1671).
Légrand de MONTOZON, (1672).
Antoine de CHILHAUD de LALANDE, (1673-1674).
Philibert d'AYTS, de MEYMY, (1675).
François de SIMON, (1676-1677).
Odet de LONG, (1678).
Joseph CHEVALIER, sieur de S-MEYME, (1679-1680).
Pierre DUCLUZEL de la BÉNÉCHIE, (1681-1682-1683-1684-1685).
Jean de CHAMPAYGNAC, (1686-1687-1688).
Pierre JAY, de BEAUFORT, (1689).
Pierre de JEHAN, (1690-1691).
DUCHESNE, comte de MONRÉAL (1692) nommé par le roi maire perpétuel, en vertu de l'édit du mois d'août de la même année.
Jean de SIMON, lieutenant du maire perpétuel, (1711).
Dominique de MONTOZON, nommé par élection en 1718 en vertu de l'édit du mois de Juin 1716.
Jean d'ALESME, seigneur de VIGE, (1724-1725).
Dominique de MONTOZON, (1726).
Germain FAURE, seigneur de ROCHEFORT, (1727).
Jean-Baptiste de SALLETON, (1728).
André TOURTEL, (1729-1730-1731).
Joseph de MARTIN, (1732-1733).
DEBUIS, maire par commission, (1736).
Étienne-Joseph MAIGNOL, (1738-1739).
Léonard de MONTOZON de la BORDE, (1740-1741).
Eymeric de MÉREDIEU d'AMBOIS, maire perpétuel (charge achetée), (1742).
Jean EYDELY, (1765-1766-1767).
Jean-François FOURNIER, (1768-1769-1770).

Simon LADOIRE de CHAMIZAC, (1771-1772).
Pierre-Victor, comte de LAROCHE-AIMOND, (1773-1774-1775).
De MENSIGNAC, (de 1776 à 1786).
De SALLETON, (1787 jusqu'en 1790).
Jean Pascal-Charles PEYSSARD, (1791).
VINCENT, payeur général du département, (1792).
Antoine AUDEBERT, (1793-1794-1795).
François SUDRET, (1795).
Jean-Pascal-Charles PEYSSARD, président de l'administration municipale, (1795).
Alexis THOUVEREZ, idem, (1796).
Antoine de GERMILLAC, idem, (1797).
Denis-Front-Tamarelle MAURIAC, maire (1798).
Jean-Baptiste-Pascal VIDAL, (1802).
Jean-François ROUX, (1815).
Jean-Baptiste-Pascal VIDAL, (1815).
D'ABJAC de LADOUZE, (1816).
Joseph Bertrand BAYLE de LAGRANGE, (1820). Il n'accepta pas.
Jean ROMUALD, marquis de MONEYS-d'ORDIÈRE, (1820).
Jean-Baptiste-Pascal VIDAL, (1830). Il n'accepta pas.
Léger COMBERT de MARCILLAC, (1830).
Léonard-Gilles LAGRANGE, (1839).
Léger COMBERT de MARCILLAC, (1840).
Jean-François-Maurice de TRÉMISOT, (1843).
Jean-Étienne-Joseph ESTIGNARD, (1845).
Pierre-Romain MOYRAND, (1848), et Louis MIE, (1848).— MIE révoqué en 1849.
Hilaire-Gilles LAGRANGE, maire provisoire, nommé par le préfet.
Jean-Étienne-Joseph ESTIGNARD, (3 juillet 1849).
André-Delphin BONOS de GAMANSON, (1850).
Jean-Étienne-Joseph ESTIGNARD, (1852).
Pierre COURTEY, (1854).
Jules-Alfred BARDY DELISLE, (1855).
Louis-Martial DOURSOUT, (1870).
GUIBERT, (20 août au 4 septembre 1870).
MAROT, (9 septembre au 10 octobre 1870).
Frédéric BATAILH, (21 novembre, 1870).

Auguste-Fournier LAURIÈRE, (1871.)
BOURDEILLETTE, (1er septembre 1873.)
Eymery SYLVESTRE, (1er octobre 1873).
Bardy DELISLE, (1874).
Jean-Baptiste GALY, (1875).
Léon DEFFARGES, (1876).
FOURNIER-LAURIÈRE, (2 février 1877).
Jean-Baptiste GALY, (27 juillet 1877).
Édouard LEYMARIE, (1878).
Amédée PAQUIGNON, (1881).
Marcelin GUYONNET, (28 juillet 1882).
GADAUD, (3 septembre 1882).
Gabriel MARCHET, (9 juin 1887).
SAUMANDE, (24 juillet 1887).

TABLE DES MATIÈRES.

CHAPITRE PREMIER.

GRAVURE : **Armoiries de Périgueux après le Traité de 1240** 1

Essai sur la Gaule. (1600 av. J.-C. — 486 ap. J.-C.)

I. — Topographie de la Gaule. — Division et dénomination de la Gaule. — Produits du sol. — Limites providentielles de la Gaule. — Origine des Gaulois. — Leurs excursions en Italie. — Leurs établissements dans la Gaule Cisalpine. — Bellovèse et Sigovèse. — Les Gaulois et Alexandre-le-Grand. — Les Gaulois en Thrace, — à Delphes, — en Bithynie. — Les Galates. — Les Gaulois à Clusium. — Brennus. — Terreur des Romains pour les Gaulois. — Colonies Phéniciennes et Phocéennes dans le Midi de la Gaule. 1

II. — Comment les Romains ont envahi la Gaule. — Colonies Romaines dans le Midi de la Gaule. — La Provence. — Campagnes de Jules-César en Gaule. — Vercingétorix. — Avaricum. — Gergovie. — Alesia. — Uxellodunum. — La Gaule sous la domination Romaine. — Nouvelle division de la Gaule par Auguste. — Vesunna Petrocoriorum. — Apparition des Francs dans la Gaule. — Constance-Chlore, César des Gaules. — Invasion des Barbares dans la Gaule. — Monuments primitifs de l'histoire des Gaulois. . . 12

III. — Tempérament, mœurs et usages des Gaulois. — Leurs vêtements. — Religion des Gaulois. — Divinités. — Les Druides. — Constitution politique et sociale des Gaulois. — Puissance militaire des Gaulois. — Leur tactique. — Leurs armes. — Leurs machines de guerre. — Leurs citadelles et places fortes. — Leurs vaisseaux. — Villes Gauloises. — L'instruction chez les Gaulois. — Les Bardes. — Agriculture. — Industrie et commerce des Gaulois 21

CHAPITRE II.

GRAVURE : **Écornebœuf. — L'Ille. — La Boissière** 42

Vésone, cité Gauloise. (1600 av. J.-C. — 44 ap. J.-C.)

Nom et situation topographique de Vésone. — Vallon de Campniac. — Vieille-Cité. — Importance de Vésone. — Fouilles et découvertes. — Écornebœuf, citadelle Gauloise. — La Combe de Puy-Gauthier. — « Lou Peyroteu. » — Métallurgie et céramique. — Médailles. — La Boissière. — Le camp de César. — Disposition du camp Romain. — Siège et prise de Vésone par les Romains. 42

CHAPITRE III.

GRAVURE : **Tour de Vésone** 57

Vésone, cité Romaine. (44. — 507 ap. J.-C.)

I. — Vésone rebâtie. — Son nouvel emplacement. — Son étendue. — Soulèvement des Gaules. — Réorganisation de l'Aquitaine. — Constitution administrative de Vésone. — Autel de

Lyon. — « Augusta Vesunna. » — Étendue de la juridiction de Vésone. — Embellissement et importance de Vésone 57

II. — Monuments religieux de Vésone. — Importance de la religion chez les Romains. — Inscriptions votives. — Divinités de Vésone. — Autels. — « Cablan » - - « Le Toulon. » — Autel des bouchers de Vésone. — « Vésone tutélaire. » — Temples de Vésone. — S. Clair et les prêtres de Jupiter. — Temple de Mars. — Tour de Vésone. — Sa destination primitive. Ses dimensions. — Genre de construction. — Sa brèche. — Péristyle. — Le sol et le sous-sol intérieurs. — Le sol extérieur. 60

III. — Monuments civils de Vésone. — Monnaies de Vésone. — Médailles. — Débris divers. La famille Pompée à Vésone. — Amphithéâtre de Vésone. — Ses dimensions. — Ses dispositions. — Sa capacité. — Le château de « La Rolphie » dans les Arènes. — Les religieuses de la Visitation et les Arènes. — Thermes de Vésone. — Villa et thermes de Chamiers. Ponts de Vésone. — Fontaines et aqueducs de Vésone. — Aqueduc du Petit-Change. Aqueduc de Vieille-Cité. — Aqueduc du Toulon. — Ermite du Toulon. — Aqueduc de l'Arsault. — Fontaine de Ste-Sabine. — Voies Romaines. — Basilique et Capitole de Vésone 65

IV — Monuments militaires de Vésone. — Puissance militaire de Vésone. — Temple de Mars fortifié. — Citadelle Romaine de Vésone. — Sa forme. — Ses dimensions. — Ses portes. Ses murailles et ses tours. — Divers assauts qu'elle subit. — Décadence de Vésone. — Invasion des Barbares. — Les Goths renversent et relèvent les murs de Vésone. — Ruine de Vésone. — Châteaux-forts de Vésone. — Château de Bourdeilles. — Château de La Rolphie. — Château de Godofre. — Château des Évêques. — Château de Barrières. 83

CHAPITRE IV.

GRAVURE : L'Église de la Cité, — Ancienne cathédrale de Saint-Étienne . . . 93

Vésone chrétienne. (76 — 1000.)

Saint Front, disciple de saint Pierre, envoyé en Périgord. — Raisons de cette mission apostolique. — Vie et travaux de saint Front. — Oratoire de Notre-Dame. — Église de Saint-Pierre l'Ancien. — Martyre et sépulture des compagnons de saint Front. — Mort et sépulture de saint Front. — Culte et pèlerinage au tombeau de saint Front. — Succession des évêques de Périgueux. — S. Anian. — Chronope Ier. — Interruption. — Persécutions. Ariens. — Paterne. — Gavide. — Barbares. — Pégase. — Chronope II. — Saint Cybard. Saint Avit. — Saint Astier. — Translation des reliques de saint Front dans l'église latine. Confession de saint Front. — Confession de saint Frontaise et de saint Anian. — Confession des saints Sévérin et Sévérien. — Sabaude. — Chartaire. — Saffaire. — Les Sarrasins. — Raymond. — Abbaye de Brantôme. — Saint Antibe. — Les Normands à Vésone. — Peste des « Ardents ». — Relique de saint Denys. — Sébalde. — Frotaire. — Places fortes du Périgord. — Translation des reliques de saint Front. — Grand monastère et cloître de Saint-Front. — Martin de La Marche. — Rodolphe de « Couhé ». — Restauration et consécration de l'église de Saint-Astier. — L'an 1.000. — L'église cathédrale Saint-Étienne de la Cité. — Table pascale. — Cloître. — Palais épiscopal. — Chapelle. 93

CHAPITRE V.

GRAVURE : Sceaux de la Cité, — du Puy-St-Front, — du Chapitre de St-Front. 124

La Cité de Périgueux. (412 — 1000.)

Domination des rois Goths en Aquitaine. — Conquête de l'Aquitaine par les Francs. Compétitions et luttes. — Eudes, duc d'Aquitaine. — Les Sarrasins en Aquitaine. — Charles Martel. — Pépin-le-Bref et Waifre. — Charlemagne en Aquitaine, en Périgord, à Brantôme. — Les Normands à Vésone. — Wulgrin Taillefer, premier comte de Périgord. État politique et municipal de la Cité de Périgueux. — Les trois Ordres de la Cité. Sceaux de la Cité et du Puy-Saint-Front. — Origine de la ville du Puy-Saint-Front. 124

CHAPITRE VI.

GRAVURE : La Cathédrale de St-Front de Périgueux 143

Le Puy-Saint-Front. (1014-1266.)

Arnaud de Vitabre et les Normands. — Géraud de Gourdon et le comte de Périgord. Basilique de Saint-Front. — Plan général. — Intérieur. — Porche des Gras ou du Greffe. Chapelle Sainte-Anne. — Chapelle et culte de la Sainte Vierge. — Tombeau de saint Front. — Chapelle Saint-Antoine. — Vitraux. — Cryptes. — Dômes et toitures. — Le maître-autel. — La chaire. — Le clocher de Saint-Front. — L'église Saint-Silain. — Saint-Front et son rayonnement. — Guillaume de Montberon. — Raynaud de Thiviers en Palestine. — Guillaume d'Auberoche et l'abbaye de Cadouin. — Le Saint-Suaire. — Guillaume de Nauclars et le schisme. — Ladrerie ou léproserie d'Écornebœuf. — Raymond de Mareuil. — Les Pétrobrussiens. — Saint Bernard. — Jean d'Asside et les Routiers. — Son tombeau à la Cité. — Pierre Mimet. — Rodolphe de La Tour et les Albigeois. — Couvent des Frères Mineurs. — Couvent des Clarisses à Sainte-Claire. — Pierre de Saint-Astier. — Invention des reliques de saint Front.— Couvent des Frères Prêcheurs à Périgueux. 143

CHAPITRE VII.

GRAVURE: Le Pont de Tournepiche ou le Pont-Vieux-des-Barris 133

Périgueux. (1000 — 1292).

Comtes de Périgord. — Démêlés du comte Hélies Talleyrand avec l'évêque de Périgueux. — Le comte Hélie Rudel saccage le monastère du Puy-Saint-Front. — Gasconia sa mère. — Le Périgord passe sous la domination des Anglais. — Le comte Boson bâtit une tour sur les Arènes. — Henri, roi d'Angleterre, fait le siège du Puy-Saint-Front. — Louis VIII, roi de France, reconnaît les prérogatives des habitants de Périgueux. — Saint Louis et le Pariage du Puy-Saint-Front. — Traité de réunion de la Cité et de la ville de Périgueux. — Les trois Ordres de la ville de Périgueux. — Opposition et menées du comte Hélies Talleyrand. — Intervention de saint Louis. — Traité passé entre le comte de Périgord et le Chapitre de Saint-Étienne de la Cité. — Armoiries des deux villes réunies. — Arbitrage et jugement de saint Louis. — Rivalité et hostilités entre le Puy-Saint-Front et la Cité. — Saint Louis cède aux Anglais ses droits sur la Guyenne, et fait ses réserves à l'égard de Périgueux. — Le comte Archambaud veut battre monnaie. — Maison du consulat à Périgueux. — Les trois sceaux, 1° du Chapitre de Saint-Front ; 2° du Pariage ; 3° du monastère de Saint-Front 183

CHAPITRE VIII.

GRAVURE : **Bastion qui défendait le pont de Tournepiche ou le Pont-Vieux** . 208

Périgueux et les Anglais. (1263 — 1468.)

Rôle important des évêques dans l'histoire de Périgueux. — Philippe-le-Bel et l'enceinte fortifiée de Périgueux. — Portes de la ville. — Tours et remparts. — Moulin de Saint-Front. — L'abbaye de Vauclaire. — Démembrement de l'évêché de Périgueux. — Évêché de Sarlat. — Archiprêtré de la Quinte. — Hospice de Saint-Front. — Léproseries et hôpitaux de Périgueux. — Édouard III, roi d'Angleterre, et l'évêque de Périgueux. — Nouvelles revendications du comte de Périgord contre la ville de Périgueux. — Les Anglais s'emparent de la Cité. — Entrée de Chandos, lieutenant du roi d'Angleterre, dans la ville de Périgueux. — Luttes des habitants de Périgueux contre les Anglais. — Du Guesclin à Périgueux. — Le saint suaire de Cadouin porté à Toulouse. — L'évêque Pierre Tison, ami des Anglais, et les habitants de Périgueux. — Constitution municipale de Périgueux. — Juridiction respective et distincte de l'évêque et des magistrats de Périgueux. — Sac et ruine du château de La Rolphie. — Reprise d'armes et félonie du comte de Périgord. — Confiscation du comté de Périgord. — Hélie IV de Bourdeilles. — Église de St-Georges à Périgueux. — Hélie de Bourdeilles, prisonnier des Anglais. — Translation des reliques de saint Front. — Hélie de Bourdeilles, archevêque de Tours et cardinal. — Élection de Front de St-Astier pour commander les troupes de Périgueux contre les Anglais. 208

CHAPITRE IX.

GRAVURE : **Château de Barrière, à la Cité** 242

Périgueux et les Protestants. (1468 — 1582.)

Couvent des Augustins à Périgueux. — Chapelle épiscopale de Saint-Jean à la Cité. — Chapelle Sainte-Anne au Puy-Saint-Front. — Entrée solennelle des évêques à Périgueux. — Foulques ou Foucaud de Bonneval. — Les quatre barons du Périgord. — Les eaux et fontaines à Périgueux. — Les protestants à Périgueux. — Leurs débuts. — Leur déchaînement. — Le pasteur Simon Brossier. — Bataille de Vergt. — La cour des Aides à Périgueux. — Le seigneur de Piles à Bergerac. — L'évêque Pierre Fournier à Château-l'Évêque. — Langoiran à Bergerac. — Prise de Périgueux par les protestants. — Sac et pillage de la ville et de la basilique. — Profanation et pillage de la châsse de saint Front. — Incendie du château de Barrières. — Le seigneur de Bourdeilles, sénéchal de Périgueux. — Langoiran, gouverneur de Périgueux. — Traité de 1576. — Le vicomte de Turenne, gouverneur de Périgueux. — Entrée du roi de Navarre à Périgueux. — Couvent des Cordeliers. — Citadelle près la Tour

Mataguerre. — Sac et ruine de l'église cathédrale de la Cité. — Entreprise du jour des Innocents. — Entreprise de Guillaume de Leymarie. — Entreprise du sieur Chilhaud Defüeux.— Reprise et délivrance de Périgueux sur les protestants 242

CHAPITRE X.

GRAVURE : Maisons du Quai, — Ancienne Maîtrise 275

Périgueux et la Renaissance. (1575 — 1667.)

François Ier de Bourdeilles. — Réparation de la toiture de l'église de St-Front. — Réparation de la cathédrale St-Étienne de la Cité. — Souvenirs du tombeau de St Front.— Les Pénitents Bleus, Noirs et Blancs à Périgueux. — Le Père Dupuy. — Fondation du collège de Périgueux. — Les Pères Jésuites. — Le P. Arnaud Royer. — Le P. Pierre Brun. — Le P. Pacot. — Saint Vincent de Paul ordonné prêtre à Château-l'Évêque. — François II de La Béraudière. — Restauration de l'église cathédrale à la Cité. — Les Récollets aux Barris. — Nouveau couvent des Augustins. — Séminaire de Périgueux. — La mission des Récollets à Bergerac. — Philibert de Brandon. — Les Sœurs de Ste-Marthe. — Les prêtres de la Mission à Périgueux. — Michel Montaigne. — La Renaissance dans les arts à Périgueux.— Maisons monumentales de cette époque 275

CHAPITRE XI.

GRAVURE : Maison Estignard, — Rue Limogeanne 291

Périgueux et la Fronde. (1643 — 1654.)

Franchises de la ville de Périgueux. — L'impôt de joyeux avènement. — Les troubles de la Fronde. — Le prince de Condé à Bordeaux. — Le marquis de Chanlost s'empare de la ville de Périgueux au nom du prince de Condé. — Comment le sieur Bodin reprend la ville de Périgueux sur Chanlost. — Procès-verbal et récit authentique de cette affaire. — Arrivée du duc de Candale, gouverneur de Guyenne, et traité de la ville de Périgueux avec le roi de France. — Pèlerinage d'actions de grâces à Notre-Dame des Vertus. — Vœu de la ville 291

CHAPITRE XII.

GRAVURE : Guillaume Le Boux, — Hélies Talleyrand, — J.-B. Amédée-Georges. 302

Périgueux, Cathédrale. (1667 — 1801.)

Guillaume Le Boux. — Union des deux Chapitres de Saint-Étienne et de Saint-Front de Périgueux. — Stipulation de ce traité.— L'église de la Cité devient l'archiprêtré de la Quinte.— Illustrations du Chapitre de Périgueux. — Talpin-François de Laborie. — Jean Pichard. — Les prêtres de la Mission chargés du grand séminaire. — Couvent de la Visitation aux Arènes. — Les Dames de la Foi. — La culture du maïs en Périgord. — Fénelon. — Lagrange-Chancel. — Daniel de Francheville. — Le petit séminaire. — François du Pavillon. — Jean Macheco de Prémeaux. — Le chanoine de Lespine. — Wulgrin de Taillefer. — La culture de la pomme de terre et des vers à soie en Périgord. — Coup d'œil général et rétrospectif sur la situation politique du Périgord. — Aveu et dénombrement de la seigneurie de Périgueux 302

CHAPITRE XIII.

GRAVURE: **Maison du Consulat à Périgueux** 322

Périgueux et la Révolution. (1789—1801.)

Grand bailliage de Périgueux. — Son avortement. — Convocation des États-généraux. — Mémoire sur la constitution politique de la Ville et Cité de Périgueux. — Requête des habitants de Périgueux pour la conservation de leurs droits. — Règlement royal pour l'élection des députés aux États-généraux. — Misère publique. — Caractère général des doléances. — Réunions préliminaires et locales des sénéchaussées de Bergerac, de Sarlat et de Périgueux. — Assemblée générale des trois Ordres du Périgord dans la cathédrale Saint-Front de Périgueux. — Nomenclature des membres présents et représentés. — Réunions de chaque Ordre pour la rédaction de son cahier et l'élection de ses députés. — Cahier et députés de la noblesse. — Divisions dans l'assemblée du clergé. — Mgr de Flammarens se retire et proteste. — Caractère général des vœux et doléances du clergé. — Députés du clergé. — Cahier et députés du Tiers-État. — Cahier et députés de la ville de Périgueux. — Assemblée générale et clôture des États du Périgord. — Évêques constitutionnels de Périgueux. — Tribunal révolutionnaire extraordinaire à Périgueux. — Ses victimes. — Année de la Terreur. — Nouvelles divisions administratives du Périgord 322

CHAPITRE XIV.

GRAVURE: **Michel Montaigne, — Yrieix Daumesnil, — Pierre Magne** 343

Périgueux au XIXme siècle. (1801 — 1890.)

Préfets de la Dordogne. — Hôtel de la préfecture. — Administration des finances. — Administration de la Justice. — Palais de Justice. — Garnison militaire de Périgueux. — Le général Daumesnil. — Le maréchal Bugeaud. — Les casernes. — La manutention militaire. — L'Instruction publique à Périgueux. — Pierre Magne. — Les Frères des Écoles chrétiennes à Périgueux. — Les travaux publics. — Ponts et chaussées. — La rivière de l'Isle. — Son cours. — Sa canalisation. — Le port de Périgueux. — Les eaux de Périgueux. — Les routes. — Les chemins de fer. — Le commerce et la population de Périgueux. — Restauration de l'évêché et du Chapitre de Périgueux. — Mgr de Lostanges. — Le grand-séminaire de Périgueux. — Le petit-séminaire de Bergerac. — Mgr Gousset. — Mgr Georges. — Mgr Baudry. — Mgr Dabert. — Le musée de Périgueux. 343

APPENDICE.

N° 1. — Fête annuelle de la liberté de Périgueux 370
N° 2. — Extrait des registres de l'Hôtel-de-Ville de Périgueux 371

N° 3. — Chanson sur le Bailliage de 1788	371
N° 4. — États de la province de Périgord	374
N° 5. — Cahier des plaintes et doléances du Tiers-État de la province de Périgord, composé des sénéchaussées de Périgueux, Sarlat et Bergerac	376
N° 6. — Liste des Comtes de Périgord	381
N° 7. — Liste des Préfets de la Dordogne	382
N° 8. — Liste chronologique des Maires de Périgueux et de la Cité, à dater du XII° siècle	383
N° 9. — Maires de la ville de Périgueux	385

www.ingramcontent.com/pod-product-compliance
Lightning Source LLC
Chambersburg PA
CBHW071910230426
43671CB00010B/1551